Finanzwirtschaftliche Erfolgsanalyse deutscher Stadtwerke

Corporate Finance and Governance

Herausgegeben von Dirk Schiereck

Volume 22

Zur Qualitätssicherung und Peer Review der vorliegenden Publikation

Die Qualität der in dieser Reihe erscheinenden Arbeiten wird vor der Publikation durch den Herausgeber der Reihe geprüft.

Notes on the quality assurance and peer review of this publication

Prior to publication, the quality of the work published in this series is reviewed by the editor of the series.

Frank Pieper

Finanzwirtschaftliche Erfolgsanalyse deutscher Stadtwerke

PL ACADEMIC RESEARCH

Bibliografische Information der Deutschen Nationalbibliothek
Die Deutsche Nationalbibliothek verzeichnet diese Publikation in der Deutschen Nationalbibliografie; detaillierte bibliografische Daten sind im Internet über http://dnb.d-nb.de abrufbar.

Zugl.: Darmstadt, Techn. Univ., Diss., 2016

D 17
ISSN 1869-537X
ISBN 978-3-631-69927-0 (Print)
E-ISBN 978-3-631-70078-5 (E-PDF)
E-ISBN 978-3-631-70079-2 (EPUB)
E-ISBN 978-3-631-70080-8 (MOBI)
DOI 10.3726/978-3-631-70078-5

PL Academic Research ist ein Imprint der Peter Lang GmbH.

Peter Lang – Frankfurt am Main · Bern · Bruxelles · New York · Oxford · Warszawa · Wien

Diese Publikation wurde begutachtet.

www.peterlang.com

Zusammenfassung

Die vorliegende Arbeit nimmt sich den mehrheitlich kommunalen, deutschen Energieversorgungsunternehmen – den Stadtwerken – an. Sie zeigt zunächst die historische Entwicklung und heutige Rolle dieser Unternehmen auf, gewährt Einblicke in ihr umfangreiches Leistungsspektrum, und setzt sich mit der Frage auseinander, was Erfolg für die Stadtwerke bedeutet. Die Schwerpunkte der Arbeit liegen auf der Analyse der wirtschaftlichen Entwicklung der Branche seit Beginn der Liberalisierung und der Identifikation zentraler Erfolgsfaktoren. Hierzu werden umfangreiche finanzwirtschaftliche Untersuchungen anhand einer breiten Stichprobe der deutschen Stadtwerkebranche durchgeführt.

Die Ergebnisse einer Kennzahlenanalyse zeigen, dass sich die Finanz- und Ertragslage der Stadtwerke im Median auf einem soliden und finanzierbaren Niveau bewegt. Die Branche befindet sich jedoch auf Krisenkurs und die Stadtwerke müssen sich auf intensivere Bonitätsprüfungen der Kapitalgeber einstellen.

Mittels multivariater Regressionsanalysen werden 15 potenzielle Erfolgsfaktoren in sieben Wirkungsbereichen untersucht. Die Ergebnisse zeigen, was einige Stadtwerke wirtschaftlich erfolgreicher macht, als andere.

Danksagung

„Ich unterstütze Dich, so gut ich kann – aber wehe, unser Familienleben kommt zu kurz!" Diese Worte meiner Frau Eva bezogen sich auf mein Promotionsvorhaben, ich hörte sie vor etwa drei Jahren zum ersten Mal – und seither öfter. Unser Familienleben kam zu kurz. Doch ohne die fachliche, organisatorische und emotionale Unterstützung meiner Frau – die ihre Promotion bereits vor zehn Jahren meisterte – hätte ich diese Arbeit niemals fertig gestellt. Ich liebe Dich, Eva, und danke Dir sehr! Meinem Sohn Niklas danke ich für sein Verständnis, wenn Papa wieder im Büro verschwand. Meinen Eltern danke ich für alles.

Meine Danksagung richtet sich auch an Prof. Dr. Christian Kammlott und Felix Brabänder von der Hochschule Trier (Umwelt-Campus Birkenfeld) für die gute Zusammenarbeit bei der Datenrecherche. Ich freue mich, wenn wir hier einen gemeinsamen Nutzen hatten.

Da ich diese Arbeit berufsbegleitend verfasste, gebührt mein Dank natürlich meinen Arbeitgebern. Dr. Marie-Luise Wolff-Hertwig und Andreas Niedermaier, beide Vorstände der Entega AG, sowie Dr. Mathias von Bechtolsheim, Leiter des Bereichs Energy & Utilities bei Arthur D. Little, haben diese Dissertation überhaupt erst ermöglicht. Hierfür bin ich ihnen auch persönlich dankbar.

Als ich 2005 meine erste MBA-Finance-Vorlesung an der Universität Mannheim bei Prof. Dr. Dirk Schiereck besuchte, konnte ich mir weder vorstellen, einmal in BWL zu promovieren, noch mit ihm meinen zukünftigen Doktorvater zu treffen. Wir blieben in Kontakt, und als ich ihn acht Jahre später darauf ansprach, signalisierte er sofort Bereitschaft. Dafür, und für seine vorbildliche Betreuung während des gesamten Promotionsverfahrens, bin ich ihm aufrichtig dankbar.

Düsseldorf, im Januar 2016

Frank Pieper

Inhaltsverzeichnis

Abkürzungsverzeichnis

%	Prozent
§/§§	Paragraf/en
€	Euro
€/MWh	Euro pro Megawattstunde
T€/a	Tausend Euro pro Jahr
Abb.	Abbildung
Abs.	Absatz
AEE	Agentur für erneuerbare Energien
AEEG	Autorità per l'energia elettrica and il gas
AGFW	Energieeffizienzverband für Wärme, Kälte und KWK e.V.
Anm.	Anmerkung
ARegV	Anreizregulierungsverordnung
Art.	Artikel
Aufl.	Auflage
AusglMechV	Ausgleichsmechanismusverordnung
BGH	Bundesgerichtshof
BMWi	Bundeswirtschaftsministerium
BNetzA	Bundesnetzagentur
BKartA	Bundeskartellamt
BVG	Bundesverfassungsgericht
bzw.	beziehungsweise
CAPEX	Capital Expenditure
CEER	Council of European Energy Regulators
Cent/kWh	Eurocent pro Kilowattstunde
CFROI	Cash Flow Return on Investment
CO_2	Kohlendioxid
CRE	Commission de Régulation de l'Energie
d. h.	das heißt
DEA	Data Envelopment Analysis
DGO	Deutsche Gemeindeordnung
DDR	Deutsche Demokratische Republik
EBI	Earnings before Interest
EBIT	Earnings before Interest and Taxes
EBITDA	Earnings before Interest, Taxes, Depreciation and Amortization
EE	Erneuerbare Energien
EEG	Erneuerbare-Energien-Gesetz
EEX	European Energy Exchange
EK	Eigenkapital

EnWG	Energiewirtschaftsgesetz
EOG	Erlösobergrenze
EOM	Energy-only-Markt
ET	Energiewirtschaftliche Tagesfragen
et al.	und andere
etc.	et cetera
EU	Europäische Union
EVA	Economic Value Added
EVU	Energieversorgungsunternehmen
ff.	fortfolgend
FK	Fremdkapital
GaBi	Grundmodell für Ausgleichsleistungen und Bilanzierungsregeln im Gassektor
GeLi	Geschäftsprozess Lieferantenwechsel
gem.	gemäß
GG	Grundgesetz
ggfs.	gegebenenfalls
GO	Gemeindeordnung
GPKE	Geschäftsprozesse zur Belieferung von Kunden mit Elektrizität
GuV	Gewinn- und Verlustrechnung
GW	Gigawatt
GWh	Gigawattstunden
GWB	Gesetz gegen Wettbewerbsbeschränkungen
h	Stunde/n
H.	Heft
HGB	Handelsgesetzbuch
Hrsg.	Herausgeber
IAS	International Accounting Standards
IFRS	International Financial Reporting Standards
Jg.	Jahrgang
KAG	Gesetzes über kommunale Abgaben
Kap.	Kapitel
kV	Kilovolt
kW	Kilowatt
KWK	Kraft-Wärme-Kopplung
KWKG	Kraft-Wärme-Kopplungsgesetz
LG	Landgericht
LNG	Liquefied Natural Gas
min	Minute(n)
Mio.	Million/en
Mrd.	Milliarde/n
Munis	Municipal Utilities
MW	Megawatt

MWh	Megawattstunden
M&A	Mergers & Akquisitions
NEV	Netzentgeltverordnung
NNE	Netznutzungsentgelte
NVE	Norwegian Water Resources and Energy Directorate
NOPAT	Net Operating Profit After Taxes
NOPLAT	Net Operating Profit Less Adjusted Taxes
Nr.	Nummer
OLG	Oberlandesgericht
OPEX	Operational Expenditure
ÖPNV	Öffentlicher Personennahverkehr
PIMS	Profit Impact of Marketing Strategies
PV	Photovoltaik
REC	Regional Electricity Companies
ROA	Return on Assets
ROCE	Return on Capital Employed
ROE	Return on Equity
ROI	Return in Investment
ROIC	Return on Invested Capital
ROS	Return on Sales
S.	Seite
SFA	Stochastic Frontier Analysis
StromNEV	Stromnetzentgeltverordnung
SW	Stadtwerke
SWOT	Strenghts, Weaknesses, Opportunities, Threats
Tab.	Tabelle
TU	Technische Universität
TWh	Terrawattstunden
u. a.	unter anderem/n
ÜNB	Übertragungsnetzbetreiber
US-GAAP	United States Generally Accepted Accounting Principles
VDI	Verein Deutscher Ingenieure
VDN	Verband der Netzbetreiber
VDV	Verband Deutscher Verkehrsunternehmen
vgl.	vergleiche
VKS	Verband kommunaler Abfallwirtschaft und Stadtreinigung
VKU	Verband kommunaler Unternehmen
VNB	Verteilnetzbetreiber
VÖWG	Verband der Öffentlichen Wirtschaft und Gemeinwirtschaft Österreichs
VV	Verbändevereinbarungen
z.B.	zum Beispiel

ZfE	Zeitschrift für Energiewirtschaft
ZfK	Zeitung für kommunale Wirtschaft
ZögU	Zeitschrift für öffentliche und gemeinwirtschaftliche Unternehmen

Tabellenverzeichnis

Abbildungsverzeichnis

1 Vorüberlegungen und Aufbau der Arbeit

Die Versorgungswirtschaft hat sich in den vergangenen Jahren wie kaum ein anderer deutscher Wirtschaftszweig verändert. Als ursächlich hierfür erweisen sich ökonomische, politische und rechtliche Handlungszwänge (Bräuning/Gottschalk, 2012), die wiederum aus den branchenbestimmenden Rahmenbedingungen resultieren – wie der Liberalisierung der Energiemärkte, den Vorschriften zur Entflechtung von Netz und Vertrieb, der Anreizregulierung für die Versorgungsnetze und der Energiewende.

Inmitten dieser Umbrüche befinden sich die Stadtwerke als kommunale Versorgungsunternehmen. Sie bilden seit jeher den Kernbestand der öffentlichen Daseinsvorsorge und fungierten in der Vergangenheit stets als stabilisierende und innovative Säulen der öffentlichen Wirtschaft (Lenk/Rottmann, 2009). Heute müssen sich die Stadtwerke zunehmend positionieren – zwischen öffentlichem Auftrag und marktwirtschaftlichem Wettbewerb, kommunaler Kundennähe und internationalen Strommärkten, unternehmerischer Eigenverantwortung und politischer Instrumentalisierung (Bräuning/Gottschalk, 2012). Brancheninsider berichten vor diesem Hintergrund von erheblichen Veränderungsprozessen in der deutschen Stadtwerke-Landschaft. Demnach könnten beispielsweise eine wachsende Distanz der Unternehmen zu den Kommunen, die fortschreitende Angleichung an private Dienstleister oder eine immer stärker hervortretende Rendite-Orientierung der Unternehmen beobachtet werden (Schöneich, 2012).

Die wissenschaftliche Forschung steht heute noch ganz am Anfang der Auseinandersetzung mit diesen Herausforderungen der kommunalen Versorgungsunternehmen – insbesondere die Frage nach dem wirtschaftlichen Erfolg von Stadtwerken wird bislang nur in vergleichsweise wenigen wissenschaftlichen Arbeiten adressiert (wie die Ergebnisse einer entsprechenden Literaturrecherche zeigen, die in Kapitel 3 aufgeführt sind).

Die vorliegende Arbeit nimmt sich explizit der deutschen Stadtwerke an und verfolgt zwei wesentliche Ziele: Zum einen zeichnet sie ein umfassendes und sehr detailliertes Bild der wirtschaftlichen Entwicklung der deutschen Stadtwerke seit Beginn der Liberalisierung. Zum anderen geht sie der Frage nach, was einige Stadtwerke wirtschaftlich erfolgreicher macht als andere – beziehungsweise, was Erfolgsfaktoren der deutschen Stadtwerke sind.

Zur Erreichung dieser Ziele werden verschiedene finanzwirtschaftliche Untersuchungen anhand eines breiten Querschnitts der kommunalen Energieversorgungsunternehmen (EVU) durchgeführt. Eine umfassende Kennzahlenanalyse liefert unter anderem Aufschlüsse über die Entwicklung der Rentabilität sowie der finanziellen Stabilität der Branche. Mittels multivariater Regressionsanalysen werden die Auswirkungen potenzieller Erfolgsfaktoren der Stadtwerke auf ihren Unternehmenserfolg hin statistisch überprüft.

Die vorliegende Arbeit ist in sieben Kapitel gegliedert. Im Anschluss an diese Einleitung setzt sich Kapitel 2 mit der historischen Entwicklung und der heutigen Rolle der deutschen Stadtwerke auseinander. Dazu wird ein zeitlicher Bogen von den Ursprüngen der deutschen Energieversorgung, über die Entstehung der Stadtwerke, bis hin zu den jüngsten Entwicklungen im Rahmen der Energiewende gespannt. Vertiefende Brancheneinblicke gewähren die Vorstellung des heutigen Leistungsspektrums der Stadtwerke, sowie die Erörterung der maßgeblichen strukturellen Veränderungen, welche die Branche seit einigen Jahren durchlebt. Hierzu wird auf Privatisierungen, Kooperationen und Fusionen, Rekommunalisierungen und Stadtwerke-Neugründungen näher eingegangen. Schließlich wird in Kapitel 2 auch untersucht, ob in anderen Staaten vergleichbare kommunale Versorgungsunternehmen existieren, oder ob das Modell Stadtwerk eine typisch deutsche Institution ist.

Kapitel 3 geht zunächst auf die konzeptionellen Grundlagen der Erfolgsfaktorenforschung ein. Diese bilden das theoretische Fundament für die im weiteren Verlauf der Arbeit durchgeführte, empirische Analyse potenzieller Erfolgsfaktoren. Anschließend beschäftigt sich das Kapitel mit der Frage, was Erfolg für Stadtwerke konkret bedeutet – und ob es alleine wirtschaftlicher Erfolg ist, der für die Stadtwerke bzw. ihre (zumindest überwiegend) kommunalen Gesellschafter zählt. Dazu werden die fünf Erfolgsziele Wirtschaftlichkeit, Versorgungsqualität, Umweltverträglichkeit, Kundenzufriedenheit und kommunale Gestaltbarkeit erörtert. Ebenso werden – wie bereits geschildert – die wichtigsten Erkenntnisse bisheriger wissenschaftlicher Untersuchungen zum wirtschaftlichen Erfolg der Stadtwerke zusammenfassend dargestellt.

Die zeitlich variierenden Rahmenbedingungen der Stadtwerke und die daraus resultierenden Marktphasen seit Beginn der Liberalisierung werden in Kapitel 4 einleitend erörtert. Die Kenntnis dieser Rahmenbedingungen stellt eine wichtige Grundlage für die Interpretation der weiteren Analyseergebnisse der vorliegenden Arbeit dar. Darauf aufbauend wird in Kapitel 4 die Frage beantwortet, wie sich die Branche insgesamt seit Beginn der Liberalisierung wirtschaftlich entwickelt hat – und wie die Stadtwerke heute finanziell dastehen. Dazu wird eine Kennzahlenanalyse durchgeführt, die Aufschluss über die Entwicklung der Umsätze und Ergebnisse, sowie der Rentabilität und finanziellen Stabilität der Branchenunternehmen gibt.

In Kapitel 5 wird das zweite maßgebliche Ziel dieser Arbeit verfolgt: die Suche nach potenziellen Erfolgsfaktoren der Stadtwerke. Hierzu wird zunächst eine Erfolgsgröße ausgewählt und die jeweiligen Vor- und Nachteile dieser Kennzahl werden diskutiert. Aufgrund theoretischer Vorüberlegungen werden anschließend insgesamt 36 Hypothesen aufgestellt, die einen Wirkungszusammenhang zwischen ausgewählten Variablen und dem wirtschaftlichen Unternehmenserfolg der Stadtwerke postulieren. Die Ableitung der zu untersuchenden Hypothesen, die sich in sieben Wirkungsbereiche einteilen lassen, wird ausführlich erörtert. Danach werden die Hypothesen durch den Einsatz statistischer Verfahren – insbesondere der multivariaten Regressionsanalyse – auf ihre Signifikanz und Gültigkeit hin überprüft. Die Auswertung und Beurteilung der Regressionsergebnisse stellt den Hauptteil dieser Arbeit dar.

Die Grenzen der vorliegenden Arbeit, insbesondere bezüglich der Aussagekraft der gewonnenen Ergebnisse, werden in Kapitel 6 kritisch beleuchtet. Auch werden wesentliche, offen gebliebene Fragen aufgeführt und Ansatzpunkte für weiterführende wissenschaftliche Untersuchungen aufgezeigt. Kapitel 7 schließlich fasst die gesamte Arbeit zusammen und gibt einen Ausblick über die mögliche weitere Entwicklung der Branche.

2 Historische Entwicklung und heutige Rolle der Stadtwerke

2.1 Einleitung

Die deutsche Stadtwerke-Landschaft ist groß und unübersichtlich. Sie wird geprägt von einer bunten Vielfalt von Betrieben mit unterschiedlichen Funktionen und Formen, die definitorisch schwer zu erfassen ist (Schöneich, 2012). Dennoch setzt sich die vorliegende Arbeit das Ziel, diese vielfältige Branche finanzwirtschaftlich zu analysieren und potenzielle Erfolgsfaktoren der Stadtwerke zu identifizieren. Dabei sind jedoch branchenspezifische Besonderheiten wie der sogenannte „kommunale Querverbund“ zu beachten, deren Ursprünge und heutige Bedeutung häufig erst durch Kenntnis der historischen Entwicklung der Stadtwerke erkennbar werden.

Bevor daher in den weiteren Kapiteln dieser Arbeit unter anderem den Fragen nachgegangen wird, wie sich die Stadtwerke seit Beginn der Liberalisierung wirtschaftlich entwickelt haben, was Erfolg für Stadtwerke bedeutet und welche ihre Erfolgsfaktoren sind, wird im Folgenden ein umfassender Branchenüberblick dargestellt. Dieser beginnt in Kapitel 2.2 mit den historischen Ursprüngen der deutschen Energieversorgung, sowie der Entstehung und organisatorischen Entwicklung der Stadtwerke. Die Auswirkungen der Öffnung der Energiemärkte auf die Stadtwerke, insbesondere hinsichtlich der erfolgten Deregulierung des Energievertriebs und der Regulierung des Netzbetriebs, schildert Kapitel 2.3.

Das heutige Leistungsspektrum der Branche (s. Kapitel 2.4) ist bezüglich der Frage nach den potenziellen Erfolgsfaktoren der Stadtwerke ebenso relevant, wie die Kenntnis der maßgeblichen strukturellen Veränderungen, welche die Branche seit einigen Jahren erlebt. Diese werden in Kapitel 2.5 beschrieben. Auf die Bedeutung der Stadtwerke für die deutsche Energiewende und insbesondere die aus ihr resultierenden wirtschaftlichen Implikation für die Unternehmen geht Kapitel 2.6 näher ein. Schließlich wird in Kapitel 2.7 die Frage erörtert, ob auch in anderen Staaten vergleichbare kommunale Versorgungsunternehmen existieren, oder ob Stadtwerke eine typisch deutsche Institution sind.

2.2 Entwicklung der deutschen Energieversorgung

Die Ursprünge der Versorgung mit Energie, d. h. mit Elektrizität und Gas, reichen in Deutschland zurück bis ins neunzehnte Jahrhundert. Dabei verläuft die Entwicklung in der Strom- und Gasversorgung prinzipiell relativ sehr ähnlich. Bereits in den 1870er Jahren versorgen kleinere Stromerzeugungsanlagen vereinzelt Häuser, Fabrik- und Zechenanlagen mit elektrischer Energie. In den folgenden Jahren entstehen sogenannte Blockstationen, welche zunächst die öffentliche Beleuchtung, später auch umliegende Häuserblocks mit Strom versorgen. Die technische Weiterentwicklung sind Zentralstationen, die über ein verzweigtes Stromnetz ganze

Stadtviertel und kleinere Gemeinden mit Strom beliefern. Gleichzeitig entstehen die ersten größeren Kraftwerke, die an diese Netze angeschlossen werden. Um die Jahrhundertwende erfolgt auch die Gründung einer Vielzahl an privatwirtschaftlichen Versorgungsunternehmen, welche die lokale Stromversorgung übernehmen. Die Kommunen halten sich zu Beginn der öffentlichen Energieversorgung mit einem Engagement noch zurück – angesichts der als hoch eingeschätzten technischen und wirtschaftlichen Risiken. Ihr Engagement beschränkt sich in den Anfangsjahren auf den Abschluss von Konzessionsverträgen, mit denen sie den Versorgern das Recht auf die Nutzung ihres Gebiets zu Zwecken der Energieversorgung einräumen. Erst als sich das Ertragspotential der Stromversorgung zunehmend offenbart und die Konzessionsverträge ablaufen, engagieren sich die Kommunen verstärkt bei den örtlichen Stromversorgern (Kleest/Reuter, 2002).

Anfang des 20. Jahrhunderts werden neben örtlichen Stromversorgungsanlagen zunehmend Überlandzentralen aufgebaut. Es entstehen regionale Energieversorger, die ihre Netze koppeln und im Netzverbund betreiben. Nach dem Ersten Weltkrieg werden – mit Unterbrechung durch den Zweiten Weltkrieg – die Überlandzentralen und das deutsche Verbundnetz immer weiter ausgebaut (Kleest/Reuter, 2002; Müller, 2011). Dabei bildet sich eine Netzstruktur mit – im Wesentlichen – vier Spannungsebenen heraus, die jeweils eine bestimmte Versorgungsaufgabe übernehmen. Die verschiedenen Spannungsebenen sind untereinander über Umspannwerke bzw. Schaltanlagen oder Kuppelstellen verbunden. Auf der Höchstspannungsebene (380kV) transportiert das Übertragungsnetz sehr große Strommengen mit geringen Leistungsverlusten über weite Entfernungen. Dabei ist das deutsche Transportnetz heute in das europäische Stromverbundnetz eingebunden und ermöglicht so grenzüberschreitende Stromtransporte. Auf der Hochspannungsebene (110kV, teilweise auch 220kV) führt das überregionale Verteilnetz große Strommengen an die Verbrauchszentren heran (Industrie- und Ballungsgebiete). Einige Großstädte verfügen auch über innerstädtische 110kV-Verteilnetze. Auf der Mittelspannungsebene (10kV, teilweise auch 20–30kV) verteilen regionale Verteilnetze die elektrische Energie an angeschlossene Großverbraucher (z.B. Industrieunternehmen) sowie an das nachgelagerte Niederspannungsnetz. Auf der Niederspannungsebene (0,4kV) wiederum verteilt das örtliche Verteilnetz die Strommengen an Letztverbraucher, vor allem Haushalts- und Gewerbekunden (Müller, 2011).

Zu Beginn der Liberalisierung befindet sich das deutsche Höchstspannungsnetz im Besitz von neun Verbundunternehmen, an denen neben privatwirtschaftlichen Anteilseignern die öffentliche Hand (insbesondere Gemeinden, Städte, Landkreise und Bundesländer) beteiligt ist. Neben dem Betrieb des Übertragungsnetzes haben vor allem die Verbundunternehmen ab den 1950er Jahren Kraftwerke mit immer größeren Blockgrößen errichtet. Diese Großkraftwerke, die zunächst mit Braun- und Steinkohle, Öl und Gas und seit Anfang der 1960er verstärkt mit Kernenergie betrieben werden, speisen in das Höchstspannungsnetz ein (Müller, 2011). Der Energiefluss verläuft typischerweise unidirektional über die nachgelagerten Netzebenen bis zu den Endverbrauchern. Diese Form der zentralisierten Stromerzeugung beginnt sich in Deutschland mit der Energiewende Anfang des 21. Jahrhunderts in

Richtung einer dezentralisierten Stromversorgung zu entwickeln (vgl. Kap. 2.6) – wobei sich die physischen Lastflüsse zunehmend umkehren und dezentral erzeugter und in die Verteilnetze eingespeister Strom bis in die überlagerten Hoch- und Höchstspannungsnetze gedrückt und dort wegtransportiert wird (Herrmann, 2010; DENA, 2012).

Aufgrund diverser Fusionen unter den Verbundunternehmen sowie Privatisierungen und Unternehmens- und Netzverkäufen hat sich die Anzahl der Übertragungsnetzbetreiber heute auf vier reduziert. So wird mittlerweile das Höchstspannungsnetz in Deutschland von TenneT TSO, 50Hertz Transmission, Amprion und TransnetBW betrieben (Agne, 2014; Bartel, 2011). Den Betrieb der Hoch-, Mittel- und Niederspannungsnetze übernehmen die Verteilnetzbetreiber, zu denen Regionalversorger und Stadtwerke gehören (BNetzA/BKartA, 2013). Regionalversorger sind häufig Tochtergesellschafter der Verbundunternehmen und zugleich anteilig im Besitz der öffentlichen Hand. Auch hier gibt es im Laufe der Entwicklung zahlreiche Umstrukturierungen auf Unternehmensebene – wie Fusionen und Beteiligungsverkäufe. Insgesamt reduziert sich die Anzahl der Regionalversorger von 70 vor der Liberalisierung auf heute etwa 40. Bei den Stadtwerken, an denen neben den Kommunen teilweise auch privatwirtschaftliche Unternehmen (in der Regel ebenfalls Energieversorger) beteiligt sind, gibt es nach der Liberalisierung des Energiemarktes einen Strukturwandel (vgl. Kap. 2.5). In dessen Folge geht die Anzahl der in der Sparte Stromversorgung tätigen Stadtwerke von etwa 900 auf heute knapp 700 zurück (Bartel, 2011; VKU, 2013a).

Die Anfänge der Gasversorgung in Deutschland reichen bis in die erste Hälfte des 19. Jahrhunderts zurück. In dieser Zeit werden privatwirtschaftliche Gasanstalten bzw. Gaswerke gegründet, die das sogenannte Leuchtgas auf Basis der Kohleerhitzung erzeugen und damit über Rohrleitungen in den Städten Gaslaternen versorgen. Als Speicher für Leuchtgas dienen Gasometer, die gleichzeitig auch den erforderlichen Gasdruck erzeugen. Da die Gasbeleuchtung zunehmend von der Strombeleuchtung abgelöst wird, findet das erzeugte Gas ab den 1920er Jahren mehr und mehr Einsatz in der Wärmeerzeugung. Die mittlerweile auch von Kommunen und Städten betriebenen Gaswerke übernehmen hierbei die öffentliche Gasversorgung und errichten Gasverteilnetze – weshalb man von „Stadtgas" spricht. Zudem steigen verstärkt Kokereien in die Belieferung mit Kokereigas ein. Etwa zeitgleich wird damit begonnen, Ferngasleitungen zum Transport von Gas zu errichten und damit die lokalen Verteilnetze zu verbinden. Allerdings sind die Ferngasnetze zunächst auf die Kohlereviere beschränkt. Nach dem Ersten Weltkrieg entstehen neben den kommunalen Gasversorgern die ersten Ferngasunternehmen, von denen die Ruhrgas AG – gegründet 1926 – in Deutschland eine dominierende Rolle einnimmt. Infolge von Bombenschäden gegen Ende des Zweiten Weltkriegs kommt die Gasversorgung zwischenzeitlich zum Erliegen. Nach dem Zweiten Weltkrieg kann das Versorgungsnetz relativ schnell wiederhergestellt werden. Gleichzeitig erfolgt zunehmend die Umstellung der Versorgung von Stadt- bzw. Kokereigas auf Erdgas, welches weitestgehend importiert und nur zu einem geringen Anteil im Inland gefördert wird. Ferngasunternehmen beginnen, das vorhandene Fernleitungsnetz zu einem Verbundnetz auszubauen, um die Verbraucher bundesweit mit Erdgas beliefern zu können (Leuschner, 2009).

In der Gasversorgung bildet sich eine Netzstruktur mit drei Druckstufen heraus, die untereinander verbunden sind. Die Gasnetze können – im Gegensatz zu Stromnetzen – auch als Speicher genutzt werden. Die Erdgasspeicherung dient neben der Vorratslagerung auch dem Ausgleich von saisonalen und täglichen Nachfrageschwankungen. In der Hochdruckstufe (1bar bis 100bar) transportiert das Ferngasnetz das importierte und inländisch geförderte Erdgas über weite Entfernungen innerhalb des Bundesgebietes. Dabei ist das deutsche Erdgastransportnetz in das europäische Erdgasverbundnetz eingebunden und ermöglicht so grenzüberschreitende Gastransporte. In der Mitteldruckstufe (100mbar bis 1bar) verteilt das regionale Verteilernetz das aus dem Ferngasnetz eingespeiste Gas an angeschlossene Endabnehmer (z.B. die Großindustrie) und das örtliche Verteilnetz. In der Niederdruckstufe (bis 100mbar) wiederum verteilt das örtliche Verteilnetz das aus dem regionalen Verteilnetz eingespeiste Erdgas an die Endverbraucher (Haushalte, Gewerbe, Klein- und Mittelindustrie) (Simon, 2006; Stäck, 2008).

Das deutsche Erdgastransportnetz befindet sich im Besitz von überregionalen und regionalen Ferngasunternehmen. Deren Anzahl reduziert sich von 16 vor der Liberalisierung auf heute 15 kaum (allerdings gibt es erhebliche Veränderungen bei den Eigentümerstrukturen). Das regionale Verteilnetz wird von Regionalversorgern betrieben. Hier geht die Anzahl infolge von Umstrukturierungen – ähnlich wie in der Stromversorgung – von etwa 80 vor der Liberalisierung auf heute 40 zurück. Die örtlichen Verteilnetze betreiben vor allem Stadtwerke, welche von den Ferngasunternehmen oder Regionalversorgern mit Erdgas beliefert werden. Ihre Anzahl ist seit Beginn der Liberalisierung mit ca. 600 in etwa gleich geblieben (Bartel, 2011; VKU, 2013a).

2.2.1 Entstehung der deutschen Stadtwerke

Die Gründung der ersten deutschen Stadtwerke erfolgt Mitte des 19. Jahrhunderts. In ihnen wird zunächst die Gas- und Wasserversorgung zu einem Querverbund zusammengefasst. Ende des 19. Jahrhunderts kommen die Stromversorgung und Anfang des 20. Jahrhunderts der Betrieb von Straßenbahnen (als Vorläufer des ÖPNV) als weitere Sparten hinzu. Nach dem Ersten Weltkrieg kommt es zunehmend zu einer Ausbreitung der Querverbünde. Die Eigenbetriebsverordnung von 1938 verlangt nach § 22 eine Zusammenfassung der Versorgungsbetriebe einer Gemeinde zu einem Eigenbetrieb, der satzungsmäßig den Namen Gemeindewerk oder Stadtwerk erhält (Ambrosius, 2012). Bereits vor Beginn des Zweiten Weltkriegs haben mehr als 90 Prozent der Städte, die über ein Gas- und ein Wasserwerk verfügen, ihre Gas- und Wasserversorgung in einem kommunalen Querverbund organisiert. Bei den Sparten Strom und Verkehr verläuft die Entwicklung langsamer. Hier betreiben erst in den 1980er Jahren knapp 100 Prozent der Städte die Sparten Strom bzw. Verkehr im Querverbund. Seit den 1990er Jahren kommen neben der Strom-, Gas- und Wasserversorgung mit der Abwasser- und Abfallentsorgung sowie der Fernwärmeversorgung (infolge des zunehmenden Ausbaus der Kraft-Wärme-Kopplung) weitere Sparten hinzu (Kaiser, 2011; Ambrosius, 2012). Zum Stichtag 3. März 2009 verfügen von den 1.369 Mitgliedsunternehmen des VKU, der Interessenvertretung der kommunalen Versorgungs- und Entsorgungswirtschaft in Deutschland, 5 Prozent über fünf Sparten (69), 21 Prozent über vier Sparten (281), 16 Prozent über drei Sparten (220), 11 Prozent über zwei Sparten (145) und 48 Prozent über eine Sparte (654). Danach sind mehr als die Hälfte (52%) der Mitgliedsunternehmen organisatorisch als Querverbund aufgestellt (VKU, 2009). Neben den hier aufgeführten Sparten sind viele Stadtwerke in weiteren Geschäftsfeldern tätig, auf die in den Kapiteln 2.5 und 5.5.2 näher eingegangen wird.

Der Begriff Stadtwerk wird historisch bedingt häufig mit den Begriffen „Kommunales Versorgungsunternehmen" oder „Kommunaler Querverbund" (bei Zusammenfassung von mindestens zwei Versorgungssparten) gleichgesetzt (Ambrosius, 2012). Die Bürgerinnen und Bürger verbinden mit dem Begriff Stadtwerk positiv besetzte Werte wie Versorgungssicherheit, Zuverlässigkeit, Nähe sowie lokale Verwurzelung und Verantwortung (Reck, 2012). Insbesondere seit Beginn der Liberalisierung haben sich auch privatwirtschaftliche Anteilseigner an Stadtwerken beteiligt, so dass gemischtwirtschaftliche Versorgungsunternehmen entstanden sind. Der Großteil der deutschen Stadtwerke befindet sich allerdings bis heute mehrheitlich in kommunalem Besitz (hierauf wird in Kap. 4.3 näher eingegangen) (Ambrosius, 2012).

2.2.2 Die Entwicklung der Stadtwerke in der DDR

Im Gebiet der ehemaligen DDR gibt es nach dem Zweiten Weltkrieg 257 kommunale Versorgungsunternehmen, von denen zwei Drittel (173) als kommunaler Querverbund organisiert sind. Diese Unternehmen werden im Zuge einer grundlegenden Neuordnung der kommunalen Wirtschaft zu Beginn der 1950er Jahre als sogenannte Energiekombinate „in Volkseigentum überführt" und unterstehen damit der staatlichen Zentralverwaltung. Dadurch ist die Einflussnahme der Kommunen auf die öffentliche Versorgung stark limitiert (Becker, 2011). Nach der Wiedervereinigung unternehmen westdeutsche Versorgungsunternehmen den Versuch, die öffentliche Versorgung in Ostdeutschland zu übernehmen. Gegen diese Bestrebung wehren sich jedoch die ostdeutschen Kommunen und sind 1992 mit einer entsprechenden Klage vor dem BVG erfolgreich. So kommt es zur Reanimierung bzw. Neugründung von Stadtwerken, wie sie vor Bestehen der DDR existieren. Nachdem zunächst die Strom- und Gasversorgung im Querverbund betrieben wird, kommen mit der Wasserversorgung, Abwasser-, Abfallentsorgung und Fernwärmeversorgung weitere Sparten hinzu. Dabei gehen die ostdeutschen Stadtwerke teilweise Partnerschaften mit Versorgungsunternehmen aus Westdeutschland ein, die sich mitunter auch an den kommunalen EVU in Ostdeutschland beteiligen (Ambrosius, 2012).

2.2.3 Organisation der Stadtwerke

Stadtwerke stehen im Konflikt zwischen kommunaler Daseinsvorsorge, die den Kommunen nach dem Grundgesetz (Art. 28 Abs. 2 GG) rechtlich zugestanden wird, und dem Wettbewerb aufgrund des liberalisierten Energiemarktes (Einhellig/Kohl, 2010; Püttner, 2012). Sie müssen einerseits eine Rendite für die Kommune bzw. privatwirtschaftliche Investoren erwirtschaften, andererseits ihren öffentlichen Versorgungsauftrag erfüllen (auf die mitunter sogar widersprüchlichen Zielvorgaben der Stadtwerke-Gesellschafter wird in Kapitel 3 näher eingegangen). Vor diesem Hintergrund kommt der Organisation der Stadtwerke eine besondere Bedeutung zu (Gebhardt/Weiss, 2013).

Hinsichtlich der Rechtsform der Stadtwerke zeigt sich seit längerem ein Trend weg von Eigenbetrieben hin zu Eigengesellschaften. Der Eigenbetrieb wird zwischen den beiden Weltkriegen speziell für kommunale Unternehmen entwickelt. Er entsteht aus dem früheren Regiebetrieb (einem im kommunalen Haushalt geführten Bruttobetrieb) als organisatorisch verselbständigte (ausgegliederte) Einheit mit eigener Rechnungslegung (Bolsenkötter, 2012). Im Jahr 1952 beträgt bei insgesamt 505 kommunalen Versorgungsunternehmen der Anteil der Eigenbetriebe 94 Prozent (477) und der Anteil der Kapitalgesellschaften 5 Prozent (25). Am Jahresende 2012 sind nur noch 22 Prozent der damals 1.422 Mitgliedsunternehmen des VKU Eigenbetriebe (306) und 54 Prozent (767) Kapitalgesellschaften (AG oder GmbH). Hintergrund dieser Entwicklung ist, dass die Rechtsform der Kapitalgesellschaft den Stadtwerken größere unternehmerische Gestaltungsmöglichkeiten mit einer professionelleren Unternehmensführung bietet (Gottschalk, 2012; Schöneich, 2012; VKU, 2013a).

Bezüglich der internen Organisationstruktur nähern sich Stadtwerke den privatwirtschaftlichen Versorgungsunternehmen in den letzten Jahren deutlich an (Gottschalk, 2012). So sind die Versorgungs- und Entsorgungsaufgaben eines Stadtwerks häufig organisatorisch in Sparten – z.B. für Stromversorgung, Gasversorgung, Fernwärme, Wasserversorgung, Abfallentsorgung und ÖPNV – gegliedert. Spartenübergreifende Aufgaben, wie etwa Rechnungswesen, IT, Recht und Steuern, werden organisatorisch als Querschnittsfunktionen abgebildet. In den letzten Jahren weisen die Geschäftsberichte vieler Stadtwerke noch detailliertere Untergliederungen in einzelne Geschäftsfelder auf, wie z.B. Erzeugung, Handel, Vertrieb, Netze und Energiedienstleistungen (vgl. hierzu den Geschäftsbericht 2013 der MVV Energie AG (O.V., 2013c)). Größere Stadtwerke, wie z.B. die der Städte München und Köln, sind zudem in einer Holdingstruktur aufgestellt. Hier steuert eine zentrale Holdinggesellschaft den Konzern mit seinen Tochterunternehmen für die einzelnen Geschäftsfelder (Gottschalk, 2012).

2.3 Auswirkung der Energiemarktliberalisierung auf Stadtwerke

Bis zu Beginn der Liberalisierung der europäischen Energiemärkte gegen Ende der 1990er Jahre ist die Energieversorgung in Europa durch Versorgungsmonopole und eine Diskriminierung im Zugang zu den Energieversorgungsnetzen gekennzeichnet. Das System basiert auf dem Energiewirtschaftsgesetz (EnWG) von 1935, das die deutsche Energieversorgung der staatlichen Aufsicht unterstellt. Durch Ausnahme der Energieversorgung von den allgemeinen Wettbewerbsregelungen entstehen auf Grundlage von Demarkations- und Konzessionsverträgen landesweit Gebietsmonopole, die keinen Wettbewerb in der Energieversorgung zulassen (Kleest/Reuter, 2002; Bräunig, 2012).

Mit Inkrafttreten der Elektrizitätsbinnenmarkt-Richtlinie (Richtlinie 96/92/EG) und der Erdgasbinnenmarkt-Richtlinie (Richtlinie 98/30/EG) ist die Liberalisierung der europäischen Energiemärkte rechtlich eingeleitet. Im weiteren Verlauf werden mit der Beschleunigungs-Richtlinie Elektrizität (Richtlinie 2003/54/EG) und der Beschleunigungs-Richtlinie Erdgas (Richtlinie 2003/55/EG) sowie den dritten Binnenmarkt-Richtlinien Elektrizität und Erdgas (Richtlinie 2009/72/EG; Richtlinie 2009/73/EG) Vorschriften erlassen, welche die Liberalisierung vorantreiben. In Deutschland erfolgt die Umsetzung der EU-Richtlinien in nationales Recht zunächst mit der Neuregelung des Energiewirtschaftsrechts (Gesetz zur Neuregelung des Energiewirtschaftsrechts, 1998). Nachfolgend wird das EnWG durch Novellierungen der Jahre 1998, 2003, 2005, 2008 und 2011 den Vorschriften der jeweiligen EU-Richtlinien angepasst. Gleichzeitig werden diverse Durchführungsverordnungen erlassen, die das neue EnWG inhaltlich konkretisieren. Die Liberalisierung hat umfangreiche Entflechtungs-Vorschriften, eine Deregulierung des Energievertriebes sowie die Regulierung des Netzbetriebes zur Folge. Diese Rahmenbedingungen führen bei den Energieversorgungsunternehmen zu weitreichenden Konsequenzen, die grundsätzlich auch energieversorgende Stadtwerke betreffen. Daher werden die wesentlichen Änderungen der Rahmenbedingungen im Folgenden beschrieben.

2.3.1 Entflechtungs-Vorschriften

Der Umfang der Entflechtung (engl.: unbundling) der Energieversorgungsunternehmen wird nach und nach ausgeweitet und umfasst mittlerweile die informatorische, bilanzielle, rechtliche und operationelle Ebene.

Die informatorische Entflechtung verlangt gem. § 6a EnWG von vertikal integrierten Energieversorgungsunternehmen, Transportnetzeigentümern, Netzbetreibern, Speicheranlagenbetreibern und Betreibern von LNG-Anlagen, dass wirtschaftlich sensible Informationen vertraulich zu behandeln sind (auch gegenüber anderen Unternehmensbereichen). Zudem sind Informationen über Geschäftstätigkeiten nichtdiskriminierend offen zu legen, was vor allem den Informationsaustausch von Kunden- und Abrechnungsdaten zwischen Netzbetrieb und Vertrieb betrifft. Für Stadtwerke haben die informatorischen Entflechtungsanforderungen umfangreiche organisatorische Umstrukturierungen und erhebliche Kosten für Betrieb, Wartung und Instandhaltung der technischen und betriebswirtschaftlichen IT-Systeme zur Folge (Bräuning, 2012; Netzband/Dierks, 2012).

Die bilanzielle Entflechtung verlangt gem. § 6b EnWG, dass vertikal integrierte Energieversorgungsunternehmen innerhalb der internen Rechnungslegung eine Trennung der Konten für die Tätigkeitsbereiche Elektrizitätsübertragung, Elektrizitätsverteilung, Gasfernleitung, Gasverteilung und Gasspeicherung, Betrieb von LNG-Anlagen sowie für Aktivitäten außerhalb des Elektrizitäts- und Gassektors vornehmen müssen. Damit sollen Diskriminierungen und Quersubventionierungen vermieden werden. Für jeden Tätigkeitsbereich wird fiktiv von rechtlich selbstständigen Unternehmen ausgegangen, wobei jeweils eine Bilanz und eine Gewinn- und Verlustrechnung aufzustellen und prüfen zu lassen ist. Dadurch entsteht für vertikal integrierte Stadtwerke einerseits ein erhöhter Bilanzierungsaufwand – zumal Schlüsselungen für die verursachungsgerechte Zuordnung von Geschäftsvorfällen und interne Leistungsverrechnungen zur Erfassung der internen Leistungsbeziehungen vorzunehmen sind. Anderseits erhöht sich die Transparenz der energiewirtschaftlichen Aktivitäten außerhalb des Energiesektors, sodass sich die Tätigkeitsbereiche besser planen, steuern und überwachen lassen (Banschbach/Poullie, 2012; Bräunig, 2012).

Die rechtliche Entflechtung erstreckt sich vor allem auf das Gesellschafts-, Steuer-, Arbeits- und Vergaberecht. Vertikal integrierte Energieversorgungsunternehmen haben gem. § 7 EnWG dafür zu sorgen, dass mit ihnen verbundene Verteilnetzbetreiber in Bezug auf die Rechtsform unabhängig von den übrigen Tätigkeitsbereichen der Energieversorgung sind. Dies kann geschehen, indem das Netzeigentum auf eine Netzgesellschaft übertragen wird (Übertragungsmodell) oder das Netzeigentum beim Energieversorger verbleibt und von der Netzgesellschaft gepachtet bzw. betrieben wird (Pacht-/Betriebsführungsmodell). Hiervon ausgenommen sind vertikal integrierte Energieversorger, die über weniger als 100.000 Kunden mit direktem oder indirektem Anschluss an das jeweilige Stromnetz verfügen. Insofern gilt hier die Verpflichtung einer gesellschaftsrechtlichen Entflechtung nur für größere Stadtwerke (Bräuning, 2012; Musseaus/Rausch/Otto, 2012).

Mit der operationellen Entflechtung gem. § 7a EnWG haben vertikal integrierte Energieversorger sicherzustellen, dass mit ihnen verbundene Verteilnetzbetreiber hinsichtlich der Organisation, der Entscheidungsgewalt und der Ausübung des Netzgeschäfts einen diskriminierungsfreien Netzzugang gewährleisten. Dies betrifft vor allem die personelle Trennung auf Führungsebene und die Sicherstellung der Handlungsunabhängigkeit der Führungskräfte. Die tatsächlichen Entscheidungsbefugnisse hinsichtlich Netzbetrieb, -wartung und -ausbau müssen beim Verteilnetzbetreiber liegen. Auch bei der operationellen Entflechtung besteht eine Ausnahme für vertikal integrierte Energieversorger, die über weniger als 100.000 Kunden mit mittelbarem oder unmittelbarem Anschluss an das jeweilige Elektrizitätsverteilnetz verfügen (Bräunig, 2012; Galioto/Küper/Janoschka, 2012).

Zur organisatorischen Umsetzung der Entflechtungsvorschriften existieren verschiedene Organisationsmodelle für betroffene Stadtwerke. Im Holding-Modell ist die Netzgesellschaft z.B. neben einer Vertriebsgesellschaft, jedoch unterhalb einer Muttergesellschaft angesiedelt. Beim Modell Tochtergesellschaft ist die Netzgesellschaft ein Tochterunternehmen des Energieversorgers, bei einem anderen Modell Mutterunternehmen des Energieversorgers (Bräuning, 2012).

2.3.2 Deregulierung des Energievertriebs

Der eigentliche Start der Liberalisierung findet im Jahre 1998 mit der Deregulierung der deutschen Energiemärkte statt. Die staatlichen Eingriffe in die wirtschaftlichen

Prozesse der Strom- und Gasanbieter werden kontrolliert zurückgenommen, insbesondere die bisher übliche Genehmigung der Versorgungstarife durch die Landeskartellbehörden werden eingestellt. Die Preise für Strom und Gas bilden sich am Markt, was zu einem Wettbewerb und zunächst – wie bereits bei der Deregulierung des Telefonnetzes – zu Preissenkungen führt.

Die Deregulierung im Energievertrieb führt dazu, dass alle Letztverbraucher ihre Strom- und Gaslieferanten frei wählen können. Dies hat auch zur Folge, dass Energiehändler und unabhängige Energieanbieter am Markt auftreten, die weder über Erzeugungs- noch Netzkapazitäten verfügen. Zudem entstehen Energiebörsen, wie die European Energy Exchange (EEX) in Leipzig, an denen Energiekontrakte und daraus abgeleitete Finanzprodukte (insbesondere Energiederivate) frei gehandelt werden (Wiesner, 2010).

Die Entwicklung des Marktes führt neben neuen Anbietern auch zu einer Vielzahl von neuen Marken. So führen u. a. die ehemaligen Verbundunternehmen mit Beginn der Liberalisierung Strommarken ein, wie z.B. EnBW mit „Yello Strom", RWE zunächst mit „Avanza" und später mit „Eprimo" sowie E.ON zunächst mit „POWERfamily" und später mit „E wie einfach" (Kreutz, 2000). Aber auch regionale und lokale Stromversorger weiten ihr Stromangebot über ihr bisheriges Versorgungsgebiet aus, wie z.B. die Pfalzwerke mit der Marke „123energie", die Stadtwerke Krefeld mit „Lekker Energie" und die Stadtwerke Bochum mit „energiehoch3". Zudem entstehen zahlreiche unabhängige Stromanbieter, von denen einige jedoch wieder vom Markt verschwinden. Beispiele hierfür sind die 2003 gegründete Firma Flexstrom, die 2012 Insolvenz anmeldet, und die 2006 gegründete Teldafax Energy, die bereits 2011 in die Insolenz geht. Auch gibt es spezialisierte Stromanbieter, die nur Strom aus regenerativen Energien anbieten, wie z.B. LichtBlick, Naturstrom und Greenpeace Energy.

Die Energieanbieter verfolgen bislang sehr unterschiedliche Strategien um ihre Strom- und Gasprodukte zu bewerben und zu vertreiben. Einige Beispiele sind TV-, Radio-, Print- und Internetwerbung als Kommunikationskanäle sowie Kaufhäuser, Postschalter, Postwurfsendungen und das Internet als Vertriebskanäle. Nach einer Studie der Fichtner Management Beratung aus dem Jahr 2009 setzen Stromanbieter vor allem das Internet, Zeitungen/Zeitschriften und Broschüren/Prospekte als Kommunikationskanäle ein, während Internetportale und Kundencenter als Vertriebskanäle bevorzugt werden (Beyer/Schwarz/Ilieva, 2009). Gegenwärtig gibt es über 900 Stromanbieter in Deutschland, wobei die meisten relativ wenige Zählpunkte beliefern. Im Durchschnitt kann ein Endkunde im Jahr 2012 zwischen 88 Stromanbietern je Netzgebiet auswählen. Dabei sind in 76 Prozent aller Netzgebiete mehr als 50 Anbieter aktiv (2007 wird dieser Wert nur in 23 Prozent aller Netzgebiete erreicht). Der zunehmende Wettbewerb führt einerseits dazu, dass viele Kunden ihren Strom- und/oder Gaslieferanten wechseln. Die kumulierten Versorgerwechsel-Quoten der deutschen Haushalte seit Beginn der Liberalisierung liegen 2012 bei 30 Prozent (Strom) und 18 Prozent (Gas) (BDEW, 2014a). Andererseits bleiben Kunden häufig bei ihrem bisherigen Energieversorger und wechseln in einen preisgünstigeren Tarif (BNetzA/BKartA, 2013). Abgesehen vom Aufwand für die Abwicklung der

Wechselprozesse führt bei den Stadtwerken der Preisdruck auf die Versorgungstarife zu empfindlichen Ergebnisrückgängen im Energievertrieb (siehe Kap. 4).

2.3.3 Regulierung des Netzbetriebs

Der Wettbewerb im Energiemarkt findet in den Segmenten Erzeugung, Handel und Vertrieb statt, während die Wertschöpfungsstufen Transport und Verteilung als natürliche Monopole reguliert werden. Mit Abschaffung des Gebietsschutzes bzw. der Versorgungsmonopole ist Dritten (Kunden und Lieferanten) das Recht auf Nutzung der Energieversorgungsnetze ohne Diskriminierungen eingeräumt. Die ersten Elektrizitäts- und Erdgasbinnenmarkt-Richtlinien bieten den Mitgliedsstaaten hierfür die Möglichkeiten des sogenannten „Verhandelten Netzzugangs" (Negotiated Third Party Access), des „Geregelten Netzzugangs" (Regulated Third Party Access) und als Besonderheit das „Alleinabnehmersystem" (nur für die Elektrizitätsversorgung). Diese Zugangsalternativen können in den Staaten auch in Kombination angewendet werden (Säcker/Busche, 1998).

Das Alleinabnehmersystem wird entwickelt, um die Wettbewerbsfähigkeit kommunaler Stromversorger zu stärken. Bei diesem Modell kauft der Kunde seinen Strom bei einem Drittanbieter. Gleichzeitig erwirbt der örtliche Versorger den Strom vom Lieferanten und leitet ihn innerhalb seines Versorgungsgebietes an den Kunden. Durch Verrechnung zwischen den Beteiligten verbleibt beim örtlichen Versorger die Differenz zwischen dem Preis, den der Kunde gezahlt hat, und dem Preis, der an den Lieferanten gezahlt wurde. Hauptvorteil für den örtlichen Versorger ist, dass er Ansprechpartner für die Kunden bleiben und ihnen Energiedienstleistungen anbieten kann. Zudem bleibt er umfassend über die örtliche Versorgung informiert (Meyer-Renschhausen/Sieling, 1999).

Bereits das EnWG von 1998 sieht für Deutschland den verhandelten Netzzugang auf Grundlage von Verbändevereinbarungen (VV) vor, an deren Aushandlungen u. a. auch der VKU beteiligt ist. Diese privatwirtschaftlichen Vereinbarungen werden im Zeitablauf weiterentwickelt, sodass die VV I, VVII und VV II+ für Strom sowie die VV I und VV II für Gas entstehen (Gerdes/Zöckler, 2012; Ridder, 2007). Allerdings erweist sich der Netzzugang auf Vertragsbasis in der Praxis als sehr problematisch. Kritisch werden insbesondere von Verbraucherschützern und Industrieverbänden die von den Netzbetreibern ermittelten Netznutzungsentgelte gesehen (Piltz, 2001; Lengsfeld, 2003).

Aufgrund der anhaltenden Kritik entscheidet sich der deutsche Gesetzgeber mit der Novellierung des EnWG von 2005 für den regulierten Netzzugang. Dies geschieht zunächst mittels einer kostenbasierten Netzregulierung (Kostenzuschlagsregulierung). Mit Inkrafttreten der Anreizregulierungsverordnung (ARegV) zum 06. November 2007 erfolgt hinsichtlich der Entgeltbildung in Bezug auf die Nutzung der Strom- und Gasnetze allerdings ein grundlegender Paradigmenwechsel (Herrmann, 2012). Danach werden den Netzbetreibern seit dem Jahr 2009 individuelle, effizienzbasierte Erlösobergrenzen vorgegeben. Unternehmen, welche die Effizienzvorgaben übererfüllen, erwirtschaften höhere Renditen als Netzbetreiber, die dies nicht schaffen. Im Fall der Übererfüllung entsteht ein Delta, das der Netzbetreiber als zusätzlichen Gewinn für sich verbuchen kann. Hierin liegt der Anreiz zur Effizienzsteigerung (Herrmann, 2012). Auf die Besonderheiten des Anreizregulierungsverfahrens wird in Kap. 5 näher eingegangen. Frühestens ab 2019 ist der Übergang in den Vergleichswettbewerb („Yardstick Competition") als Regulierungsverfahren vorgesehen (Fallier, 2013).

2.4 Das Leistungsspektrum der Stadtwerke

Die deutschen Stadtwerke bieten heute ein sehr breites und tiefes Spektrum an Versorgungs- und Entsorgungsleistungen an, das bei vielen Unternehmen in den letzten Jahren um eine Fülle unterschiedlicher Dienstleistungen ergänzt wird. Anfang der 2000er Jahre wird daher der Begriff „Multi Utility" zum geflügelten Wort in der Branche (Gebhardt/Weiss, 2013; Meyer-Renschhausen/Sieling, 1999; Ridder, 2007).

Wie bereits in Kapitel 2.1 ausgeführt, wenden sich viele Stadtwerke in ihrem Berichtswesen von der früher üblichen Spartenorientierung (Stromversorgung, Gasversorgung etc.) ab, hin zu einer eher wertschöpfungsorientierten Geschäftsstruktur. Gemäß den klassischen Wertschöpfungsstufen der Energieversorgung lauten die Geschäftsfelder der Stadtwerke dann Erzeugung, Handel, Netze und Vertrieb. Im Rahmen der für diese Arbeit durchgeführten Datenrecherche über die 50 größten Stadtwerke (s. Kapitel 5) wird eine Vielzahl weiterer Geschäftsbereiche und Tätigkeitsfelder identifiziert, in denen die Unternehmen aktiv sind. Abbildung 1 gibt hierzu einen Überblick.

Abbildung 1: Geschäftsbereiche und Tätigkeitsfelder

Erzeugung	Handel	Transport und Verteilung	Vertrieb	Energie-Dienstleistungen	Anlageninstallation
Konventionelle KW	Stromgroßhandel	Stromverteilnetze	Strom lokal	Contracting	Metering
(Braunkohle)	Gasgroßhandel	Gasverteilnetze	Gas lokal	Energiedatenmngt.	Gebäudetechnik
(Steinkohle)	Zertifikatehandel	Wärmenetze	Wärme, Dampf lokal	Energieberatung	
(Erdgas)		Wassernetze	Wasser lokal	Abrechnung	
(Abfall)		Dampfnetze	Strom überreg.		
Erneuerbare KW		Energiespeicher	Gas überreg.		
Beteiligungen			Onlinevertrieb		
Virtuelle KW			Ökoprodukte		
			CO2-Kompensation		

ÖPNV	Öffentliche Anlagen	Entsorgung	Telekommunikation und IT	Elektromobilität	Intern. Aktivitäten
Busse	Bäder, Parkhäuser	Abfall	Glasfasernetze	Ladestationen	Beteiligungen
Straßenbahn	Facility Management	Kläranlagen	Breitbandservices	Fahrzeugverleih	Beratung
	Straßenbeleuchtung	MHKW	Rundsteuerung	Datenmanagement	Planung, Bau
	Straßenreinigung	Kanalisation	Hard- & Software	Abrechnung	Betrieb
			Rechenzentren		

Quelle: Eigene Darstellung

Auf die wichtigsten Geschäftsfelder wird im Folgenden kurz eingegangen.

Geschäftsfeld Erzeugung

Über viele Jahrzehnte hinweg hat die Stromerzeugung für die meisten Stadtwerke als Geschäftsfeld nur eine untergeordnete Bedeutung – sind es doch maßgeblich die Verbundunternehmen, welche die deutschen Großkraftwerke betreiben und damit den größten Anteil der Stromerzeugung abdecken. Erst einige Jahre nach der Öffnung der Energiemärkte rückt das Geschäftsfeld Erzeugung verstärkt in den Fokus der Stadtwerke. Hierfür gibt es unterschiedliche Gründe. Zum einen geht die Branche von sinkenden Margen in den Geschäftsfeldern Vertrieb und Netze aus, die durch Investments in eigene Kraftwerksanlagen kompensiert werden sollen. Zum anderen steigt der politische Druck auf die Stadtwerke, durch eigene Erzeugungsanlagen unabhängiger von den Großkonzernen zu werden und durch Bau von erneuerbaren Erzeugungsanlagen die Energiewende zu unterstützen (Weil, 2008; Edelmann, 2011; Lenk/Rottmann/Albrecht/Grüttner, 2012). Das konkrete Engagement der Stadtwerke im Bereich Erzeugung und die wirtschaftlichen Konsequenzen daraus werden in Kapitel 5 näher betrachtet.

Im Jahr 2012 verfügen die kommunalen Stromversorger über 20.433 MW an Kraftwerkskapazitäten (VKU, 2013b), was bezogen auf die Kapazitäten der deutschen Stromversorgung einen Anteil von 11,5 Prozent ausmacht (BNetzA/BKartA, 2013). 12.281 MW der Kraftwerkskapazitäten kommunaler Stromversorger befinden sich vor Ort (häufig in Kraft-Wärme-Kopplung betrieben), während die verbleibenden 8.152 MW auf Kraftwerkskooperationen und Beteiligungen (z.B. an Gemeinschafts-/Großkraftwerken) entfallen. Beispielsweise ist MVV Energie mit 28 Prozent am Großkraftwerk Mannheim beteiligt (O.V., 2013C). Der größte Anteil der gesamten Kraftwerkskapazitäten von Stadtwerken entfällt mit 45,1 Prozent auf konventionelle Kraftwerke, direkt gefolgt von KWK-Anlagen mit 43,5 Prozent. Anlagen zur Erzeugung von Strom aus erneuerbaren Energien (EE-Anlagen) kommen auf 11,4 Prozent (VKU, 2013b). Im Bau und im Genehmigungsverfahren befindet sich eine Kapazität von 3.525 MW mit einem Investitionsvolumen von 6,2 Mrd. Euro. Davon entfallen 38,1 Prozent auf konventionelle Kraftwerke, 39,3 Prozent auf KWK-Anlagen und 22,6 Prozent auf EE-Anlagen (VKU, 2013a).

Die Gaserzeugung spielt bei den Stadtwerken praktisch keine Rolle. Das in Deutschland verbrauchte Erdgas wird überwiegend importiert. Dafür sind die Stadtwerke verstärkt im Bereich Wärme- und Dampferzeugung tätig. Mitunter wird auch die Trinkwassergewinnung in einigen Geschäftsberichten dem Geschäftsfeld Erzeugung zugeordnet.

Geschäftsfelder Vertrieb und Handel

Im Stromvertrieb beliefern Stadtwerke ihre lokalen Industrie-, Gewerbe- und Haushaltkunden, betreiben teilweise aber auch Stromhandel auf dem Großhandelsmarkt (z.B. über die Strombörse). Im Jahr 2011 haben die Mitgliedsunternehmen des VKU 214 Mrd. kWh Strom an Kunden abgegeben, was bezogen auf die bundesweite Stromabgabe (467 kWh) einem Anteil von 46 Prozent entspricht (VKU, 2013b).

Im Jahr 2011 haben die Mitgliedsunternehmen des VKU 552 Mrd. kWh Gas an Kunden abgegeben, was bezogen auf die bundesweite Gasabgabe (884 kWh) einem Anteil von 62 Prozent entspricht (BNetzA/BKartA, 2013). Damit ist relativ betrachtet die Bedeutung der Stadtwerke für die Energieverteilung in Deutschland im Bereich der Gasversorgung größer als in der Stromversorgung, sowohl was die Energieabgabe als auch die Netzlänge betrifft.

Mit 54 Mio. kWh Fernwärme vertreiben die kommunalen EVU 63 Prozent der bundesweit abgegebenen Menge von 85 Mio. kWh (VKU, 2013b). Damit entspricht ihr Versorgungsanteil in etwa dem der Gasversorgung.

Eine wichtige Rolle haben die Stadtwerke auch in der Trinkwasserversorgung. So geben alleine die Mitgliedsunternehmen des VKU im Jahr 2010 3.617 m^3 Leitungs-/Trinkwasser ab, was einem Anteil an der gesamtdeutschen Abgabe (4.500 m^3) von 80 Prozent entspricht (VKU, 2013b).

Geschäftsfeld Netze

Die Mitgliedsunternehmen des VKU betreiben ein Stromnetz mit einer Leitungslänge von 653.000 km (BNetzA/BKartA, 2013). Dies entspricht bezogen auf die Gesamtlänge des deutschen Hoch-, Mittel- und Niederspannungsnetzes (1.753.351 km) einem Anteil von 37 Prozent. Da nicht alle deutschen Stadtwerke im VKU organisiert sind, wird der Anteil der kommunalen EVU an den Verteilnetzen noch höher sein.

Vor dem Hintergrund der zunehmenden Stromeinspeisung aus EE- und KWK-Anlagen (vgl. Kap. 2.6) gehen Stadtwerke verstärkt zum Monitoring und zur Automatisierung ihrer Verteilnetze über. Dies geschieht z.B. durch Installation regelbarer Ortsnetztransformatoren und intelligenter Energiemesssysteme, wie z.B. dem Einbau intelligenter Zähler (smart meter), und ist häufig kostengünstiger als der konventionelle Netzausbau. Gleichzeitig verschmelzen Stadtwerke ihre Netz- und Kommunikationsinfrastruktur bis hin zu den Kundenanschlusspunkten. Die Messeinrichtungen werden in das Kommunikationsnetz integriert und tragen so zu einer Verbesserung der Steuerung der Verteilnetze bei (Hermann/Gottwald, 2013; Lauterborn, 2013).

Kommunale Gasversorger betreiben in Deutschland ein Netz mit einer Leitungslänge von 289.000 km (VKU, 2013b). Bezogen auf die gesamte Länge der deutschen Verteilnetzbetreiber (470.433 km) beträgt ihr Anteil 61 Prozent. Auch verfügen die kommunalen EVU in Deutschland über Fernwärmenetze mit einer Gesamtlänge von 20.000 km und ein Wasserversorgungsnetz von 320.000 km (VKU, 2013b).

Geschäftsfeld Entsorgung

Kommunale Versorger betreiben in Deutschland Misch- und Schmutzwasserkanalnetze mit einer Gesamtlänge von 440.644 km Länge (VKU, 2013a). Sie sind in der Entsorgung von Bioabfall, Papier, Glas, Leichtverpackungen, Restabfall, Sperrmüll und Schadstoffen (die jeweils getrennt erfasst und entsorgt werden) tätig. Die gesammelte Abfallmenge pro Kopf liegt 2012 für Restabfall bei 168 kg, für Bioabfall bei

82 kg und für Altpapier bei 77 kg (VKU, 2013b). Zudem entsorgen die Stadtwerke deutschlandweit 2.446 m3 Abwasser und damit einen Anteil von 24 Prozent an der gesamten Abwassermenge (9.988 m3) (VKU, 2013b).

Geschäftsfeld ÖPNV

Als öffentlicher Personennahverkehr (ÖPNV) wird in Deutschland und Österreich der Personenverkehr auf Straße, Schiene und Wasser im Nahbereich im Rahmen der Grundversorgung bezeichnet (in der Schweiz hat der Begriff keine rechtliche Relevanz) (Lasch, 2005). Das deutsche Regionalisierungsgesetz aus dem Jahr 1993 definiert die Sicherstellung einer ausreichenden Bedienung der Bevölkerung mit ÖPNV-Leistungen als eine Aufgabe der grundgesetzlich verankerten Daseinsvorsorge. Die Nahverkehrsgesetze der Länder beschreiben diese Aufgabe näher. Die Länder selbst (oder von ihnen Beauftragte, z.B. Zweckverbände) sind Aufgabenträger für den schienengebundenen Nahverkehr (S-Bahnen und Regionalverkehr). Die Landkreise und kreisfreien Städte sind Aufgabenträger für den übrigen ÖPNV, der im Wesentlichen den Betrieb von Bussen, Straßenbahnen und U-Bahnen umfasst (Lasch, 2005; Burmeister, 2009). Kommunale Eigenbetriebe erbringen allerdings nur noch in wenigen Kommunen ÖPNV-Leistungen, so sind von den 540 Mitgliedsunternehmen des Verbandes Deutscher Verkehrsunternehmen nur 19 kommunale Eigenbetriebe (VDV, 2012). Der ÖPNV wird heute überwiegend durch Unternehmen in privater Rechtsform durchgeführt, die sich mehrheitlich in kommunalem Besitz befinden. Hierzu zählen vor allem die Stadtwerke. Von den 50 größten Stadtwerken, die im Rahmen dieser Arbeit betrachtet werden (s. Kapitel 5), sind 30 im ÖPNV tätig. Neben Bussen, Straßenbahnen oder U-Bahnen werden häufig auch lokaltypische, besondere Verkehrsmittel betrieben, wie die Wuppertaler Schwebebahn, die Dortmunder „H-Bahn" oder die elektrisch betriebenen Solinger „O-Busse". Für den Betrieb dieser Anlagen, die teilweise als Touristenattraktionen gelten, sind wiederum die lokalen Stadtwerke verantwortlich.

Weitere Geschäftsfelder

Neben dem ÖPNV betreiben viele Stadtwerke im Auftrag ihrer Kommunen auch öffentliche Einrichtungen wie Hallen- und Freibäder, Parkhäuser oder die öffentliche Beleuchtung. Auch im Facility Management sind einige Unternehmen tätig.

Durch Erschließung weiterer Geschäftsfelder versuchen Stadtwerke, ihr Leistungsspektrum zu diversifizieren und Kunden durch zusätzliche Dienstleistungen an sich zu binden. Solche Geschäftsfelder sind beispielsweise Energiedienstleistungen wie Energieberatung und Contracting, Facility Management und Telekommunikationsdienstleistungen (Ridder, 2007; Schöneich, 2012). Im Bereich der Telekommunikation etwa nutzen Stadtwerke verstärkt die Trassen ihrer Verteilnetze zur Verlegung von Leerrohren, in die Glasfaserleitungen eingezogen werden. Damit können sie in ihrem Versorgungsgebiet Breitbandnetze aufbauen und betreiben. Mittlerweile verfügen kommunale Versorger über Glasfasernetze mit einer Gesamtlänge von 20.000 km (VKU, 2013b).

Zu den neuen Tätigkeitsfeldern zählt die Elektromobilität, mit der sich bereits viele Stadtwerke auseinandersetzen. Konkrete Geschäftsmodelle befinden sich jedoch häufig noch in der Entwicklung, was auch für viele weitere Bereiche zutrifft, die Stadtwerke heute als mögliche Geschäftsfelder der Zukunft betrachten. Die Branche geht inzwischen davon aus, dass die traditionelle Wertschöpfungskette der Energieversorgung sich im Zuge der Energiewende (siehe auch Kap. 2.5) verändern und deutlich vielschichtiger werden wird (s. Abb. 2) (Rendez, 2013).

Abbildung 2: Wertschöpfungskette der Stadtwerke (Energieversorgung)

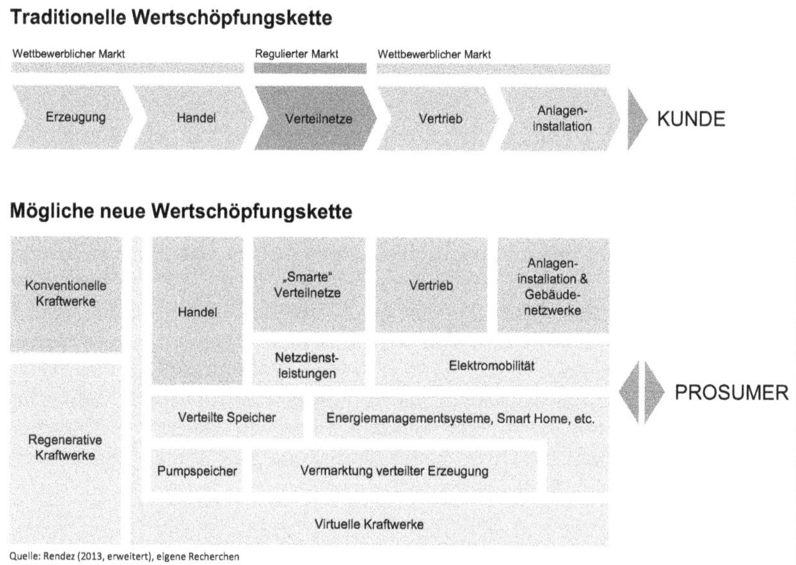

Quelle: Rendez (2013, erweitert), eigene Recherchen

Kunden, die heute im Wesentlichen Energieverbraucher sind, werden künftig einen Teil ihrer Energie selbst erzeugen[1]. Ein großer Teil der dezentral erzeugten Energie wird vermarktet werden. Durch die zunehmend dezentrale Einspeisung wird der Betrieb der Netze deutlich komplizierter, fluktuierende und mobile Lasten und Speicher sowie virtuelle Kraftwerke müssen gemanagt werden. Stadtwerke

1 Es sei an dieser Stelle angemerkt, dass dem Verfasser der erste Hauptsatz der Thermodynamik bekannt ist, wonach Energien zwar ineinander umwandelbar sind, aber nicht erzeugt bzw. vernichtet werden können. Umgangssprachlich hat sich die Umwandlung von z.B. kinetischer, potentieller, thermischer oder chemischer Energie in elektrische Energie jedoch als „Energieerzeugung" manifestiert. Daher wird auch hier von diesem Ausdruck Gebrauch gemacht.

als Energieversorger vor Ort sind dabei häufig die lokalen bzw. regionalen Treiber der Energiewende und fungieren oftmals als Vorreiter in Bezug auf die Umsetzung erforderlicher Maßnahmen oder die Nutzung neuer Technologien. Aufgrund ihrer Bürgernähe tragen sie auch oft dazu bei, das Verständnis für bestimmte Projekte und Erfordernisse in der Bevölkerung zu stärken (Lenk/Rottmann/Albrecht/Grüttner, 2012). Sie bringen daher für die neuen Aufgaben gute Voraussetzungen mit. Jedoch zeigt sich bereits heute, dass auch neue Wettbewerber sich Chancen im veränderten Energiemarkt versprechen (Rendez, 2013).

Internationale Aktivitäten finden nur bei sehr wenigen großen kommunalen EVU statt (z.B. der Oldenburger EWE AG oder der MVV Energie AG aus Mannheim). Der unternehmerischen Betätigung der Stadtwerke außerhalb der Kommune sind ohnehin Grenzen gesetzt. Nach § 67 der Deutschen Gemeindeordnung (DGO) ist die Errichtung oder wesentliche Erweiterung wirtschaftlicher Unternehmen durch Gemeinden nur zulässig bei Rechtfertigung durch den öffentlichen Zweck, bei Angemessenheit der Wirtschaftstätigkeit des Unternehmens zur Leistungsfähigkeit der Gemeinde sowie bei nicht wirtschaftlicherer Zweckerfüllung durch andere, privatwirtschaftliche Unternehmen. Diese Kriterien finden sich in ähnlicher Ausgestaltung auch in den Gemeindeordnungen (GO) einzelner Bundesländer wieder (vgl. hierzu § 102 der Gemeindeordnung für Baden-Württemberg über die „Zulässigkeit wirtschaftlicher Unternehmen" (Gemeindeordnung für Baden-Württemberg, 2000)). Der öffentliche Zweck ist durch die Gemeinwohlbindung (öffentliches Interesse der Gemeindebewohner) und die Örtlichkeitsbindung (Determinierung des räumlichen Wirkungskreises) gekennzeichnet. So ist etwa bei Kooperationen von Stadtwerken über die jeweils eigenen Gemeindegrenzen hinweg eine Aufhebung der Örtlichkeitsbindung erforderlich. In einigen Bundesländern, wie Bayern und Nordrhein-Westfalen, wurde daher die Örtlichkeitsbindung gelockert (Ridder, 2007; Püttner, 2012; Kurtz/Pohlmeier, 2012).

2.5 Strukturwandel der deutschen Stadtwerke

Seit Beginn der Liberalisierung der Energiemärkte stehen Stadtwerke auf dem deutschen Strom- und Gasmarkt im Wettbewerb. Dieser erfordert Anpassungen der bisherigen Strategien der Stadtwerke, wobei zwischen defensiven und offensiven Wettbewerbsstrategien zu unterscheiden ist. Defensive Anpassungsstrategien sind auf eine Reduzierung der wettbewerbsbedingt auftretenden Risiken in der Erzeugung und im Energievertrieb/-handel ausgerichtet. So können Stadtwerke diese Aktivitäten verringern oder ganz aufgeben und sich dann z.B. als reiner Infrastrukturbetreiber auf das risikoärmere Netzgeschäft konzentrieren. Offensive Anpassungsstrategien laufen auf eine Nutzung der Chancen hinaus, die der Wettbewerb auf dem Strom- und Gasmarkt bietet. Dafür müssen Stadtwerke höhere Risiken eingehen und sich marktorientiert aufstellen (Meyer-Renschhausen/Sieling, 1999). Die Analysen in Kapitel 5 werden zeigen, dass sich der Großteil der Stadtwerke dem Wettbewerb stellt. Dabei hat sich die Struktur der Stadtwerke gewandelt. Zwar sind – aus Sicht der Stadtwerke-Gesellschafter – auch defensive Anpassungsstrategien umgesetzt worden, etwa in Form von Privatisierungen (Rückzug der Kommune). Verstärkt ist es jedoch zu offensiven Anpassungsstrategien gekommen – wie Kooperationen, Fusion, Neugründungen, Rekommunalisierungen, Netzübernahmen nach Ablauf von Konzessionsverträgen oder der Erschließung neuer Geschäftsfelder – wie die Beispiele in den folgenden Unterkapiteln zeigen.

2.5.1 Privatisierungen

Mit einer Privatisierung als defensive Strategie veräußern Kommunen ihre Anteile am Stadtwerk vollständig oder teilweise an einen oder mehrere Investoren. Häufig handelt es sich dabei um privatwirtschaftliche Versorgungsunternehmen, die ihr Versorgungsgebiet erweitern wollen. Um die Einflussnahme der Kommune auf die örtliche Versorgung zu gewährleisten, wird häufig nur ein Minderheitsanteil (d. h. weniger als 50 Prozent) verkauft. Aber auch hier gibt es Ausnahmen, wie z.B. die Stadtwerke Düsseldorf, an denen die Stadt Düsseldorf seit 2005 über eine Zwischenholding nur noch 25,05 Prozent hält (Leuschner, 2005). Weitere Privatisierungsbeispiele sind:

- Privatisierung der Stadtwerke Bremen (swb) durch Veräußerung von 51 Prozent der Anteile an den niederländischen Versorger Essent im Jahr 2000 sowie der restlichen 49 Prozent an die EWE AG in den Jahren 2003/2004 (swb, 2004)
- Privatisierung der Stadtwerke Kiel durch Veräußerung von 51 Prozent der Anteile an den US-amerikanischen Versorger TXU im Jahr 2000 (SW Kiel, 2002)
- Privatisierung der Stadtwerke Görlitz durch Veräußerung von 74,9 Prozent der Anteile an den französischen Versorger Vivendi im Jahr 2001 (SW Görlitz, 2014)

Eine Privatisierung kann auch im Rahmen eines Börsengangs vorgenommen werden. So ist beispielsweise die MVV Energie AG im Jahr 1999 an die Börse gegangen. Seither hat sich der Anteil der Stadt Mannheim am Unternehmen auf 50,1 Prozent reduziert (O.V., 2014e). Mit einer Privatisierung kann die veräußernde Kommune durch Anteilsverkauf finanzielle Mittel in Höhe des vereinbarten Kaufpreises generieren, um z.B. ihren kommunalen Haushalt zu konsolidieren. Auch besteht die Möglichkeit, Anteile im Rahmen einer Kapitalerhöhung an Investoren gegen Entgelt abzugeben. In dem Fall verbleiben die Finanzmittel im Stadtwerk und verbessern dort die Eigenkapitalausstattung. Als Anteilseigner können Investoren ihr Know-how in ein Stadtwerk einbringen und die marktorientierte Aufstellung vorantreiben (Ridder, 2007; Sander, 2008; Schöneich, 2012). Welchen Einfluss die Beteiligung privater Gesellschafter auf die Stadtwerke hat, wird in Kapitel 5 näher betrachtet.

2.5.2 Kooperationen und Fusionen

Kooperationen stellen eine strategische Handlungsoption für Stadtwerke dar, intensiv und dauerhaft mit einem oder mehreren Partnern zusammen zu arbeiten. Dabei bleibt die rechtliche Selbständigkeit der Kooperationspartner erhalten. Kooperationen können auf vertikaler und horizontaler Ebene stattfinden. Bei einer vertikalen

Kooperation arbeiten EVU auf unterschiedlichen Wertschöpfungsstufen (vor- und nachgelagert) zusammen, während die Zusammenarbeit auf gleicher Wertschöpfungsstufe als horizontale Kooperation bezeichnet wird. Beispiele für horizontale Kooperationen sind die Bündelung der Netzaktivitäten mehrerer Stadtwerke in einer gemeinsamen Netzgesellschaft oder der gemeinsame Bau eines Großkraftwerkes. Eine typische vertikale Kooperation ist die vertragliche Bindung kleinerer Vertriebsgesellschaften an große Stromerzeuger (Ridder, 2007; Sander, 2008; Schöneich, 2012).

Eine prominente Kooperationsgesellschaft ist die 1999 gegründete Trianel GmbH, in welcher kommunale und regionale Energieversorger zunächst aus Deutschland und den Benelux-Staaten sowie später auch aus Österreich und der Schweiz ihre Energiebeschaffung und -erzeugung bündeln (Gottschalk, 2012). In der Praxis finden sich Kooperationen von Stadtwerken in den Bereichen Energiebeschaffung/-handel, Stromerzeugung, Netzmanagement, Energiemessung/-abrechnung, Vertrieb/Kundenmanagement, Shared Services und energienahe Dienstleistungen (Sander, 2008). Dabei gehen nach einer Untersuchung von Sander (2009) verstärkt größere Stadtwerke Kooperationen ein. Der überwiegende Teil der Stadtwerke ist nach einer Studie von Theurl/Sander (2011) mit ihren Kooperationen zufrieden und erreicht die erstrebten Kooperationsziele. Grundsätzlich ist vor der Bildung einer Kooperation zu beachten, dass mit jeder Form der Kooperation zwangsläufig eine Einschränkung der unternehmerischen Selbständigkeit sowie der kommunalen Einflussmöglichkeiten auf die Geschäftspolitik verbunden ist (Ridder, 2007). Dennoch wollen nach den Ergebnissen einer Studie des BDEW in Zusammenarbeit mit dem Beratungsunternehmen Ernst & Young aus dem Jahr 2014 etwa die Hälfte von 100 befragten deutschen Stadtwerken in den kommenden Jahren auf Kooperationen setzen. Nach Aussage der befragten Vorstände und Gesellschafter sehen sich die Unternehmen nicht in der Lage, die Herausforderungen der Energiewende im Alleingang zu bewältigen (Energate Nr. 106, 2014). Als maßgebliche Ziele von Kooperationen werden gemäß einer von Lenk und Rottman (2012) durchgeführten Stadtwerke-Studie folgende Punkte genannt:

- Erschließung von Synergie- und Skaleneffekten
- Erhalt der Eigenständigkeit
- Effizienzsteigerungen
- KnowHow-Gewinn
- Stärkere Kundenorientierung

Fusionen von Stadtwerken sind Unternehmenszusammenschlüsse, bei denen die beteiligten kommunalen Versorgungsunternehmen ihre rechtliche Selbständigkeit verlieren. Sie treten auf, wenn Stadtwerke vollständig übernommen und vom Käufer (in der Regel selbst ein EVU) integriert werden. Die Beweggründe für Fusionen können sehr unterschiedlicher Art sein. Thomas (2006) analysiert Unternehmenszusammenschlüsse in der Energieversorgung und nennt u. a. folgende Motive des Managements, Übernahmen zu initiieren:

- Maximierung des Unternehmenswertes durch Hebung operativer, finanzieller und managerialer Synergien
- Steigerung der Marktmacht (u. a. höhere Marktkonzentration, geringere Kollusionskosten, stabilere Kartelle)
- Eigennutzmaximierung des Managements (u. a. größere persönliche Macht, geringeres Risiko)

Aufgrund seiner Untersuchungsergebnisse kommt Thomas (2006) jedoch zu der Schlussfolgerung, dass Übernahmestrategien im Bereich der Energieversorgung äußerst kritisch beurteilt werden müssen, da Synergieziele überwiegend nicht erreicht und Wertsteigerungspotenziale von Fusionen häufig überschätzt werden. Hinzu kommt, dass ein fusioniertes Stadtwerk ggfs. an lokaler Identität und Historie verliert. Die kommunale Einflussmöglichkeit schließlich hängt von der Höhe des verbleibenden Anteilsbesitzes bzw. der Stimmrechte der Kommune am fusionierten Versorger ab.

Nicht selten ziehen sich Fusionen von Stadtwerken zeitlich in die Länge oder werden am Ende gar abgebrochen, weil es schwerwiegende Bedenken einer oder mehrerer Kommunen bzw. kommunalpolitische Unstimmigkeiten gibt (Ridder, 2007; Schöneich, 2012). So wurde die bereits sehr weit fortgeschrittene Fusion der Stadtwerke Solingen, Remscheid und Velbert nach fast zweijähriger Projektlaufzeit Ende 2008 abgebrochen, nachdem sich die Stadtwerke Velbert aus dem Fusionsvorhaben zurückzogen (SWS, 2009; Wilding, 2010). Beispiele für vollzogene Zusammenschlüsse sind:

- Fusion der sechs Stadtwerke Freiburger Energie- und Wasserversorgung (FEW), Gasfernversorgung Mittelbaden (MIBA), Stadtwerke Lahr (SWL), Energieversorgung Oberbaden (EVO), Badische Gas- und Elektrizitätsversorgungsgesellschaft und Gasbetriebe Emmendingen (GBG) zur „Badenova AG“ im Jahr 2001 (Badenova, 2014)
- Fusion der Stadtwerke Ludwigsburg und Kornwestheim zur „Ludwigsburg-Kornwestheim GmbH“ (SWLB) im Jahr 2008 (SWLB, 2014)
- Fusion der drei Stadtwerke Crimmitschau, Lichtenstein und Stollberg zur „VWS Verbundwerke Südwestsachsen“ im Jahr 2009 (VWS, 2014)
- Fusion der Technische Werke Friedrichshafen (TWF) und der Stadtwerke Überlingen (SWÜ) zum „Stadtwerk am See“ im Jahr 2012 (SW am See, 2014)
- Fusion der Stadtwerke Attendorn, der Stadtwerke Olpe und der Lister- und Lennekraftwerke zur „Bigge Energie“ im Jahr 2013 (Mrozyk, 2013; Bigge Energie, 2014)

2.5.3 Rekommunalisierungen und Neugründungen

Rekommunalisierungen in der Energieversorgung werden vor allem vorgenommen, um den kommunalpolitischen Einfluss zu wahren bzw. zu stärken und die Daseinsvorsorge effektiv zu erfüllen. Dies kann grundsätzlich geschehen, indem bereits privatisierte vormals öffentliche Leistungen bzw. Versorgungsunternehmen zurückübertragen bzw. zurückgekauft, kommunale Versorgungsunternehmen neu gegründet oder Konzessionen an bestehende kommunale Unternehmen (zurück) vergeben werden (Bauer, 2012; Lenk/Rottmann/Albrecht, 2011; Meyer-Gohde et al., 2013).

Konzessionen werden von den Kommunen vergeben und erlauben Energieversorgungsunternehmen, Stromleitungen auf öffentlichen Flächen zu verlegen und zu betreiben. Aufgrund des hohen Investitionsbedarfs haben Konzessionsverträge in der Regel lange Laufzeiten. Gemäß dem Energiewirtschaftsgesetz dürfen diese Laufzeiten der Wegenutzungsverträge maximal zwanzig Jahre betragen (§ 46 Abs. 2 EnWG), was in der Praxis üblicherweise auch angesetzt wird. Insbesondere bei den Konzessionen für die deutschen Stromnetze weist die Branche dabei die Besonderheit auf, dass eine Vielzahl der Verträge relativ zeitgleich in einem 20-Jahres-Zyklus auslaufen: in den Jahren 2012–2016 wird etwa die Hälfte der geschätzten 14.300 Stromnetzkonzessionen in Deutschland neu vergeben (von den insgesamt ca. 21.000 deutschen Strom- und Gasnetzkonzessionen laufen in diesen Jahren 7.800 aus – dies betrifft mehr als 40 Millionen Einwohner) (Zuber, 2009). In den letzten Jahren kam es zu einem bislang nicht gekannten Wettbewerb um die auslaufenden Konzessionen sowie zu einem Trend zur Rekommunalisierung – insbesondere bei den Stromnetzen. Zu den Verlierern in diesem Konzessionswettbewerb gehören die Netzgesellschaften der ehemaligen Verbundunternehmen. So verliert die Westnetz GmbH, eine Tochtergesellschaft der RWE AG, alleine im ersten Halbjahr 2014 in 109 Orten den Auftrag zum Netzbetrieb. Auch die Netztöchter der E.ON AG (z.B. die Avacon AG und die Bayernwerk AG) oder der EnBW AG (Netze BW GmbH) verlieren viele Netzgebiete an kommunale Betreiber (Energate Nr. 161, 2014).

Eine Rekommunalisierung verursacht i.d.R. einen hohen Investitionsbedarf für die Kommune – sei es durch Ausstattung einer Unternehmensneugründung mit den erforderlichen Versorgungsausrichtungen oder der Aufbringung des Kaufpreises für den Rückkauf eines EVU oder Versorgungsnetzes. Problematisch gestaltet sich häufig auch die Kaufpreisfindung, die entweder im Rahmen von freien Kaufverhandlungen oder auf Grundlage von Endschaftsklauseln in Konzessionsverträgen (Sachzeitwert contra Ertragswert) erfolgt. Hier besteht für die Käufer das Risiko, einen zu hohen Kaufpreis zu zahlen, der die Erwirtschaftung einer auskömmlichen Rendite kaum zulässt (Einhellig/Kohl, 2010; Menges/Müller-Kirchenbauer, 2012; Meyer-Gohde et al., 2013).

Nicht selten ist der Rückkauf eines Versorgungsnetzes Auftakt für eine Rekommunalisierung weiterer Versorgungs- und Entsorgungsaktivitäten, die in der Neugründung eines kommunalen Stadtwerks mündet (Menges/Müller-Kirchenbauer, 2012). Nach einer Untersuchung des Wuppertal Instituts wurden zwischen 2005 und 2012 in Deutschland 72 Stadtwerke durch Rekommunalisierungen neu gegründet (Berlo/Wagner, 2013). Beispiele für neu gegründete Stadtwerke sind (Reck, 2012):

- Stadtwerke Uetersen (Schleswig-Holstein)
- Hochsauerland Energie (Nordrhein-Westfalen)
- Stadtwerke Schmalkalden (Thüringen)
- Regionalwerk Bodensee (Baden-Würtemberg)

2.6 Bedeutung der Stadtwerke für die Energiewende

Die Energiewende ist aktuell eines der ambitioniertesten Projekte der deutschen Politik. Die Stromversorgung in Deutschland soll vollständig umgebaut werden: bis zum Jahr 2020 sollen mindestens 35 Prozent des Bruttostromverbrauchs durch erneuerbare Energien erzeugt werden (2013: 23%), bis 2050 sollen sogar 80 Prozent aus erneuerbaren Energiequellen kommen (Haucap/Pagel, 2014). Die Energiewende erfordert infolge des starken Wachstums der dezentral einspeisenden EE-Anlagen einen erheblichen Ausbau der Stromnetze (Haucap/Pagel, 2014). Von den erforderlichen Netzerweiterungen sind vor allem die Mittel- und Niederspannungsnetze betroffen, an welche 1,4 Prozent (Mittelspannung) bzw. über 98 Prozent (Niederspannung) sämtlicher Photovoltaik-Anlagen angeschlossen sind. Zu diesen Anlagen hinzu kommen Onshore-Windparks und Biomassekraftwerke, die hauptsächlich über einen Anschluss an das Mittelspannungsnetz verfügen (Haucap/Pagel, 2014). Die Netzbetreiber sind nach dem Erneuerbare-Energien-Gesetz (EEG) und dem Kraft-Wärme-Kopplungsgesetz (KWKG) verpflichtet, EE-Anlagen und hocheffiziente KWK-Anlagen unverzüglich vorrangig an ihr Stromnetz anzuschließen und den dort erzeugten Strom vorrangig abzunehmen, zu vergüten und zu verteilen. Um dies zu gewährleisten, sind die Netzbetreiber außerdem auf Verlangen der Netzeinspeisenden zur unverzüglichen Netzoptimierung, -verstärkung und -ausweitung verpflichtet – außer bei wirtschaftlicher Unzumutbarkeit. Diese Verpflichtung gilt grundsätzlich auch für vorgelagerte Netzbetreiber, an deren Netz die betreffenden Anlagen nicht direkt angeschlossen sind (Graßmann, 2012).

In Deutschland liegt im Jahr 2012 die Stromkreislänge des Niederspannungsnetzes bei 1.149.973 km, die des Mittelspannungsnetzes bei 507.953 km und die des Hochspannungsnetzes bei 95.425 km (BNetzA/BKartA, 2013). Gemäß den Aussagen zweier unterschiedlicher Netzausbauszenarien, zum einen dem Netzentwicklungsplan (NEP) Strom 2012 (Szenario B des NEP 2012), zum anderen dem der deutschen Bundesländer (Bundesländerszenario), wird für das Jahr 2030 ein Ausbaubedarf des Niederspannungsnetzes von 51.563 km (bzw. 57.299 km), des Mittelspannungsnetzes von 72.051 km (bzw. 117.227 km) und des Hochspannungsnetzes von 11.094 km (bzw. 18.445 km) erwartet. Bezogen auf die Stromkreislänge von 2012 bedeutet dies Zuwächse von 4,4 Prozent (bzw. 5,0 Prozent) auf der Niederspannungsebene, von 14 Prozent (bzw. 23 Prozent) auf der Mittelspannungsebene und von 11 Prozent (bzw. 19 Prozent) auf der Hochspannungsebene. Damit ist vom zukünftigen Netzausbau vor allem das Mittelspannungsnetz betroffen, das sich vollständig im Besitz der Verteilnetzbetreiber befindet, zu denen maßgeblich die Stadtwerke zählen. Der Investitionsbedarf bis zum Jahr 2030, der sich aus den Netzerweiterungen ergibt, liegt nach den beiden Szenarien für das Niederspannungsnetz bei 3,6 Mrd. Euro (bzw. 4,2 Mrd. Euro), für das Mittelspannungsnetz bei 7,8 Mrd. Euro (bzw. 12 Mrd. Euro) und für das Hochspannungsnetz bei 16,1 Mrd. Euro (bzw. 26,3 Mrd. Euro). Damit kommt vor allem auf größere Stadtwerke, die auch über Netze in der Hochspannungsebene verfügen, eine erhebliche Kostenbelastung zu. Aber auch kleinere und mittelgroße Stadtwerke mit Netzen der Mittel- und Niederspannungsebene, die über eine verhältnismäßig geringere Finanzkraft verfügen, werden in den kommenden Jahren relativ stark mit Netzausbaukosten belastet (Dena, 2012).

Vor diesem Hintergrund stellt sich die Frage, ob die im Rahmen der aktuellen Anreizregulierung festgesetzten Erlösobergrenzen bzw. die daraus abgeleiteten Netzentgelte ausreichen, um den Investitionsbedarf der Verteilnetzbetreiber bzw. Stadtwerke zu decken. Unterschiedliche Studien zeigen, dass im aktuellen Regulierungssystem gemäß Anreizregulierungsverordnung Verteilnetzbetreiber mit einem hohen Investitionsbedarf die regulatorische Rendite nicht erreichen – und somit möglicherweise die Anreize für die betroffenen Netzbetreiber nicht ausreichen, um die erforderlichen Ersatz- und Erweiterungsinvestitionen vorzunehmen (Büdenbender, 2011; Brunekrefft/Meyer, 2011; Romer, 2012; BDEW, 2013a). Verantwortlich hierfür sind vor allem der Zeitverzug zwischen Kosten- und Erlöswirksamkeit sowie die Ausgestaltung des Erweiterungsfaktors.

Der Zeitverzug resultiert aus dem Verfahren der Kostenanrechnung. Die Erlösobergrenzen werden vorab jeweils für eine Regulierungsperiode festgelegt. Dabei werden die gesamten Netzkosten für ein Basisjahr ermittelt und im Folgejahr im Rahmen einer Kostenprüfung festgestellt. Die Kalenderprüfung wiederum findet im vorletzten Kalenderjahr vor Beginn der 5-jährigen Regulierungsperiode statt. Für die zweite Regulierungsperiode, die 2014 beginnt, findet die Kostenprüfung 2012 auf Grundlage der Kostendaten des Basisjahres 2011 statt. Je nachdem, wann ein Verteilnetzbetreiber eine Investition tätigt, werden die entsprechenden kalkulatorischen Abschreibungen mit einem Zeitverzug von zwei Jahren (Investition im Basisjahr) bis sieben Jahren (Investition ein Jahr nach dem Basisjahr) erlöswirksam. Dadurch entsteht eine Rentabilitäts-, Liquiditäts- und Finanzierungslücke, die insbesondere finanzschwache Stadtwerke vor Probleme stellt. Zur Minimierung der Lücken werden Verteilnetzbetreiber verstärkt ihre Investitionen im Basisjahr tätigen, was letztlich auf einen Investitionsstau hinauslaufen kann (BDEW, 2013a; Consentec, 2014; Seidel/Sommer/Radtke, 2014; Ufer/Hoffjan/Ißleib/Schuchardt, 2010).

Mit dem Erweiterungsfaktor ist speziell für Verteilnetzbetreiber in der ARegV ein Anreizinstrument geschaffen worden, um Erweiterungsinvestitionen zu tätigen. Der Erweiterungsfaktor führt zu einer Erhöhung der Erlösobergrenze. Verteilnetzbetreiber können diesen beantragen, wenn es im Verlauf einer Regulierungsperiode zu einer nachhaltigen Änderung ihrer Versorgungsaufgabe kommt. Diese liegt vor, wenn sich die Versorgungsfläche, die Zahl der Netzanschlusspunkte oder die Jahreshöchstlast dauerhaft und in erheblichem Maße verändern. Hierfür definiert die ARegV einen Schwellenwert (Erheblichkeitsschwelle auf Basis der relativen Änderung der gesamten Netzkosten), der zu Benachteiligungen führen kann (Romer, 2012): Zum einen bei kleineren Stadtwerken, die ihre Netze sukzessive in kleinen Schritten erweitern und dabei jeweils den Schwellenwert nicht erreichen. Zum anderen bei größeren Stadtwerken, die absolut gesehen hohe Investitionen tätigen, relativ betrachtet aber den Schwellenwert ebenfalls regelmäßig unterschreiten (Romer, 2012).

Hinsichtlich der Erhöhung der Erlösobergrenze durch den Erweiterungsfaktor kommt die Dena-Verteilnetzstudie zu dem Ergebnis, dass der Erweiterungsfaktor zwar wirksam sein kann, d.h. der Erweiterungsfaktor ermöglicht zumindest eine

Erhöhung der Erlöse für Verteilnetzbetreiber mit bestehendem Ausbaubedarf in Folge des EE-Ausbaus. Allerdings verteilt der Erweiterungsfaktor die zusätzlich erwirtschaftbaren Erlöse nicht entsprechend des tatsächlich auftretenden Erweiterungsbedarfs in den Netzen. Insbesondere für Netzbetreiber mit hohem Investitionsbedarf, welche zusätzliche Investitionsmittel und damit Erlöse benötigen, ist auch unter Berücksichtigung des Erweiterungsfaktors die vom Verordnungsgeber vorgesehene Rendite nicht zu erwirtschaften (Dena, 2012). Ursache hierfür ist u. a. das Festmachen der Netzstruktur allein anhand der drei oben genannten Netzstrukturparameter. Verbesserungsvorschläge gehen u. a. dahin, den individuellen Ausbaubedarf der Verteilnetzbetreiber im Erweiterungsfaktor zu berücksichtigen. So sollen angesichts heterogener Netzstrukturen und gebietsspezifischen Zubaus von EE-Anlagen mehr sachgerechtere Netzstrukturparameter (z.B. Leistung der angeschlossenen EE-Anlagen statt Anzahl der Anschlusspunkte) herangezogen werden (BDEW, 2013a; Dena, 2012; Consentec, 2014). Für Stadtwerke hängen somit die erwirtschaftete Rendite und die Deckung des Bedarfs an Erweiterungsinvestition in hohem Maße von der individuellen Struktur ihres Verteilnetzes und dem Umfang des EE-Zubaus in ihrem Versorgungsgebiet ab.

Alternativ zum klassischen Netzausbau bietet sich auch ein Netzumbau durch innovative Maßnahmen der Netzoptimierung und -verstärkung an, wenn durch diese im jeweiligen Einzelfall die zunehmende Einspeisung von EE-Strom bewältigt werden kann. Zu den innovativen Techniken zählen z.B. die Blindleistungsbereitstellung durch EE-Anlagen, regelbare Ortsnetztransformatoren zwischen der Nieder- und Mittelspannungsebene sowie Monitoring und State-Estimation der Mittel- und Niederspannungsnetze. Diese Maßnahmen sind häufig mit geringeren Investitionskosten als der klassische Netzausbau verbunden, was für finanzschwächere Stadtwerke eine kostengünstige Option darstellt (Nolde/Wolter/Ecke, 2013).

Stadtwerke sind somit einerseits als Netzbetreiber durch den wachsenden Zubau von EE-Anlagen Dritter betroffen, können andererseits jedoch selbst EE-Anlagen bauen, an ihre Verteilnetze anschließen und betreiben. Damit werden sie zum Stromerzeuger oder weiten ihre Erzeugungskapazitäten aus. Der Betrieb eigener EE-Anlagen hat zudem den Vorteil, dass Erzeugungs- und Netzanlagen integriert geplant und gesteuert werden können. Dadurch lassen sich die Kraftwerkstandorte und Netzanschlusspunkte sowie die Kraftwerks- und Netzausbaukosten optimieren (Haucap/Pagel, 2014; Lenk et al., 2012).

Es zeigt sich, dass die Stadtwerke eine Schlüsselrolle spielen, wenn es darum geht, ob die deutsche Energiewende ein Erfolgsmodell wird.

2.7 Stadtwerke – eine typisch deutsche Institution?

Mit Beginn der Liberalisierung der deutschen Energiemärkte Ende der 1990er Jahre wird innerhalb und außerhalb der Branche das Sterben der Stadtwerke kolportiert (Deppe, 1997; Die Welt, 1999; Kahmann/König, 2000). Stadtwerke hätten sich überlebt, lautet eine häufig zu hörende Meinung vieler Experten. Konsequenterweise prognostizieren sie eine deutliche Reduzierung ihrer Anzahl (Fritz/König, 2001;

Otto/Sametschek, 2012). Gestützt werden diese Aussagen auch durch renommierte Forschungseinrichtungen, wie etwa die Deutsche Bank Research, die in einer 1998 veröffentlichten Studie das Überleben nur weniger Stadtwerke prophezeit (Otto/Sametschek, 2012). Wenngleich Kapitel 2.5 bereits aufzeigt, dass sich die Struktur der deutschen Stadtwerke seit Beginn der Liberalisierung verändert hat, ist das massenhafte Stadtwerke-Sterben bislang ausgeblieben: in Deutschland sind knapp 700 stromversorgende Stadtwerke tätig (Die Welt, 2003; Weickmann, 2005; Weil, 2008, VKU, 2013a). Insbesondere diese Vielzahl der Versorgungsunternehmen wird häufig als nationale Besonderheit bezeichnet. Daher soll im Folgenden überprüft werden, ob Stadtwerke eine typisch deutsche Institution sind – oder ob auch in anderen Nationen vergleichbare kommunale Versorgungsunternehmen existieren. Der Fokus wird auf die Stromversorgung und die Entwicklung der nationalen Strommärkte seit deren Öffnung gelegt.

Österreich

In Österreich werden der Strommarkt 1998 und der Gasmarkt im Jahr 2000 liberalisiert. Im Stromsektor ist Austrian Power Grid alleiniger Übertragungsnetzbetreiber. Das Unternehmen befindet sich vollständig in Besitz des größten österreichischen Stromversorgers Verbund, der gleichzeitig größter Stromerzeuger Österreichs mit einem Marktanteil von 40 Prozent ist. Die Stromverteilung übernehmen 128 Verteilnetzbetreiber, die meistens vertikal integriert sind. Ein Großteil verfügt über weniger als 100.000 angeschlossene Netzkunden, wobei solche mit mehr als 100.000 Kunden eine rechtliche, funktionale und bilanzielle Entflechtung vornehmen müssen (CEER, 2013; Gómez-Acebo/Pombo/Russell, 2005). Die Energieversorgung der Letztverbraucher übernehmen zum einen landeseigene Stromversorger (über die jedes Bundesland verfügt), zum anderen fünf größere Stadtwerke, welche die größten Städte (insbesondere die Landeshauptstädte) versorgen, sowie eine Vielzahl kleinerer EVU, die sich in kommunalem oder privatwirtschaftlichem Besitz befinden (E-Control, 2011).

Schweiz

Die Liberalisierung der Schweizer Energiemärkte beginnt relativ spät: sie startet formal mit der Verabschiedung des Stromversorgungsgesetzes im Jahr 2007. Dabei soll der Markt zweistufig geöffnet werden. Zunächst erhalten in einer ersten Stufe von 2009 bis 2013 Endverbraucher mit einem Jahresverbrauch von über 100.000 kWh freien Zugang zum Strommarkt. Ab 2014 erhalten dann auch alle anderen Letztverbraucher die Möglichkeit der freien Wahl ihres Stromlieferanten (Paetsch/Böck, 2009). Die Öffnung des Gasmarktes erfolgt ebenfalls schrittweise – zunächst auf Basis der Verbändevereinbarung zwischen Gasversorgern und industriellen Großkunden aus dem Jahr 2012 (Schlittler/Flatt, 2012).

Das Übertragungsnetz wird von der 2005 gegründeten Swissgrid AG betrieben, die seit 2013 auch Netzinhaber ist. Maßgebliche Anteilseigner der Swissgrid AG sind neben mehreren Schweizer Kantonen die großen Schweizer Energieversorger Axpo

AG, Alpiq Holding AG und BKW AG (Swissgrid, 2014). Diese vertikal integrierten Stromversorger erzeugen zusammen den Großteil des in der Schweiz produzierten Stroms und verfügen teilweise über Verteilnetze. Der Großteil der Schweizer Verteilnetze ist im Besitz von Überlandwerken, Kantonswerken (überregionale Netzbetreiber), Regionalwerken und Stadtwerken (auch Städtische Werke oder Städtische Betriebe), die gleichermaßen die Energieversorgung der Letztverbraucher übernehmen. Stadtwerke gibt es in den größeren Städten, wie die Stadtwerke Winterthur und die Sankt Galler Stadtwerke, sowie Städtische Werke bzw. Städtische Betriebe in fast sämtlichen Kommunen mit über 12.000 Einwohnern. Mit ca. 800 EVU ist die Energieversorgungsstruktur der Schweiz ebenso vielfältig wie die in Deutschland, dabei hat Deutschland fast zehnmal so viele Einwohner wie die Schweiz (Clivio/Graf, 2012). Die Kantons-, Regional- und Stadtwerke befinden sich in der Schweiz mehrheitlich in kommunalem Besitz (Müller, 1999; Schumacher et al., 2007; Paetsch/Böck, 2009).

Niederlande

In den Niederlanden wird der Strommarkt 1998 und der Gasmarkt 2000 liberalisiert. Seit 1998 ist Tennet durch rechtliche Entflechtung alleiniger Übertragungsnetzbetreiber im Stromsektor und seit 2001 vollständig in staatlichem Besitz. Die niederländische Regulierung sieht ein strenges Ownership-Unbundling vor, wonach vertikal integrierte EVU ihren Netzbereich vom Erzeugungs- und Vertriebsbereich eigentumsrechtlich entflechten müssen. Allerdings setzen sich hiergegen die vertikal integrierten Versorger Essent, Eneco und Delta rechtlich zur Wehr. Insgesamt gibt es nur acht Verteilnetzbetreiber, die sich überwiegend in Besitz der Provinzen und Kommunen befinden. Die drei größten (Liander, Stedin und Enexis) betreiben 80 Prozent der niederländischen Verteilnetze (CEER, 2013; Gómez-Acebo/Pombo/Russell, 2005; Mißfeldt, 2012).

Belgien

Der belgische Strom- und Gasmarkt wird 1999 dereguliert. Im Stromsektor wird im Jahr 2001 der Übertragungsnetzbetreiber Elia System Operator gegründet, dazu gibt der größte belgische Stromversorger Electrabel sein Übertragungsnetz ab. Elia ist an der Börse notiert und besitzt und betreibt das belgische Übertragungsnetz. 26 Verteilnetzbetreiber unterstehen der Aufsicht der Regulierungsbehörden für Strom und Gas der jeweiligen Regionen Flandern (VREG), Wallonien (CWAPE) und Brüssel (BRUGEL). Die Verteilnetzbetreiber müssen ihre Aktivitäten rechtlich und funktional entflechten, eine Entflechtung der Eigentumsverhältnisse ist nicht erforderlich. Für die Belieferung von Endkunden ist eine Lizenz erforderlich, die von den regionalen Regulierungsbehörden erteilt wird. Seit 2007 treten verstärkt ausländische Stromversorger, wie Essent und Nuon, als neue Wettbewerber auf und vertreiben ihren Strom in den Regionen Flandern und Wallonien. Die wichtigsten Stromproduzenten sind Electrabel und EDF Luminus (vormals SPE), die über knapp 90 Prozent der belgischen Erzeugungskapazitäten verfügen. Kleinere Erzeugungseinheiten auf Basis erneuerbarer Energien und der Kraft-Wärme-Kopplung befinden sich in Besitz der Verteilnetzbetreiber oder neu gegründeter Unternehmen, wie Aspiravi, Ecopower, Electrabel Green Projects Flanders oder Electrawinds. Die lokalen Verteilnetzbetreiber befinden sich üblicherweise in kommunalem Besitz und sind mit den deutschen Stadtwerken vergleichbar (CEER, 2013; Gómez-Acebo/Pombo/Russell, 2005; Happel, 2009; NUS Consulting, 2012).

Großbritannien

Großbritannien hat eine Vorreiterrolle bei der Öffnung der Energiemärkte eingenommen. Bereits in den 1990er Jahren sind der Strom- und der Gasmarkt vollständig liberalisiert, was mit einer weitreichenden Privatisierung der Versorgungsunternehmen einhergeht.

Im Stromsektor sind die Energieversorgungsunternehmen vor der Liberalisierung überwiegend in öffentlichem bzw. kommunalem Besitz. Es gibt 14 Regional Electricity Companies (REC), welche die regionale Stromverteilung übernehmen. Heute wird das nationale Übertragungsnetz von National Grid betrieben, einem an der britischen Börse gelisteten Transportnetzbetreiber. Die Stromverteilung übernehmen sieben Verteilnetzbetreiber, welche die insgesamt 14 Netzgebiete abdecken. Mitunter verfügen diese auch über Erzeugungs- und Vertriebsaktivitäten, was eine rechtliche und funktionale Entflechtung erforderlich macht. Der Großteil der Stromerzeugung erfolgt durch unabhängige Produzenten, z.B. E.ON UK (vormals PowerGen), RWE npower (vormals Teil von National Power), Scottish Power und SSE (vormals Scottish & Southern Energy) (Andersson, 2006; CEER, 2013; Gómez-Acebo/Pombo/Russell, 2005). Den deutschen Stadtwerken vergleichbare EVU spielen in Großbritannien heute kaum eine Rolle. In den vergangenen Jahren wird jedoch vor dem Hintergrund des politisch gewollten Ausbaus erneuerbarer Energien (zur Erreichung der Klimaschutzeile) diskutiert, die Kommunen wieder stärker an der Energieversorgung zu beteiligen (Friedländer, 2013).

Frankreich

In Frankreich werden die Energiemärkte relativ spät liberalisiert (der Strommarkt im Jahr 2000, der Gasmarkt im Jahr 2003). Als Grund hierfür gilt die dominante Rolle des vertikal integrierten Stromversorgers Électricité de France (EDF) und des vertikal integrierten Gasversorgers Gaz de France (GDF), die sich beide in Staatsbesitz befinden und ihre Monopolstellung lange aufrechterhalten. Beide Unternehmen werden im Verlauf der Liberalisierung teilprivatisiert und an die Börse gebracht. Im Stromsektor wird im Jahr 2000 der Übertragungsnetzbetreiber Réseau de Transport d'Electricité (RTE) gegründet, der zunächst eine rechtlich unselbständige Division von EDF und seit 2004 dessen 100%ige Tochtergesellschaft ist. Damit bleibt EDF wichtigster Stromerzeuger, Netzbetreiber und Stromlieferant. In der Stromverteilung besitzt und betreibt Électricité Réseau Distribution France (ERDF – eine weitere, 2008 gegründete Tochtergesellschaft von EDF) 95 Prozent des französischen Verteilnetzes. Dennoch gibt es in Frankreich knapp 150 Verteilnetzbetreiber, die meistens durch den Staat bzw. öffentliche Einrichtungen kontrolliert werden, sich aber auch in privatwirtschaftlichem Besitz befinden. Nur fünf davon verfügen über mehr 100.000 angeschlossene Kunden und müssen eine rechtliche, funktionale und bilanzielle Entflechtung vornehmen (CRE, 2013; CEER, 2013; Gómez-Acebo/Pombo/Russell, 2005). Die Aktivitäten der kommunalen Stromversorger beschränken sich auf das jeweilige lokale Versorgungsgebiet. Sie werden von kommunalen Verwaltungseinheiten, Eigenbetrieben, zusammengeschlossenen Kommunen und gemischtwirtschaftlichen Versorger erbracht, wobei letztgenannte überwiegend in mehrheitlich kommunalem Besitz sind (Friedländer, 2013).

Italien

In Italien werden der Strommarkt 1999 und der Gasmarkt im Jahr 2000 liberalisiert. Vor der Liberalisierung sind der staatliche Stromversorger ENEL größtenteils für Stromerzeugung, -übertragung und -verteilung und der staatliche Gasversorger ENI maßgeblich für Gasbeschaffung, -übertragung und -verteilung verantwortlich. Beide Unternehmen werden 1999 bzw. 1995 teilprivatisiert, wobei der Staat jeweils eine Minderheitsbeteiligung hält. Im Stromsektor wird 1999 der Übertragungsnetzbetreiber Terna als Tochtergesellschaft von ENEL gegründet und 2004 im Zuge eines Börsengangs eigentumsrechtlich entflochten. Auch nach der Deregulierung nimmt ENEL eine führende Rolle in der Stromversorgung ein. So besitzt und betreibt ENEL Distribuzione knapp 90 Prozent des italienischen Verteilungsnetzes und erzeugt knapp 30 Prozent des in Italien erzeugten Stroms. Die übrige Stromverteilung übernehmen etwa 150 meist kommunale Verteilnetzbetreiber, die auch Stromerzeugung betreiben – vorrangig auf Basis erneuerbarer Energien. Der überwiegende Teil dieser Verteilnetzbetreiber hat weniger als 100.000 angeschlossene Netzkunden. Solche mit mehr als 300.000 Kunden müssen eine rechtliche, funktionale und bilanzielle Entflechtung vornehmen.

Im Zuge des beginnenden Wettbewerbs kommt es auch in Italien zu Zusammenschlüssen kommunaler EVU. So schließen sich 2008 die Versorger AEM und AMSA aus Mailand und ASM aus Brescia zum Versorger A2A zusammen. Das Unternehmen ist an der Börse notiert, wobei die Städte Mailand und Brescia jeweils 27,5 Prozent der Anteile halten. A2A besitzt und betreibt 4 Prozent des italienischen Veiteilnetzes und erzeugt insgesamt 14 Prozent des in Italien produzierten Stroms (AEEG, 2011; CEER, 2013; Friedländer, 2013; Gómez-Acebo/Pombo/Russell, 2005).

Norwegen

In Norwegen wird der Strommarkt bereits 1990 liberalisiert. Dem relativ kleinen Gasmarkt hat die EU einen Status als „entstehender Markt" verliehen (NVE, 2013). Das Stromnetz besteht, wie auch in den anderen skandinavischen Staaten, aus dem Übertragungsnetz (Central Grid), dem regionalen Verteilungsnetz (Regional Grid) und dem lokalen Verteilungsnetz (Distribution Grid). Übertragungsnetzbetreiber ist das staatliche Unternehmen Statnett. 2012 gibt es 156 Verteilnetzbetreiber, von denen 142 über ein lokales und 91 über ein regionales Verteilungsnetz verfügen (einige Unternehmen betreiben beide Netzbereiche). Größter Verteilnetzbetreiber ist

Hafslund Nett mit über einer halben Million angeschlossenen Kunden, was einem Marktanteil von 20 Prozent entspricht. Insgesamt gibt es nur acht Verteilnetzbetreiber, die mehr als 100.000 Netzkunden haben und daher rechtlich und funktional entflochten sind. Die anderen Netzbetreiber sind in der Regel sehr klein und fokussieren sich häufig auf die Stromerzeugung und Versorgung von Industriekunden. Die 156 Verteilnetzbetreiber sind mehrheitlich in öffentlichem bzw. kommunalem Besitz und daher mit den deutschen Stadtwerken vergleichbar (NordReg, 2011; NVE, 2013; Viljainen, 2005).

Schweden

In Schweden erfolgt 1996 die Deregulierung des Elektrizitätsmarktes durch Separation des Stromhandels vom Netzsektor. Während Handel und Erzeugung für den Wettbewerb geöffnet werden, unterliegt der Netzbetrieb einer Regulierung. Der Gasmarkt wird hingegen erst 2007 vollständig geöffnet (Swedish Energy Markets Inspectorate, 2013). Das schwedische Höchstspannungsnetz wird von der staatlichen Svenska Kraftnät betrieben. Den Betrieb des Hochspanungsnetzes übernehmen E.ON, Fortum und die staatliche Vattenfall. Diese drei Energieversorger betreiben auch große Teile des Mittel- und Niederspannungsnetzes. Die Stromverteilung umfasst 265 Konzessionsgebiete, die von 170 Verteilungsnetzbetreibern (Stand 2012) abgedeckt werden. Den überwiegenden Teil der Kunden (2009: 51,4%) versorgen die drei genannten großen Verteilnetzbetreiber. Die übrigen Kundenanteile entfallen vor allem auf kommunale Verteilnetzbetreiber. Neben der Stromverteilung sind die Kommunen auch in der Erzeugung vertreten. So sind 2008 von den 128 stromerzeugenden Unternehmen 79 Prozent in kommunalem Besitz. Allerdings wird knapp 80 Prozent des in Schweden produzierten Stroms von Vattenfall, E.ON und Fortum erzeugt (Andersson, 2006; CEER, 2013; NordReg, 2011; Schaad, 2012; Swedish Energy Markets Inspectorate, 2013; Wollmann, 2010).

Finnland

Die Liberalisierung des finnischen Strommarktes beginnt 1995, wobei der Markt für Haushaltskunden erst 1998 geöffnet wird. Der Gasmarkt ist im Vergleich zum Strommarkt relativ klein.

Bis zum Beginn der Deregulierung gibt es einen staatlichen Energieversorger, der erheblichen Anteil an den finnischen Stromerzeugungskapazitäten hat und nahezu das gesamte Übertragungsnetz besitzt. Durch Unbundling werden Erzeugung und Übertragung rechtlich getrennt. Dazu erfolgt 1996 die Gründung des Übertragungsnetzbetreibers Fingrid Oyj, an dem der finnische Staat die Mehrheit der Anteile hält. Die Stromverteilung übernehmen vertikal integrierte Versorger sowie örtliche Versorgungsunternehmen, die meist in kommunalem Eigentum sind. Nach und nach beteiligen sich privatwirtschaftliche Investoren an den lokalen Netzbetreibern, die sehr renditeorientiert ausgerichtet sind, wodurch eine Netzregulierung erforderlich wird. Im Jahr 2012 gibt es in Finnland 95 Strom-Verteilnetzbetreiber. EU-weit weist

Finnland die höchsten Wechselraten auf, was für eine hohe Wettbewerbsintensität spricht. Die Stromerzeugung wird allerdings durch die drei größten Unternehmen dominiert (Fortum Power, PVO und Helsingin Energia), die über knapp 60 Prozent der installierten Erzeugungskapazität verfügen (EU, 2007; NordReg, 2011; NordReg, 2013; The Energy Market Authority, 2013; Viljainen, 2005).

USA

Die USA zeigen ein sehr heterogenes Bild hinsichtlich der Liberalisierung der Energiemärkte. Es kommt in den vergangenen 20 Jahren zu grundlegenden Veränderungen, die mit Deregulierungen, Regulierungen und Re-Regulierungen verbunden sind. Heute sind in vielen Bundesstaaten, wie z.B. Pennsylvania, New York und New Jersey, sowohl der Strom- als auch der Gasmarkt liberalisiert. Eine ausschließlich auf den Strommarkt beschränkte Öffnung besteht in Kalifornien, Texas, Massachusetts, Delaware, Maine und Connecticut. In knapp der Hälfte der Bundesstaaten sind jedoch weder Strom- noch Gasmarkt dereguliert, wie z.B. in Idaho, Kansas, Iowa, Missouri und Utah (Quantum Gas & Power Services, 2014).

Die Gesellschafterstruktur in der US-amerikanischen Stromversorgung ist nach wie vor überwiegend durch öffentliche Einflussnahme gekennzeichnet. Im Jahr 2010 befinden sich 1.950 EVU mehrheitlich in kommunalem Besitz, was 61 Prozent aller Elektrizitätsversorger entspricht. Kommunale Versorgungsunternehmen, kurz „Munis“ (Municipal Utilities) gibt es in allen Bundesstaaten (bis auf Hawaii) und sind vor allem im mittleren Westen und im Südosten der USA anzutreffen. Sie verantworten üblicherweise die Energieversorgung in ihrem lokalen Versorgungsgebiet (Local Municipal Public Works Department). Mehr als die Hälfte aller Municipal Utilities betreibt ein lokales Verteilnetz und beschafft den Strom auf dem freien Markt. In einigen Regionen werden Municipal Utilities von mehreren Städten und Gemeinden betrieben (Public Utility Districts) (Blazek, 2011).

Wie der internationale Vergleich exemplarisch zeigt, übernehmen auch in anderen Staaten kommunale Unternehmen Aufgaben der öffentlichen Energieversorgung. Allerdings gibt es im Vergleich zum deutschen Energiemarkt Unterschiede – vor allem hinsichtlich der Anzahl kommunaler EVU, des Umfangs kommunaler Versorgungsaufgaben und den Formen des Unbundling. In Frankreich und Italien etwa übernehmen große, vertikal integrierte Energieversorger in starkem Maße Stromerzeugung, -transport, -verteilung und -vertrieb, während kommunale Versorger eine untergeordnete Rolle spielen. In Deutschland und Norwegen hingegen ist die Bedeutung der kommunalen EVU und ihr Beitrag zur Stromversorgung deutlich größer. Auch in Bezug auf die Größe der Versorgungsgebiete zeigen sich bemerkenswerte Unterschiede. Beispielsweise besitzen und betreiben niederländische Verteilnetzbetreiber im Durchschnitt Netze mit einer Länge von 38.000 km bei etwa einer Million angeschlossener Netzkunden, während deutsche Verteilnetzbetreiber auf durchschnittlich nur 2.000 km Netzlänge und 54.000 angeschlossene Kunden kommen (Mißfeldt, 2012).

Eine eigentumsrechtliche Entflechtung von Verteilnetzbetreibern wird in der EU bislang nur von den Niederlanden umgesetzt. Dort beschränken sich die Aktivitäten der Kommunen auf Beteiligungen am Verteilnetzbetrieb. In Staaten, die nur ein rechtliches und funktionales Unbundling der Verteilnetzbetreiber verlangen, dürfen kommunale EVU auch Erzeugungs- und Vertriebsaktivitäten betreiben. Sie stehen dann – wie in Deutschland – in diesen Bereichen im Wettbewerb.

Nicht beantwortet werden kann im Rahmen der vorliegenden Arbeit, welche Auswirkungen die unterschiedlichen internationalen Entwicklungen auf den (wirtschaftlichen) Erfolg der jeweiligen kommunalen Versorgungsunternehmen haben. Da jedoch in einigen anderen Staaten vergleichbare Versorgungsstrukturen zu beobachten sind, liegt es nahe, die in dieser Arbeit vorgestellte Analyse für andere Länder zu wiederholen, um die Stabilität der Ergebnisse zu überprüfen.

3 Determinanten für den Erfolg eines Stadtwerkes

3.1 Einleitung

Die Ausführungen in Kapitel 2 belegen, dass viele deutsche Stadtwerke eine jahrzehntelange Historie vorweisen können. Kapitel 4 wird zeigen, dass einige Unternehmen dabei wirtschaftlich erfolgreicher sind als andere. Doch ist es alleine wirtschaftlicher Erfolg, der für die Stadtwerke bzw. ihre Gesellschafter zählt? Was bedeutet Erfolg für Stadtwerke? Diese Fragen sollen im Folgenden beantwortet werden, bevor im fünften Kapitel der vorliegenden Arbeit potenzielle Erfolgsfaktoren der Stadtwerke definiert und analysiert werden. Dazu wird im folgenden Kapitel 3.2 zunächst auf die konzeptionellen Grundlagen der Erfolgsfaktorenforschung eingegangen, die sich unter anderem mit dem Begriff Erfolg, den Möglichkeiten der Erfolgsmessung, Systematisierungsansätzen sowie den Wirkungsbeziehungen zwischen Erfolgsfaktoren und Erfolgspotenzialen beschäftigen. In Kapitel 3.3 folgt dann der Versuch einer Definition, was Erfolg für kommunale, energieversorgende deutsche Stadtwerke bedeutet. Dazu werden die fünf Erfolgsziele Wirtschaftlichkeit, Versorgungsqualität, Umweltverträglichkeit, Kundenzufriedenheit und kommunale Gestaltbarkeit erörtert und ihre wesentlichen Erfolgsindikatoren vorgestellt. Kapitel 3.4 stellt die wichtigsten Erkenntnisse bisheriger wissenschaftlicher Untersuchungen zum wirtschaftlichen Erfolg der Stadtwerke zusammenfassend dar. Diese Erkenntnisse spielen für den weiteren Aufbau der vorliegenden Arbeit eine wichtige Rolle. Auf sie wird insbesondere in Kapitel 5 wiederholt eingegangen.

3.2 Das Konzept der Erfolgsfaktorenforschung

3.2.1 Erfolg und Erfolgsmessung

Der Begriff Erfolg lässt sich allgemein definieren als positives Ergebnis von Aktivitäten, die auf Entscheidungen, Bemühungen und Handlungen von Individuen beruhen (Bibliographisches Institut, 2013). Im betriebswirtschaftlichen Kontext ist Erfolg das positive Ergebnis unternehmerischer Aktivitäten, die auf getroffenen Unternehmensentscheidungen, unternehmerischen Anstrengungen und unternehmerischem Handeln basieren (Tjaden, 2003). Erfolg äußert sich aus klassisch-betriebswirtschaftlicher Sicht als eine monetär messbare Größe (Steinle et al., 1994). Untersuchungen des Unternehmenserfolgs, die sich auf diese Sichtweise stützen, verwenden vorwiegend Kennzahlen des Rechnungswesens als finanzielle Erfolgskriterien. Erweiterte Ansätze weichen von dieser rein monetären Sichtweise ab, indem zusätzlich nicht-monetäre Erfolgskriterien in die Betrachtung einbezogen werden (Gladen, 2014).

Zur Konkretisierung des Unternehmenserfolgs haben sich im Laufe der Zeit in der Literatur vier grundsätzliche Forschungsansätze herausgebildet: der Systemansatz, der Zielansatz, der Stakeholderansatz und der Kontingenzansatz.

Nach dem Systemansatz bezeichnet der Erfolg eines Unternehmens die Gesamtheit der Fähigkeiten, Ressourcen, Prozesse und Strukturen, die es ihm erlaubt, langfristig am Markt überlebensfähig zu sein. Eine fehlende langfristige Überlebensfähigkeit, die auf eine existenzielle Unternehmenskrise mit Insolvenz oder Liquidation des Unternehmens hinausläuft, ist dann als negativer Erfolg – also Misserfolg – zu werten (Rehkugler, 1989; Tjaden, 2003).

Nach dem Zielansatz wird der Erfolg als Grad der Zielerreichung aufgefasst. Ein positiver Erfolg liegt bei Erreichen vorab festgelegter Erfolgsziele vor, die als Zielbündel mit komplementären, konkurrierenden und indifferenten Zielbeziehungen das Zielsystem des Unternehmens ausmachen (Fritz, 1995; Tjaden, 2003). Bei teilweiser Zielerreichung bzw. bei Zielverfehlung kann je nach Modalität von einem abgestuften positiven Erfolg (multi-modale Perspektive) oder von einem negativen Erfolg (bi-modale Perspektive) gesprochen werden (Herr, 2007; Schmidt, 2002).

Nach dem Stakeholderansatz beschreibt der Erfolg den Erfüllungsgrad der Befriedigung der unternehmensinternen und -externen Interaktionspartner. Dies betrifft einerseits die Interessen der Unternehmensangehörigen (Führungskräfte und Beschäftigte), andererseits die Interessen der außerhalb des Unternehmens Interagierenden – wie etwa Kunden, Lieferanten, Geschäfts- und Kooperationspartner, Kapitalgeber, Gewerkschaften und Behörden (Quinn/Rohrbaugh, 1983; Tjaden, 2003).

Nach dem Kontingenzansatz ist Erfolg als situationsspezifisches Ergebnis aufzufassen und wird durch situative Einflussfaktoren bestimmt. In dem Fall hängt der Erfolg von der jeweiligen Situation ab, in der sich ein Unternehmen befindet (Bühner, 1997; Tjaden, 2003).

Der Erfolg lässt sich für verschiedene Erfolgsebenen ermitteln, etwa für die folgenden (Helm, 1998; Tjaden, 2003; Schmalen/Kunert/Weindlmaier, 2006; Wohlgemut/Hess, 1999):

- ein einzelnes Unternehmen oder Teilbereiche eines Unternehmens (z.B. Geschäftsfelder, Geschäftseinheiten, Projekte),
- eine bestimmte Gruppe von Unternehmen (z.B. Unternehmen einer definierten Branche, Region, Betriebsgröße oder Lebenszyklusphase),
- einen Unternehmensverbund (z.B. Kooperation, Allianz, Netzwerk),
- eine hierarchisch organisierte Unternehmensgruppe (z.B. Konzern mit Tochterunternehmen).

Hinsichtlich des Betrachtungswinkels kann Erfolg objektiv oder subjektiv gemessen werden (Helm, 1998). Für eine objektive Erfolgsmessung sind mess- und vergleichbare Erfolgsgrößen als Erfolgsmaßstab heranzuziehen (z.B. betriebswirtschaftliche Kennzahlen), die sich etwa durch Bilanz- bzw. Finanzanalysen gewinnen lassen. Allerdings gilt dies nur für Daten aus der Vergangenheit, da zukunftsbezogene Erfolgsdaten auf Schätzungen bzw. Erwartungen beruhen, die von subjektiver Natur sind (Schmid, 2012; Steinhoff, 2006). Die Messung des subjektiven Erfolgs basiert auf der Wahrnehmung von Personen der betrachteten Erfolgsebene, die – etwa im Rahmen von persönlichen, telefonischen oder schriftlichen Befragungen – individuell Auskunft zu einer bestimmten Erfolgssituation oder -erwartung geben (Summer et al., 1990). In dem Fall können unterschiedliche Auffassungen von Erfolg vorliegen (z.B. persönliche Zufriedenheit oder Unzufriedenheit über das Arbeitsergebnis), die nur schwer nachprüfbar sind. Bei entsprechend großer Anzahl befragter Personen lassen sich die Befragungsergebnisse objektivieren, segmentieren oder clustern (Guggemoos, 2012; Schmid, 2012). Die Objektivitäts-Subjektivitäts-Problematik kommt auch bei überbetrieblicher Erfolgsmessung zum Tragen. Beispielsweise bestehen bei Kooperationen einerseits die Kooperationsziele und -interessen als Ganzes und anderseits die Einzelziele und -interessen der Kooperationspartner. So gibt es neben dem objektiven Kooperationserfolg auch die subjektiven Erfolge der Kooperationsteilnehmer, sodass die Erfolgsmessung entweder kollektiv von den Kooperationspartnern oder einzeln mit anschließender Kumulierung vorzunehmen ist (Oesterle, 1995; Tjaden, 2003; Wohlgemuth/Hess, 1999).

Zur Operationalisierung des Erfolgs sind messbare Kriterien festzulegen, welche die Ergebniswirkungen der unternehmerischen Aktivitäten adäquat reflektieren und mit denen der Erreichungsgrad der Erfolgsziele bzw. der Erfüllungsgrad der Interessengruppen ermittelt werden kann. Dabei können eine oder mehrere Erfolgsmessgrößen herangezogen werden, die sich auch verdichten lassen. Für die Messung des Erfolgs kommen quantitative und qualitative Messgrößen in Betracht, die auch durch geeignete Skalierung miteinander kombiniert werden können (Schmalen/Kunert/Weindlmaier, 2006).

Die quantitative Erfolgsmessung kann auf absoluten Erfolgsgrößen basieren (z.B. Umsatz, Deckungsbeitrag, Gewinn), auf relativen Erfolgsgrößen (z.B. Rentabilität, Liquiditätsgrad, Marktanteil) oder auf wachstumsbezogenen Erfolgsgrößen (z.B. Umsatzwachstum, Gewinnwachstum). Neben monetären Erfolgsgrößen können dabei auch nicht-monetäre Erfolgsgrößen herangezogen werden, die mengenbezogen (z.B. Anzahl abgesetzter Produkte), zeitbezogen (z.B. Durchlauf-, Liege- und Lieferzeiten) oder qualitätsbezogen sind (z.B. Ausschussquote, Anzahl an Reklamationen) (Eberlein, 2010).

Die qualitative Erfolgsmessung kommt insbesondere für Erfolgsgrößen zum Einsatz, die den Erfolg inhaltlich beschreiben und sich nicht unmittelbar quantitativ messen lassen, wie z.B. beim Zielerreichungsgrad oder der Kunden- und Mitarbeiterzufriedenheit (Matz, 2007; Schmalen/Kunert/Weindlmaier, 2006). Um qualitative Erfolgsgrößen dennoch einer quantitativen Messung zugänglich zu machen, bieten sich standardisierte Fragebogen mit mehrstufigen Rating-Skalen an, die eine Umwandlung in quantitative Größen erlauben (Steinhoff, 2006).

3.2.2 Grundlagen der Erfolgsfaktorenforschung

In der Literatur werden sowohl der Begriff Erfolgsfaktorenforschung als auch das dahinterliegende Konzept unterschiedlich definiert. Gemeinsam ist den Definitionen, dass die Analyse der Ursachen des Unternehmenserfolgs im Fokus der Forschung steht. Aus der Analyse sollen Erkenntnisse zur Beziehung von Erfolgsursachen und Erfolgswirkungen gewonnen werden. Obwohl sehr vielfältige Faktoren den Erfolg eines Unternehmens beeinflussen können, geht die Erfolgsfaktorenforschung davon aus, dass nur eine geringe Zahl an Faktoren von herausragender Bedeutung ist (die sogenannten kritischen Erfolgsfaktoren). Gegenstand der Erfolgsfaktorenforschung ist es daher, Schlüsselgrößen zu identifizieren, die maßgeblich für den Erfolg eines Unternehmens verantwortlich sind (Haennicke, 2002; Hoffmann, 1986). In der jüngeren Forschung werden Erfolgsfaktoren im Kontext der strategischen Zielerreichung betrachtet. Dabei wird von strategischen Erfolgsfaktoren gesprochen, die für den Aufbau langfristiger Erfolgspotenziale und die Schaffung von Wettbewerbsvorteilen verantwortlich sind (Welge/Al-Laham, 2013).

In Abgrenzung zur positiven Erfolgsfaktorenforschung analysiert die negative Erfolgsfaktorenforschung (Misserfolgsfaktorenforschung) die Ursachen des Misserfolgs von Unternehmen und gewinnt Erkenntnisse zur Beziehung von Misserfolgsursachen und Misserfolgswirkungen (z.B. Unternehmenskrise und Insolvenz). Auch hier werden wenige Faktoren (kritische Misserfolgsfaktoren) als maßgeblich für den Misserfolg von Unternehmen angesehen (Erben, 2008; Hentze/Kammel, 2000). Dabei führt eine Beseitigung der Ursachen von Misserfolgsfaktoren nicht zwangsläufig zum Unternehmenserfolg, sondern zur Vermeidung von Misserfolg. Gleichwohl können aus den Misserfolgsfaktoren Rückschlüsse auf den Unternehmenserfolg gezogen werden (Herr, 2007).

Erfolgsfaktoren lassen sich danach differenzieren, ob sie unternehmensintern beeinflussbar sind (also durch das Management), oder ob sie durch unternehmensexterne Einflussfaktoren determiniert werden. Aus Sicht der Unternehmensführung sind vor allem solche kritischen bzw. strategischen Erfolgsfaktoren von Interesse, die von den Entscheidungsträgern im Unternehmen durch Einsatz von Planungs-, Steuerungs- und Kontrollinstrumenten beeinflusst und gestaltet werden können (Röderstein, 2009).

Dabei wirken Erfolgsfaktoren nicht unmittelbar auf den Erfolg, sondern indirekt über die Erfolgspotenziale des Unternehmens (vgl. Abb. 2). Erfolgspotenziale stellen die spezifische Ausstattung eines Unternehmens mit Ressourcen, Fähigkeiten und Kompetenzen dar. Demnach wird die Schaffung von Potenzial, das in Zukunft ausgeschöpft werden kann, als Erfolg betrachtet. Der Aufbau von Erfolgspotenzialen geschieht, indem Erfolgsfaktoren gezielt geplant, gesteuert und kontrolliert werden. Bekannte Erfolgsfaktoren können zwar grundsätzlich von allen Marktteilnehmern kopiert werden (vorausgesetzt, die Übertragbarkeit der Erfolgsfaktoren eines Unternehmens auf andere Marktteilnehmer ist gegeben) – sie sind jedoch an die unternehmensspezifische Kombination der Ressourcen, Fähigkeiten und Kompetenzen geknüpft, die sich nicht ohne weiteres von anderen Unternehmen kopieren lassen (Ahlert/Hesse/Kruse, 2008; Nicolai/Kieser, 2002; Röderstein, 2009).

Die Wirkungsbeziehungen zwischen Erfolgsfaktoren und Erfolgspotenzialen können durch verschiedene Parameter beschrieben werden. Zu diesen zählen Wirkungsintensität (auch Wirkungselastizität, Wirkungsvariabilität oder Wirkungsdeterminiertheit), Wirkungsrelation (der funktionale Zusammenhang zwischen

Erfolgsfaktor und Erfolgspotenzial) und Wirkungsdynamik (zeitliche Wirkung eines Erfolgsfaktors auf das Erfolgspotential) (Herr, 2007; Ortmann, 1999; Wilde, 1989).

Abbildung 3: Theoretische Wirkungsweise von Erfolg

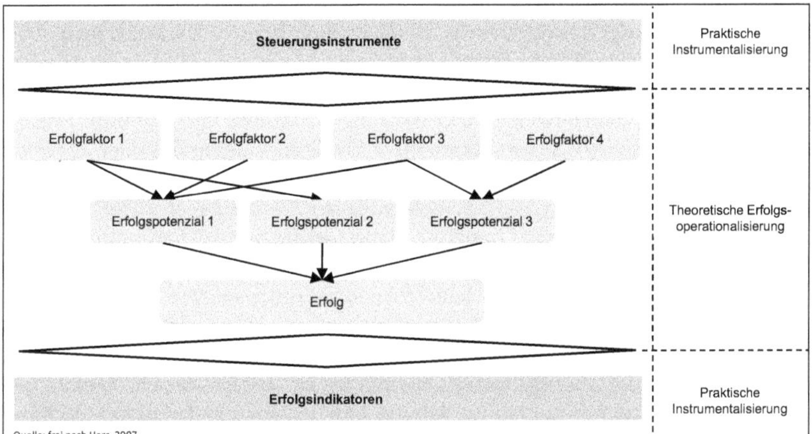

Quelle: frei nach Herr, 2007

3.2.3 Systematisierungsansätze

Eine Erfolgsfaktorenstudie versucht, potenzielle Erfolgsfaktoren zu identifizieren. Zur Erreichung dieses Ziels können unterschiedliche Vorgehensweisen verfolgt werden. Je nach Art des Untersuchungsansatzes, der Datenerhebung und der Ermittlung lassen sich vier methodische Ansätze der Erfolgsfaktorenforschung unterscheiden (vgl. Abb. 3): der direkte, der qualitativ-explorative, der quantitativ-explorative und der quantitativ-konfirmatorische Ansatz (Schmalen/Kunert/Weindlmaier, 2006).

Hinsichtlich der Art der Ermittlung, d.h. der Auswertungsmethodik, kann zwischen direkten und indirekten Verfahren der Identifizierung der Erfolgsfaktoren unterschieden werden.

Bei der direkten Methode erfolgt eine Expertenbefragung unmittelbar nach den Erfolgsfaktoren. Dies setzt voraus, dass die Befragten die Fähigkeit zur Identifizierung von erfolgsrelevanten bzw. -kritischen Faktoren in Unternehmen besitzen und bereit sind, diese dem Forschenden eindeutig, korrekt und vollständig mittzuteilen. Zwangsläufig handelt es sich bei den Antworten um subjektive Einschätzungen, was vor allem bei komplexen Wirkungsbeziehungen die Gefahr einer verzerrten Wiedergabe objektiver Sachverhalte birgt.

Bei der indirekten Methode werden Erfolgsfaktoren mittelbar identifiziert. Dazu erfolgt eine getrennte Erhebung von potenziellen Erfolgsfaktoren (unabhängige Variablen) und der Erfolgsgröße (abhängige Variable), indem indirekt nach den Erfolgsursachen gefragt oder quantitatives Datenmaterial über das Untersuchungsobjekt herangezogen wird. Anschließend werden die zwischen den Variablen bestehenden

Zusammenhänge durch Einsatz statistischer Methoden untersucht (z.B. mittels Regressionsanalyse, Diskriminanzsanalyse oder Clusteranalyse). Gegenüber der direkten Methode erfolgt hier die Erhebung auf verschiedenen Ebenen, sodass Erfolgsfaktoren und Erfolgsgrößen (und implizit deren Zusammenhänge) jeweils nicht von denselben Personen erhoben werden. Dadurch trägt die indirekte Methode zu mehr Objektivität bei der Ermittlung der Erfolgsfaktoren bei (Herr, 2007; Hesse, 2004; Röderstein, 2009; Salzer, 2004; Schmalen/Kunert/Weindlmaier, 2006).

Bezüglich der Art der Untersuchung lässt sich zwischen Forschungsansätzen differenzieren, bei denen die kausalen Wirkungsstrukturen und -zusammenhänge erkundet und entdeckt werden (explorative Erklärungsmethodik) oder auf Basis theoretisch abgeleiteter Hypothesen empirisch überprüft werden (konfirmatorische Erklärungsmethodik) (Herr, 2007; Schmalen/Kunert/Weindlmaier, 2006).

Die Datenerhebung, welche Grundlage für die Gewinnung von Erkenntnissen über die Wirkungsbeziehungen ist, kann qualitativ und quantitativ erfolgen. Qualitative Ansätze basieren auf exploratorischen Erhebungen (insbesondere Expertengespräche, Fallstudien, Einzelfallinterpretationen und Auswertung von Sekundärdaten), mit denen die Wirkungszusammenhänge inhaltlich beschrieben werden. Durch induktive Schlüsse können dann Gestaltungsempfehlungen für erfolgskritische Einflussfaktoren gegeben werden. Quantitative Ansätze basieren auf standarisierten Stichprobenerhebungen mit Erfassung quantitativer Daten über die Untersuchungsobjekte und deren Auswertung mittels statistischer Analysen (Herr, 2007; Schmalen/Kunert/Weindlmaier, 2006).

Abbildung 4: Methodische Ansätze der Erfolgsfaktorenforschung

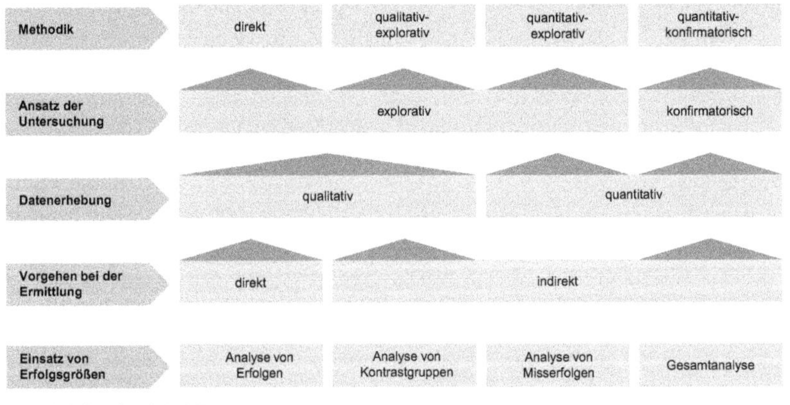

Quelle: Schmalen/Kunert/Weindlmaier, 2006

Daneben gibt es in der Literatur weitere Systematisierungen. Beispielsweise nehmen Steinle, Kirschbaum und Kirschbaum (1996) eine Unterscheidung von empiriegeprägten, theoriegeprägten und praktikergeprägten Ansätzen vor.

Einen zentralen Punkt der Erfolgsfaktorenforschung bilden die Kriterien, die zur Beurteilung ermittelter Analyseergebnisse herangezogen werden. Ein Ansatz, der häufig bei der Beurteilung von Erfolgsfaktorenstudien verwendet wird, ist der von Trommsdorff (1993). Er zieht die Merkmale Spezifität, Präzision und Kausalität heran.

Die Spezifität gibt die Reichweite bzw. den Grad der Allgemeingültigkeit der identifizierten Wirkungszusammenhänge zwischen Erfolgsfaktoren und Erfolgspotenzialen an. Bei Heterogenität der untersuchten Objekte (u. a. hinsichtlich Branche, Region, Betriebsgröße, Betriebstyp etc.) liegt eine große Reichweite vor, sodass die gewonnenen Erkenntnisse verallgemeinert werden können. Allerdings kommt es bei sehr heterogener Zusammensetzung einer Stichprobe zu einer Vernachlässigung der objekt- bzw. unternehmensspezifischen Situationen, was den konkreten Nutzen für das Management i.d.R. auf allgemein gültige Handlungsempfehlungen einschränkt. Bei Fokussierung der untersuchten Objekte (z.B. auf eine Branche, eine Region, eine Betriebsgröße, einen Betriebstyp) liegt eine geringe Reichweite vor. Die gewonnenen Erkenntnisse sind nicht situationsübergreifend gültig, sondern nur für die untersuchte spezifische Situation. Ergebnisse fokussierter Untersuchungen bieten dem Management häufig einen konkreten Nutzen durch spezifische Handlungsempfehlungen. Studien zur Erfolgsfaktorenforschung erfordern somit immer eine Abwägung zwischen Verallgemeinerung (geringe Spezifität) und Situationsabhängigkeit (hohe Spezifität) (Herr, 2007; Hesse, 2004; Salzer, 2004).

Die Präzision verlangt nach dem Erreichen einer höchstmöglichen Genauigkeit der Untersuchungen. Diese wird regelmäßig durch den Zugang zu den Untersuchungsobjekten bzw. den relevanten Daten, durch die Datenqualität, durch den Erhebungs- und Auswertungsaufwand und durch die Erhebungs- und Auswertungsmethoden begrenzt (Herr, 2007; Hesse, 2004; Salzer, 2004).

Die Kausalität stellt auf die kausalen, d.h. ursächlichen Wirkungszusammenhänge zwischen Erfolgsfaktoren und Erfolgspotenzialen ab. Dazu sind Wenn-Dann-Relationen aufzustellen und zu überprüfen – etwa auf Grundlage von Vermutungen, Erfahrungen, Kausalanalysen oder kontrollierten Experimenten. Das Vorhandensein von Kausalität setzt verschiedene Anforderungen zwischen Erfolgsfaktoren und Erfolgspotenzialen voraus:

- Erfolgsfaktoren und Erfolgspotenziale müssen miteinander korrelieren.
- Die Messung der Erfolgsfaktoren muss der Messung des Erfolgspotenzials zeitlich vorausgehen.
- Erfolgsfaktoren und Erfolgspotenziale sind ein isolierbares System ohne Beeinträchtigung durch Störgrößen.
- Die Messung von Erfolgsfaktoren und Erfolgspotenzialen darf nicht von systematischen Messfehlern beeinträchtigt werden.

Diese Anforderungen lassen sich nur unter laborähnlichen Untersuchungsbedingungen weitestgehend erfüllen, wobei die Realität immer unvollständig abgebildet wird und gewonnene Erkenntnisse somit nur eingeschränkt praxistauglich sind. Daher ist im Rahmen der Erfolgsfaktorenforschung eine Abwägung zwischen der

Erfüllung der kausalitätsrelevanten Bedingungen und der Abbildungsgenauigkeit der Realität erforderlich (Haenecke, 2002; Herr, 2007; Kube, 1991).

Es ist naheliegend, für die in dieser Arbeit zu prüfenden Erfolgsfaktoren eine Einteilung auf Grundlage der hier dargestellten Systematisierungsansätze vorzunehmen. Diese Einteilung erfolgt bei der Auswahl der Erfolgsgröße und der Beschreibung der Datengrundlage in den Kapiteln 5.2 und 5.3.

3.2.4 Kritik an der Erfolgsfaktorenforschung

An der bisherigen Erfolgsfaktorenforschung werden verschiedene methodische und inhaltliche Kritikpunkte festgemacht. In methodischer Hinsicht werden u. a. die fehlende Repräsentativität von Stichproben, die Unzuverlässigkeit der Operationalisierungen, die Unangemessenheit der angewandten statistischen Verfahren und die unzuverlässige kausale Interpretation von Querschnittsdaten angeführt (Ahlert/Hesse/Kruse, 2008; Hesse, 2004; Nicolai/Kieser, 2002). Auch sind in einer sich dynamisch entwickelnden Unternehmensumwelt und bei plötzlich ändernden Unternehmenssituationen unvermittelt Veränderungen der Wirkungsbeziehungen zwischen Erfolgsfaktoren und Erfolgspotenzialen möglich. Dabei können Erfolgsfaktoren an Bedeutung zu- oder abnehmen und neue Erfolgsfaktoren hinzukommen, sodass Querschnittsstudien zu verschiedenen Erhebungszeitpunkten zu unterschiedlichen Ergebnissen kommen. Insofern ist eine laufende Überwachung der Erfolgsfaktoren und deren Einflussgrößen erforderlich. Inhaltlich werden als Kritikpunkte der Verlust an Wirksamkeit bekannter Erfolgsfaktoren (falls von Unternehmen kopierbar bzw. übertragbar), die willkürliche Heranziehung unterschiedlicher Theorieansätze sowie die willkürliche Bestimmung der Erfolgsfaktoren und der für die Operationalisierung erforderlichen Indikatoren genannt. Durch geeignete Lösungsansätze lassen sich jedoch die methodischen und inhaltlichen Kritikpunkte der Erfolgsfaktorenforschung entkräften (Ahlert/Hesse/Kruse, 2008; Hesse, 2004).

3.3 Erfolg von Stadtwerken – Versuch einer Definition

In Abschnitt 3.2.1 wurde gezeigt, dass sich Erfolg für verschiedene Erfolgsebenen ermitteln lässt. Geht es um den Erfolg von Stadtwerken, muss daher zunächst definiert werden, welche Erfolgsebene betrachtet werden soll. So kann sich der Erfolg von Stadtwerken beispielsweise auf eine bestimmte Gruppe von Unternehmen beziehen (z.B. kommunale, gemischtwirtschaftliche oder privatwirtschaftliche Stadtwerke), auf Stadtwerke-Kooperationen, auf bestimmte Sparten (z.B. Strom-, Gas-, Fernwärme- oder Wasserversorgung) oder auf einzelne Geschäftsfelder (z.B. Energieerzeugung, Handel, Netze oder Vertrieb). Für jede Erfolgsebene – bzw. jede Art von Untersuchungsobjekt – sind konkrete Erfolgsziele zu definieren, um anhand des Zielerfüllungsgrads den jeweiligen Erfolg zu bestimmen.

Wie bereits in Kapitel 1 erläutert, sind das Untersuchungsobjekt dieser Arbeit ausschließlich deutsche Stadtwerke, die sich zu mindestens 50 Prozent in kommunaler

Hand befinden und die mindestens in der Strom- und/oder Gasversorgung tätig sind. Zunächst sollen hier die maßgeblichen Erfolgsziele dieser Gruppe definiert werden, bevor dann in Kapitel 5 auch Erfolgsziele anderer Erfolgsebenen untersucht werden, z.B. die der einzelnen Geschäftsfelder.

Für die betrachteten Stadtwerke lassen sich die maßgeblichen Ziele für die Elektrizitäts- und Gasversorgung indirekt aus dem Zweck des Energiewirtschaftsgesetzes (EnWG) ableiten. Danach sorgen sie für „[...] eine möglichst sichere, preisgünstige, verbraucherfreundliche, effiziente und umweltverträgliche leitungsgebundene Versorgung der Allgemeinheit mit Elektrizität und Gas, die zunehmend auf erneuerbaren Energien beruht" (§ 1 Abs. 1 EnWG) und die „[...] Sicherung eines langfristig angelegten leistungsfähigen und zuverlässigen Betriebs von Energieversorgungsnetzen" (§ 1 Abs. 2 EnWG). Damit beschreibt das EnWG auch die Eckpunkte des sogenannten energiepolitischen Zieldreiecks. Diese sind Wirtschaftlichkeit, Versorgungssicherheit und Umweltschutz. Die drei Ziele stehen in einem Spannungsverhältnis zueinander. Sie sind aber gleichgewichtig und sollen gleichzeitig erreicht werden, wobei es klare Zielkonflikte gibt. So ist eine höhere Umweltverträglichkeit oder eine gesteigerte Versorgungssicherheit in vielen Fällen mit höheren Preisen verbunden. Auch bringen einige besonders umweltfreundliche Energieträger Probleme bei der Versorgungssicherheit mit sich (BDEW, 2014b).

Die Ziele Wirtschaftlichkeit, Versorgungssicherheit und Umweltverträglichkeit haben Gültigkeit für alle deutschen Energieversorgungsunternehmen. Bei Stadtwerken gemäß der o. g. Definition kommen – als kundenorientiert agierende, kommunale Unternehmen – zwei weitere maßgebliche Ziele hinzu: Kundenzufriedenheit und kommunal(-politische) Einflussnahme (Bontrup/Marquardt, 2010; Henseler, 2006; Pfeifer/Paul, 2013). Es können also die folgenden fünf Erfolgsziele kommunaler, energieversorgender Stadtwerke genannt werden:

- Wirtschaftlichkeit und Effizienz,
- Versorgungsicherheit bzw. Versorgungsqualität,
- Umweltverträglichkeit,
- Verbraucherfreundlichkeit und Preisgünstigkeit sowie
- kommunale Einflussnahme und Gestaltbarkeit.

Diese werden im Folgenden ausführlicher erörtert.

3.3.1 Erfolgsziel Wirtschaftlichkeit

Wirtschaftlichkeit ist ein allgemeines Maß für die Effizienz im Sinne der Kosten-Nutzen-Relation, also für den rationalen Umgang mit knappen Ressourcen. Sie wird als das Verhältnis zwischen erreichtem Erfolg und dafür benötigtem Mitteleinsatz definiert und kann durch die Relation von Output und Input gemessen werden. Wirtschaftlichkeit wird somit durch einen effizienten Ressourceneinsatz erreicht – insbesondere der Kapital-, Personal- und Materialressourcen im Unternehmen.

Die Kapitaleffizienz in Form der Kapitalrentabilität beschreibt den finanziellen Erfolg auf das eingesetzte Kapital bzw. Vermögen. Als Input werden Kapitalgrößen

(Eigen-/Fremdkapital) bzw. Vermögensgrößen (Anlage-/Umlaufvermögen) herangezogen. Als Output kommen Überschussgrößen wie Betriebsergebnis, Jahresüberschuss, Ausschüttung, CashFlow, EBIT, EBITDA, NOPAT und NOPLAT in Betracht. Nach Rahmel, Völl und Rönz (2012) nutzen Stadtwerke am häufigsten die Kennzahl EBIT zur Unternehmenssteuerung, gefolgt von EBITDA, ROCE, Jahresüberschuss und Umsatzerlösen. Durch Relation der entsprechenden Output- und Inputgrößen ergeben sich Rentabilitätskennzahlen, wie z.B. ROI (Kapitalrentabilität), ROE (Eigenkapitalrentabilität), ROA (Gesamtkapitalrentabilität) und ROCE (weiterentwickelte Gesamtkapitalrentabilität) (Gladen, 2014; Krause/Dayanand, 2010). Diese und einige weitere Kennzahlen der betrachteten Stadtwerke werden in Kapitel 4 ausführlich analysiert.

Die Effizienz im Personaleinsatz (im Sinne von Personalproduktivtät bzw. der Wertschöpfung der Mitarbeiter) lässt sich beispielsweise durch die Anzahl der Mitarbeiter als Input und deren Leistungsergebnis als Output bestimmen (Weber, 2006). Entsprechende Kennzahlen bei energieversorgenden Stadtwerken sind u. a. Umsatz je Mitarbeiter oder Personalkosten je abgesetzter Energiemenge. Welchen Beitrag der effiziente Einsatz der Personalressourcen zur Wirtschaftlichkeit der Stadtwerke leistet, wird in Kapitel 5 analysiert.

Die Effizienz im Materialeinsatz (im Sinne von Materialproduktvität) kann am Materialverbrauch als Input und aus der daraus erzeugten Leistung als Output festgemacht werden (Daum/Greife/Pryzywara, 2014). Kennzahlen in der Energieversorgung sind z.B. die Brennstoffkosten je erzeugte Energiemenge.

3.3.2 Erfolgsziel Versorgungsqualität

Die Zielgrößen Versorgungsicherheit der leitungsgebundenen Versorgung sowie Leistungsfähigkeit und Zuverlässigkeit im Netzbetrieb gemäß der Absätze 1 und 2 des EnWG lassen sich unter dem Aspekt der Versorgungsqualität zusammenfassen. Die Versorgungsqualität beinhaltet die Versorgungssicherheit, die Versorgungszuverlässigkeit (Netzzuverlässigkeit und Produktqualität) und die Servicequalität (BNetzA, 2013; Westermann/Krämer, 2013).

Die Versorgungssicherheit betrifft die Erzeugungs-/Gewinnungs- und die Netzseite. Kurzfristig ist die Energieversorgung technisch und organisatorisch störungs- und unfallfrei zu gestalten. Mittel- und langfristig geht es darum, die Erzeugungs-/ Gewinnungs- und die Netzkapazitäten entsprechend der erwarteten Entwicklung des Energiebedarfs permanent instand zu halten und aus- bzw. umzubauen (inkl. Bereitstellung von Reservekapazitäten sowie der Brennstoffbeschaffung und -lagerung) (Fallier, 2013).

Die Netzzuverlässigkeit stellt auf eine unterbrechungsfreie und nachhaltige Versorgung mit Energie ab und kann mit kundenorientierten, lastbasierten und energiebasierten Kennzahlen gemessen werden. Kundenorientierte Kennzahlen beziehen sich auf die Unterbrechung der Energieversorgung beim Kunden, wobei u. a. folgende Größen zur Anwendung kommen (Fallier, 2013):

- durchschnittliche Unterbrechungshäufigkeit je Kunde – SAIFI (System Average Interruption Frequency Index)
- durchschnittliche Unterbrechungsdauer je Kunde – SAIDI (System Average Interruption Duration Index)
- durchschnittliche Unterbrechungsdauer je unterbrochenem Kunden – CAIDI (Customer Average Interruption Duration Index)
- durchschnittliche Verfügbarkeit des Versorgungssystems – ASAI (Average Service Availability Index)
- durchschnittliche Häufigkeit kurzzeitiger Unterbrechungen je Kunde – MAIFI (Momentary Average Interruption Frequency Index)
- Schwankungsbreite der Versorgungsunterbrechungen – CEMI (Customers Experiencing Multiple Interruptions).

Leistungsbasierte Kennzahlen beziehen sich auf die unterbrochene Kapazität, wodurch eine unterschiedliche Gewichtung der Kunden (z.B. Haushaltskunden, Gewerbe- und Industriekunden) stattfindet. Kennzahlen hierfür sind vor allem (Fallier, 2013):

- durchschnittliche Unterbrechungshäufigkeit je angeschlossener Kapazität – ASIFI (Average System Interruption Frequency Index)
- durchschnittliche Unterbrechungsdauer je angeschlossener Kapazität – ASIDI (Average System Interruption Duration Index).

Energiebasierte Kennzahlen beziehen sich auf die unterbrochene Energiemenge, sodass auch hier Kunden unterschiedlich gewichtet werden. Typische Kennzahlen sind (Fallier, 2013):

- nicht zeit- und bedarfsgerecht gelieferte Energiemenge – ENS (Energy Not Supplied)
- nicht gedeckte Last – VOLL (Volume of Lost Load)

Die Produktqualität zeigt an, ob Mindeststandards des Produktes Strom bzw. Gas eingehalten werden (Westermann/Krämer, 2013). In der Gasversorgung lässt sich die Produktqualität an der chemischen Gaszusammensetzung und der Druckhaltung (Einhaltung eines bestimmten Druckniveaus) festmachen. In der Stromversorgung bezieht sich die Produktqualität auf die Frequenzhaltung und Spannungshaltung. Da für die Frequenzhaltung die Übertragungsnetzbetreiber zuständig und verantwortlich sind, kommt für die Stadtwerke als Verteilnetzbetreiber primär die Erfolgsgröße Spannungsqualität in Betracht.

Die Servicequalität sagt etwas über die Angemessenheit der Leistungserbringung in der Beziehung zwischen Energieversorger und Kunde aus. Serviceorientiertes Verhalten kann z.B. an Dauer der Beseitigung von Versorgungsstörungen beim Kunden oder den Antwortzeiten bei Kundenbeschwerden festgemacht werden. Damit steht die Servicequalität in enger Verbindung zur Zielgröße Verbraucherfreundlichkeit.

3.3.3 Erfolgsziel Umweltverträglichkeit

Umweltverträglichkeit wird im EnWG dahingehend definiert, „dass die Energieversorgung den Erfordernissen eines nachhaltigen, insbesondere rationellen und sparsamen Umgangs mit Energie genügt, eine schonende und dauerhafte Nutzung von Ressourcen gewährleistet ist und die Umwelt möglichst wenig belastet wird, der Nutzung von Kraft-Wärme-Kopplung und erneuerbaren Energien kommt dabei besondere Bedeutung zu" (§ 3 Nr. 33 EnWG). Die Schonung und Dauerhaftigkeit der Ressourcennutzung kommt in der Materialproduktivität zum Ausdruck. Die Zweckmäßigkeit und Sparsamkeit im Energieumgang können Stadtwerke beim Kunden etwa durch Energieberatung und dem Anbieten energiesparender Geräte erreichen. Die Messung der Umweltbelastung lässt sich an den Emissionen der Energieerzeugung festmachen, wie z.B. dem Anteil erneuerbarer Energien an der Energieerzeugung oder dem CO_2-Ausstoß je erzeugter oder gelieferter Energiemenge (Fluess et al., 2012).

3.3.4 Erfolgsziel Kundenzufriedenheit

Kundenzufriedenheit ist eine wichtige Voraussetzung, um Kunden langfristig an ein Stadtwerk zu binden und vom Wechsel des Energieversorgers abzuhalten (Henseler, 2006; Pfeifer/Paul, 2013). Sie basiert auf der subjektiv vom Kunden wahrgenommenen Leistungsfähigkeit und Leistungsbereitschaft des Energieversorgers bzw. Stadtwerks etwa hinsichtlich Versorgungsqualität, Verbraucherfreundlichkeit und Preisgünstigkeit. Nach Beutin und Werner (1999) umfasst die Kundenzufriedenheit von Energieversorgern die Zufriedenheit mit dem Beschwerdemanagement, dem lokalen Engagement, der Rechnungsstellung, der Kooperation, der Kundencentereinrichtung, den Dienstleistungen und der Energieversorgung. Der Zielerreichungsgrad dieser Teilaspekte kann durch Kundenumfragen gemessen werden.

3.3.5 Erfolgsziel kommunale Gestaltbarkeit

Durch die kommunalpolitische Einflussnahme auf Stadtwerke, die Kommunen in ihrer Eigenschaft als Anteilseigner und mit der Besetzung von Positionen in Geschäftsführung und Überwachungsorganen (z.B. dem Aufsichtsrat) ausüben können, werden auch kommunale bzw. kommunalpolitische Erfolgsziele verfolgt. Diese sind üblicherweise auf das lokale Versorgungsgebiet beschränkt und betreffen z.B. die nachhaltige Entwicklung der Region und das Wohl der Bürger. Erfolgsgrößen können die Positionierung des Stadtwerks als attraktiver Arbeitgeber der Region sein, der sichere Arbeitsplätze anbietet, die Auftragsvergabe an die lokale Wirtschaft, das Sponsoring lokaler Events (z.B. in Kultur und Sport), das Ansehen des Unternehmens (und seiner Organe) in der lokalen Öffentlichkeit oder Kooperationen mit anderen kommunalen Stadtwerken (Bontrup/Marquardt, 2010).

Seit einiger Zeit findet eine Diskussion über den Vorschlag statt, mit Hilfe der „Stadtrendite“ oder des verwandten „Citizen Value“ (Bürgerwert) „über die Betrachtung der rein finanzwirtschaftlichen Rendite eines Unternehmens hinaus“ den gesamtgesellschaftlichen Unternehmensbeitrag für die Kommune zu bestimmen (Friedrich, 2012). In der kommunalen Abfallwirtschaft Deutschlands ist der Citizen Value bereits eine zentrale Erfolgsgröße (Schaubruch/Wöbbeking, 2008; VKS, 2006). Im Citizen Value-Report wird dieser Begriff definiert als „[...] inhaltliche Klammer für Gemeinwohlorientierung, Daseinsvorsorge und die nachhaltige Entwicklung in der kommunalen Abfallwirtschaft“ (Eigenbrod, 2010). Übertragen auf die Energieversorgung kann unter Citizen Value die Gemeinwohlorientierung, Daseinsvorsorge und nachhaltige Entwicklung der kommunalen Energie- und Wasserversorgung subsumiert werden. Zur Messung dieser Werte kann auch der Public Service Value herangezogen werden (Hill, 2007). So haben Cole und Parson (2006) von der Unternehmensberatung Accenture einen Ansatz entwickelt (Public Service Value Model), der den Wert der für die Bürger erbrachten Leistungen misst. Im Fokus des Citizen Value bzw. Public Service Value stehen die Stakeholder – und weniger nur die Shareholder des Stadtwerks. Die Verpflichtung gegenüber dem Bürgerwohl steht also im Vordergrund. Stadtwerke kommen dieser Verpflichtung beispielsweise nach, indem sie über die Grundversorgung hinaus Leistungen anbieten, gut ausgebaute Infrastruktur bereitstellen und sich für kulturelle und sportliche Veranstaltungen engagieren. Sie sorgen für Arbeitnehmerfreundlichkeit, Arbeitsplatzsicherheit, Gefahren- und Umweltschutz. Das Erfolgsziel umfasst damit nach Wildemann (2009) auch die soziale Verantwortung.

Es zeigt sich, dass das Zielsystem von energieversorgenden Stadtwerken insgesamt sehr vielschichtig ausgeprägt sein kann (vgl. Tab. 1). So lassen sich gleichermaßen ökonomische, ökologische, politische und gesellschaftliche Erfolgsziele verfolgen. Offen bleibt, ob die verschiedenen Erfolgsziele aus Sicht der Stadtwerke bzw. ihrer Gesellschafter gleichbedeutend sind oder ob ihnen unterschiedliche Relevanz beigemessen wird.

In den weiteren Kapiteln der vorliegenden Arbeit wird der Fokus entsprechend ihres Titels auf den wirtschaftlichen – also ökonomischen – Erfolg der Stadtwerke gelegt. Dabei eignen sich besonders betriebswirtschaftliche Kennzahlen für objektive Vergleichsmessungen (Steinle et al., 1994). So zeigen die im folgenden Kapitel 3.4 aufgeführten Zusammenfassungen von bisherigen wissenschaftlichen Untersuchungen zum wirtschaftlichen Erfolg der Stadtwerke, dass in Studien mit quantitativen Erfolgsgrößen überwiegend finanzwirtschaftliche Kennzahlen herangezogen werden.

Tabelle 1: Erfolgsziele von energieversorgenden Stadtwerken

Erfolgsziele	Erfolgsindikatoren
Wirtschaftlichkeit	
Effzienter Kapitaleinsatz	Kapitalrentabilität (z.B. ROE, ROA, ROCE, ROIC, EVA)
Effzienter Personaleinsatz	Personalproduktivität (z.B. Umsatz je Mitarbeiter, Personalkosten je abgesetzter Energiemenge)
Effzienter Materialeinsatz	Materialproduktivität (z.B. Brennstoffkosten je erzeugter Energiemenge)
Versorgungsqualität	
Versorgungssicherheit	
kurzfristig	technische Störungs- und Unfallfreiheit der Energieversorgung
mittel-/langfristig	Instandhaltung und Ausbau der Erzeugungs-/ Gewinnungs- und Netzkapazitäten
Netzzuverlässigkeit	
kundenbezogen	kundenbasierte Kennzahlen (z.B. SAIFI, SAIDI, CAIDI, ASAI, MAIFI, CAIFI, CTAIDI, CEMI)
leistungsbezogen	kapazitätsbasierte Kennzahlen (z.B. ASIFI, ASIDI)
energiemengenbezogen	energiemengenbasierte Kennzahlen (z.B. ENS, VOLL)
Produktqualität	
Stromversorgung	Spannungshaltung
Gasversorgung	Druckhaltung und chemische Gaszusammensetzung
Servicequalität	Antwortzeiten bei Kundenanfragen, Dauer zur Beseitigung von Kundenstörungen, Kundenbefragungen
Ressourceneffizienz	
Effzienter Kapitaleinsatz	Kapitalrentabilität (z.B. ROE, ROA, ROCE, ROIC, EVA)
Effzienter Personaleinsatz	Personalproduktivität (z.B. Energieumsatz/-absatz je Mitarbeiter, Personalkosten je abgesetzter Energiemenge)
Effzienter Materialeinsatz	Materialproduktivität (z.B. Brennstoffmenge/-kosten je erzeugte Energiemenge)
Umweltverträglichkeit	
Ressourcennutzung	Materialproduktivität
Umgang mit Energie	Erreichung von Energieeinsparungen beim Kunden, Contracting
Umweltbelastung	Anteil erneuerbarer Energien an Energieerzeugung/-vertrieb, CO_2-Ausstoß je erzeugter/abgesetzter Energiemenge, Einsatz umweltfreundlicher Betriebsmittel
Kundenzufriedenheit	Zufriedenheit mit Beschwerdemanagement, lokalem Engagement, Rechnungsstellung, Kooperation, Kundencentereinrichtung, Dienstleistungen und Energieversorgung

Erfolgsziele	Erfolgsindikatoren
Kommunaler Einfluss	
Kommunalpolitischer Einfluss, nachhaltige Regionalentwicklung und Wohl der Bürger	Citizen Value, Public Service Value Stadtwerk als attraktiver und sicherer Arbeitgeber der Region Auftragsvergabe an die lokale Wirtschaft Sponsoring lokaler Veranstaltungen Bürgernähe, Ansehen in der lokalen Öffentlichkeit

Quelle: Eigene Darstellung

3.4 Bisherige Untersuchungen zum wirtschaftlichen Erfolg deutscher Stadtwerke

Bisher gibt es nur wenige Studien, in denen der wirtschaftliche Erfolg von deutschen Energieversorgern bzw. Stadtwerken analysiert wird – bzw. explizit mögliche Erfolgsfaktoren, die dafür ursächlich sind.

Die Unternehmensberatung Accenture und die Jacobs University Bremen untersuchen in zwei Studien aus den Jahren 2007 und 2009 die deutschen, österreichischen und schweizerischen Energieversorgungsunternehmen. Beide Studien weisen jeweils eine vergangenheitsorientierte Finanzdatenanalyse sowie eine zukunftsorientierte und fragebogenbasierte Branchentreiberanalyse auf. In die 2009 durchgeführte Studie gehen 121 Unternehmen ein, wobei 79 Prozent aus Deutschland kommen und 51 Prozent der betrachteten Unternehmen Stadtwerke sind (45%: Regionalversorger, 4%: Sonstige). Untersucht werden neben der Ergebnisentwicklung zwischen 1999 bis 2007 auch Faktoren, die zwischen 1999 und 2007 maßgeblich für den Unternehmenserfolg verantwortlich sind. Als Erfolgsdimensionen des vergangenen Erfolges gehen der Return on Invested Capital (ROIC) sowie der Economic Value Added (EVA) ein, die aus Geschäftsberichtsdaten abgeleitet werden. Für den vergangenen Erfolg werden Erfolgsfaktoren auf Basis von Regressionsanalysen (mit der Erfolgsgröße ROIC als abhängige Variable und den vermuteten Erfolgsfaktoren als unabhängige Variablen) identifiziert (Bausch et al., 2009). In gleicher Weise ist die 2007 durchgeführte Studie angelegt, wobei sich diese Untersuchung auf den Zeitraum von 1999 bis 2005 erstreckt. Hier gehen 116 Unternehmen ein, wobei 80 Prozent aus Deutschland und wiederum 51 Prozent Stadtwerke sind (Schumacher et al., 2007).

Ein Vergleich der beiden Studien zeigt, dass einige der 2007 aufgestellten Aussagen bzgl. der Erfolgsfaktoren in 2009 korrigiert werden mussten. So gibt es beim Erfolgsfaktor Unternehmensgröße – gemessen an der Anzahl der Mitarbeiter – eine Umkehrung der Aussage. Sind in der Studie aus 2007 kleinere Unternehmen im Betrachtungszeitraum 1999 bis 2005 signifikant erfolgreicher als größere Unternehmen, bestätigt sich dies in der Studie aus 2009 nur für den Zeitraum 1999 bis 2004. Für den Zeitraum 2005 bis 2007 kann kein statistisch negativer Zusammenhang zwischen Unternehmensgröße und Unternehmenserfolg mehr festgestellt werden.

Tatsächlich wird nachgewiesen, dass im Jahr 2007 der ROIC der großen EVU im Durchschnitt um über 2 Prozentpunkte höher ausfällt als der der anderen Unternehmen. Im gleichen Jahr kommt es bei den kleinsten EVU zu einem massiven Ergebnisrückgang. Die Autoren schlussfolgern, dass die großen EVU offenbar aufgrund der Realisierung von Größenvorteilen erfolgreicher wurden – und dass fehlende Größe offensichtlich auch in der Energiewirtschaft ein Nachteil sei (Bausch et al., 2009).

Eine ähnliche Umkehrung der ursprünglichen Aussage gibt es bzgl. des Erfolgsfaktors Eigenerzeugung. In der Studie aus 2007 zeigt sich für den Zeitraum 1999 bis 2002 ein signifikanter negativer Zusammenhang zwischen Eigenerzeugungsanteil und ROIC. Das heißt, Unternehmen mit einem hohen Eigenerzeugungsanteil weisen einen geringeren ROIC auf als Unternehmen mit geringem oder gar keinem Eigenerzeugungsanteil. In der Studie aus 2009 kann für den Zeitraum 2005 bis 2007 kein signifikanter Unterschied zwischen Eigenerzeugungsanteil und ROIC festgestellt werden. Mit Bezug auf die für Deutschland erwartete „Stromlücke ab 2010" vertreten die Autoren 2009 die Auffassung, dass „sich aus heutiger Sicht eine sichere Marge in der Erzeugung zu befinden scheint" (Bausch et al., 2009).

In der Studie aus 2007 wird zudem gezeigt, dass hoher privatwirtschaftlicher Anteilsbesitz, hohes Wachstum durch M&A, ein hoher Anteil von Strom- und Gasumsatz zu Gesamtumsatz und ein hoher Absatzanteil an Privatkunden jeweils signifikant positiv mit dem ROIC korrelieren (Bausch et al., 2009).

Für den zukünftigen Erfolg der EVU werden auf Grundlage von Expertenbefragungen erfolgsrelevante Fähigkeiten im Marktmanagement und im Management strategischer Ressourcen identifiziert, sowie für unterschiedliche Unternehmenstypen (Stadtwerke, Regionalversorger und multinationale Konzerne) die Fähigkeiten mit dem größten Handlungsbedarf (Bausch et al., 2009; Schumacher et al., 2007).

Feldo (2011) untersucht in seiner Diplomarbeit die zentralen Erfolgsfaktoren von deutschen Energieversorgungsunternehmen, wobei sich der Autor methodisch an der Vorgehensweise des PIMS-Programms[2] orientiert. Das Untersuchungssample beschränkt sich auf solche Unternehmen, die ihr Verteilungsnetz organisatorisch und gesellschaftsrechtlich entflechten mussten (mehr als 100.000 angeschlossene Kunden). Insofern gehen kleinere energieversorgende Stadtwerke nicht in die Untersuchung ein. Betrachtet werden maximal 67 EVU. Auf Grundlage theoretisch basierter Plausibilitätsüberlegungen werden insgesamt zehn Hypothesen abgeleitet, die mittels linearer Regressionsanalysen auf Basis von Unternehmensdaten für den Beobachtungszeitraum der Geschäftsjahre 2003 bis 2009 überprüft werden. Als Erfolgsgröße wird der ROCE und als potenzielle Erfolgsfaktoren die Eigentümerstruktur, die Spartenprofitabilität, die Unternehmensgröße, die Kundenstruktur und die Nachfragedichte herangezogen.

2 Das PIMS-Programm (Abk.: engl. für Profit Impact of Market Strategies, dt. Gewinnauswirkung von Marktstrategien) beschreibt, welche Schlüsselfaktoren eines Unternehmens mit seinem wirtschaftlichen Erfolg korrelieren (Buzzell/Gale, 1989).

Im Ergebnis zeigt Feldo (2011), dass der kommunale Anteilsbesitz signifikant negativ mit dem ROCE korreliert. Damit bestätigt er das Ergebnis von Bausch et al. (2009), wonach hoher privatwirtschaftlicher Anteilsbesitz positiv mit dem ROIC korreliert. Ebenso kommt Feldo (2011) zu dem Ergebnis, dass der Anteil des Stromumsatzes am Gesamtumsatz signifikant positiv mit dem ROCE korreliert. Diesen Nachweis können Schumacher et al. (2007) nicht erbringen. Andererseits kann Feldo (2011) keine statistisch signifikanten Zusammenhänge mit dem ROCE jeweils zwischen dem Anteil der Stromabgabe an Industriekunden und dem Anteil der Gasabgabe an private Haushalte feststellen – beides gelingt Schumacher et al. (2007) positiv.

Ebenso findet Feldo (2011) keine statistisch signifikanten Zusammenhänge mit dem ROCE jeweils zwischen dem Anteil des Gasumsatzes am Gesamtumsatz, der Höhe des Gesamtumsatzes, der nutzbaren Stromabgabe, der Gasabgabe, der Anzahl der Kunden pro Kilometer Stromleitungslänge und der Stromabgabe pro Kilometer Stromleitungslänge. Demnach identifiziert Feldo (2011) mit dem möglichst geringen kommunalen Anteilsbesitz und einem hohen Anteil des Stromumsatzes am Gesamtumsatz nur zwei Erfolgsfaktoren von deutschen Energieversorgungsunternehmen.

In einer Studie der Wirtschaftsprüfungsgesellschaft PricewaterhouseCoopers wird für den Zeitraum 2009–2012 anhand einer Kennzahlenanalyse die Entwicklung der Finanzierungssituation deutscher Energie- und Versorgungsunternehmen untersucht (Eilrich/Herrmann/Papenstein/Rams, 2014). Die Studie betrachtet 150 „kommunalnahe“ EVU, an denen ein öffentlicher Gesellschafter mindestens mehrheitlich beteiligt ist. Sie kommt zu dem Ergebnis, dass sich die Finanz- und Ertragslage der untersuchten Unternehmen im Median der Stichprobe zwar auf einem finanzierbaren Niveau bewegt – sich die Finanzierungssituation im Betrachtungszeitraum jedoch deutlich verschlechtert hat. Die Studie lässt allerdings keine unmittelbaren Rückschlüsse auf die Entwicklung des Unternehmenserfolgs der kommunalen EVU zu.

In einer anderen Studie der Wirtschaftsprüfungsgesellschaft Pricewaterhouse-Coopers untersuchen Otto und Sametscheck (2012) die Zukunftsfähigkeit der energiewirtschaftlichen Geschäftsfelder von Stadtwerken anhand ausgesuchter Geschäftsberichte der 20 größten Unternehmen in Deutschland. Dabei werden ausschließlich EVU betrachtet, die zu mindestens 50 Prozent in kommunaler Hand sind.

Die Autoren gehen der Frage nach der zukünftigen Bearbeitung von Geschäftsfeldern zur erfolgreichen Bewältigung gegenwärtiger und zukünftiger Herausforderungen nach. Auf Basis finanzwirtschaftlicher Kennzahlen (Umsatzentwicklung, Umsatzanteil, Gewinnentwicklung, EBIT-Marge, Investitionstätigkeit) und dem Produktportfolio der Stadtwerke (Strom, Erdgas, Elektromobilität, Energiedienstleistungen u. w.) wird eine Potentialabschätzung für zuvor identifizierte Geschäftsfelder anhand der Dimensionen Marktattraktivität und Geschäftsfeldstärke vorgenommen. Hierbei handelt es sich um die Geschäftsfelder der Wertschöpfungsstufen Erzeugung (erneuerbare Energien, konventionelle, fossile Stromerzeugung, dezentrale Strom- und Wärmeerzeugung), Handel und Speicherung, Verteilung (Fernwärmenetze, Konzessionen und Stromverteilnetz), Vertrieb und Energiedienstleistungen (regional-emotionale Produktdifferenzierung, überregionaler Onlinevertrieb, fokussiertes

Kundensegment, Energiedienstleistungen) und weitere Geschäftsfelder (Erdgas als Treibstoff, Elektromobilität, Smart Energy). Im Ergebnis weisen die Geschäftsfelder erneuerbare Energien, dezentrale Strom- und Wärmeerzeugung, Energiedienstleistungen und regional-emotionale Produktdifferenzierung die höchste Gesamtattraktivität aus Marktattraktivität und Geschäftsfeldstärke auf. Des Weiteren sind laut der Studie auch die Geschäftsfelder konventionelle Stromerzeugung, Smart Energy, Stromverteilnetz, Fernwärmenetze, fokussiertes Kundensegment und Erdgas als Treibstoff für die Referenzgruppe attraktiv (Otto/Sametscheck, 2012).

Die Wirtschaftsprüfungsgesellschaft PricewaterhouseCoopers untersucht des Weiteren in zwei Studien aus den Jahren 2008 und 2011 den Erfolg von Stadtwerkekooperationen. In der Studie aus dem Jahr 2008 werden Geschäftsführer und Aufsichtsratsvorsitzende von Stadtwerken, die mindestens in der Strom- oder Gasversorgung tätig sind, per Fragebogen befragt. Erhoben werden statistische Unternehmensangaben, die strategische Unternehmenspositionierung, Kooperationserfahrungen und -hintergründe, interne Kooperationsbedingungen, die Passung von Kooperationspartnern und die Kooperationsziele (Kurz/Fecht/Butler, 2009). Auf Basis der Antworten werden Erfolgs- und Misserfolgsfaktoren von Stadtwerkekooperationen ermittelt, indem Kooperations-Champions und Kooperations-Learner anhand des Erfüllungsgrads der Kooperationsziele identifiziert werden. Der Erfolg von Kooperationen hängt laut der Studien maßgeblich von der Aktivität und Weitsichtigkeit der strategischen Unternehmensleitung, vom strategischen Fit (Übereinstimmung strategischer Ziele, technisch kompatible Ausstattung und gleiche Größe der Kooperationspartner) und vom persönlichen Fit (Vertrauen auf Führungsebene) ab, weniger jedoch von kommunalpolitischen Machtinteressen (Kurz/Fecht/Butler, 2009). In der Kurzstudie aus 2011 werden Geschäftsführer von Stadtwerken, die bereits Teilnehmer der Studie aus 2008 waren, zum Thema Stadtwerkekooperationen befragt. Anhand ihrer Antworten kann gezeigt werden, dass Kooperationen mit umsatz- bzw. wachstumsorientiertem Hintergrund signifikant erfolgreicher sind als solche mit dem Ziel der Kostensenkung. Dabei zeigt sich eine besonders hohe Erfolgsquote in den Geschäftsfeldern Handel, Vertrieb und Erzeugung (Kurz/Fecht/Pohlmeyer, 2011).

Auch Theurl und Sander (2011) untersuchen Erfolgsfaktoren für Stadtwerkekooperationen, wobei sich die Studie auf Gemeinschaftsunternehmen mit anderen kommunalen Stadtwerken in einzelnen Wertschöpfungsbereichen beschränkt. Dazu befragen sie im Zeitraum 2009 bis 2010 kommunale Energieversorger mit Kooperationserfahrung. Die Untersuchung erstreckt sich auf die Phasen des Kooperationsmanagements (interne Vorbereitung, Institutionalisierung und operative Kooperationsführung), für die jeweils mehrere Gestaltungsvariablen als potenzielle Erfolgsfaktoren auf ihren Zusammenhang mit dem Kooperationserfolg überprüft werden. Insgesamt stellen die Autoren elf Hypothesen auf und operationalisieren die identifizierten potenziellen Erfolgsfaktoren anhand eines Messmodells. Die Messung des Kooperationserfolgs erfolgt anhand des unternehmensindividuellen Zielerreichungsgrads mit Bildung eines Zielerreichungsindex. Im Ergebnis können der strategische und organisationale Fit, ein geringer Umfang an Vorbedingungen, die Schnittstellenangleichung, die Erfolgskontrolle und das gegenseitige Vertrauen als Erfolgsfaktoren von Stadtwerkekooperationen statistisch unterlegt werden.

Es kann festgehalten werden, dass bei den Studien mit quantitativen Erfolgsgrößen immer finanzwirtschaftliche Kennzahlen herangezogen werden. Bei Studien mit qualitativen Erfolgsgrößen wird der Erfolg auf Basis der Antworten von Stakeholdern der befragten Stadtwerke gemessen (i.d.R. Aufsichtsräte und Vorstände/Geschäftsführer). Als Erfolgsindikatoren dominieren Kennzahlen zur Kapitalrentabilität. Die Bedeutung der unternehmensinternen Ressourcen für den Erfolg von Stadtwerken (insbesondere die Personalproduktivität) wird bisher kaum analysiert. Auch fällt auf, dass in den hier vorgestellten sieben Studien über den Erfolg deutscher Stadtwerke die Erfolgsfaktoren nicht immer identisch und im Zeitablauf schwankend bewertet werden. Auf die konkreten, unterschiedlichen Ergebnisse dieser Studien wird in Kapitel 5 näher eingegangen.

3.5 Zusammenfassung

Gegenstand der Erfolgsfaktorenforschung ist es, Schlüsselgrößen zu identifizieren, die maßgeblich für den Erfolg eines Unternehmens verantwortlich sind (Haennicke, 2002; Hoffmann, 1986). Erfolg kann dabei objektiv oder subjektiv gemessen werden (Helm, 1998), wobei für die Messung quantitative und qualitative Messgrößen in Betracht kommen (Schmalen/Kunert/Weindlmaier, 2006). Im betriebswirtschaftlichen Kontext ist Erfolg das positive Ergebnis unternehmerischer Aktivitäten (Tjaden, 2003), dass sich als eine monetär messbare Größe äußert (Steinle et al., 1994). Doch es gibt vielfältige Ausprägungen von Unternehmenserfolg. Zur deren Konkretisierung haben sich im Laufe der Zeit in der Literatur unterschiedliche Forschungsansätze herausgebildet, die in diesem dritten Kapitel vorgestellt werden. Auch wird gezeigt, dass sich Erfolg für verschiedene Erfolgsebenen ermitteln lässt, für die jeweils spezifische Erfolgsziele zu definieren sind.

Für die in der vorliegenden Arbeit betrachteten energieversorgenden, kommunalen deutschen Stadtwerke werden basierend auf den gesetzlichen Rahmenbedingungen sowie einer Literaturrecherche fünf Erfolgsziele ermittelt: Wirtschaftlichkeit, Versorgungsqualität, Umweltverträglichkeit, Kundenzufriedenheit und kommunale Gestaltbarkeit. Diese werden jeweils einzeln erörtert und ihre wesentlichen Erfolgsindikatoren vorgestellt. Da der Fokus dieser Arbeit auf ökonomischen Erfolgsfaktoren der Stadtwerke liegt, werden anschließend die wichtigsten Erkenntnisse bisheriger wissenschaftlicher Untersuchungen zu diesem Thema dargestellt. Die zu Grunde liegende Literaturrecherche zeigt zunächst, dass sich bisher nur wenige Studien mit dem wirtschaftlichen Erfolg der deutschen Stadtwerke bzw. ihren relevanten Erfolgsfaktoren auseinandersetzen – acht Arbeiten werden hier zusammenfassend vorgestellt. Dabei fällt auf, dass als Erfolgsindikatoren überwiegend Kennzahlen zur Kapitalrentabilität herangezogen werden, die Erfolgsziele bzw. Erfolgsfaktoren jedoch nicht immer identisch sind und im Zeitablauf schwankend bewertet werden. Diese Erkenntnisse spielen für die vorliegende Arbeit eine wichtige Rolle – in Kapitel 5 wird näher auf sie eingegangen.

4 Wirtschaftliche Entwicklung der Stadtwerke seit der Liberalisierung

4.1 Einleitung

Die Ausführungen in Kapitel 2 verdeutlichen, dass mit der Öffnung des deutschen Energiemarkts im Jahr 1998 für die Stadtwerke eine neue Ära anbricht. Mit Aufhebung der Gebietsmonopole rücken Managementthemen wie Wettbewerbsstrategie, Kundenorientierung, Effizienzsteigerung sowie das Erfolgsziel Wirtschaftlichkeit in den Fokus der Stadtwerke. Bevor in Kapitel 5 potenzielle Erfolgsfaktoren der Stadtwerke analysiert werden, soll daher in diesem Kapitel zunächst die Frage beantwortet werden, wie sich die Branche insgesamt seit Beginn der Liberalisierung wirtschaftlich entwickelt hat – und wie die Stadtwerke heute finanziell dastehen. Dazu wird in Kapitel 4.4 eine Kennzahlenanalyse durchgeführt, die Aufschluss über die Entwicklung der Umsätze und Ergebnisse sowie der Rentabilität und finanziellen Stabilität der Stadtwerke gibt. Dabei wird auf Kennzahlen zurückgegriffen, die sowohl von den EVU zur internen Steuerung genutzt werden, als auch von Kreditinstituten zur Einschätzung der Bonität der Unternehmen. In der Kennzahlenanalyse wird eine Stichprobe aus 509 deutschen Stadtwerken betrachtet, die in Kapitel 4.3 näher beschrieben wird. In Kapitel 4.2 werden zunächst die variierenden Rahmenbedingungen der Stadtwerke und die daraus resultierenden Marktphasen seit Beginn der Liberalisierung erörtert. Die Kenntnis dieser Rahmenbedingungen bildet eine wichtige Grundlage für die spätere Interpretation der finanzwirtschaftlichen Kennzahlen dieser Jahre.

4.2 Marktphasen und Rahmenbedingungen

Die wirtschaftliche Entwicklung der Stadtwerke seit der Liberalisierung der Strom- und Gasmärkte ist eng verknüpft mit den Rahmenbedingungen der Branche. Diese werden insbesondere durch (energie-)politische Beschlüsse, regulatorische Vorgaben, juristische Entscheidungen und wettbewerbliche Entwicklungen bestimmt und verändern sich nach der Liberalisierung im Jahr 1998 mehrfach. Die Märkte bzw. die Marktteilnehmer reagieren auf die veränderten Rahmenbedingungen: die Stadtwerke setzen externe Vorgaben um und passen ihre Unternehmensstrategien den Marktentwicklungen an: untersucht man das strategische Verhalten der Stadtwerke seit Beginn der Liberalisierung, zeigt sich, dass sich diese in verschiedenen Wellen weiterentwickeln (Bozem, 2008). Diese Wellen (vgl. Abb. 5) stehen gleichbedeutend für die verschiedenen Marktphasen, in denen sich die EVU behaupten. Sie werden im Folgenden einzeln beschrieben.

Abbildung 5: Sechs Wellen strategischer Schwerpunktbildung

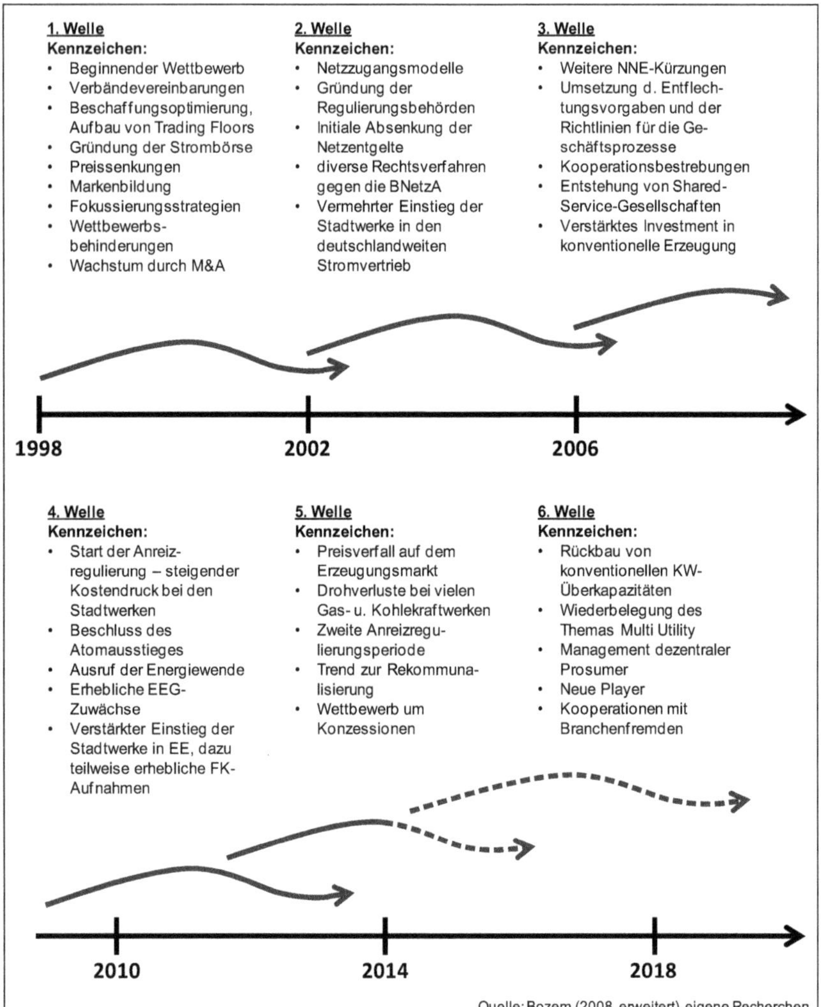

Quelle: Bozem (2008, erweitert), eigene Recherchen

Die erste Welle (1998–2002) ist geprägt vom beginnenden Wettbewerb unmittelbar nach dem Start der Liberalisierung. Große Industrie- und Gewerbebetriebe, wie z.B. die energieintensiven Heidelberger Druckmaschinen, sind die ersten, die als Nachfrager die neuen Marktchancen nutzten (Becker, 2011). Sie veranlassen sowohl eigeninitiativ Strompreisausschreibungen, als auch verbandsgetriebene Bündelanfragen zur Erhöhung ihrer Nachfragemacht. Privathaushalte beginnen erst zögerlich, ihre Lieferanten zu wechseln oder neue Tarife anzufragen – trotz millionenschwerer Werbekampagnen der großen Versorger, die überwiegend mit neuen Vertriebsmarken wie „Yello Strom“ (EnBW) oder „Eprimo“ (RWE) auf deutschlandweite Kundenakquise gehen (Kreutz, 2000; Becker, 2011). Gründe für die Zurückhaltung der Haushaltskunden mögen deren Sorge um den bürokratischen Aufwand oder die Angst sein, dass bei einer Störung im Netz der bisherige Lieferant (und Netzbetreiber) nicht zur Stelle ist (Becker, 2011). Außerdem muss der Netzzugang in vielen Fällen erst vor Gericht erstritten werden, und Netzbetreiber behindern den Wettbewerb durch prohibitive Vertragsgestaltungen (aufgrund einer noch fehlenden Rechtsverordnung über die Gestaltung der Netznutzungsverträge können Netzbetreiber die einschlägigen Verträge autonom gestalten) (Becker, 2011).

Neben den großen Konzernen führen auch Stadtwerke eigene Strommarken ein, fokussieren sich in der ersten Welle jedoch primär auf die Optimierung ihrer eigenen Beschaffungskosten (Becker, 2011). Nachdem fast alle Stadtwerke jahrzehntelang ihren Strom im Wesentlichen von ihrem „Vorversorger“ bezogen (der maßgeblich die Preise diktierte), nutzen diese die neue Wahlfreiheit (Becker, 2011), kündigen reihenweise ihre Vollversorgungsverträge und läuten Verhandlungsrunden ein. Es kommt zu signifikanten Preisnachlässen, die nur teilweise an die Kunden weitergegeben werden. Vom „Stadtwerkesterben“, das vor Beginn der Liberalisierung heraufbeschworen wird, ist keine Rede mehr (Die Welt, 2003; Bontrup/Marquardt, 2010). Im Jahr 2000 werden zwei Strombörsen gegründet (EEX in Frankfurt am Main und LPX in Leipzig), die 2001 zur Leipziger Strombörse EEX fusionieren (Schwintowski, 2010). Viele Stadtwerke (primär die großen und sehr großen Unternehmen, wie z.B. die MVV Energie AG in Mannheim oder die Stadtwerke Hannover) bauen daraufhin eigene Handelsbereiche („Trading Floors“) auf und beteiligen sich am börsennotierten Energiegroßhandel (Ridder, 2007). Viele EVU verfügen jedoch nicht über ausreichend personelle oder finanzielle Ressourcen, um eigenständig am Energiehandel partizipieren zu können. Als Konsequenz entstehen daher vermehrt Handelskooperationen mehrerer EVU, wie z.B. die ehw – Energiehandelsgesellschaft West mbH in Münster oder die Trianel Europe Energy Trading GmbH in Aachen (Ridder, 2007).

Einige der größeren Stadtwerke verfolgen bereits sehr früh das strategische Ziel, durch Beteiligungen oder Aufkäufe von kleineren Versorgern zu wachsen. Hierzu zählt die MVV Energie AG, hervorgegangen aus der Stadtwerke Mannheim AG (SMA), die bereits 1999 als erstes kommunales Energieversorgungsunternehmen an die Börse geht (O.V., 2002a; Gottschalk, 2012) und sich anschließend an mehreren EVU beteiligt: die erste größere Beteiligung der MVV ist im Jahr 2000 die Energieversorgung Offenbach (EVO), später folgen Beteiligungen u. a. an den Stadtwerken Ingolstadt und Solingen (beide 2001) sowie Kiel (2004) (O.V., 2002a; O.V., 2004). Auch die Stadtwerke Köln GmbH, bzw. ihre Tochtergesellschaft RheinEnergie AG, verfolgen früh eine Wachstumsstrategie durch M&A. Im Gegensatz zur MVV beteiligt sich die Rheinenergie allerdings vorwiegend an Unternehmen im Umkreis von Köln, zum Beispiel in Bergisch-Gladbach, Hürth, Dormagen und Leverkusen (O.V., 2011; Gottschalk, 2012).

Die zweite Welle (2002–2006) wird maßgeblich bestimmt durch die weitere Ausgestaltung der Netzzugangsmodelle. Die zwischen den Interessenverbänden der deutschen Industrie auf der einen und denen der deutschen Energieversorgungsunternehmen auf der anderen Seite abgeschlossenen Verbändevereinbarungen, die den verhandelten Netzzugang zur Durchleitung von Strom und Gas regeln, werden bis zur zweiten bzw. dritten Version weiterentwickelt (VV II Gas bzw. VV II+ Strom). Dennoch erweist sich der verhandelte Netzzugang in der Praxis als problematisch und die Kritik – insbesondere seitens der Industrieverbände – führt 2005 zur Novellierung des EnWG und zur Gründung der Bundesnetzagentur (Gerdes/Zöckler, 2012; Ridder, 2007). Diese führt in 2005/2006 die erste Genehmigungsrunde der Netznutzungsentgelte (NNE) Strom und Gas durch. Die Branche befürchtet in dieser Zeit, dass die BNetzA dem politischen Druck hinsichtlich deutlicher Absenkung der NNE gerecht werden will, und verfolgt unterschiedliche Strategien zum Nachweis höchstmöglicher Netzkosten. Der Prüfungsschwerpunkt der BNetzA liegt in dieser ersten Genehmigungsrunde bei den Kapitalkosten, und es kommt aufgrund erheblicher Bewertungsdifferenzen zu einer Vielzahl von Rechtsverfahren seitens der Netzbetreiber gegen die BNetzA (Bontrup/Marquardt, 2010; O.V., 2012a). Auf der Vertriebsseite ist die zweite Welle geprägt durch Bemühungen der Versorger zur Sicherung ihrer Bestandskunden. Parallel steigen vermehrt auch Stadtwerke in den deutschlandweiten oder zumindest überregionalen Stromvertrieb ein (Ridder, 2007).

Die dritte Welle (2006–2010) beschäftigt die Stadtwerke mit der Umsetzung neuer gesetzlicher und regulatorischer Vorgaben zur Stärkung des Wettbewerbs. Hierzu zählen insbesondere die Entflechtungsvorgaben (vergl. Kap. 2.2.1) und die Richtlinien für die Geschäftsprozesse (vergl. Kap. 2.2.2). Parallel zu diesen vielfältigen – und teilweise sehr kostenintensiven – Anforderungen sinken im Geschäftsfeld Netze die Erlöse aufgrund weiterer NNE-Absenkungen nach der zweiten Genehmigungsrunde sowie diversen Gerichtsentscheidungen zugunsten der Bundesnetzagentur bzw. zulasten der Netzbetreiber (Bontrup/Marquardt, 2010). Die zahlreichen neuen und komplexen Anforderungen führen in diesen Jahren bei vielen Stadtwerken zu Kooperationsbestrebungen und der Entstehung von Shared-Service-Gesellschaften, von denen sich die EVU insbesondere Synergien bei der Bearbeitung der Massen-Geschäftsprozesse erhoffen. So werden dienstleistende Mess- und Abrechnungsgesellschaften als Tochterunternehmen der Stadtwerke bzw. gemeinsame Beteiligungen gegründet, wie z.B. im Jahr 2006 die 24/7 United Billing GmbH (Mannheim, Offenbach und Kiel) (Müller, 2007).

Ebenfalls überwiegend im Rahmen von Kooperationen steigen viele Stadtwerke in dieser dritten Welle auch in das Geschäftsfeld der (konventionellen) Stromerzeugung ein – oder bauen dieses aus (Wübbels/Weigt/Petzold, 2012). Für diesen Strategieansatz gibt es mehrere Treiber. Ein wesentlicher ist der in diesen Jahren zu beobachtende kontinuierliche Anstieg der Großhandels-Strompreise: so steigt der Preis für eine Megawattstunde Grundlast („Baseload") am Terminmarkt der EEX im Zeitraum von Januar 2002 bis Januar 2007 um 132 Prozent von 23,75 €/MWh auf 54,99 €/MWh. Auch der Preis für Spitzenlaststrom verzeichnet im selben Zeitraum einen enormen Anstieg um 134 Prozent von 34,57 €/MWh auf 81,00 €/MWh. Am Spotmarkt für

Elektrizität ist eine weitgehend analoge Preisentwicklung zu beobachten (Ridder, 2007). Als maßgeblicher Grund für diese Entwicklung wird die zunehmende Verknappung der inländischen Stromerzeugungskapazitäten in diesem Zeitraum gesehen. So nehmen die Kraftwerksbetreiber insbesondere dezentrale Kapazitäten außer Betrieb, die zu Zeiten der Gebietsmonopole in den Konzessionsgebieten als Reservekapazitäten vorgehalten wurden (Ridder, 2007). Parallel dazu ändert sich der umwelt- und energiepolitische Ordnungsrahmen, z.B. durch die gesetzliche Förderung von dezentralen Erzeugungstechnologien und KWK-Anlagen (Weil, 2008). Dies führt zu einer wachsenden wirtschaftlichen Attraktivität und Konkurrenzfähigkeit verbrauchernaher kommunaler Eigenerzeugungsanlagen (O.V., 2005a; O.V., 2005b). Zusätzlich zur Möglichkeit einer teilweisen Entkopplung der eigenen Beschaffung von der Preisentwicklung am Großhandelsmarkt bieten Eigenerzeugungskapazitäten die Möglichkeit, den Fremdbezug von teurem Spitzenlaststrom zu verringern bzw. durch den Vertrieb eigener überschüssiger Strommengen am Regelenergiemarkt zusätzliche Gewinne zu realisieren (Ridder, 2007). Ein weiterer Treiber der Erzeugungsausbau-Strategie ist häufig der (kommunalpolitische) Wunsch, dass die Stadtwerke unabhängiger von den „großen Vier" werden sollen, die über 80 Prozent der deutschen Kraftwerkskapazitäten verfügen (das BKartA vertritt 2003 die These, dass E.ON und RWE im deutschen Stromerzeugungsmarkt ein Duopol bilden, da der Anteil dieser beiden Unternehmen an der deutschen Stromerzeugung bei deutlich über 50 Prozent liegt. Diese Position wird 2007 durch das OLG Düsseldorf und 2008 durch den BGH bestätigt (Frontier Economics, 2010)).

Als Beispiele für das gemeinschaftliche Investment mehrerer Stadtwerke in konventionelle Erzeugungsanlagen seien die Trianel-Kraftwerke Hamm-Uentrop und Lünen genannt. Der Stadtwerke-Verband Trianel betreibt seit 2007 das erste kommunale Gas- und Dampfturbinenkraftwerk in Hamm-Uentrop (850 MW) und baut ab 2008 ein 750-MW-Kohlekraftwerk in Lünen, das 2013 in Betrieb geht. An beiden Kraftwerken sind rund 30 Stadtwerke beteiligt (O.V., 2014a; O.V., 2014b).

Die vierte Welle (2009–2013) wird maßgeblich durch zwei Ereignisse geprägt: den Start der Anreizregulierung im Januar 2009 und die Atom-Katastrophe im japanischen Fukushima im März 2011.

Die Anreizregulierung bedeutet für die Netzbetreiber zum einen deutlichen Kostensenkungsdruck und für die kommunalen EVU stellt die Umsetzung der Verordnungsvorgaben oftmals eine mühevolle Aufgabe dar (Herrmann, 2012). Zum anderen bringt die Anreizregulierungsverordnung (ARegV) eine höhere Planungssicherheit für die EVU mit sich, da die Erlöse über die Dauer von fünf Jahren im Vorfeld feststehen (Herrmann, 2012).

Die Ereignisse im japanischen Kernkraftwerk in Fukushima haben weitreichende Folgen für die gesamte Energieversorgungsbranche. Die Sorge der deutschen Bevölkerung vor den unkalkulierbaren Risiken der Kernkraftwerke flammt im Jahr 2011 erneut heftig auf. Ein Nachfrageboom nach Öko- oder Grünstromprodukten ist die erste Folge (Rademacher/Missal, 2011). Laut einer Umfrage der Fachzeitschrift E&M Ökostrom in Kooperation mit der Hamburg Institut Consulting GmbH steigt die Zahl der privaten und gewerblichen Bezieher von CO_2-freiem Strom in Deutschland von

2,3 Millionen im Jahr 2010 auf 5,2 Millionen in 2013 an (Köpke, 2014). Die zweite Folge des Fukushima-Gaus ist der politisch beschlossene Atomausstieg und der Ausruf der Energiewende. So beschließt die deutsche Bundesregierung einen deutlichen Wechsel ihrer Atom- bzw. Energiepolitik. Zunächst verkündet sie ein dreimonatiges Atom-Moratorium für die acht ältesten deutschen Atomkraftwerke, kurz darauf beschließt sie im Juni 2011 das endgültige Aus für diese acht Kraftwerke und das stufenweise Abschalten der verbleibenden deutschen Kernkraftwerke bis 2022. Das „Gesetz zur Änderung des Atomgesetzes", welches die Beendigung der Kernenergienutzung und Beschleunigung der Energiewende regelt, tritt am 6. August 2011 in Kraft (Dreizehntes Gesetz zur Änderung des Atomgesetzes, 2011).

Zu einer anfangs befürchteten starken Ausweitung der Stromimporte kommt es nicht. Ein Grund dafür ist, dass in den Jahren 2011 und 2012 die Stromproduktion aus erneuerbaren Energien deutlich zunimmt (vgl. Abb. 27 in Kapitel 5.4.3): so steigt im ersten Halbjahr 2012 der Anteil der erneuerbaren Energien am Strombedarf Deutschlands laut BDEW erstmals über 25 Prozent. Die regenerativ erzeugte Strommenge ist 20 Prozent höher als im Vorjahreszeitraum (BDEW, 2012a). Dies liegt u. a. auch daran, dass sukzessive auch Stadtwerke beginnen, gezielt in erneuerbare Energien zu investieren: laut einer Stadtwerke-Umfrage des BDEW in Kooperation mit der Beratungsgesellschaft Ernst & Young hat 2012 der Ausbau erneuerbarer Energien bei 80 Prozent der befragten Stadtwerke-Manager höchste Priorität (BDEW, 2012b). Erneuerbare Energien werden auch am häufigsten genannt, als danach gefragt wird, welches Thema im Vergleich zum vorangegangenen Jahr an Bedeutung gewonnen hat. Als größte Schwierigkeit sehen die Stadtwerke-Manager die Finanzierung der Investitionen an, wenngleich laut Umfrage 52 Prozent der Unternehmen davon ausgehen, ihre Investitionen aus liquiden Mitteln und dem Cash-Flow bestreiten zu können. Sechs Prozent erwägen die Erhöhung des Eigenkapitals, 42 Prozent fassen die Aufnahme von Fremdkapital ins Auge (BDEW, 2012b). Zwar gilt der klassische Unternehmenskredit nach wie vor als die Standardfinanzierung der Stadtwerke (Kirchhoff, 2012). Einige EVU beschreiten bei der Beschaffung von Fremdkapital jedoch neue Wege. So platziert die Darmstädter HSE AG über ihre Tochtergesellschaft HSE Netz AG eine Anleihe auf die konzerneigenen Strom- und Gasnetze auf dem Kapitalmarkt (s. Kap. 4.4.4) (Hein, 2011).

Aktuell durchläuft die Branche die fünfte Entwicklungswelle, die in den Jahren 2011/2012 startet und maßgeblich durch einen signifikanten Preisverfall an der Strombörse und die daraus resultierenden Konsequenzen für die Branche bestimmt wird. Die Ursache für die niedrigen Großhandelspreise ist auf ein Überangebot auf der Produktionsseite zurückzuführen. Dieses resultiert maßgeblich aus der Fördermechanik des Erneuerbare-Energien-Gesetzes (EEG): Durch das EEG sind die Netzbetreiber dazu verpflichtet, Strom aus EE-Anlagen vorrangig abzunehmen und diesen mit (bis zu 20 Jahre gesetzlich festgelegten) Einspeisetarifen zu vergüten, welche weit über den Börsenpreisen für Strom liegen (Böckers et al., 2012). Dass diese massive Subventionierung Wirkung zeigt, ist insbesondere an der Entwicklung der installierten Leistung der Wind- und Solaranlagen zu erkennen. Seit Inkrafttreten des EEG im Jahr 2000 ist ein massiver Ausbau dieser beiden Erzeugungstechnologien zu beobachten. Auch zukünftig wird mit einem weiteren Zubau in diesem Bereich gerechnet. Gemäß Prognosen über die jährlichen Zuwachsraten von EEG-Anlagen wird im Jahr 2020 die installierte Leistung der EE etwa 120,6 GW betragen, bei einer installierten Leistung von 96,2 GW an konventioneller Erzeugungstechnologie (Böckers et al., 2012). Mehr Erneuerbare treiben das Angebot und drücken den Preis – die zunehmende Menge an Strom aus erneuerbaren Energien lässt das Stromangebot an der Strombörse steigen und sorgt so für sinkende Preise (Harms, 2012; Mihm, 2013). Gemäß der seit 2010 gültigen Ausgleichsmechanismusverordnung (AusglMechV) sind die vier Übertragungsnetzbetreiber (ÜNB) verpflichtet, den von ihnen abgenommenen EEG-Strom in der börslichen Day-ahead-Auktion oder im börslichen Intraday-Handel zu vermarkten (Götz et al., 2014). Der Strom wird dabei ohne seine Grünstromeigenschaft als Graustrom vermarktet (BNetzA, 2012). So liegt der mittlere Großhandelsstrompreis 2013 bei 37,78 €/MWh (Spotmarkt, Baseload) und damit um 4,82 €/MWh unter dem Vorjahrespreis (2012: 42,60 €/MWh). Im Vergleich zu 2011 liegt der Preisverfall 2013 sogar bei 13,34 €/MWh (2011: 51,12 €/MWh) (Pescia/Redl, 2014). Der signifikante Ausbau der regenerativen Erzeugungsanlagen (insbesondere von Windenergieanlagen) führt zu Negativpreisen am Kassa- bzw. Spotmarkt der Strombörse. Das bedeutet, dass in bestimmten Stunden Stromproduzenten Geld dafür bezahlen, dass Verbraucher ihnen den Strom abnehmen. Negative Strompreise treten auf, wenn voraussichtlich mehr Strom erzeugt wird, als Nachfrage besteht. So kommt es zwischen Dezember 2012 und Dezember 2013 an 97 Stunden zu negativen Strompreisen (mit einem durchschnittlichen negativen Preis von minus 41 Euro je Megawattstunde). Auch in den ersten Monaten des Jahres 2014 tritt diese Situation mehrfach auf, verstärkt auch tagsüber (Götz et al., 2014).

Zu den wesentlichen Konsequenzen dieser Preisentwicklung für die Stadtwerke zählt, dass sich viele ihrer Kraftwerke, die bislang vor allem Geld mit Termingeschäften verdienen – also einer festen Lieferzusage für die nächsten Jahre – sich nicht mehr rechnen (Drieschner, 2014). Grund dafür ist der sogenannte „Merit-Order-Effekt", wonach die teuersten Kraftwerke durch den Markteintritt von solchen mit niedrigen Grenzkosten verdrängt werden (Fürsch/Malischek/Lindenberger, 2012). Da viele EE-Anlagen variable Kosten von nahe Null haben, verdrängen diese die Stromerzeugung aus konventionellen Kraftwerken (mit vergleichsweise hohen variablen Kosten) aus der Merit-Order, so dass in Stunden mit hoher EEG-Einspeisung Kraftwerke mit niedrigeren variablen Kosten preissetzend werden (Fürsch/Malischek/Lindenberger, 2012). Durch diesen Effekt kommt es seit etwa 2011 zu einem erheblichen Rückgang der Laufzeiten insbesondere von Gaskraftwerken (Drieschner, 2014). Da viele Stadtwerke in moderne konventionelle Kraftwerke investiert haben, die sich auf absehbare Zeit nicht oder nicht im geplanten Maße rechnen, sehen diese Unternehmen sich mit der Notwendigkeit konfrontiert, teilweise erhebliche Drohverlustabschreibungen zu tätigen (Thierer, 2013; Energate Nr. 140, 2013; Wilmert/Spohn, 2014).

Während die fünfte Welle für den Beginn einer Krise im Bereich der konventionellen Stromerzeugung steht, erlebt das Geschäftsfeld Netze eine Renaissance. Zwar gilt der Betrieb der Strom- und Gasnetze inzwischen als einer der am stärksten regulierten

Bereiche der deutschen Wirtschaft – die Bundesnetzagentur legt strikte Regeln fest, nach denen die Betreiber die Netzentgelte kalkulieren dürfen, die sie für die Nutzung der Leitungen verlangen können. Die Behörde gestattet jedoch eine hohe Verzinsung des Eigenkapitals bei Neuinvestitionen (Flauger, 2015). So gelten die regulierten Netze inzwischen als sicheres Asset mit durchaus attraktiver Rendite (BNetzA, 2011; Uken, 2012). Diese Einschätzung, sowie die Rahmenbedingung, dass zwischen 2011 und 2015 ein Großteil der Strom- und Gasnetzkonzessionen ausläuft, führen aktuell zu einem heftigen Wettbewerb um die Konzessionsverträge. Dieser wird u. a. dadurch geschürt, dass seit einigen Jahren ein wachsender kommunalpolitischer Wunsch zur energiewirtschaftlichen Mitbestimmung feststellbar ist (Becker, 2011). Es kommt zu einer bundesweiten Bewegung, die mit dem sperrigen Namen Rekommunalisierung tituliert wird. Kleine und große Kommunen bemühen sich um einen Rückkauf der Energienetze, die sie vor Jahren noch an private Betreiber veräußert hatten (Flauger, 2015). Nach Angaben des Verbands kommunaler Unternehmen (VKU) wurden in den vergangenen Jahren rund 100 Stadtwerke neu gegründet, in weiteren 250 Fällen wechselten Konzessionen, die zum Betrieb der Leitungen berechtigen, von einem privaten zu einem bestehenden kommunalen Unternehmen (Flauger, 2015).

Die kommende sechste Welle wird die Jahre ab 2015 bestimmen, und es kann davon ausgegangen werden, dass sich das strategische Verhalten der Stadtwerke wiederum an den Rahmenbedingungen der Branche orientiert. Eine wichtige Rolle spielen dabei die Fragen, ob ein neues Design des Stromerzeugungsmarktes erforderlich ist und ob Subventionen für den Kraftwerksbau oder andere staatliche Markteingriffe notwendig sind, um die Versorgungssicherheit bei zunehmender Stromerzeugung durch erneuerbare Energien zu gewährleisten (Böckers et al., 2012). Eine Möglichkeit ist die Einführung eines Kapazitätsmarktes, welcher eine leistungsbezogene Vergütung ähnlich dem Regelleistungsmarkt bietet. Es könnte zu einem deutschen – oder sinnvollerweise zu einem europäischen – Kapazitätsmarkt kommen, oder der aktuelle Energy-only-Market wird um Kapazitätselemente erweitert (Böckers et al., 2012). Unabhängig von Ausgestaltung und Start eines neuen Marktdesigns wird die Branche in den nächsten Jahren jedoch den Beginn des Rückbaus konventioneller Erzeugungseinheiten erleben, da in hohem Maße Überkapazitäten bestehen, die weder bei einem Kapazitätsmechanismus noch bei einem reformierten Strommarkt zu halten sind (Energate Nr. 13a, 2015).

Im Geschäftsfeld Netze muss die BNetzA darüber entscheiden, ob es zu einer dritten Anreizregulierungsperiode kommt, oder dem Übergang zu einer „Yardstick-Competition" – wie ursprünglich geplant (BNetzA, 2006a). Die Stadtwerke erwarten in jedem Fall eine zeitnahe Aufhebung des Zeitverzuges zur Anerkennung von Investitionen in die Verteilnetze, der aus der aktuellen Anreizregulierungsverordnung resultiert (vgl. Kap. 2.6).

Völlig offen ist, welche Antworten Stadtwerke auf die Frage nach zukunftssicheren neuen Geschäftsmodellen finden. Erwartet wird, dass sich die Wertschöpfungsstruktur der Stadtwerke im Jahr 2020 in Breite und Tiefe deutlich von der aktuellen unterscheiden, gleichwohl aber von Unternehmen zu Unternehmen variieren wird (Bontrup/Marquardt, 2010). Ein Stadtwerk der Zukunft könnte sich zum „Provider" entwickeln: nicht der Strom- und Erdgasvertrieb, sondern die Verwaltung und Vernetzung von dezentralen Energieerzeugungsanlagen könnten künftig das zentrale Geschäftsfeld der Stadtwerke bilden (Energate Nr. 87, 2015). Denn die klare Abgrenzung zwischen Konsument und Produzent löst sich zunehmend auf. Die Branche spricht vom Prosumer – dem Endkonsumenten, der in kleinen Anlagen auch Strom produziert. Dieser Wandel ist allerdings nur über eine ausgefeilte Automatisierungs- und Steuerungstechnik möglich (Ertmer, 2010). Die Stadtwerke könnten beim künftigen Management dezentraler Prosumer aufgrund ihrer Netzkompetenz sowie ihrer Kundennähe gesetzte Wettbewerber sein, die Themen wie Smart Grids, Smart Metering und E-Mobilität ganzheitlich angehen (Energate Nr. 164, 2014; O.V., 2015e; Baack, 2015). So könnte es zu einer Wiederbelegung des Multi-Utility-Ansatzes kommen (Bozem, 2008). Einen finanzierbaren Weg in diese neuen Geschäftsmodelle werden Stadtwerke oft nur in der Kooperation mit Wettbewerbern und anderen Unternehmen aus Telekommunikation, Technologie und Geräteherstellung finden (König/Kästner, 2014).

Die Kenntnis der Rahmenbedingungen und Marktphasen, die den hier beschriebenen sechs Wellen zugrunde liegt, hat sowohl für die Interpretation der finanzwirtschaftlichen Kennzahlen der Stadtwerke in Kapitel 4.4 Relevanz, als auch für die Suche nach potenziellen Erfolgsfaktoren der Unternehmen, die in Kapitel 5 folgt. Natürlich gibt es auch in dieser Branche sogenannte „first mover" – Stadtwerke, die typische Strategien aus kommenden Wellen bereits vorzeitig verfolgen und umsetzen. Ob bzw. inwieweit diese Unternehmen erfolgreicher sind als ihre Wettbewerber, kann mangels belastbarer Vergleichsdaten in der vorliegenden Arbeit jedoch nicht näher untersucht werden.

4.3 Untersuchungssample und Datengrundlage

Die Analyse der finanzwirtschaftlichen Kennzahlen in Kapitel 4.4 wird auf Basis einer Datensammlung durchgeführt, die als Teilergebnis eines Kooperationsprojektes zwischen dem Fachgebiet für Unternehmensfinanzierung der TU Darmstadt und der Unternehmensberatung Roland Berger Strategy Consultants vorliegt. Die Datensammlung umfasst im Wesentlichen die Daten aus Bilanzen sowie Gewinn- und Verlustrechnungen von 1.112 EVU aus den neun Jahren 2004–2012. Leider liegen keine Daten für die ersten Jahre nach Öffnung der Märkte in 1998 vor, weil das genannte Kooperationsprojekt diesen Zeitraum nicht umfasst. Eine Analyse der wirtschaftlichen Ausgangssituation der Branche und deren Entwicklung während der ersten Marktphase kann somit in der vorliegenden Arbeit nicht erfolgen. Die Daten decken jedoch den Zeitraum ab Mitte der oben beschriebenen zweiten Welle bis zum Beginn der fünften Welle und damit den überwiegenden zeitlichen Anteil seit Beginn der Liberalisierung ab und erlauben insbesondere eine Aussage zum wirtschaftlichen Status quo der Branche.

Die Datensammlung basiert auf der Grundgesamtheit aller im Betrachtungszeitraum im Bundesanzeiger veröffentlichenden EVUs. Für die vorliegende Arbeit werden aus diesem Datensatz jene Unternehmen herausgefiltert, welche die folgenden

Kriterien erfüllen: Der Anteil kommunaler Gesellschafter beträgt mindestens 50 Prozent, und das Unternehmen ist als EVU mindestens in der Strom- oder Gasversorgung tätig. Aus dem Untersuchungssample werden Tochterunternehmen entfernt, die in die Konzernabschlüsse größerer Unternehmen einfließen, die wiederum Gegenstand der Betrachtung sind. Des Weiteren werden kommunale Eigenbetriebe ausgenommen (dies sind kommunalrechtlich wirtschaftliche Unternehmen einer Gemeinde, die zwar organisatorische, jedoch keine rechtliche Selbständigkeit besitzen und dadurch weder Verpflichtungen eingehen noch Rechte erwerben können (Eigenbetriebsverordnung des Landes Mecklenburg-Vorpommern, 2008)). Das verbleibende Untersuchungssample umfasst 509 EVU. Die vollständige Liste der betrachteten Unternehmen ist im Anhang A aufgeführt.

Trotz der oben genannten Gemeinsamkeiten bildet das Untersuchungssample eine große Vielfalt von Unternehmen mit z.B. stark differierenden weiteren Geschäftsfeldern ab. Für die folgende Kennzahlenanalyse wird daher vorab eine Klassifizierung der EVU durchgeführt. Die in Kapitel 3.4 genannten Studien von Bausch et al. (2009) und Schumacher et al. (2007) zeigen, dass sich die Stadtwerke u. a. in Abhängigkeit von ihrer Unternehmensgröße sehr unterschiedlich entwickeln. In Anlehnung an diese Studien erfolgt daher eine Aufteilung der Stichprobe nach dem Kriterium der Umsatzhöhe: es werden vier Kategorien (G1–G4) gebildet, in die sich die 509 betrachteten EVU aufteilen (vgl. Tabelle 2). Ausschlaggebend für die Zuordnung der Unternehmen ist deren durchschnittliche Umsatzhöhe in den letzten drei Jahren des Betrachtungszeitraums (2010–2012). Die Kategorisierung orientiert sich an den von Bausch et al. (2009) verwendeten Größenklassen.

Tabelle 2: Aufteilung der Unternehmen in vier Gruppen

Bezeichnung	**Kriterium**	**Anzahl**	**Beispiele**
G1 „sehr große SW“	Umsatz > 1 Milliarde Euro	13	SW München, Mainova AG (Frankfurt), MVV Energie AG (Mannheim), HSE AG (Darmstadt),...
G2 „große SW“	300 Millionen Euro < Umsatz < 1 Milliarde Euro	21	SW Karlsruhe, SW Bielefeld, SW Bonn, EWR AG (Worms), WSW GmbH (Wuppertal),...
G3 „mittlere SW“	50 Millionen Euro < Umsatz < 300 Millionen Euro	114	SW Heidelberg, GGEW AG (Bensheim), SW Hamm, SW Reutlingen, SW Potsdam,...
G4 „kleine SW“	Umsatz < 50 Millionen Euro	361	SW Neu-Isenburg, SW Rüsselsheim, SW Buxtehude, SW Soltau, SW Bernau,...
Alle		**509**	

Es sei bereits an dieser Stelle darauf hingewiesen, dass die Datengrundlage insbesondere im letzten Jahr des Betrachtungszeitraums (2012), aber auch in den ersten beiden Jahren (2004 und 2005) weniger Beobachtungen umfasst als in den übrigen Jahren. Dieser Umstand ist dadurch zu erklären, dass zum Zeitpunkt der Datensammlung von einigen EVU die letzten Jahresabschlüsse oder Geschäftsberichte noch nicht veröffentlicht bzw. diese für die weit zurückliegenden Jahre nicht mehr verfügbar sind. Die Anzahl der Beobachtungen in diesen Jahren erscheint jedoch für die hier präsentierte Kennzahlenanalyse ausreichend, zumal für diese in der Regel der Median der Stichprobe genutzt wird, der von (fehlenden) Einzelwerten nicht beeinflusst wird.

4.4 Kennzahlenanalyse der erhobenen Finanzdaten

Zur Beurteilung der wirtschaftlichen Entwicklung der Stadtwerke im Betrachtungszeitraum werden die Umsätze, die Ergebnisse (in Form des EBITDA) sowie die Rentabilität und die finanzielle Stabilität der Stadtwerke näher betrachtet. Dabei wird auf Kennzahlen zurückgegriffen, die – infolge des vorliegenden Datenmaterials teilweise leicht adaptiert – sowohl von Kreditinstituten zur Einschätzung der Bonität der Unternehmen verwendet, als auch von den EVU selbst zur internen Steuerung genutzt werden (Rahmel et al., 2012). Aussagen über die Rentabilität werden dabei anhand der – im weiteren Verlauf vorgestellten – Kennzahlen Eigenkapitalrendite (ROE), ROCE, Umsatzrentabilität sowie den Debitoren- und Kreditoren-Laufzeiten getroffen. Die finanzielle Stabilität wird durch Analyse der Kennzahlen Eigenkapitalquote, Anlagenintensität, Liquiditätsgrad I und II, EBITDA-Zinsdeckungsgrad sowie der Verbindlichkeitenquote und des dynamischen Verschuldungsgrades bestimmt. Tabelle 3 zeigt in einer Übersicht, welche Kennzahlen in der vorliegenden Arbeit verwendet und gemäß welcher Definitionen die Berechnungen der Kennzahlen durchgeführt werden.

In der nachfolgenden Analyse wird, soweit nicht anders angegeben, auf den Median als mittlere Ausprägung einer Kennzahl in der Stichprobe abgestellt. Da der Median nicht von Extremwerten beeinflusst wird, eignet er sich eher für die Interpretation mittlerer Ausprägungen in einer nicht normalverteilten Stichprobe als der Mittelwert. Zur Illustration der Streuung der Stichprobenkennzahlen um den Median werden außerdem mittlere 50%-Streuungen gebildet, die den Kennzahlenbereich zwischen dem ersten und dritten Quartil der Stichprobe kennzeichnen.

Tabelle 3: Verwendete Finanzkennzahlen

Titel der Kennzahl	**Einheit**	**Definition der Kennzahl gem. einschlägiger Literatur (z.B. Coenenberg, 2000; Drukarczyk, 1996)**	**In dieser Arbeit alternativ verwendete, vereinfachte Definition der Kennzahl**
Eigenkapitalrendite (ROE)	[%]	$\frac{\text{Jahresüberschuss}}{\text{Eigenkapital}}$	
ROCE	[%]	$\frac{\text{EBIT}}{\text{Capital Employed}}$	
Umsatzrentabilität	[%]	$\frac{\text{Jahresüberschuss}}{\text{Umsatz}}$	
Debitoren-Laufzeit	[Tage]	$\frac{\text{Forderungen aus Lieferungen u. Leistungen x 360}}{\text{Umsatz}}$	
Kreditoren-Laufzeit	[Tage]	$\frac{\text{Verbindlichkeiten aus Lieferungen u. Leistungen x 360}}{\text{Materialaufwand}}$	
Eigenkapitalquote	[%]	$\frac{\text{Eigenkapital}}{\text{Bilanzsumme}}$	
Anlagenintensität	[%]	$\frac{\text{Anlagevermögen}}{\text{Bilanzsumme}}$	
Liquiditätsgrad I	[%]	$\frac{\text{Cash}}{\text{kurzfristige Verbindlichk.}}$	$\frac{\text{Cash}}{\text{Verbindlichk. aus Lieferungen u. Leistungen}}$
Liquiditätsgrad II	[%]	$\frac{\text{Cash + kurzfristige Forderungen}}{\text{kurzfristige Verbindlichk.}}$	$\frac{\text{Cash + Forderungen aus Lieferungen u. Leistungen}}{\text{Verbindlichk. aus Lieferungen u. Leistungen}}$
EBITDA-Zinsdeckungsgrad	[n]	$\frac{\text{EBITDA}}{\text{Zinsaufwand}}$	

Titel der Kennzahl	Einheit	Definition der Kennzahl gem. einschlägiger Literatur (z.B. Coenenberg, 2000; Drukarczyk, 1996)	In dieser Arbeit alternativ verwendete, vereinfachte Definition der Kennzahl
Statischer Verschuldungsgrad (oder: „Verbindlichkeitenquote")	[%]	$\frac{\text{Verbindlichk. ggü. Kreditinstituten + sonstige Darlehen + Persionsverbindlichkeiten + Finanzierungsleases}}{\text{Bilanzsumme}}$	$\frac{\text{Verbindlichk. ggü. Kreditinstituten}}{\text{Bilanzsumme}}$
Dynamischer Verschuldungsgrad (oder: „Schuldentilgungsdauer")	[Jahre]	$\frac{\text{Netto-Finanzschulden}}{\text{EBITDA}}$	$\frac{\text{Verbindlichk. ggü. Kreditinstituten – Cash}}{\text{EBITDA}}$

Ein möglicher Kritikpunkt an dieser Arbeit wird vorab aufgegriffen. Der unternehmensübergreifende Vergleich finanzwirtschaftlicher Kennzahlen ist aus unterschiedlichen Gründen nicht trivial. Beispielsweise wenden die hier analysierten Unternehmen unterschiedliche Rechnungslegungsstandards an (z.B. HGB, IAS/IFRS). Ebenso kann die individuelle Nutzung von bilanzpolitischen Gestaltungsspielräumen, vor allem in den Bereichen der bilanziellen Wertansätze sowie der Abschreibungen und Rückstellungen, zu Verzerrungen beim Vergleich der wirtschaftlichen Entwicklung der Unternehmen führen (Bitz/Schneeloch/Wittstock, 2011; Fritz, 1995; Steinhoff, 2006). Aufgrund des mehrjährigen Betrachtungszeitraums und der Größe des Untersuchungssamples erscheinen diese Effekte jedoch weitgehend vernachlässigbar.

4.4.1 Umsatz- und Ergebnisentwicklung

Der Gesamtumsatz aller 509 untersuchten Unternehmen verdoppelt sich im Betrachtungszeitraum nahezu von 34 Mrd. Euro im Jahr 2004 auf fast 66 Mrd. Euro im Jahr 2012. Die durchschnittliche jährliche Umsatzwachstumsrate der Branche liegt bei 8,8 Prozent. Bemerkenswert ist, dass das Umsatzwachstum mit zunehmender Unternehmensgröße durchschnittlich höher ausfällt. So liegt der Umsatz der kleinen Stadtwerke (G4) im Jahr 2012 im Durchschnitt um 32 Prozent über dem des Jahres 2004, der Umsatz der mittleren Stadtwerke (G3) steigt durchschnittlich um 39 Prozent, der der großen EVU (G2) liegt 61 Prozent über dem Wert von 2004, und die sehr großen Unternehmen erreichen 2012 ein Umsatzwachstum von 106 Prozent gegenüber 2004 (vgl. Abb. 6 und Tabelle 4).

Abbildung 6: Prozentuale Umsatz- und EBITDA-Entwicklung

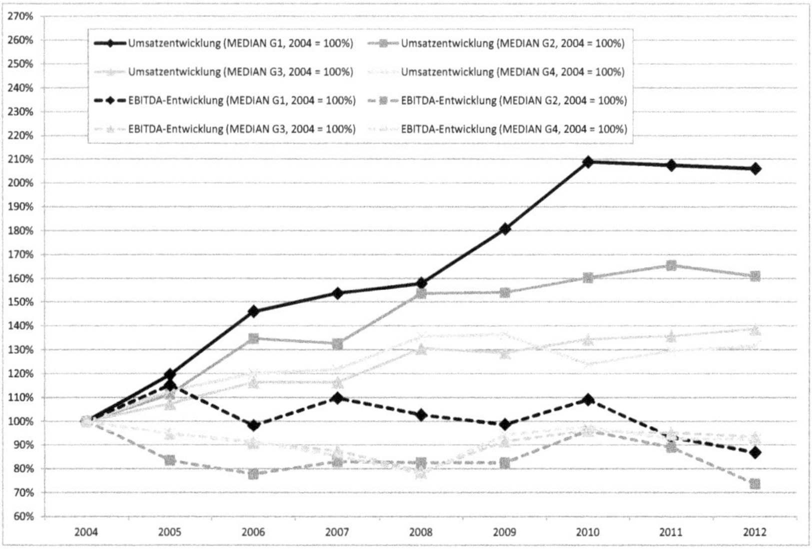

Diese Feststellung lässt sich zum einen dadurch begründen, dass insbesondere die großen und sehr großen Stadtwerke im Energiegroßhandel aktiv sind und die Unternehmensumsätze in dieser Betrachtung nicht um die Handelsumsätze bereinigt werden können (diese liegen nur für etwa zehn Prozent der betrachteten EVU als Einzeldaten vor). Die Handelsumsätze steigen im Betrachtungszeitraum jedoch deutlich an, was sich unter anderem am Stromhandelsvolumen der Leipziger Strombörse EEX zeigt: dieses erhöht sich am Spot- und Terminmarkt von 2004 bis 2012 um mehr als das Dreifache (O.V., 2014c). Zum anderen scheinen besonders die großen und sehr großen Stadtwerke ihre Umsätze durch Steigerung der Strom- und Gas-Vertriebsmengen, Erschließung neuer Geschäftsfelder sowie durch Fusionen und Unternehmenszukäufe zu erhöhen. Da das Datensample keine detaillierten Umsatznachweise enthält, können diese Erklärungsansätze in der vorliegenden Arbeit jedoch nicht näher überprüft werden. Auf die für alle EVU zutreffenden Gründe für das gezeigte branchenweite Umsatzwachstum wird in Kapitel 4.4.2 näher eingegangen.

Tabelle 4: Kennzahlenanalyse – Umsatz

Kennzahl: Umsatz [tsd. EURO]		2004	2005	2006	2007	2008	2009	2010	2011	2012	Mittelwert 2004–2012
Alle_509	**MEDIAN**	**25.743**	**25.520**	**25.506**	**26.671**	**28.458**	**29.841**	**27.957**	**30.170**	**37.090**	**28.550**
	normiert, 2004=100%	**100%**	**99%**	**99%**	**104%**	**111%**	**116%**	**109%**	**117%**	**144%**	**111%**
	MITTELWERT	**95.030**	**98.367**	**115.534**	**121.910**	**141.445**	**131.479**	**127.278**	**151.139**	**234.160**	**135.149**
	normiert, 2004=100%	**100%**	**104%**	**122%**	**128%**	**149%**	**138%**	**134%**	**159%**	**246%**	**142%**
	MAX	2.949.273	3.590.370	4.201.873	4.687.301	5.327.300	5.798.400	3.766.786	7.452.100	8.158.200	5.103.511
	MIN	185	188	201	150	201	209	613	492	48	254
	Oberes Quartil	56.467	56.442	58.159	58.695	64.935	65.047	63.191	67.568	98.763	65.474
	Unteres Quartil	10.766	12.077	12.495	12.607	14.034	14.212	12.025	12.199	16.315	12.970
	Standardabweichung	275.750	310.970	404.675	436.621	505.196	450.738	426.262	570.444	779.520	462.242
	Beobachtungen	296	342	403	403	400	402	426	416	178	363
G1 (sehr große SW)	**MEDIAN**	**1.150.868**	**1.375.600**	**1.679.263**	**1.768.467**	**1.816.889**	**2.079.612**	**2.402.849**	**2.386.780**	**2.369.730**	**1.892.229**
	normiert, 2004=100%	**100%**	**120%**	**146%**	**154%**	**158%**	**181%**	**209%**	**207%**	**206%**	**164%**
	MITTELWERT	**1.250.924**	**1.503.684**	**1.957.340**	**2.100.419**	**2.455.252**	**2.271.508**	**2.353.555**	**2.812.908**	**2.893.855**	**2.177.716**
	normiert, 2004=100%	**100%**	**120%**	**156%**	**168%**	**196%**	**182%**	**188%**	**225%**	**231%**	**174%**
	MAX	2.949.273	3.590.370	4.201.873	4.687.301	5.327.300	5.798.400	3.766.786	7.452.100	8.158.200	5.103.511
	MIN	399.986	485.647	762.725	820.894	995.022	972.752	1.006.293	1.084.522	1.258.199	865.116
	Oberes Quartil	1.515.948	1.865.221	2.276.121	2.259.258	2.977.809	2.789.027	3.300.735	3.600.202	3.262.585	2.649.656
	Unteres Quartil	722.820	829.697	1.022.826	1.027.777	1.251.439	1.315.642	1.613.744	1.785.478	1.709.345	1.253.196
	Standardabweichung	708.037	873.132	1.154.317	1.263.016	1.395.791	1.295.601	964.724	1.647.752	1.888.784	1.243.462
	Beobachtungen	11	11	13	13	13	12	12	13	11	12

Kennzahl: Umsatz [tsd. EURO]		2004	2005	2006	2007	2008	2009	2010	2011	2012	Mittelwert 2004–2012
G2 (große SW)	**MEDIAN**	**267,947**	**298,151**	**360,712**	**355,317**	**411,554**	**412,591**	**429,510**	**443,514**	**431,202**	**378,944**
	normiert, 2004=100%	**100%**	**111%**	**135%**	**133%**	**154%**	**154%**	**160%**	**166%**	**161%**	**141%**
	MITTELWERT	**293,651**	**336,627**	**378,961**	**391,879**	**451,176**	**452,382**	**463,413**	**472,020**	**463,424**	**411,504**
	normiert, 2004=100%	**100%**	**115%**	**129%**	**133%**	**154%**	**154%**	**158%**	**161%**	**158%**	**140%**
	MAX	663,135	769,976	824,989	766,092	1,043,957	966,531	954,680	838,210	699,831	836,378
	MIN	134,926	157,160	179,548	187,564	222,445	231,450	255,912	287,935	311,248	218,688
	Oberes Quartil	336,679	380,439	441,681	469,043	486,434	467,664	500,025	515,129	560,317	461,934
	Unteres Quartil	239,282	258,667	284,483	280,076	313,231	341,728	354,161	361,082	354,008	309,635
	Standardabweichung	123,699	147,386	150,985	152,267	202,307	178,233	169,230	144,610	133,113	155,759
	Beobachtungen	17	16	18	20	20	21	21	21	14	19
G3 (mittlere SW)	**MEDIAN**	**61,006**	**65,517**	**70,992**	**70,990**	**79,634**	**78,489**	**82,035**	**82,823**	**84,592**	**75,120**
	normiert, 2004=100%	**100%**	**107%**	**116%**	**116%**	**131%**	**129%**	**134%**	**136%**	**139%**	**123%**
	MITTELWERT	**78,484**	**83,553**	**91,410**	**89,471**	**100,993**	**102,403**	**100,957**	**102,122**	**105,276**	**94,963**
	normiert, 2004=100%	**100%**	**106%**	**116%**	**114%**	**129%**	**130%**	**129%**	**130%**	**134%**	**121%**
	MAX	248,543	276,354	289,399	288,481	350,467	346,715	279,034	271,500	290,147	293,404
	MIN	29,906	32,947	35,383	35,750	39,021	43,012	43,625	43,872	50,261	39,309
	Oberes Quartil	103,246	112,765	121,370	116,723	126,013	127,266	121,973	128,611	132,860	121,203
	Unteres Quartil	45,727	48,918	54,000	53,676	61,155	60,707	61,336	63,658	58,686	56,429
	Standardabweichung	43,183	46,761	51,313	50,093	56,322	57,881	54,542	53,901	58,655	52,517
	Beobachtungen	82	95	102	101	101	104	106	108	57	95
G4 (kleine SW)	**MEDIAN**	**13,263**	**14,937**	**15,924**	**16,148**	**17,966**	**18,098**	**16,432**	**17,175**	**17,443**	**16,376**
	normiert, 2004=100%	**100%**	**113%**	**120%**	**122%**	**135%**	**136%**	**124%**	**129%**	**132%**	**123%**
	MITTELWERT	**15,812**	**17,171**	**18,406**	**18,401**	**20,436**	**20,168**	**19,319**	**19,578**	**18,810**	**18,678**
	normiert, 2004=100%	**100%**	**109%**	**116%**	**116%**	**129%**	**128%**	**122%**	**124%**	**119%**	**118%**
	MAX	42,323	46,484	52,750	52,873	56,346	51,050	55,256	51,432	49,341	50,873
	MIN	185	188	201	150	201	209	613	492	48	254
	Oberes Quartil	22,008	23,097	26,048	26,671	28,321	28,089	28,170	29,772	26,945	26,569
	Unteres Quartil	7,411	9,278	9,839	9,886	10,515	10,507	9,150	8,560	8,422	9,285
	Standardabweichung	10,968	11,148	12,232	11,853	13,139	12,739	13,463	13,588	12,602	12,415
	Beobachtungen	186	220	270	269	266	262	287	274	96	237

Quelle: Eigene Berechnungen

Tabelle 4 zeigt die Ergebnisse der durchgeführten Analyse für die Kennzahl Umsatz. Sie verdeutlicht auch, wie groß die Unterschiede zwischen den betrachteten Unternehmen sind: so erreicht das größte kommunale EVU im Jahr 2012 einen Konzernumsatz von 8,16 Mrd. Euro, das kleinste Unternehmen im Sample - ein im Jahr 2012 neu gegründetes Stadtwerk - erwirtschaftet nur 48 Tausend Euro.

Die Entwicklung der Unternehmensergebnisse wird hier anhand der Kennzahl EBITDA (Earnings before Interest, Taxes, Depreciation and Amortization) betrachtet. Dieser Gewinn vor Zinsen, Steuern, Abschreibungen auf Sachanlagen und Abschreibungen auf immaterielle Vermögensgegenstände ist eine Beschreibung der operativen Leistungsfähigkeit eines Unternehmens (vor Investitionsaufwand). Während die Branche bezüglich der Umsatzerlöse deutliches Wachstum generiert, können die Unternehmensergebnisse mit dieser Entwicklung nicht annähernd Schritt halten. Lediglich die sehr großen Stadtwerke können in den vier Jahren 2005, 2007, 2008 und 2010 etwas höhere Ergebnisse erzielen als im ersten Betrachtungsjahr. Alle anderen Unternehmensgruppen liegen im Median immer niedriger als im Ausgangsjahr 2004. Zum Ende des Betrachtungszeitraums müssen alle Unternehmensgruppen klare Einbußen gegenüber 2004 verkraften. Dabei fällt auf, dass gerade die großen und sehr großen EVU die größten Ergebniseinbußen aufweisen. Das EBITDA der Gruppe G1 liegt in 2012 um 13 Prozent unter dem 2004er Wert, das der Gruppe G2 fällt sogar um 26 Prozent. Am besten schneiden die kleinen (-8%) und mittleren Stadtwerke ab (-7%).

Tabelle 5 zeigt die Ergebnisse der durchgeführten Analyse für die Kennzahl EBITDA. Insbesondere die grafische Darstellung der Umsatz- und Ergebnisentwicklungen der vier betrachteten Unternehmensgruppen zeigt, dass höhere Umsatzerlöse nicht zwangsläufig zu höheren Ergebnissen führen (vgl. Abb. 6).

Tabelle 5: Kennzahlenanalyse – EBITDA

Kennzahl: EBITDA [tsd. EURO]		2004	2005	2006	2007	2008	2009	2010	2011	2012	Mittelwert 2004–2012
Alle_509	**MEDIAN**	**5,500**	**4,911**	**4,215**	**4,290**	**3,867**	**4,446**	**4,467**	**4,450**	**5,488**	**4,626**
	normiert, 2004=100%	**100%**	**89%**	**77%**	**78%**	**70%**	**81%**	**81%**	**81%**	**100%**	**84%**
	MITTELWERT	**17,746**	**16,203**	**14,998**	**15,461**	**16,667**	**16,615**	**17,614**	**15,934**	**18,519**	**16,640**
	normiert, 2004=100%	**100%**	**91%**	**85%**	**87%**	**94%**	**94%**	**99%**	**90%**	**104%**	**94%**
	MAX	647,000	625,700	1,172,202	659,887	1,457,299	924,455	1,103,475	716,445	345,317	850,198
	MIN	-4,493	-2,920	-5,624	-5,752	-3,148	-13,283	-6,750	-8,471	-5,474	-6,213
	Oberes Quartil	11,735	10,855	9,733	9,302	8,363	9,826	9,678	10,213	12,007	10,190
	Unteres Quartil	2,467	2,390	2,160	2,056	1,912	2,029	2,044	2,121	2,499	2,186
	Standardabweichung	51,663	50,102	65,056	52,200	83,376	63,143	70,358	57,254	43,216	59,596
	Beobachtungen	299	350	411	414	421	423	449	441	183	377
G1 (sehr große SW)	**MEDIAN**	**152,713**	**175,938**	**149,885**	**167,544**	**156,839**	**150,669**	**166,552**	**142,283**	**132,596**	**155,002**
	normiert, 2004=100%	**100%**	**115%**	**98%**	**110%**	**103%**	**99%**	**109%**	**93%**	**87%**	**101%**
	MITTELWERT	**195,297**	**212,436**	**240,110**	**229,287**	**294,058**	**258,215**	**297,622**	**252,975**	**168,444**	**238,716**
	normiert, 2004=100%	**100%**	**109%**	**123%**	**117%**	**151%**	**132%**	**152%**	**130%**	**86%**	**122%**
	MAX	647,000	625,700	1,172,202	659,887	1,457,299	924,455	1,103,475	716,445	345,317	850,198
	MIN	12,060	67,922	40,056	44,828	37,113	66,894	82,672	73,034	92,366	57,438
	Oberes Quartil	222,208	254,091	217,229	280,546	265,329	267,682	314,050	323,195	195,791	260,013
	Unteres Quartil	90,387	80,182	99,717	96,666	83,325	95,966	96,774	121,544	99,822	96,043
	Standardabweichung	165,476	164,433	294,020	181,212	374,116	247,673	286,383	216,083	85,687	223,898
	Beobachtungen	12	12	12	13	13	13	13	13	9	12

Kennzahl: EBITDA [tsd. EURO]

		2004	2005	2006	2007	2008	2009	2010	2011	2012	Mittelwert 2004–2012
G2 (große SW)	**MEDIAN**	**57.656**	**48.100**	**44.840**	**47.865**	**47.597**	**47.556**	**55.294**	**51.308**	**42.452**	**49.185**
	normiert, 2004=100%	**100%**	**83%**	**78%**	**83%**	**83%**	**82%**	**96%**	**89%**	**74%**	**85%**
	MITTELWERT	**59.610**	**57.495**	**54.950**	**56.458**	**51.826**	**57.716**	**62.701**	**56.069**	**60.983**	**57.534**
	normiert, 2004=100%	**100%**	**96%**	**92%**	**95%**	**87%**	**97%**	**105%**	**94%**	**102%**	**97%**
	MAX	128.260	140.986	123.110	123.276	119.547	176.937	126.333	105.209	142.924	131.842
	MIN	24.670	23.235	21.713	21.225	20.859	19.796	29.750	22.816	18.795	22.540
	Oberes Quartil	64.435	68.089	64.867	71.251	66.063	60.197	73.650	64.578	82.263	68.377
	Unteres Quartil	36.298	32.374	31.735	28.025	27.758	31.806	43.300	36.396	36.331	33.780
	Standardabweichung	29.046	32.335	29.680	31.508	28.221	37.232	27.357	23.931	35.079	30.488
	Beobachtungen	17	16	18	20	20	21	21	21	14	19
G3 (mittlere SW)	**MEDIAN**	**12.384**	**11.727**	**11.259**	**10.841**	**9.755**	**11.332**	**11.883**	**11.774**	**11.569**	**11.391**
	normiert, 2004=100%	**100%**	**95%**	**91%**	**88%**	**79%**	**92%**	**96%**	**95%**	**93%**	**92%**
	MITTELWERT	**15.195**	**14.524**	**13.353**	**13.640**	**12.895**	**14.445**	**15.645**	**14.714**	**13.019**	**14.159**
	normiert, 2004=100%	**100%**	**96%**	**88%**	**90%**	**85%**	**95%**	**103%**	**97%**	**86%**	**93%**
	MAX	66.510	65.093	74.074	64.370	66.664	81.379	75.942	75.529	47.567	68.570
	MIN	-4.493	-2.920	-5.624	-4.406	1.503	-8.600	-6.750	-8.471	4.397	-3.929
	Oberes Quartil	18.598	16.724	14.617	16.521	15.197	15.389	17.235	16.493	13.837	16.068
	Unteres Quartil	9.803	8.927	8.868	8.291	7.557	8.513	8.929	8.646	9.020	8.728
	Standardabweichung	9.661	9.828	9.346	9.485	9.367	10.934	11.288	10.339	7.493	9.749
	Beobachtungen	82	96	103	101	101	104	106	108	53	95
G4 (kleine SW)	**MEDIAN**	**3.009**	**2.849**	**2.751**	**2.570**	**2.345**	**2.833**	**2.932**	**2.784**	**2.775**	**2.761**
	normiert, 2004=100%	**100%**	**95%**	**91%**	**85%**	**78%**	**94%**	**97%**	**93%**	**92%**	**92%**
	MITTELWERT	**3.741**	**3.574**	**3.304**	**3.262**	**2.980**	**3.358**	**3.444**	**3.250**	**3.078**	**3.332**
	normiert, 2004=100%	**100%**	**96%**	**88%**	**87%**	**80%**	**90%**	**92%**	**87%**	**82%**	**89%**
	MAX	28.207	37.060	30.016	30.281	28.350	28.754	27.923	26.536	14.385	27.946
	MIN	-838	-971	-825	-5.752	-3.148	-13.283	-6.471	-6.990	-5.474	-4.861
	Oberes Quartil	5.189	4.838	4.380	4.395	3.994	4.642	4.816	4.562	4.504	4.591
	Unteres Quartil	1.497	1.644	1.562	1.548	1.312	1.503	1.489	1.383	1.298	1.470
	Standardabweichung	3.233	3.271	2.763	2.841	2.674	3.058	3.036	2.886	2.782	2.950
	Beobachtungen	188	226	278	280	287	285	309	299	107	251

Quelle: Eigene Berechnungen

4.4.2 Der Einfluss von Preistreibern

Die größten Umsatzanteile steuern bei den Stadtwerken regelmäßig die Strom- und die Gassparte bei. Dies belegt auch eine Analyse der Spartenumsätze, die für die Unternehmen der Gruppen G1 und G2 im Datensatz vorliegen. Danach machen diese – einschließlich der Großhandelsumsätze – im Betrachtungszeitraum durchschnittlich 76 Prozent des Gesamtumsatzes der Stadtwerke aus. Der Umsatzanteil der Gassparte liegt im Durchschnitt bei 23 Prozent, der der Stromsparte bei 53 Prozent – damit ist das Stromgeschäft der dominierende Umsatztreiber der Branche[3].

Der Strompreis erhöht sich im Betrachtungszeitraum signifikant. Der durchschnittliche Strompreis für einen Drei-Personen-Haushalt mit einem Jahresverbrauch von 3.500 kWh liegt 2004 bei 17,96 Cent/kWh. In den Folgejahren steigt der Strompreis kontinuierlich an und liegt für den vergleichbaren Fall im Jahr 2012 bei 25,89 Cent/kWh – was einer Preiserhöhung von 44 Prozent entspricht (BDEW, 2014c). Maßgebliche Bestandteile des Strompreises sind durch die Stadtwerke jedoch nicht beeinflussbar: Gemäß einer jährlichen Untersuchung des BDEW wird im Jahr 2012 der durchschnittliche Strompreis eines deutschen Haushalts mit 3.500 kWh Jahresverbrauch zu 45 Prozent durch Steuern, Abgaben und Umlagen bestimmt (2014: 52%) und zu 23 Prozent durch die seitens der (staatlichen) Bundesnetzagentur festgelegten Netznutzungsentgelte, welche auch die Kosten für Messung, Messstellenbetrieb und Abrechnung beinhalten (2014: auch 23%). Lediglich 32 Prozent des Strompreises werden danach wettbewerblich beeinflusst (Erzeugung/Beschaffung, Vertrieb) bzw. sind von den EVU direkt veränderbar (2014: 25%) (BDEW, 2012c; BDEW, 2014c). Es sind allerdings überwiegend die staatlichen Steuern, Abgaben und Umlagen, die in den letzten Jahren zunehmen. Zu diesen zählen neben der Mehrwertsteuer insbesondere die EEG-Umlage, der KWK-Aufschlag, die sogenannte § 19-StromNEV-Umlage[4] und die Stromsteuer (ab 2013 kommt noch die Offshore-Haftungsumlage dazu)[5]. Die Summe dieser Preisbestandteile liegt für das oben genannte Beispiel im Jahr 2004 bei 7,11 Cent/kWh. Bis 2012 erhöht sie sich auf 11,72 Cent/kWh – also um 65 Prozent (BDEW, 2014c).

---

3 Eine ausführliche Umsatzanalyse der einzelnen Geschäftsfelder der Unternehmen folgt in Kapitel 5.4.

4 § 19 der Stromnetzentgeltverordnung (StromNEV) regelt die Bedingungen einer atypischen Netznutzung, nach denen sich große Stromverbraucher teilweise von den Netzentgelten befreien lassen können. Erfüllen Stromverbraucher diese Bedingungen, sind die Netzbetreiber verpflichtet, ihnen individuelle Netznutzungsentgelte anzubieten. Die den Netzbetreibern daraus entstehenden Kosten können gem. § 19 Abs. 2 StromNEV auf die übrigen Letztverbraucher umgelegt werden (StromNEV, 2014).

5 Die Offshore-Haftungsumlage nach § 17f EnWG wird im Jahr 2013 zur Deckung von Schadensersatzkosten eingeführt, die durch verspäteten Anschluss von Offshore-Windparks an das Übertragungsnetz an Land oder durch langdauernde Netzunterbrechungen entstehen können (EnWG, 2014).

Ähnlich wie die Preise für Strom setzen sich auch die Preise für Gas aus verschiedenen Faktoren zusammen. Für die Erdgaspreise sind dies die Kosten für den Gasimport, Kosten für den Gaseinkauf der Gasversorger, die Mehrwertsteuer, Erdgassteuer, die anteilige Förderabgabe und Konzessionsabgabe, Netznutzungsentgelte, Vertriebskosten und der Gewinn der EVU. Anders als beim Strom ist der Anteil der Steuern und Abgaben mit rund 30 Prozent für Erdgas deutlich geringer. Die regulierten Kosten für Netznutzung, Messung, Messstellenbetrieb und Abrechnung liegen bei 20 Prozent. Gaseinkauf und Vertrieb kommen dagegen auf rund 50 Prozent (BDEW, 2014c). Gemäß den Statistiken des Bundesministeriums für Wirtschaft und Energie steigt der durchschnittliche Gaspreis für Haushaltskunden von 4,62 Cent/kWh im Jahr 2004 auf 6,95 Cent/kWh in 2012, was einer Preissteigerung von 50,4 Prozent entspricht – also 6,3%-Punkte mehr als beim Strom (BMWi, 2014a).

Um eine belastbare Aussage darüber treffen zu können, wie groß der durch staatlich festgelegte Abgaben oder Entgelte bestimmte und damit von den Stadtwerken nicht beeinflussbare Umsatzanteil ist, müssten mindestens detaillierte Angaben jeweils über die Strom- und Gasumsätze mit Haushalts-, Gewerbe- und Industriekunden sowie über die Handelsumsätze der Stadtwerke vorliegen. Eine solche Analyse kann im Rahmen der vorliegenden Arbeit mangels verfügbarer Daten nicht geleistet werden. Basierend auf den oben genannten durchschnittlichen Spartenumsätzen (Umsatzanteil Strom: 53%, Gas: 23%) und den Verbandsangaben zu nicht beeinflussbaren Preisbestandsteilen (rund 68% bei Strom und 50% bei Gas) kann jedoch in grober Näherung abgeleitet werden, dass durchschnittlich etwa 45 bis 50 Prozent des Branchenumsatzes durch die Unternehmen nicht beeinflussbar ist – und dass gerade dieser Anteil nennenswert zu den beschriebenen Preissteigerungen beiträgt.

4.4.3 Entwicklung der Rentabilität

Rentabilitätskennzahlen geben Auskunft über den finanziellen Erfolg eines Unternehmens. In der Regel werden Rentabilitätskennzahlen als Prozentzahlen angegeben. In Bezug auf Kapitalanlagen wird häufig Rendite als Synonym für Rentabilität verwendet (Gabler, 2010). In dieser Arbeit werden folgende Rentabilitätskennzahlen analysiert: Eigenkapitalrendite, Rentabilität des betriebsnotwendigen Vermögens (ROCE) und Umsatzrentabilität. Keine klassischen Rentabilitätskennzahlen sind die Debitoren- und Kreditorentage. Sie zählen zu den Kapitalstrukturkennzahlen und stehen im engen Verhältnis mit der Liquiditätsversorgung eines Unternehmens (Coenenberg, 2000; Schurig/Barufe, 2010). Die Bemühungen des Managements um eine Optimierung dieser Kennzahlen sagen jedoch viel über die Wirtschaftlichkeit des betrachteten Unternehmens aus. Bei der folgenden Branchenbetrachtung werden daher auch diese Kennzahlen analysiert.

<u>Entwicklung der Eigenkapitalrendite</u>

Die Eigenkapitalrendite (englisch: Return on Equity, abgekürzt: ROE) dokumentiert, wie sich das von den Gesellschaftern eingebrachte Eigenkapital eines Unternehmens verzinst hat. Der ROE gibt die tatsächliche Rendite der Eigenkapitalgeber wieder und ist deshalb vor allem für (potenzielle) Anleger von Risikokapital eine entscheidende Kennzahl. Im Hinblick auf die (Eigen-)Kapitalbeschaffung von Unternehmen und die Beurteilung der Gewinnaussichten ist die Entwicklung der Eigenkapitalrendite von grundlegender Bedeutung (Töpfer, 2005). Zur Berechnung der Eigenkapitalrendite wird eine bestandsgrößenorientierte Ergebnisgröße in Beziehung zum durchschnittlich vorhandenen Eigenkapital gesetzt (Töpfer, 2005). Im Rahmen dieser Arbeit wird dazu der Jahresüberschuss (nach Steuern) ins Verhältnis zu dem zum Ende der Periode zur Verfügung stehenden Eigenkapital gesetzt.

Die Eigenkapitalrendite betrachtet lediglich den Kapitalanteil, der von den Gesellschaftern ins Firmenvermögen eingebracht oder als einbehaltener Gewinn thesauriert wurde. Das Fremdkapital wird dabei nicht betrachtet. Dies kann dazu führen, dass lohnende Investitionen durch hohe Kreditaufnahmen zu einer immensen Steigerung der Eigenkapitalrendite führen, ohne dass das Eigenkapital einen Einfluss auf den Gewinn hatte. Dies nennt man Hebeleffekt oder auch Leverage-Effekt (Hauschildt, 1996; Töpfer, 2005; Wöltje, 2008). Der Nachteil der Eigenkapitalrendite als Erfolgskennzahl ist daher, dass sie durch die Wahl des Verhältnisses Fremdkapital zu Eigenkapital rechnerisch gesteuert werden kann, und dass so bewirkte Zuwächse an Eigenkapitalrendite Vermögensgewinne für Eigentümer nahezulegen scheinen, wo unter Umständen keine sind (Drukarczyk, 1996). Im weiteren Verlauf dieses Kapitels werden daher auch der Verschuldungsgrad, die Verbindlichkeitenquote und der Zinsdeckungsgrad analysiert.

Die Ergebnisse der Kennzahlenberechnungen zur Eigenkapitalrendite sind im Anhang C1 tabellarisch aufgeführt (vgl. C1 Kennzahlenanalyse: ROE). Die zeitliche Entwicklung der Eigenkapitalrendite je Unternehmensgruppe sowie des gesamten Samples ist in Abbildung 7 grafisch dargestellt. Die Branchenanalyse zeigt, dass die Eigenkapitalrendite in den ersten fünf Jahren des Betrachtungszeitraums von 6,9 Prozent (2004) auf 2,7 Prozent (2008) fällt. Danach steigt die EK-Rendite zwar wieder an (4,9% im Jahr 2010), erreicht aber bis zum letzten Betrachtungsjahr (4,4% in 2012) nicht wieder das Ausgangsniveau.

Wie oben beschrieben, wird die Kennzahl im Zähler durch den Jahresüberschuss (bzw. den Jahresfehlbetrag), im Nenner durch die Eigenkapitalausstattung bestimmt. Zum besseren Verständnis der Kennzahlenentwicklung werden daher die Entwicklungen von Zähler und Nenner der Eigenkapitalrendite separat analysiert. Im Folgenden werden zunächst die Erkenntnisse aus der Entwicklung des Nenners beschrieben.

Das gesamte Eigenkapital der Branche fällt im Median gegenüber dem Startjahr der Betrachtung (2004 = 100%) zunächst ab auf 87 Prozent (2007), steigt dann langsam wieder an (104% in 2011) und erreicht im Jahr 2012 119 Prozent des Startwertes. Dabei weisen die Gruppen der kleinen und mittleren Stadtwerke die geringsten Veränderungen in der EK-Ausstattung auf. Lediglich bei den großen und sehr großen Unternehmen sind nennenswerte Veränderungen feststellbar. Diese können in der Einzelbetrachtung insbesondere durch einige wenige sprunghafte Steigerungen erklärt werden, z.B. durch eine EK-Erhöhung bei den Stadtwerken Wuppertal im Jahr 2009, die das Unternehmen im Zuge einer 33,1%-Beteiligung der GDF Suez Energie Deutschland AG erfuhr (WSW, 2010). Branchenübergreifend kann das Eigenkapital also als relativ konstant angesehen werden. Das sogar leichte Absinken der Gesamt-EK-Ausstattung der Branche in den ersten Betrachtungsjahren (und damit des Nenners der Eigenkapitalrendite) legt den Schluss nahe, dass es in diesem Zeitraum zu erheblichen Einbrüchen bei den Jahresüberschüssen der Branche kommt. Im Folgenden wird daher die Entwicklung des Zählers der Kennzahl Eigenkapitalrendite beschrieben.

Tatsächlich sinkt der Median aller Jahresüberschüsse von 2004 bis 2008 um 60 Prozent. Danach steigt er kontinuierlich wieder an, liegt jedoch in 2012 immer noch 13 Prozent unter seinem Ausgangsniveau. Lediglich die Gruppe der sehr großen Stadtwerke kann den Jahresüberschuss im Betrachtungszeitraum deutlich verbessern (2012: 74% über dem Ausgangsniveau), die anderen Gruppen liegen 2012 im Median noch unter dem Branchendurchschnitt. Dass die höheren Jahresüberschüsse der sehr großen EVU sich in den letzten Jahren nicht in besseren Kennzahlen der Eigenkapitalrendite wiederspiegeln, liegt an den o. g. zeitgleich erfolgenden Steigerungen des Eigenkapitals.

Mit Ausnahme des Jahres 2008, dem Jahr der weltweiten Finanzkrise, liegt die Eigenkapitalrendite der Branche im Median auf einem noch akzeptablen Niveau. Median und Streuung weisen allerdings keine positiven Entwicklungen auf: Das obere Quartil erreicht im Betrachtungszeitraum nicht mehr den Ausgangswert, das untere Quartil liegt ab 2005 auf Nullniveau und signalisiert, dass es in jedem Jahr des Betrachtungszeitraumes auch Stadtwerke mit negativen Ergebnissen gibt. Eine entsprechende Betrachtung zeigt, dass die Quote der EVU mit negativen Jahresabschlüssen ihren Maximalwert mit 19,6 Prozent im Jahr 2008 erreicht. Doch auch im letzten Jahr der Betrachtung weisen 16 Prozent der betrachteten EVU einen Jahresfehlbetrag auf – fast doppelt so viele wie im Jahr 2004.

Abbildung 7: Entwicklung der Eigenkapitalrendite (ROE)

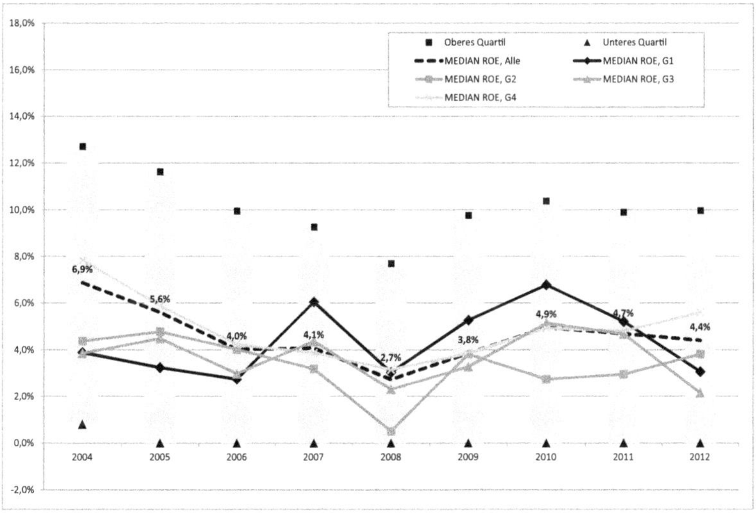

Entwicklung des ROCE

ROCE ist die Abkürzung für „Return On Capital Employed", übersetzt etwa „Rentabilität des betriebsnotwendigen Vermögens". Das betriebsnotwendige (oder eingesetzte) Vermögen ist das Gesamtkapital abzüglich der kurzfristigen, unverzinslichen Verbindlichkeiten. Zu letzteren gehören v. a. die Verbindlichkeiten aus Lieferungen und Leistungen sowie die kurzfristigen Rückstellungen (z.B. Steuerrückstellungen). Das betriebsnotwendige Vermögen umfasst also das langfristig zur Verfügung stehende Kapital, v. a.: Eigenkapital, Anleihen, Bankkredite und Pensionsrückstellungen und lässt sich aus dem Anlage- und dem Nettoumlaufvermögen ermitteln (in der Praxis anglo-amerikanischer Bilanzanalysen als „Net Assets" oder „Capital Employed" bezeichnet) (Coenenberg, 2000).

Mit der Kennzahl ROCE, bei der es sich um eine aus Buchwerten abgeleitete Einperiodengröße und damit streng genommen um keine wertorientierte Kennzahl handelt (Haeseler/Hörmann, 2006), wird das Betriebsergebnis (operativ) in Beziehung zum um das verzinsliche Vermögen reduzierten Eigen- und verzinslichen Fremdkapital gesetzt. Damit soll eine Rendite des rein operativen Bereichs auf das Eigen- und das verzinsliche Fremdkapital errechnet werden (Haeseler/Hörmann, 2006). Als Betriebsergebnis wird regelmäßig das EBIT verwendet – dadurch handelt es sich beim ROCE um eine Vorsteuerrendite. Die Kennzahl misst, wie effizient ein Unternehmen seinen betrieblichen Zweck erfüllt. Sie ist somit ein relativer Ausdruck dafür, wie nachhaltig der Betriebszweck erreicht wird (Baetge et al., 2004).

Die Ergebnisse der Kennzahlenberechnungen sind im Anhang C2 tabellarisch aufgeführt (vgl. C2 Kennzahlenanalyse: ROCE). Die zeitliche Entwicklung des ROCE je Unternehmensgrößengruppe sowie des gesamten Samples ist in Abbildung 8 grafisch dargestellt. Die Branchenanalyse zeigt für den Median des ROCE zwei deutliche Abnahme-Phasen (2004–2008 und 2010ff), die von einer kurzen Wachstumsphase (2008–2010) unterbrochen werden. Der Median startet mit einem Wert von 10,2% im Jahr 2004. Bis 2008 verliert er 4,3 Prozentpunkte, steigt dann bis 2010 wieder auf 8,7 Prozent an, um in den folgenden beiden Jahren wieder 0,6 Prozent zu verlieren. Auffällig ist, dass die Streuung der Stichprobe über den gesamten Betrachtungszeitraum relativ konstant bleibt. Die Differenz zwischen oberem und unterem Quartil pendelt zwischen 9,7 Prozent im Maximum (2004) und 7,8 Prozent im Minimum (2008). Das untere Quartil halbiert sich allerdings zwischen 2004 (6,0%) und 2008 (3,0%).

Der Median des ROCE entwickelt sich in den vier o. g. Unternehmensgruppen sehr unterschiedlich. Insbesondere bei den großen Stadtwerken (Gruppe G2) ist der ROCE starken Schwankungen unterworfen. So verliert die Kennzahl von 2004 bis 2008 im Median 5,7 Prozentpunkte und fällt auf 4,7 Prozent ab. Bis 2010 steigt sie wieder auf 9,8 Prozent an, um danach bis 2012 wieder auf 4,9 Prozent zurück zu fallen. Die Kennzahlenverläufe der kleinen und mittleren Stadtwerke weisen weniger starke Ausschläge auf und verlaufen wie der Median der Branche, den sie maßgeblich bestimmen. Bemerkenswert ist die ROCE-Entwicklung der sehr großen Stadtwerke. In sechs von neun Jahren übertrifft der Median dieser Unternehmensgruppe (G1) den Branchendurchschnitt. Der Verlauf ist der konstanteste aller vier betrachteten Gruppen, was die Vermutung nahelegt, dass diese Unternehmen den ROCE gezielt steuern. Wie bereits in Kapitel 3 dargelegt, ist der ROCE gerade bei den stark Rendite-orientierten Stadtwerken seit einigen Jahren weit verbreitet und wird sowohl für die interne Steuerung als auch für die nach außen gerichteten Kapitalmarktinformationen verwendet. Diese spielen bei den Aktiengesellschaften eine große Rolle – und 85 Prozent der sehr großen Stadtwerke sind Aktiengesellschaften (nur 33% der großen, 6% der mittleren und keins der betrachteten kleinen Stadtwerke sind AGs). Ab 2010 fällt allerdings auch der ROCE der sehr großen EVU kontinuierlich ab und erreicht im letzten Betrachtungsjahr 2012 nur 6,9 Prozent im Median – den niedrigsten Jahreswert dieser Gruppe.

Abbildung 8: Entwicklung des ROCE

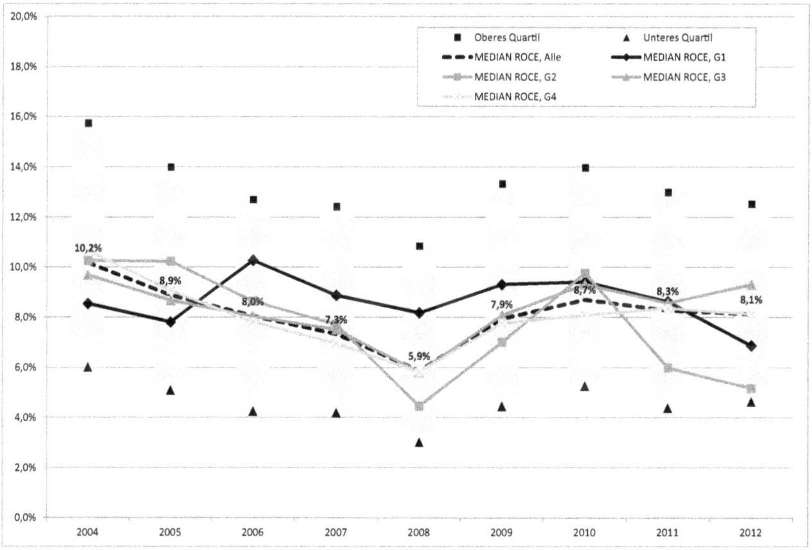

In Anlehnung an die sogenannte „BCG-Matrix" gibt Abbildung 9 eine unternehmensspezifische Analyse der ROCE-Entwicklung im Betrachtungszeitraum wieder und unterteilt die Stadtwerke in vier Kategorien. Auf der X-Achse ist der durchschnittliche ROCE der Jahre 2004–2012 je Unternehmen abgetragen. Der Branchendurchschnitt liegt bei 8,9 Prozent, d.h., die betrachteten deutschen Stadtwerke haben in diesem Zeitraum eine durchschnittliche Rendite auf das eingesetzte Kapital von knapp 9 Prozent erwirtschaftet. Dies entspricht – im Vergleich zu vielen anderen Branchen – einer noch akzeptablen Marge. Allerdings ist die Rentabilität deutlich rückläufig, wie die Analyse der jährlichen Veränderungen der Kennzahl zeigt: Die Y-Achse zeigt den Durchschnitt dieser jährlichen ROCE-Veränderung je Unternehmen. Bei 57 Prozent aller betrachteten Unternehmen, also einer deutlichen Mehrzahl, ist die durchschnittliche Veränderung des ROCE negativ – mit steigender Tendenz. Besser als der Branchendurchschnitt und mit wachsendem ROCE – also „TOP" – sind nur 17 Prozent alle Stadtwerke, wogegen fast doppelt so viele – 31 Prozent der EVU – unter dem Durchschnitt liegen und einen durchschnittlich schrumpfenden ROCE aufweisen („FLOP"). Stadtwerke, die den Branchendurchschnitt schlagen, jedoch mit durchschnittlich schrumpfenden ROCE, werden im Folgenden als „Absteiger" bezeichnet – im Gegensatz zu den „Aufsteigern", die durchschnittlich einen wachsenden ROCE ausweisen, bezüglich der ROCE-Höhe jedoch noch unter dem Branchenschnitt liegen. Auf- und Absteiger sind insgesamt etwa gleich verteilt (27% und 26%), wie auch Abbildung 9 verdeutlicht. Insgesamt lässt diese Analyse darauf schließen, dass sich die Rahmenbedingungen für die EVU in den letzten Jahren sehr verschlechtert haben und sich die Branche auf Krisenkurs befindet.

In Abbildung 9 sind alle 509 betrachteten Unternehmen als Einzelpunkte dargestellt. In den Anhängen C2a bis C2d sind vier vergleichbare Darstellungen aufgeführt, in denen jeweils nur die Unternehmen der Gruppen G1 bis G4 enthalten sind.

Abbildung 9: ROCE-Analyse je EVU, Alle_509

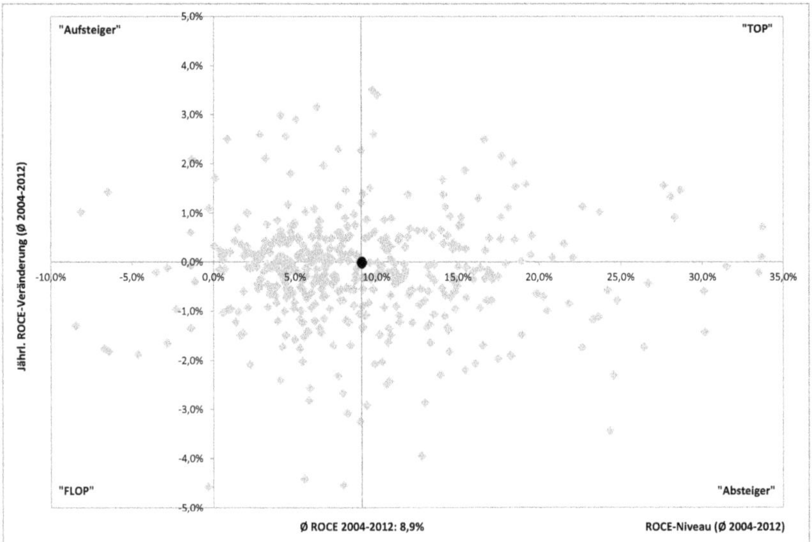

Betrachtet man die Verteilung der vier Kategorien TOP, FLOP, Aufsteiger und Absteiger auf die Unternehmensgruppen G1 bis G4 (vgl. Abb. 10) fällt zunächst wiederum auf, dass die Gruppe der kleinen Stadtwerke (G4) die Gesamtverteilung maßgeblich beeinflusst (s. Diagramm „Alle EVU" in Abb. 10). Diese Verteilung findet sich allerdings auch bei den mittleren und großen EVU ohne deutliche Veränderungen wieder. Lediglich die sehr großen EVU (G1) weisen eine Besonderheit auf.

Bei Ihnen dominiert der Anteil der Aufsteiger. Absteiger und FLOPs finden sich bei den sehr großen Unternehmen prozentual etwas seltener, als in den anderen Gruppen. Doch auch die Tatsache, dass in dieser Gruppe 59 Prozent der EVU (17% TOP + 42% Aufsteiger) in den betrachteten neun Jahren durchschnittlich positive ROCE-Veränderungen aufweisen ändert nichts daran, dass diese Gruppe im Jahr 2012 im Schnitt schlechter dastand als 2004. Auch der Begriff „Aufsteiger" ist daher immer auf den gesamten Betrachtungszeitraum zu beziehen und beschreibt nicht zwangsläufig den Unternehmensstatus im letzten Jahr der Analyse.

Die TOP-EVU sind relativ gleichmäßig auf alle vier Größengruppen G1 bis G4 verteilt. Dieser Umstand verleitet zu der Annahme, dass der potentielle Erfolgsfaktor ROCE unabhängig von der Umsatzhöhe des Unternehmens ist. Es sei jedoch angemerkt, dass die Clusterung der Stadtwerke in die Gruppen G1 bis G4 lediglich auf deren durchschnittlichen Umsätzen in den Jahren 2010–2012 erfolgte. Ob es tatsächlich keinen Zusammenhang zwischen ROCE- und Umsatzentwicklung gibt, wird in Kapitel 5 näher betrachtet.

Abbildung 10: ROCE-Analyse je Unternehmensgruppe

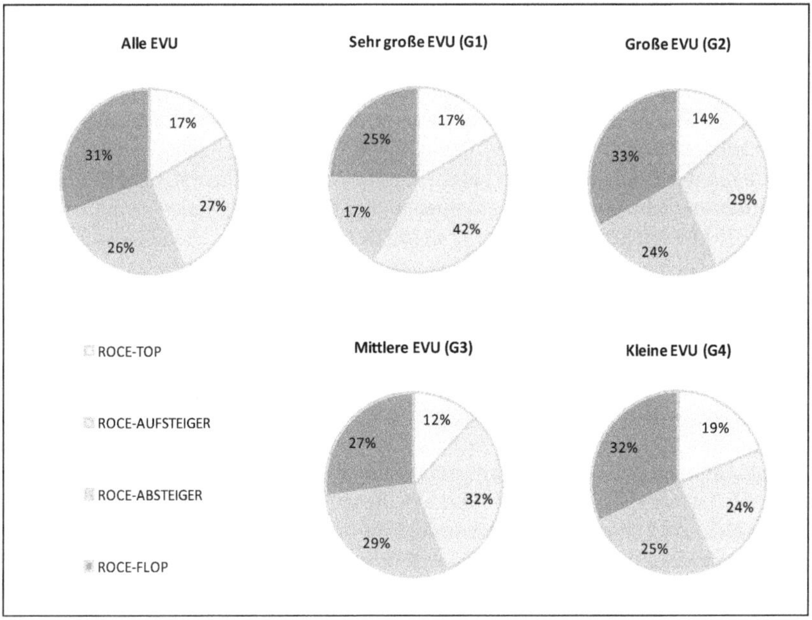

Entwicklung der Umsatzrentabilität

Die Umsatzrentabilität bzw. Umsatzrendite (auch: Gewinnspanne; englisch: Return On Sales, ROS (Beyer/Bestmann, 1989)) wird hier als Division von Jahresüberschuss und Umsatz berechnet (nach dem Entsprechungsprinzip müsste hier eigentlich der

Betriebserfolg im Sinne des ordentlichen Betriebsergebnisses verwendet werden – aus Vereinfachungsgründen wird in der Praxis jedoch häufig auf den Jahresüberschuss zurückgegriffen (Töpfer, 2005)). Die in Prozent ausgedrückte Umsatzrentabilität ist ein Maßstab dafür, wie effizient ein Unternehmen auf seinen Märkten agiert hat (Baetge et al., 2004) und gibt die durchschnittlich aus dem Umsatz erwirtschaftete Marge an (wie viel Prozent des Umsatzes verbleiben im Unternehmen) (Coenenberg, 2000). Steigende Umsatzrentabilität deutet bei unverändertem Verkaufspreis auf steigende Effizienz im Unternehmen hin, während eine sinkende Umsatzrentabilität auf steigende Kosten hinweisen kann. Auch liefert die Kennzahl Hinweise auf die Marktstellung eines Unternehmens. Je ausgeprägter dessen Alleinstellungsmerkmale, desto größer die erzielbare Umsatzrendite. Eine schwache Umsatzrentabilität deutet meist auf einen hart umkämpften, wettbewerbsintensiven Markt hin. Der Gewinn von Unternehmen mit hoher Umsatzrentabilität ist weniger anfällig für Schwankungen von z.B. Zinssätzen, Rohstoffpreisen und sonstigen Aufwandspositionen (Beyer/Bestmann, 1989).

Die Ergebnisse der Kennzahlenberechnungen zur Umsatzrentabilität sind im Anhang C3 tabellarisch aufgeführt (vgl. C3 Kennzahlenanalyse: ROS). Die zeitliche Entwicklung des ROS je Unternehmensgruppe sowie des gesamten Samples ist in Abbildung 11 grafisch dargestellt. Die entsprechenden Kennzahlen der betrachteten EVU liegen im Median jeweils im sehr kleinen, einstelligen Prozentbereich (s. Abb. 10). Dies verdeutlicht, dass die Branche sich im Betrachtungszeitraum bereits im starken Wettbewerb befand. Generell ähnelt der Verlauf des Medians dieser Kennzahl der Entwicklung von ROE und ROCE, die dafür maßgeblichen Rahmenbedingungen der Branche wurden bereits beschrieben. Auffällig ist, dass der Median hier offensichtlich stark durch die kleinen und mittleren Stadtwerke beeinflusst wird, wobei die kleinen Stadtwerke immer deutlich über dem Branchendurchschnitt liegen. Die Mediane aller vier Unternehmensgruppen verlaufen auffällig parallel, was zunächst einmal zeigt, dass die Unternehmen relativ unabhängig von ihrer Größe durch die oben genannten Gründe in ihrer Umsatzrentabilität beeinflusst werden.

Für die genauere Analyse des Kennzahlenverlaufs sind wiederum die Entwicklungen des Zählers (Jahresüberschuss) und des Nenners (Umsatz) der Kennzahl zu betrachten. Wie bereits beschrieben, stiegen die Umsätze der vier Unternehmensgruppe von 2004 bis 2008 fast kontinuierlich an, sodass das Absinken der Umsatzrentabilität in diesem Zeitraum nicht überrascht. Gleichzeitig sanken die Jahresüberschüsse fast aller Stadtwerke in diesen Jahren erheblich, sodass der Zähler der Kennzahl deutlich kleiner wurde. Eine Ausnahme bildeten die sehr großen Stadtwerke, die zumindest im Jahr 2007 sehr positive Überschüsse erwirtschafteten und damit ihre Umsatzrentabilität nochmals anhoben. Ab 2008 nahm das Wachstum der Umsätze – wiederum mit Ausnahme der sehr großen EVU – deutlich ab. Die Umsatzrentabilität wurde ab 2008 daher eher von der Entwicklung der Jahresüberschüsse bestimmt. Diese stieg Branchenübergreifend bis 2010 deutlich an, nahm danach jedoch wieder kontinuierlich ab. Das Niveau des ersten Betrachtungsjahres wurde nicht wieder erreicht.

Bemerkenswert ist, dass die großen und sehr großen Stadtwerke die mit Abstand geringsten Umsatzrenditen aufweisen. Diese Feststellung lässt sich dadurch erklären, dass insbesondere die großen und sehr großen Stadtwerke im Energiegroßhandel aktiv sind. Die Strom- und Gas-Handelsgeschäfte blähen das Umsatzvolumen auf, ohne im gleichen Verhältnis Ergebnisbeiträge beizusteuern (dies wird in Kapitel 5.5.5 statistisch belegt). Da die Unternehmensumsätze in dieser Betrachtung nicht um die Handelsumsätze bereinigt wurden, liegt die Umsatzrentabilität der Gruppen G1 und G2 daher deutlich unter der der Vergleichsunternehmen.

Abbildung 11: Entwicklung der Umsatzrentabilität (ROS)

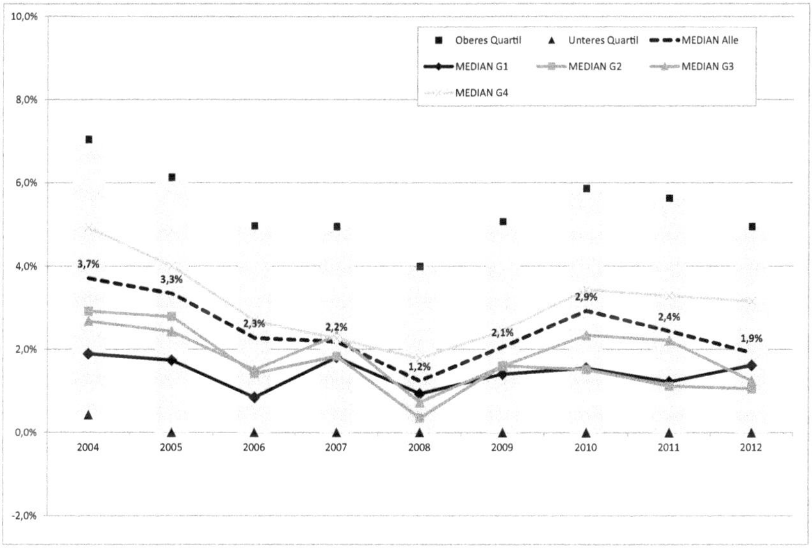

<u>Entwicklung von Debitoren- und Kreditoren-Laufzeiten</u>

Die Ergebnisse der Kennzahlenberechnungen für die Debitoren- und Kreditoren-Laufzeiten sind in den Anhängen C4 und C5 tabellarisch aufgeführt. Die zeitlichen Entwicklungen der beiden Kennzahlen je Unternehmensgruppe sowie jeweils für das gesamte Sample sind in den Abbildungen 11 und 12 dargestellt.

Die Debitorenlaufzeit (auch Debitoren- oder Kundenziel, Debitorendauer oder Debitorentage) wird berechnet aus der Division des durchschnittlichen Forderungsbestandes (durchschnittliche Forderungen aus Lieferungen und Leistungen) mit den Umsatzerlösen, multipliziert mit 365 Tagen (Wöltje, 2008). Ausgehend davon, dass der zugrundeliegende Betrag der Forderungen aus Lieferungen und Leistungen in etwa dem durchschnittlichen Stand im Laufe des Bilanzjahres entspricht, gibt die Kennzahl Auskunft drüber, wie lange die Kunden des Unternehmens sich im Durchschnitt Zeit lassen, ihre Rechnung zu begleichen. Je niedriger die Debitorenlaufzeit ist, desto schnell steht dem Unternehmen Kapital zur Reinvestition zur Verfügung. Verschlechterungen – also Erhöhungen – dieser Kennzahl können auf wirtschaftliche Schwierigkeiten bei den Kunden hindeuten oder auf eigene Qualitätsprobleme, die zu verzögerter Abnahme und Rechnungsbegleichung von Seiten der Kunden führen (Beyer/Bestmann, 1989; Coenenberg, 2000).

In der hier betrachteten Branche der Stadtwerke, deren Umsätze maßgeblich durch den Commodity-Vertrieb von Strom und Erdgas sowie die Abrechnung der Netznutzungsentgelte bestimmt werden (vgl. Abbildung 26 in Kapitel 5.4.2), spielt noch ein anderer Aspekt eine entscheidende Rolle für die Güte der Kennzahl: die Qualität des Rechnungs- und Mahnwesens. Mit zunehmendem Wettbewerb wachsen die Anforderungen insbesondere an die Abrechnungseinheiten der Stadtwerke erheblich. Steigende Lieferantenwechselzahlen und die damit einhergehenden unterjährigen und nicht-turnusmäßigen Zählerablesungen als Grundlage für die Rechnungsstellung sind dabei nur eine Hürde. Die von der Bundesnetzagentur verfassten Vorgaben zur diskriminierungsfreien und wettbewerbsfördernden Ausgestaltung der Geschäftsprozesse, die von den EVU verbindlich umgesetzt werden müssen, bilden die zweite Hürde – hierzu zählen u. a. die Richtlinien „Geschäftsprozesse zur Belieferung von Kunden mit Elektrizität“ (GPKE) aus dem Jahr 2006, „Geschäftsprozesse Lieferantenwechsel Gas“ (GeLi Gas) aus 2007 und deren Novellierungen im Jahr 2011, sowie das „Grundmodell für Ausgleichsleistungen und Bilanzierungsregeln im Gassektor“ (GaBi Gas) aus 2008. Schließlich kommen gesetzliche Entflechtungsanforderungen auf die Stadtwerke zu, z.B. bezüglich der getrennten Ausweisung von Energielieferungs- und Netznutzungsentgelten oder der IT-technischen Trennung der Abrechnungsmandanten von Vertrieb und Netz, die bis Herbst 2010 vollzogen sein mussten (BNetzA, 2007a; BNetzA, 2008a; BDEW, 2014d). Diese Fülle an neuen Herausforderungen führte die Abrechnungsabteilungen vieler Stadtwerke an ihre Leistungsgrenzen. Der Einfluss dieser externen Rahmenbedingungen auf die Debitorenlaufzeit wird in Abbildung 11 gut erkennbar. Nachdem die Branche in den Jahren 2004 bis 2006 die Debitorenlaufzeit im Median von 51 auf 46 Tage reduzieren konnte (am erfolgreichsten waren die großen und sehr großen EVU mit Kennzahlenverbesserungen um 13 bzw. 12 Tage), führten die o. g. Rahmenbedingungen in den Jahren 2007/2008 und 2010 zu deutlich schlechteren Kennzahlen, die auf erhebliche Zeitverzüge bei der Rechnungsstellung zurückzuführen sind.

Im letzten Jahr des Betrachtungszeitraums liegen die Kennzahlenwerte im Median nur knapp unter denen des Jahres 2004 – und mit 47 Tagen auf einem immer noch sehr hohen Niveau, dass sicherlich weiteren Optimierungsspielraum bietet. Da im Zuge der Umsetzung der beschriebenen IT-Anforderungen von deutlich steigenden Automatisierungsgraden ausgegangen werden kann, sollten in den nächsten Jahren weitere Verkürzungen der Debitorenlaufzeit erreicht werden.

Abbildung 12: Entwicklung der Debitorenlaufzeit

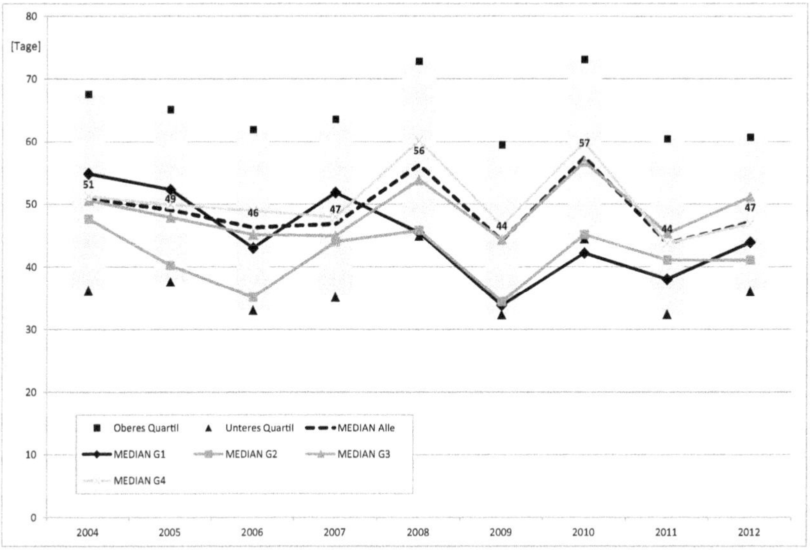

Die Kreditorenlaufzeit (auch Lieferanten- oder Kreditorenziel, Kreditorendauer oder Kreditorentage) wird berechnet aus der Division der durchschnittlichen Verbindlichkeiten aus Lieferungen und Leistungen mit der Kostensumme aus Material und Fremdleistungen, multipliziert mit 365 Tagen (Wöltje, 2008). Mit der Kreditorenlaufzeit wird der Zeitraum ermittelt, der zwischen dem Rechnungseingang beim Stadtwerk und dessen Bezahlung seiner Lieferanten liegt. Die Kennzahl gibt also Auskunft darüber, welches Zahlungsziel das EVU bei seinen Lieferanten durchschnittlich beansprucht (Wöltje, 2008). Eine Optimierung dieser Kennzahl, also eine Erhöhung der Kreditorenlaufzeit, bedeutet eine entsprechende Verlängerung der Kreditdauer und damit sinkenden Kapitalbedarf. Dass die Kreditorenlaufzeit länger ist als die Debitorenlaufzeit, gilt allgemein als vorteilhaft (Beyer/Bestmann, 1989).

Abbildung 13: Entwicklung der Kreditorenlaufzeit

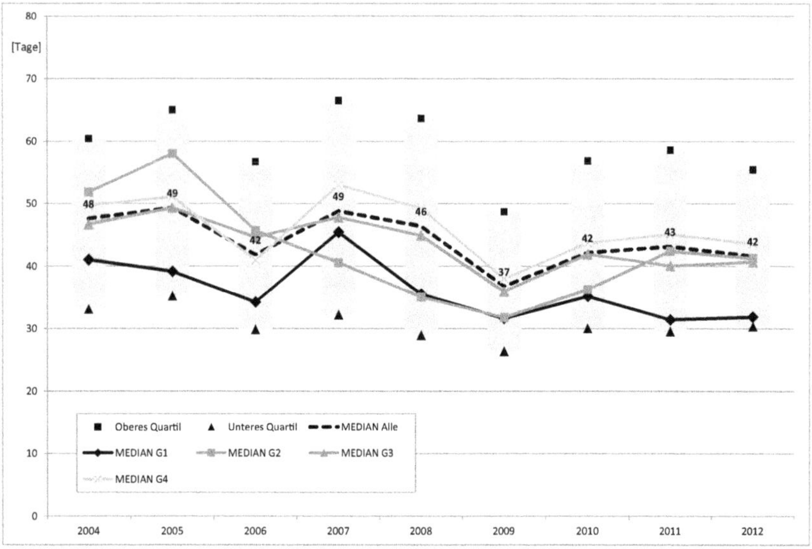

Vor diesem Hintergrund ist es bemerkenswert, dass die Kreditorenlaufzeit der Branche im Median nur in einem einzigen Jahr etwas größer ist, als die Debitorenlaufzeit (2007: 49 Kreditorentage, 47 Debitorentage) (vgl. Abb. 12 und Abb. 13). In 2005 sind beide Kennzahlen gleich groß (49 Tage), in allen anderen Jahren übertrifft die Kreditoren- die Debitorenlaufzeit deutlich (um bis zu 15 Tage im Jahr 2010). Das bedeutet, dass die Stadtwerke im Durchschnitt ihre Lieferanten schneller bezahlen, als ihre eigenen Kunden die Rechnungen der Stadtwerke begleichen – beziehungsweise, dass die Stadtwerke sehr lange als „Kreditgeber" ihrer Kundschaft auftreten. Da die Kreditorenlaufzeit im Betrachtungszeitraum mit 37–49 Tagen akzeptable – wenngleich optimierbare – Zahlungsziele darstellt, sollte der Fokus der Stadtwerke auf einer Verkürzung der Debitorenlaufzeit liegen.

4.4.4 Entwicklung der finanziellen Stabilität

Die finanzielle Lage der betrachteten Unternehmen soll mithilfe von Kennzahlen der Bilanzanalyse abgeleitet werden. Zur Analyse der Kapitalstruktur werden die Kennzahlen Eigenkapitalquote (Eigenkapital/Gesamtkapital) und Verbindlichkeitenquote (Verbindlichkeiten gegenüber Kreditinstituten/Gesamtkapital) verwendet. Diese Kennzahlen geben Aufschluss über die Streuung der Eigenkapitalrendite in Abhängigkeit von der Verschuldung (finanzwirtschaftliches Risiko oder Verschuldungsrisiko). Als Indikatoren für die finanzielle Flexibilität werden die Kennzahlen Liquidität I + II, der Zinsdeckungsgrad (EBITDA/Zinsaufwand) sowie die Anlagenintensität (Anlagevermögen/Gesamtkapital) betrachtet. Diese in der Finanzanalyse üblichen

Kennzahlen ermöglichen allerdings nur bedingt Schlüsse auf die Liquiditätsentwicklung, weil mit den Aktiva und Passiva die zukünftigen Einzahlungen und Auszahlungen nur rudimentär erfasst werden (Franke/Hax, 2003). Daher wird ergänzend noch der dynamische Verschuldungsgrad betrachtet (Netto-Finanzschulden/Cashflow), da der Cashflow (aus laufender Geschäftstätigkeit) die wichtigste Quelle darstellt, aus der die Mittel zur Bestreitung der erforderlichen Auszahlungen im Investitions- und Finanzierungsbereich fließen müssen (Baetge et al., 2004). In der vorliegenden Arbeit wird für diese Kennzahl statt des Cashflows das EBITDA als angenäherte Ertragsgröße verwendet.

Entwicklung der EK-Quote

Die Eigenkapitalquote ist eine in der Praxis gängige Kennzahl und findet insbesondere bei Kreditwürdigkeitsprüfungen Anwendung (Coenenberg, 2000). Je höher der Anteil des Eigenkapitals am Gesamtkapital ist, desto größer ist die Fähigkeit des Kreditnehmers, Schwankungen und Risiken aus dem Geschäftsverlauf aufzufangen. Die Eigenkapitalquote ist ein wesentliches Kennzeichen für die finanzielle Stabilität eines Unternehmens gegenüber den Kreditmärkten und ein Signal an die übrigen Stakeholder zur Finanzierungsbereitschaft der Gesellschafter. Es kann davon ausgegangen werden, dass ein Unternehmen umso weniger insolvenzgefährdet ist, je höher seine Eigenkapitalquote ist (Baetge et al. 2004).

Die Ergebnisse der Kennzahlenberechnungen sind im Anhang C6 tabellarisch aufgeführt (vgl. C6 Kennzahlenanalyse: Eigenkapitalquote). Die zeitliche Entwicklung der Eigenkapitalquote je Unternehmensgruppe sowie des gesamten Samples ist in Abbildung 14 grafisch dargestellt. Die Untersuchung der Stichprobe zeigt, dass sich die durchschnittliche Eigenkapitalquote der Branche auf einem sehr soliden Niveau befindet und im Betrachtungszeitraum 2004 bis 2012 von 37,2 Prozent auf 39,6 Prozent gestiegen ist (s. Abb. 14). In der Einzelbetrachtung liegt die Eigenkapitalausstattung zum Teil allerdings erheblich unter dem Mittelwert der Branche. Auffällig ist auch, dass die Gruppe der sehr großen und großen Stadtwerke (G1 und G2) in allen Jahren relativ deutlich unter dem Durchschnitt liegt. In 2012 beträgt die durchschnittliche Eigenkapitalquote der großen Stadtwerke 32,3 Prozent, die der sehr großen Stadtwerke nur 26,2 Prozent. Dies legt zum einen die Vermutung nahe, dass größere Stadtwerke ihren Fremdfinanzierungsspielraum bewusster ausschöpfen bzw. einen tendenziell leichteren Zugang zu den Kreditmärkten finden. Zum anderen haben in den letzten Jahren insbesondere die größeren Stadtwerke überdurchschnittlich viel in konventionelle und regenerative Kraftwerke investiert (s. Kap. 5.5.4). Diese Entwicklung geht mit einem insgesamt steigenden Anteil der Fremdfinanzierung an den Investitionsprojekten einher, was wiederum zu sinkenden Eigenkapitalquoten führt. Ein weiterer Aspekt ist, dass einige der großen EVU in den letzten Jahren Fremdkapitalfinanzierungen ihrer Versorgungsnetze durchführten. Ein in der Branche prominentes Beispiel dafür ist die Darmstädter HSE, deren 100%ige Tochter HSE Netz AG im Jahr 2011 eine Anleihe auf ihre Strom- und Gasnetze emittierte. Die Anleihe mit 30jähriger Laufzeit erzielte ein

Emissionsvolumen i.H.v. 320 Mio. Euro, das überwiegend in den Auf- und Ausbau der regenerativen Energieerzeugung investiert werden soll (Hein, 2011). Derartige Fremdfinanzierungen des Anlagevermögens führen ebenfalls zu tendenziell niedrigeren Eigenkapitalquoten.

Abbildung 14: Entwicklung der Eigenkapitalquoten

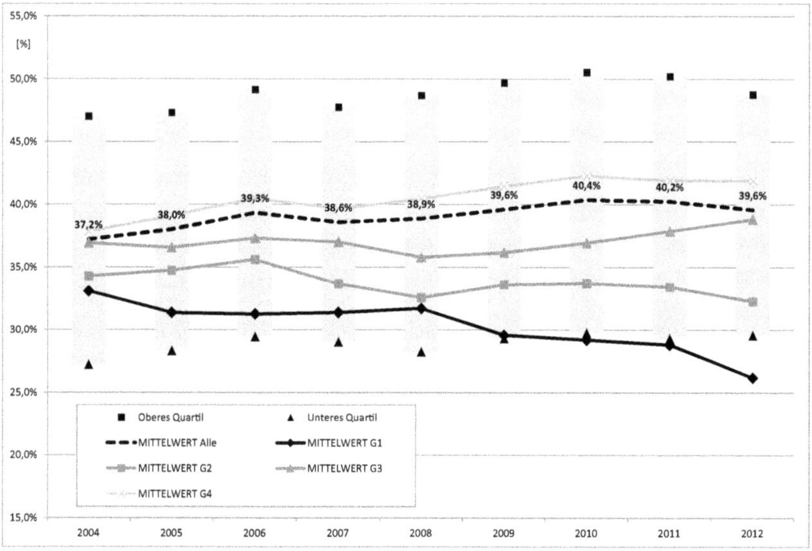

Die Eigenkapitalquote der kleinen Stadtwerke liegt dagegen in allen Jahren über dem Mittelwert der Gesamtstichprobe. Als möglicher Grund hierfür können größenbedingt höhere Risikokapitalerfordernisse angeführt werden. Auch liegt die Vermutung nahe, dass partnerschaftlich geführte kommunale Unternehmen historisch zu höheren Anteilen über die Gesellschaftereinbindung finanziert wurden – und damit der Fremdfinanzierungsspielraum nicht ausgeschöpft wurde.

Entwicklung der Anlagenintensität

Die Anlagenintensität (oder Anlagenquote) gibt das Verhältnis des Anlagevermögens zum Gesamtvermögen (bzw. zur Bilanzsumme) an (Scheffler, 1998). Die Anlagenintensität lässt Schlüsse über die Kapitalbindung und Fixkostenbelastung (Abschreibungen) und damit die finanzielle Flexibilität eines Unternehmens zu. Ein hoher Grad der Anlagenintensität kann durch übertriebene Investitionen ebenso verursacht sein, wie durch eine unzureichende Kapazitätsausnutzung (Schott, 1988). Die Anlagenintensität wird auch durch die Finanzierungspolitik des Unternehmens beeinflusst (z.B. dadurch, ob Firmenwagen gekauft oder geleast werden). Im Kreditprozess kommt der Anlagenintensität für sich allein genommen allerdings keine herausgehobene Bedeutung zu. Die Höhe der Kennzahl ist maßgeblich von der jeweiligen Branche abhängig, und die Versorgungswirtschaft zählt allgemein zu den anlagenintensiven Branchen. Eine hohe Anlagenintensität bedeutet hohe langfristige Kapitalbindung, hohe Fixkosten (Wartungs- und Betriebskosten, Abschreibungen, Zinskosten), hohe Kostenremanenz (nimmt der Umsatz ab, können die Kosten nicht entsprechend kurzfristig angepasst werden) sowie ggf. hohen Kapitalbedarf für Ersatzinvestitionen (Baetge et al., 2004). Die Kennzahl wird zudem vom Investitionsverhalten der Stadtwerke beeinflusst.

Die Ergebnisse der Kennzahlenberechnungen sind im Anhang C7 tabellarisch aufgeführt (vgl. C7 Kennzahlenanalyse: Anlagenintensität). Die zeitliche Entwicklung der Anlagenintensität je Unternehmensgruppe sowie des gesamten Samples ist in Abbildung 15 grafisch dargestellt. Die Branchenanalyse zeigt – wie erwartet – einen relativ hohen Anteil des Anlagevermögens am Gesamtkapital. Dabei weist der Median aller betrachteten Unternehmen nur auf den ersten Blick einen relativ konstanten Verlauf über den Betrachtungszeitraum. Die genauere Betrachtung (s. Abb. 15) verdeutlicht, dass die Anlagenintensität insbesondere von 2006 bis 2008 erheblich abnimmt – um über 3 Prozentpunkte (von 72,9% auf 69,6%), während sie in den folgenden Jahren wieder deutlich ansteigt (auf 72,3% in 2012). Hinter diesen kleinen prozentualen Veränderungen stehen signifikante Veränderungen der Investitionsvolumina. Der Datensatz weist für die Jahre 2008 bis 2012 einen Anstieg der Nettoanlagenbuchwerte von rund 10,4 Mrd. Euro aus. Auf den gleichen Zeitraum entfällt ein Abschreibungsvolumen in Höhe von rund 13,8 Mrd. Euro. Das rechnerische Bruttoinvestitionsvolumen in diesem Zeitraum beträgt somit 24,2 Mrd. Euro. Damit liegt die durchschnittliche Investitionsquote der Branche – gemessen am durchschnittlichen Umsatz der Stichprobe in diesem Zeitraum – bei 10,1 Prozent pro Jahr. Dieser Wert übertrifft beispielsweise die deutschlandweite Investitionsquote im verarbeitenden Gewerbe deutlich, die im Jahr 2012 bei 3,3 Prozent liegt (Statistisches Landesamt Baden-Würtemberg, 2014).

Ein Erklärungsansatz für das veränderte Investitionsverhalten der Branche nach 2008 sind die regulatorischen Rahmenbedingen im Netzbetrieb, der zu den anlagenintensivsten Geschäftsfeldern zählt. Nachdem im Sommer 2005 der bereits 1998 gegründeten Regulierungsbehörde für Telekommunikation und Post (RegTP) auch die Zuständigkeit für die Energieregulierung (Strom und Gas) übertragen und diese in Bundesnetzagentur umbenannt wird, erfolgen in den Jahren 2006 und 2007 die ersten zwei Genehmigungsrunden für die Netzentgelte (BNetzA, 2007b; BNetzA, 2008b). Es handelt sich um kostenorientierte Entgeltgenehmigungen, in deren Nachgang es zu Klageverfahren seitens mehrerer hundert Netzbetreiber gegen die Regulierungsbehörde kommt, in denen es insbesondere um die Anerkennung von kalkulatorischen Anlagenkosten geht (OLG Düsseldorf, 2012). Nachdem die Branche jedoch ein genaueres Verständnis über die Funktionsweise der ab 01.01.2009 laufenden Anreizregulierung bekommt, zieht das seit Jahren gedrosselte Investitionsverhalten der Netzbetreiber wieder an. Eine Studie von Pavel et al. (2014) zeigt, dass dieser Effekt auf die Ausgestaltung der Anreizregulierungsverordnung (ARegV) zurückzuführen ist, da sich die signifikant höheren Investitionen in den sogenannten Foto- oder Basisjahren zur Ermittlung der Kapitalkosten (2010 und 2011) einstellen. Auch das Vorhandensein von Komponenten wie dem Erweiterungsfaktor (§ 10 ARegV), dem Investitionsbudget (§ 23 ARegV) und des pauschalierten Investitionszuschlages (§ 25 ARegV) lassen die Investitionsvolumina im Netzbereich in den Folgejahren wieder ansteigen, was sich in höheren Anlagenintensitäten der Stadtwerke wiederspiegelt (s. Abb. 15).

Abbildung 15: Entwicklung der Anlagenintensität

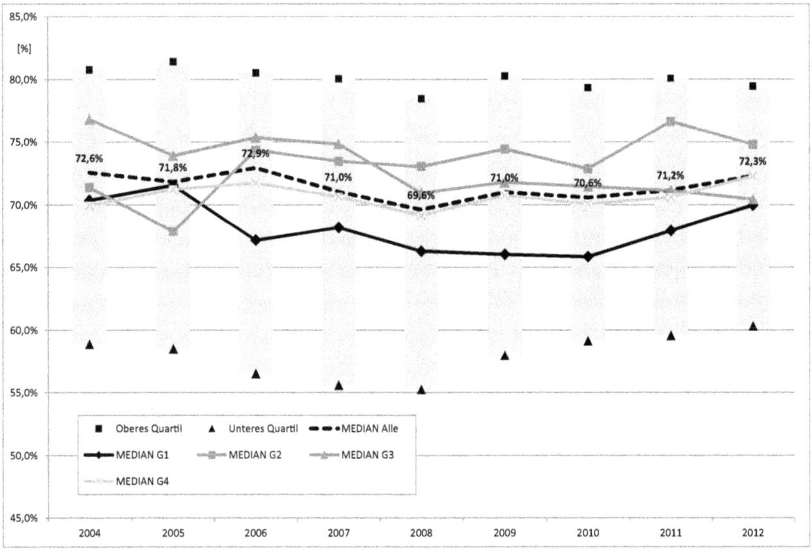

Entwicklung der Liquidität

Die Liquidität beschreibt die Fähigkeit eines Unternehmens, seinen bestehenden Zahlungsverpflichtungen termingerecht nachzukommen. Sie ist damit als ein grundlegendes unternehmerisches Ziel zu betrachten, da ohne die Aufrechterhaltung der Zahlungsbereitschaft – trotz ansonsten guter Leistungseigenschaften – der Fortbestand eines Unternehmens nicht möglich ist (Coenenberg, 2000). Die Sicherung der Liquidität besteht in der Aufgabe, Geld und liquidisierbare Vermögensgegenstände (Fungibilität) zum Zweck der zeitpunktgerechten Kapitalbeschaffung bereitzustellen (Mensch, 2009). Zur Beurteilung der Fähigkeit eines Unternehmens, seinen Zahlungsverpflichtungen fristgerecht nachzukommen, werden in der Unternehmensfinanzierung und der Finanzbuchhaltung Liquiditätsgrade verwendet. Man unterscheidet dabei nach zunehmender Fristigkeit zwischen Liquidität ersten, zweiten und dritten Grades (Baetge et al., 2004). In der folgenden Analyse werden nur die ersten zwei Liquiditätsgrade betrachtet.

Die Liquidität 1. Grades (auch Barliquidität oder (englisch) Cash Ratio) gibt das Verhältnis der liquiden Mittel zu den kurzfristigen Verbindlichkeiten eines Unternehmens an und erlaubt damit eine Analyse darüber, inwieweit ein Unternehmen seine derzeitigen kurzfristigen Zahlungsverpflichtungen allein durch seine liquiden Mittel erfüllen kann (Baetge et al., 2004). Eine Liquidität 1. Grades von 50 Prozent besagt also, dass die liquiden Mittel ausreichen, um die Hälfte der kurzfristigen Verbindlichkeiten zu decken. Ist die Kennzahl größer als 100 Prozent, gilt die Liquidität als ungefährdet (Veit/Walz/Gramlich, 1990). Wie bereits in Tabelle 3 dargestellt, werden in dieser Arbeit zur Berechnung der Kennzahl vereinfachend nur die Verbindlichkeiten aus Lieferungen und Leistungen herangezogen.

Die Ergebnisse der Kennzahlenberechnungen sind in den Anhängen C8 und C9 tabellarisch aufgeführt (C8 Kennzahlenanalyse: Liquidität 1. Grades, C9 Kennzahlenanalyse: Liquidität 2. Grades). Die Branchenanalyse der Liquidität ersten Grades ist in Abbildung 16 grafisch dargestellt. Im Median wird der 100%-Wert der Kennzahl nur in den Jahren 2008 und 2012 unterschritten. Die kleinen Stadtwerke liegen in allen Jahren über dem Branchendurchschnitt und im Median immer über einhundert Prozent. Die Behauptung, dass die kleinen Stadtwerke damit bezüglich ihrer Liquidität nie gefährdet waren, wäre jedoch voreilig. Die Einzelbetrachtung zeigt, dass von den 361 kleinen EVU im Betrachtungszeitraum 218 Unternehmen mindestens in einem Jahr die 100%-Schwelle unterschreiten, 120 von ihnen weisen mindestens einmal auch einen Wert < 20% auf. Etwas vereinfachend kann die Aussage getroffen werden, dass die Stadtwerke mit zunehmender Größe (gemessen am Umsatz) auch geringere Liquiditätskennzahlen ersten Grades aufweisen. So liegen die sehr großen Unternehmen im Median nur in den Jahren 2005 und 2009 über 100 Prozent, in 2007 und 2008 sogar unter 50 Prozent. Sechs der dreizehn sehr großen Stadtwerke liegen im Betrachtungszeitraum mindestens einmal unter 20 Prozent. Die Tendenz der letzten Betrachtungsjahre ist stark fallend. Zwar liegt der Median der Branche 2012 mit 93,2 Prozent noch knapp über dem Min-Wert des Jahres 2008 (89,5%), der Wert des unteren Quartils liegt 2012 jedoch nur bei 32,0 Prozent. Ein kleinerer Wert wird im Betrachtungszeitraum nicht erreicht.

Vor diesem Hintergrund ist es sinnvoll, auch die Liquidität 2. Grades zu betrachten. Diese Kennzahl, auch Einzugsliquidität, kurzfristige Liquidität oder (englisch) Acid Test Ratio genannt (Baetge et al., 2004), gibt das Verhältnis des Geldvermögens und der kurzfristigen Forderungen zu den kurzfristigen Verbindlichkeiten eines Unternehmens an (wiederum vereinfachend: Forderungen und Verbindlichkeiten aus Lieferungen und Leistungen). Ist die Liquidität 2. Grades kleiner als 100 Prozent, wird ein Teil der kurzfristigen Verbindlichkeiten nicht durch kurzfristig zur Verfügung stehendes Vermögen gedeckt. Dadurch kann ein Liquiditätsengpass entstehen (Baetge et al., 2004; Mensch, 2009).

Abbildung 16: Entwicklung der Liquidität 1. Grades

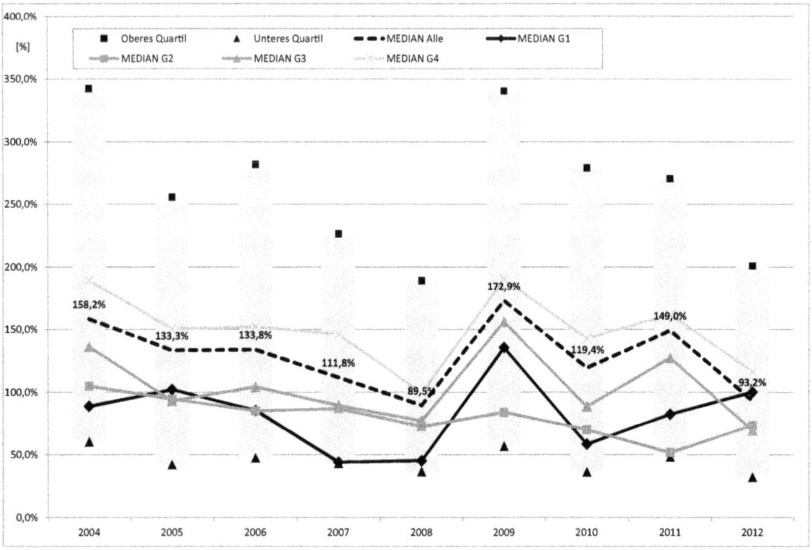

Abbildung 17: Entwicklung der Liquidität 2. Grades

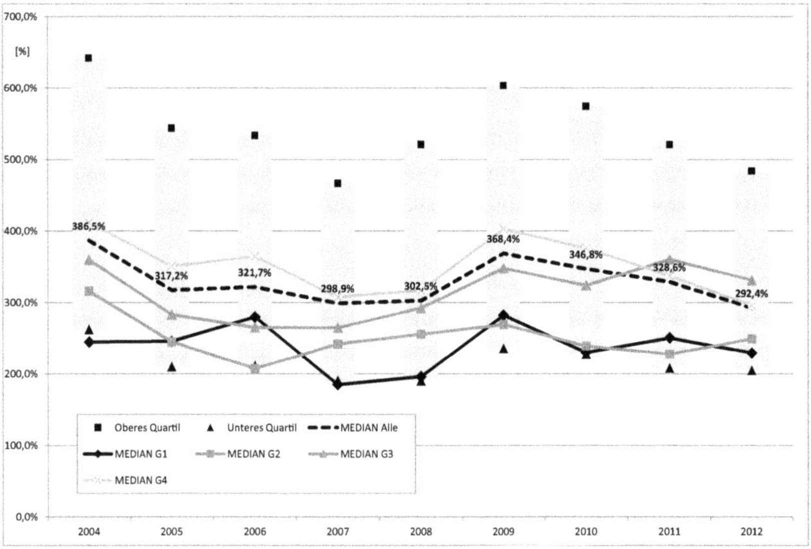

Der Median der Branche startet 2004 mit 386,5 Prozentpunkten und endet 2012 mit 292,4 Prozent – was dem Minimum dieses Wertes entspricht. Das untere Quartil wird in keinem Jahr kleiner als 190 Prozent. Auf eine Branchenanalyse der Liquidität dritten Grades kann vor diesem Hintergrund verzichtet werden.

Die sehr vereinfachende Aussage, dass Stadtwerke mit zunehmender Größe (gemessen am Umsatz) geringere Liquiditätskennzahlen aufweisen, wird durch die Analyse der Liquidität 2. Grades bestätigt (s. Abb. 17). Sie gilt jedoch nur für den Median der betrachteten Unternehmensgruppen. In der Einzelbetrachtung zeigt sich, dass es die kleinen Stadtwerke sind (Gruppe G4), von denen einige wenige Unternehmen kritische Kennzahlenwerte erreichen. Tabelle 6 verdeutlicht, dass von den 361 kleinen Stadtwerke 5 Unternehmen mindestens einmal Liquiditätsgrade von < 20% aufweisen. Auch die in den Anhängen C8 und C9 tabellarisch aufgeführten, ausführlichen Kennzahlenanalysen belegen, dass die niedrigsten (MIN-)Werte jeweils bei den kleinen Unternehmen auftreten. Da einige EVU tatsächlich mehrfach sehr geringe Liquiditätsgrade aufweisen, kann davon ausgegangen werden, dass diese Unternehmen Teil eines Cash-Poolings[6] sind (z.B. mit dem kommunalen Gesellschafter) und ihre Zahlungsfähigkeit dadurch gesichert ist.

Tabelle 6: Liquidität 2. Grades – Einzelbetrachtung

Liquidität 2. Grades				
Gruppe:	**Anzahl der EVU je Gruppe:**	**Anzahl der EVU, die mindestens in einem Jahr folgende Kennzahlenwerte unterschreiten:**		
		< 100%	**< 50%**	**< 20%**
G1	13, davon:	1	0	0
G2	21, davon:	1	0	0
G3	114, davon:	5	0	0
G4	361, davon:	45	11	5

Auch eine Analyse der Volatilitäten zeigt, dass diese bei den kleinen Stadtwerken besonders stark ausgeprägt sind. Die Volatilität ist definiert als die Standardabweichung der Veränderungen der betrachteten Parameter – hier also der Liquiditäten – und dient häufig als Risikomaß. Mehr Volatilität bedeutet daher ein höheres Liquiditätsrisiko. Wie bereits in den Abbildungen 16 und 17 aufgrund der Spreizungen zwischen unterem und oberem Quartil erkennbar, schwankt die Liquidität im

6 Cash-Pooling (engl. für Liquiditätsbündelung) bezeichnet einen konzerninternen Liquiditätsausgleich durch ein zentrales Finanzmanagement, das den Konzernunternehmen überschüssige Liquidität entzieht bzw. Liquiditätsunterdeckungen durch Kredite ausgleicht. Cash-Pooling ist ein Element des Cash Managements (Jauch, 2007).

Zeitverlauf stark, wie die berechneten Volatilitäten (bzw. Standardabweichungen, s. C8 und C9) bestätigen. Dabei fällt auf, dass die Volatilitäten sowohl bei der Liquidität 1. Grades, als auch bei der Liquidität 2. Grades mit zunehmender Unternehmensgröße abnehmen. Das durchschnittliche Liquiditätsrisiko sinkt also, je größer die Stadtwerke werden.

Abschließend kann festgehalten werden, dass sich die Stadtwerke bezüglich ihrer Liquidität – von einzelnen Ausnahmen abgesehen – auf einem insgesamt noch unkritischen Niveau befinden. Der Kennzahlenverlauf weist jedoch auf eine tendenziell angespanntere Situation in den kommenden Jahren hin, bei der das Liquiditätsmanagement für viele EVU eine zentrale Rolle einnehmen wird. Vor diesem Hintergrund sei auf die bereits beschriebene Analyse der Debitoren- und Kreditorenlaufzeit verwiesen: Unbestritten handelt es sich hierbei um unverzichtbare Bestandteile einer Finanzplanung. Beide Laufzeiten lassen sich im großen Maße als Stellschraube zur Liquiditätsversorgung eines Unternehmens einsetzen (Schurig/Barufe, 2010). Da bezüglich beider Kennzahlen Optimierungsspielraum bei den Stadtwerken besteht, sollten Unternehmen mit kritischen Liquiditätsgraden besonders ihre Kreditoren- und Debitorenlaufzeiten verfolgen.

Entwicklung des Zinsdeckungsgrades

Als eine weitere Kennzahl, die Aufschluss über die finanzielle Stabilität der Stadtwerkebranche geben soll, wird im Folgenden der Zinsdeckungsgrad (engl.: Interest Coverage Ratio) betrachtet. Dieser gibt das Verhältnis des Jahresüberschusses eines Unternehmens zu dessen Zinsaufwendungen wieder und lässt eine Aussage darüber zu, in welchem Maße die operative Ertragskraft die Bedienung der laufenden Finanzierungskosten sicherstellt (Coenenberg, 2000). Er spiegelt somit das Risiko des Kreditgebers: ist der Zinsdeckungsgrad hoch, besteht ein niedriges Kreditrisiko und umgekehrt. Umso höher der Zinsdeckungsgrad, desto leichter können die Zinsaufwendungen mit dem operativen Geschäft bedient werden (Coenenberg, 2000). Zu beachten ist, dass sich der Zinsdeckungsgrad nicht nur bei einer Erhöhung der Schulden verschlechtert, sondern bei gleichbleibenden Schulden auch durch eine Erhöhung des Zinsniveaus – was vom Unternehmen nicht steuerbar ist.

Die hier verwendete Kennzahl EBITDA-Zinsdeckung setzt das EBITDA ins Verhältnis zum Zinsaufwand. Dabei muss berücksichtigt werden, dass aus dem EBITDA neben Zinsaufwendungen auch Steuern, Tilgungsraten und der innenfinanzierte Anteil der Investitionstätigkeit geleistet werden müssen. Daher sollte das EBITDA das Niveau des Finanzierungsaufwands deutlich übersteigen (die Kennzahl sollte deutlich > 1 sein).

Die Ergebnisse der Kennzahlenberechnungen sind im Anhang C10 tabellarisch aufgeführt (vgl. C10 Kennzahlenanalyse: EBITDA-Zinsdeckungsgrad). Die zeitliche Entwicklung dieser Kennzahl je Unternehmensgruppe sowie des gesamten Samples ist in Abbildung 18 grafisch dargestellt. Der EBITDA-Zinsdeckungsgrad sinkt im Betrachtungszeitraum von 5,3 im Jahr 2004 auf sein Minimum von 3,4 im Jahr 2008. Er steigt danach wieder an, um im Jahr 2012 auf den zweitniedrigsten Wert 3,5 zu fallen.

Ursächlich für das erste Minimum im Jahr 2008 ist der kontinuierliche Rückgang der EBITDA-Beiträge, die von 2004 bis 2008 um 30 Prozent fallen. Im gleichen Zeitraum sinken zunächst auch die Zinsaufwendungen, jedoch nur um 15 Prozent. Danach steigen diese wieder moderat an, bleiben jedoch bis 2011 unter dem 2004er Niveau. Erst 2012 erreichen die Zinsbelastungen ihr Maximum und liegen 33 Prozent über dem Startwert des Betrachtungszeitraumes. Auch das EBITDA steigt nach 2008 an, übertrifft im Jahr 2012 jedoch nur mit einem Prozentpunkt den 2004er Wert. Damit reicht die EBITDA-Entwicklung nicht aus, die im letzten Betrachtungsjahr deutlich gestiegenen Zinsaufwendungen besser zu kompensieren (zweites Minimum des EBITDA-Zinsdeckungsgrades).

Abbildung 18: Entwicklung des EBITDA-Zinsdeckungsgrades

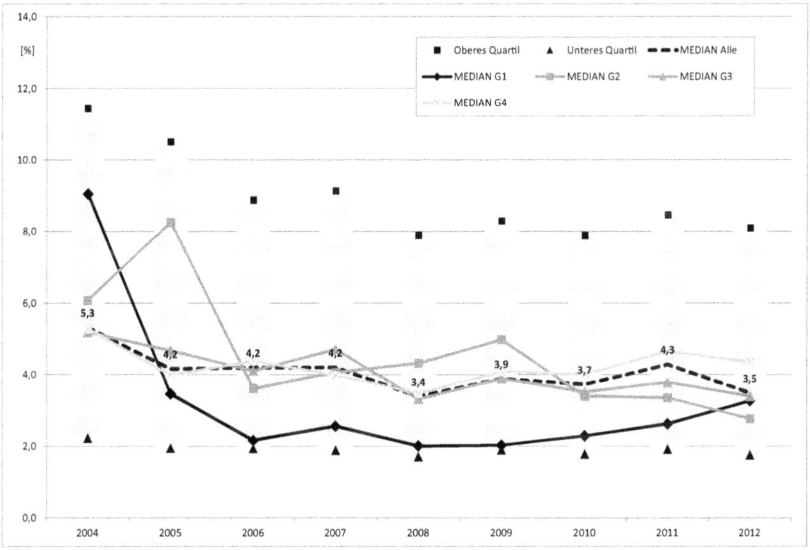

Das Marktzinsniveau steigt von 2004 bis 2007 kontinuierlich an und liegt auch 2008 deutlich über den 2004er Werten (in Abb. 19 hilfsweise dargestellt anhand des 1M EURIBOR, dem durchschnittlichen Zinssatz, den viele europäische Banken einander für einmonatige Ausleihungen in Euro gewähren (Euribor, 2014)). Die im gleichen Zeitraum sinkenden Zinsbelastungen deuten auf eine sehr restriktive Investitionspolitik der Stadtwerke und einen faktischen Nettosubstanzverzehr hin. Erst ab 2009 kommt es zu einer signifikanten Neuaufnahme weiterer Finanzmittel, die bereits durch die wieder zunehmenden Investitionstätigkeiten im Netzbetrieb (bedingt durch den Start der Anreizregulierung) erklärt wurden. Diese Neuaufnahme von Finanzmitteln erreicht im letzten Jahr des Betrachtungszeitraums ihren Höhepunkt. Sollte die Zinsbelastung durch ein möglicherweise wieder anziehendes, allgemeines

Marktzinsniveau ansteigen, ist mit einem weiteren Absinken des Zinsdeckungsgrades zu rechnen.

Der Rückgang des EBITDA-Zinsdeckungsgrads ist unter den großen und sehr großen EVU am stärksten ausgeprägt. Bei diesen Unternehmen zeigt sich auch ein nominal steigender Finanzaufwand über den Betrachtungszeitraum – bei den sehr großen Stadtwerken liegt dieser im Jahr 2012 um 329 Prozent über dem Zinsaufwand des Jahres 2004. Dies kann auch durch die bereits angesprochenen Investments der größeren EVU in Erzeugungskapazitäten erklärt werden.

Abbildung 19: Entwicklung von Zinsaufwand und Marktzinsniveau

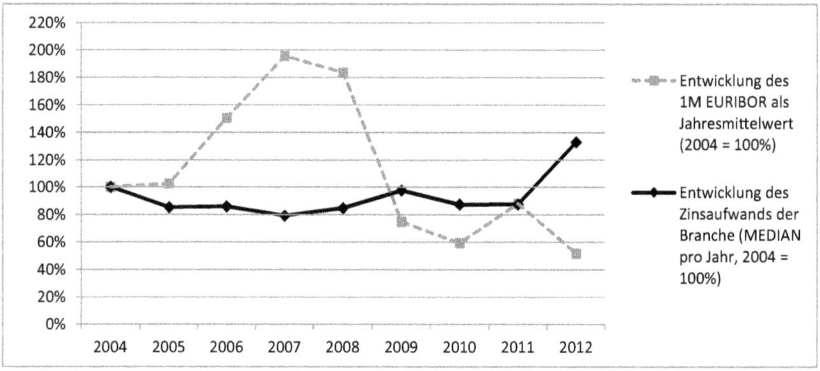

Insgesamt liegt die Branche hinsichtlich des Zinsdeckungsgrades auf einem noch auskömmlichen Niveau. 22 Stadtwerke weisen Ende 2012 jedoch einen EBITDA-Zinsdeckungsgrad < 1 auf und sind damit nicht in der Lage, die Zinszahlungen für laufende Kredite aus dem EBITDA zu tätigen.

Entwicklung der Verbindlichkeitenquote

Die Verbindlichkeitenquote (auch: Verschuldungsrate, Anspannungsgrad oder Statischer Verschuldungsgrad) bringt den Grad der Verschuldung zum Ausdruck. Sie ist konzeptionell ähnlich der Eigenkapitalquote und hier – als Modifizierung des Anspannungsgrades II – als Verhältnis der Verbindlichkeiten gegenüber den Kreditinstituten zum Gesamtkapital definiert. Die Kennzahl zeigt, wie hoch der Anteil der Verbindlichkeiten gegenüber Banken ist und verdeutlicht so die Ausnutzung der vorhandenen Finanzierungsspielräume. In kritischen Unternehmenslagen ist diese Kennzahl höher ausgeprägt (Drukarczyk, 1996; Coenenberg, 2000).

Die Ergebnisse der Kennzahlenberechnungen sind im Anhang C11 tabellarisch aufgeführt (vgl. C11 Kennzahlenanalyse: Verbindlichkeitenquote). Die zeitliche Entwicklung der Verbindlichkeitenquote je Unternehmensgruppe sowie des gesamten Samples ist in Abbildung 20 grafisch dargestellt. Die Verbindlichkeitenquote fällt von Beginn des Betrachtungszeitraumes bis zum Jahr 2007 moderat um 2,3 Prozentpunkte auf 21,5 Prozent, bleibt dann relativ konstant und steigt erst im Jahr 2012 auf 25,3 Prozent an (s. Abb. 20). Die Streuung ist über den gesamten Zeitraum relativ konstant. Der Sprung der Kennzahl im letzten Betrachtungsjahr und die Entwicklung der Verbindlichkeitenquote der sehr großen EVU (G1) bedürfen einer konkreteren Analyse. Das Gesamtkapital bzw. die Bilanzsumme der Unternehmen – als Nenner der Kennzahl – verändert sich im Betrachtungszeitraum nur geringfügig. Im Verhältnis zum Jahr 2004 bleibt der Nenner über die Folgejahre knapp unter 100 Prozent, um im Jahr 2012 auf 115 Prozent anzusteigen – was einen dämpfenden Effekt auf die Verbindlichkeitenquote haben müsste. Deren Entwicklung erklärt sich primär über die Verbindlichkeiten der Branche gegenüber den Kreditinstituten. Diese steigen ab 2006 kontinuierlich und erreichen – mit einem sprunghaften Anstieg von 2011 auf 2012 – im letzten Betrachtungsjahr einen um 38 Prozent höheren Wert als 2004. Ähnlich erklärt sich die Entwicklung der Kennzahl bei den sehr großen Stadtwerken, nur, dass hier die Zunahme der Verbindlichkeiten erheblicher ist: diese wachsen ab 2007 kontinuierlich und liegen im Median 2012 um 400 Prozent über dem 2004er Wert. Bei den 13 betrachteten EVU der Gruppe G1 bedeutet dies absolut einen Anstieg der Verbindlichkeiten von 3,3 Milliarden Euro in 2004 auf 8,9 Milliarden Euro im Jahr 2012.

Abbildung 20: Entwicklung der Verbindlichkeitenquote

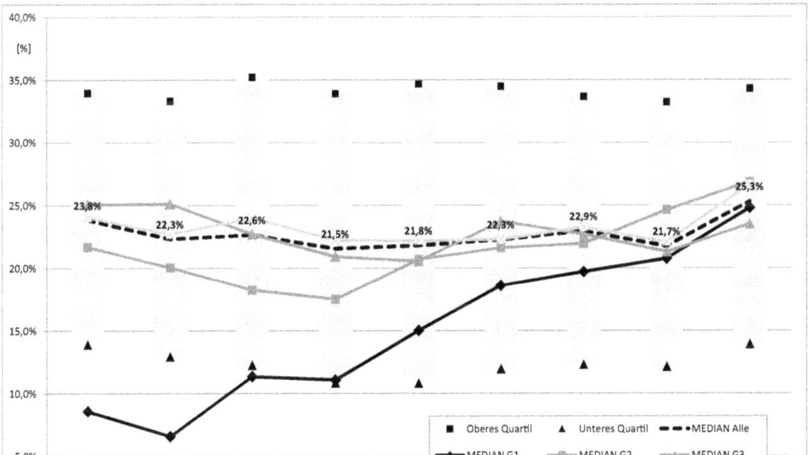

Ergänzend zur Analyse der oben beschriebenen Verbindlichkeitenquote wurde überprüft, ob im Betrachtungszeitraum bei einem Unternehmen der Stichprobe der Sachverhalt einer bilanziellen Überschuldung gegeben war. Bilanzielle Überschuldung liegt vor, wenn das in der Handelsbilanz ausgewiesene Vermögen die ausgewiesenen Verbindlichkeiten und sonstigen Verpflichtungen nicht mehr deckt und ein negatives Eigenkapital (nicht durch Eigenkapital gedeckter Fehlbetrag i. S. des § 268 III HGB) ausgewiesen werden muss (Scheffczyk, 2007). Dieser Sachverhalt trat allerdings bei keinem der Stadtwerke im Betrachtungszeitraum auf.

Entwicklung des dynamischen Verschuldungsgrades

Der dynamische Verschuldungsgrad (auch: Tilgungsdauer oder Schuldentilgungsdauer) gibt die Zahl der Jahre an, in denen eine vollständige Tilgung der Effektivschulden aus dem Cashflow möglich wäre.

Die Kennzahl gibt Aufschluss darüber, in welchem Zeitraum das Unternehmen auf Basis seiner aktuellen Ertragskraft seine Schulden zurückführen könnte, wenn es den angesetzten Zahlungsstrom ausschließlich zur Tilgung der Verbindlichkeiten einsetzen würde (was es in der Regel nicht kann) (Drukarczyk, 1996). Der dynamische Verschuldungsgrad stellt damit die rechnerische Entschuldungsdauer dar. Je kleiner der Wert dieser Kennzahl ist, desto schneller kann das Unternehmen seine Schulden aus Mitteln tilgen, die im eigenen Umsatzprozess erwirtschaftet wurden. Dadurch ist ein Unternehmen mit kleinem dynamischen Verschuldungsgrad relativ unabhängig von seinen Gläubigern (Baetge et al., 2004). Ein geringer Wert dieser Kennzahl kann somit als ein positives Indiz für die finanzielle Stabilität der betrachteten Stadtwerke gewertet werden.

Je nach konkreter Berechnung der Effektivverschuldung bzw. der Netto-Finanzschulden und des Cashflows ergeben sich unterschiedliche Ausprägungen dieser Kennzahl (Coenenberg, 2000). In dieser Arbeit wird der dynamische Verschuldungsgrad als Verhältnis der Netto-Finanzverschuldung zum EBITDA ermittelt. Das EBITDA fungiert hierbei als eine dem Cashflow angenäherte Ertragsgröße. Die Verbindlichkeiten gegenüber den Kreditinstituten stellen nach Verrechnung mit der freien Liquidität das Ausmaß der Verschuldung dar. Diese Vereinfachung führt dazu, dass die tatsächliche Finanzverschuldung tendenziell etwas höher liegen dürfte, da sonstige Darlehen und Verbindlichkeiten (u. a. auch die Pensionsverbindlichkeiten) nicht berücksichtigt werden können.

Die Ergebnisse der Kennzahlenberechnungen sind im Anhang C12 tabellarisch aufgeführt (vgl. C12 Kennzahlenanalyse: Dyn. Verschuldungsgrad). Die zeitliche Entwicklung des dynamischen Verschuldungsgrades je Unternehmensgruppe sowie des gesamten Samples ist in Abbildung 21 grafisch dargestellt. Der dynamische Verschuldungsgrad erreicht im Median im betrachteten Zeitraum 2004 bis 2012 zweimal den Maximalwert 1,4 – in den Jahren 2008 und 2012, wobei die Kennzahl seit 2009 kontinuierlich steigt (s. Abb. 21). Es fällt auf, dass die Mediane der einzelnen Unternehmensgruppen G1 – G4 in den Jahren 2008 und 2009 sehr eng zusammen liegen, die Streuung der Gesamtstichprobe in diesen Jahren jedoch am größten ist. Bemerkenswert ist auch, dass die sehr großen und großen Stadtwerke (G1 und G2) zu Beginn des Betrachtungszeitraumes sehr geringe dynamische Verschuldungsgrade aufweisen, ihre Kennzahlen jedoch am stärksten steigen und im Jahr 2012 deutlich über dem Branchendurchschnitt liegen. Ursache hierfür ist insbesondere bei den sehr großen Stadtwerken die erhebliche Zunahme der Verbindlichkeiten gegenüber den Kreditinstituten (s. o.). Ein Grund hierfür ist das bereits erwähnte Investment dieser Unternehmen in eigene Kraftwerkskapazitäten.

Eine Analyse der Einzelwerte zeigt ein sehr heterogenes Bild der Branche auf. Einige Stadtwerke sind nahezu unverschuldet bzw. effektiv schuldenfrei, denn sie verfügen über mehr freie Liquidität, als sie Verbindlichkeiten bei den Banken haben. Diese Unternehmen weisen demzufolge negative Kennzahlenwerte auf, während andere EVU zum Teil kritisch hohe Kennzahlen aufweisen. Der Spitzenwert eines Stadtwerkes im Jahr 2008 bedeutet, dass dieses Unternehmen auf Basis seiner damaligen Ertragskraft theoretisch über 200 Jahre bräuchte, um seine Schulden zurückführen zu können. Tatsächlich dürften einige der Unternehmen allein auf Basis einer quantitativen Kreditwürdigkeitsanalyse als schwer finanzierbar gelten. Hier darf vermutet werden, dass kommunale Verpflichtungserklärungen die hohe dynamische Verschuldung heilen.

Abbildung 21: Entwicklung des dynamischen Verschuldungsgrades

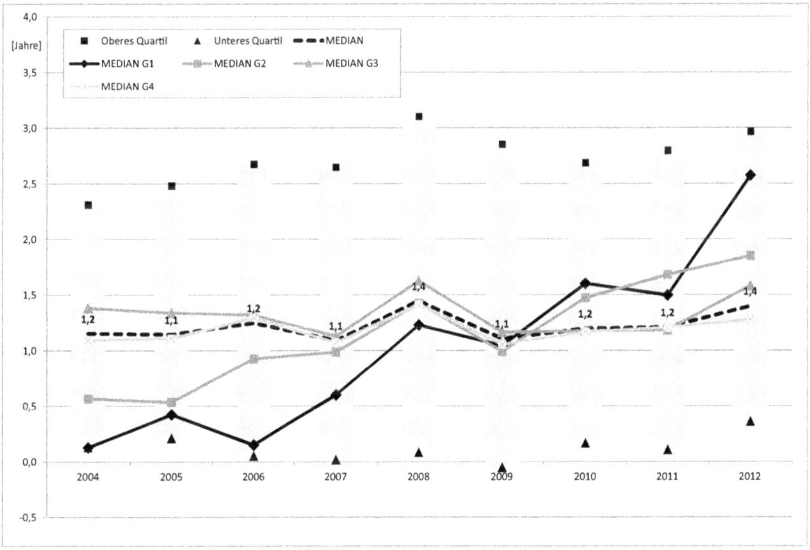

Die zunehmend schwierige Branchensituation der letzten Jahre – aufgrund des Kostendrucks durch die Anreizregulierung, den fortgeschrittenen Wettbewerb im Endkundengeschäft, dem seit 2010 steigenden Preisdruck an den Strommärkten – spiegelt sich an einer steigenden Anzahl höher verschuldeter Stadtwerke wieder. In Abbildung 21 zeigt dies das untere Quartil an, das im Jahr 2012 seinen Maximalwert erreicht. Die Abbildungen 22 und 23 zeigen (als Bildausschnitte) eine unternehmensspezifische Analyse des dynamischen Verschuldungsgrades. Auf der X-Achse ist der Durchschnitt des dynamischen Verschuldungsgrades für den jeweiligen Betrachtungszeitraum je Unternehmen abgetragen. Die Y-Achse zeigt den Durchschnitt der jährlichen Veränderung dieser Kennzahl je Unternehmen. Die Analyse in Abbildung 23 beschränkt sich dabei auf die letzten drei Jahre, 2010–2012. Es zeigt sich, dass in diesem Zeitraum 49 Prozent aller betrachteten Unternehmen eine Verschuldung mit steigender (negativer) Tendenz aufweisen. Bei gleicher Analyse über den gesamten Betrachtungszeitraum 2004–2012 (vgl. Abb. 22) fallen nur 42 Prozent der EVU in diese Kategorie. Dieses Ergebnis zeigt, dass sich die Rahmenbedingungen für die EVU in den letzten Jahren tatsächlich verschlechtert haben. Die Entwicklung in den letzten Betrachtungsjahren lässt vermuten, dass zukünftig mit einer weiter steigenden Anzahl höher verschuldeter Stadtwerke mit diesbezüglich negativen Entwicklungstendenzen gerechnet werden kann.

Abbildung 22: Dyn. Verschuldungsgrad je EVU, Alle_509, 2004–2012

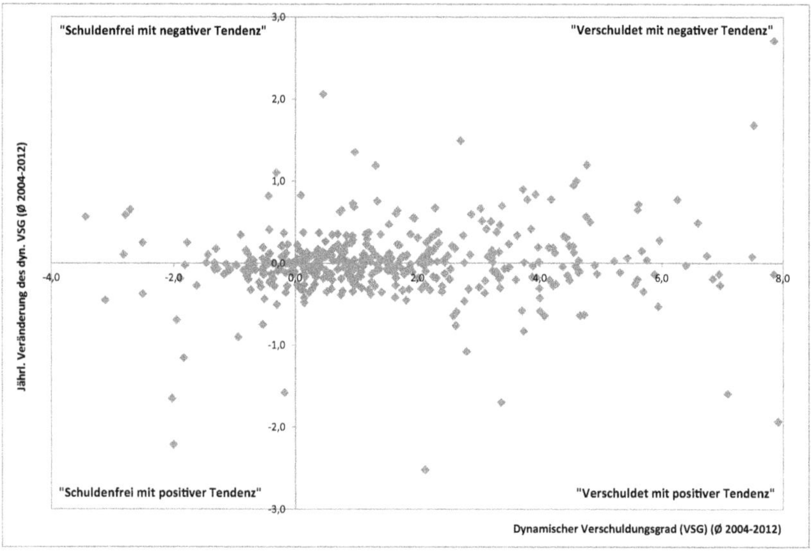

Abbildung 23: Dyn. Verschuldungsgrad je EVU, Alle_509, 2010–2012

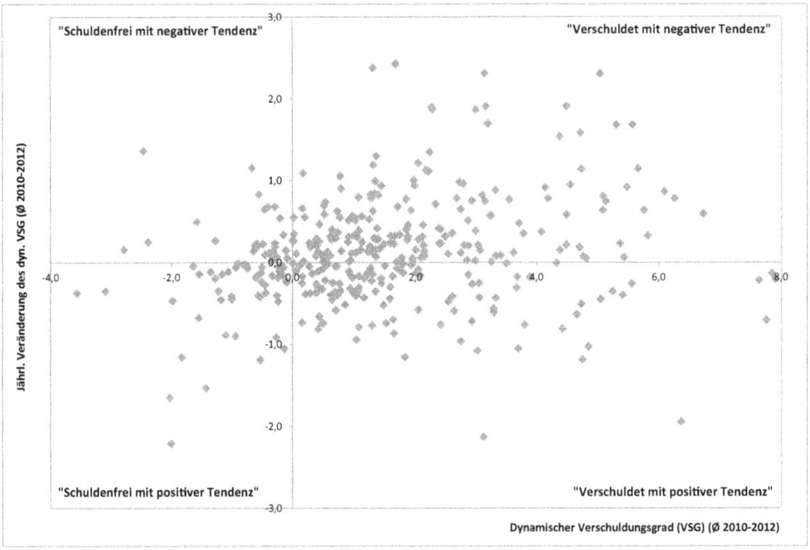

In Abbildung 23 sind alle 509 betrachteten Unternehmen als Einzelpunkte dargestellt. In den Anhängen C12a bis C12d sind ergänzend vier vergleichbare Darstellungen aufgeführt, in denen jeweils nur die Unternehmen der Gruppen G1 bis G4 enthalten sind.

4.4.5 Korrelationen zwischen Kennzahlen

Nach Analyse der zwölf diskutierten Finanzkennzahlen stellt sich die Frage, ob Unternehmen, die in einer Kennzahl gute Werte aufweisen, auch in anderen Kennzahlen vorne liegen. Um diese Frage für alle betrachteten Kennzahlen zu beantworten, wird im Folgenden eine Analyse der Wechselwirkungen zwischen den unterschiedlichen Finanzkennzahlen durchgeführt. Hierzu wird jeweils der Spearman-Korrelationskoeffizient r_{Sp} berechnet, der auch Rangkorrelationskoeffizient genannt wird (Beyer/Bestmann, 1989). Der Rangkorrelationskoeffizient misst den Zusammenhang zwischen zwei ordinal skalierten Merkmalen – hier also von jeweils zwei Finanzkennzahlen. Er hat einen kleinen, aber entscheidenden Unterschied zum klassischen (Pearson-)Korrelationskoeffizienten r: Die Korrelation wird nicht zwischen den Datenpunkten selbst, sondern zwischen ihren Rängen berechnet. Der Rangkorrelationskoeffizient hat den Vorteil, dass die Beziehung zwischen den Variablen nicht linear, sondern lediglich monoton sein muss (mathematisch sagt man: die Spearman-Korrelation misst den monotonen Zusammenhang, während die Pearson-Korrelation den linearen Zusammenhang misst (Fahrmeir et al., 2002)). Auch ist der Rangkorrelationskoeffizient robuster gegenüber Ausreißern. Er nimmt

Werte von -1 (perfekte negative Korrelation) bis +1 (perfekte positive Korrelation) an, und ist nahe 0, falls gar keine Korrelation vorliegt (Fahrmeir et al., 2002; Beyer/Bestmann, 1989).

Konkret werden in der vorliegenden Analyse Beobachtungspaare für alle 509 betrachteten Unternehmen gebildet, die jeweils aus den unternehmensindividuellen Medianen der analysierten Kennzahlen für den Betrachtungszeitraum 2004–2012 bestehen. Zunächst werden für die einzelnen Ausprägungen der Beobachtungspaare getrennt voneinander die Ränge (Rangzahlen) berechnet. Treten gleiche Werte mehrfach auf, werden die Rangzahlen nach der Methode der Durchschnittsränge ermittelt. In einem zweiten Schritt wird der Rangkorrelationskoeffizient berechnet. Für die Auswertung werden die Ergebnisse in fünf Kategorien unterteilt, wobei folgende Kriterien für den Rangkorrelationskoeffizienten angesetzt werden:

-1,0	<=	r_{Sp}	<	-0,5	*stark negative Korrelation*
-0,5	<=	r_{Sp}	<	-0,1	*schwach negative Korrelation*
-0,1	<=	r_{Sp}	<=	+0,1	*keine Korrelation*
+0,1	<	r_{Sp}	<=	+0,5	*schwach positive Korrelation*
+0,5	<	r_{Sp}	<=	+1,0	*stark positive Korrelation*

Um die Zusammenhänge bzw. Wechselwirkungen aller 12 Finanzkennzahlen untereinander analysieren zu können, werden insgesamt 66 Rangkorrelationskoeffizienten berechnet. Die Ergebnisse zeigt Abbildung 24. Gemäß oben genannter Kriterien ergeben sich 7 stark und 16 schwach positive Korrelationen sowie 8 stark und 16 schwach negative Korrelationen. In 19 der 66 Fallkonstellationen wird keine Korrelation nachgewiesen.

Abbildung 24: Rangkorrelationen zwischen den Finanzkennzahlen

Kennzahlen	tendenziell besser…	ROE	ROCE	ROS	Debitoren-Laufzeit	Kreditoren-Laufzeit	Eigenkapitalquote	Verbindlichkeitenqu.	Anlagenintensität	Liquiditätsgrad I	Liquiditätsgrad II	EBITDA-Zinsdeckg.	Schuldentilgungsd.
		Rentabilität			Finanzielle Stabilität		Kapitalstruktur		Finanzielle Flexibilität				
		hoch	hoch	hoch	hoch	niedrig	hoch	niedrig	niedrig	hoch	hoch	hoch	niedrig
ROE	hoch		0,762	0,731	0,017	-0,143	0,012	-0,255	-0,416	0,162	0,110	0,298	-0,510
ROCE	hoch	0,762		0,538	0,005	-0,186	0,115	-0,429	-0,540	0,181	0,101	0,103	-0,583
ROS	hoch	0,731	0,538		0,008	-0,112	0,312	-0,192	-0,281	0,304	0,261	0,204	-0,503
Debitoren-Laufzeit	hoch	0,017	0,005	0,008		0,096	0,078	-0,058	-0,156	0,095	0,016	0,108	-0,001
Kreditoren-Laufzeit	niedrig	-0,143	-0,186	-0,112	0,096		-0,073	0,090	0,162	-0,501	-0,528	-0,009	0,138
Eigenkapitalquote	hoch	0,012	0,115	0,312	0,078	-0,073		-0,551	-0,202	0,343	0,271	-0,052	-0,103
Verbindlichkeitenqu.	niedrig	-0,255	-0,429	-0,192	-0,058	0,090	-0,551		0,549	-0,293	-0,213	0,051	0,861
Anlagenintensität	niedrig	-0,416	-0,540	-0,281	-0,156	0,162	-0,202	0,549		-0,358	-0,379	0,024	0,572
Liquiditätsgrad I	hoch	0,162	0,181	0,304	0,095	-0,501	0,343	-0,293	-0,358		0,769	0,006	-0,512
Liquiditätsgrad II	hoch	0,110	0,101	0,261	0,016	-0,528	0,271	-0,213	-0,379	0,769		-0,078	-0,377
EBITDA-Zinsdeckg.	hoch	0,298	0,103	0,204	0,108	-0,009	-0,052	0,051	0,024	0,006	-0,078		-0,065
Schuldentilgungsd.	niedriger	-0,510	-0,583	-0,503	-0,001	0,138	-0,103	0,861	0,572	-0,512	-0,377	-0,065	

Legende:	0,5 < rSp <= 1	0,1 < rSp <= 0,5	-0,1 <= rSp <= 0,1	-0,5 <= rSp < -0,1	-1 <= rSp < -0,5

Quelle: Eigene Berechnungen

Bei den stark positiven Korrelationen fallen die Wechselwirkungen zwischen den Rentabilitätskennzahlen auf. Dabei liegt der Zusammenhang zwischen Eigenkapitalrendite (ROE) und Umsatzrentabilität (ROS) auf der Hand – beide Kennzahlen werden im Zähler durch den Jahresüberschuss bestimmt. Der hohe Rangkorrelationskoeffizient beider Kennzahlen mit dem ROCE zeigt auf, dass auch diese beiden Rentabilitätskennzahlen als Indikatoren für den wirtschaftlichen Unternehmenserfolg geeignet sind – und bei den weiteren Analysen im folgenden Kapitel 5 durchaus vergleichbare Ergebnisse erwartet werden können, wenn statt des ROCE der ROE oder der ROS als Erfolgsfaktor gewählt wird.

Dass die Liquiditätsgrade I und II untereinander stark positiv korrelieren überrascht ebenso wenig, wie die stark positive Korrelation zwischen dem statischen und dem dynamischen Verschuldungsgrad (Verbindlichkeitenquote und Schuldentilgungsdauer). Bemerkenswert ist allerdings die ebenfalls stark positive Korrelation zwischen der Anlagenintensität und den beiden Verschuldungsgraden – sie deutet darauf hin, dass branchenweit große Teile des Anlagevermögens mit Verbindlichkeiten gegenüber den Kreditinstituten korrespondieren.

Die ebenfalls – wenngleich nur schwach – positiven Korrelationen zwischen den drei Rentabilitätskennzahlen und dem EBITDA-Zinsdeckungsgrad lassen sich dadurch erklären, dass alle vier Kennzahlen im Zähler durch das Unternehmensergebnis bestimmt werden. Dass die drei Rentabilitätskennzahlen auch schwach positiv mit den Liquiditätsgraden I und II korrelieren zeigt, dass Stadtwerke mit guter Ergebnislage in der Regel auch eine gesunde Liquidität aufweisen. Ebenfalls eine schwach positive Korrelation weisen Kreditoren-Laufzeit und Schuldentilgungsdauer (dynamischer Verschuldungsgrad) auf. Auch dieses Ergebnis erscheint plausibel: höher verschuldete Unternehmen nutzen offensichtlich Zahlungsziele zur Tilgung von Verbindlichkeiten gerne länger aus.

Dass die Berechnung der Rangkorrelationskoeffizienten in vielen der 66 möglichen Fälle zu negativen Ergebnissen führt, ist bei den gewählten Finanzkennzahlen von vorneherein zu erwarten. Beispielsweise verwenden die Kennzahlen Eigenkapitalquote und Verbindlichkeitenquote beide die Bilanzsumme im Nenner. Die Zähler der beiden Kennzahlen werden jedoch einmal durch das Eigenkapital, einmal durch die Verbindlichkeiten gegenüber den Kreditinstituten bestimmt. Die stark negative Korrelation zwischen beiden Kennzahlen zeigt auf, dass Unternehmen mit hohem Anteil an Eigenkapital statistisch betrachtet geringere Anteile an Verbindlichkeiten bei Kreditinstituten aufweisen – was zu erwarten war. Auch die stark negative Korrelation zwischen den drei Rentabilitätskennzahlen und dem dynamischen Verschuldungsgrad liegt auf der Hand – zumal in dieser Arbeit für die Berechnung der Schuldentilgungsdauer anstatt des Cashflows im Nenner alternativ das EBITDA verwendet wird (vgl. Kapitel 4.4.4). Ebenso wenig überraschen die jeweils stark negativen Korrelationen zwischen den Liquiditätsgraden I und II und den Kennzahlen Kreditoren-Laufzeit und Schuldentilgungsdauer – es ist offensichtlich, dass Unternehmen mit durchschnittlich geringerer Liquidität höhere Netto-Finanzschulden aufweisen und Zahlungsziele zur Tilgung ihrer Verbindlichkeiten länger ausnutzen.

Zwischen den drei Rentabilitätskennzahlen und der Kennzahl Kreditoren-Laufzeit besteht eine schwach negative Korrelation, die durchaus plausibel erscheint. Wie bereits gezeigt, weisen die weniger rentablen Unternehmen häufiger niedrige Liquiditätsgrade auf – und zwischen diesen und der Kreditoren-Laufzeit besteht eine stark negative Wechselwirkung, wie ebenfalls bereits gezeigt.

Auch zwischen der Verbindlichkeitenquote und den Rentabilitätskennzahlen besteht eine schwach negative Korrelation. Ein Erklärungsansatz lautet, dass Stadtwerke mit durchschnittlich höheren Schulden aufgrund erforderlicher Tilgungen durchschnittlich weniger Jahresüberschuss ausweisen. Nicht besonders überraschend ist auch das Ergebnis der schwach negativen Korrelation zwischen der Verbindlichkeitenquote und den Liquiditätsgraden I und II. Hier kann angenommen werden, dass die Unternehmen entweder Verbindlichkeiten bei den Banken aufnehmen, um ihren Cash-Bedarf zu decken – oder sie die aufgenommene Liquidität umgehend investieren. Letztere Vermutung wird unterstützt durch die Erkenntnis, dass auch zwischen den Kennzahlen Liquiditätsgrad I und II sowie der Anlagenintensität eine negative Korrelation besteht.

Bemerkenswert ist das Ergebnis der negativen Korrelation (einmal stark, zweimal schwach) zwischen den drei Rentabilitätskennzahlen und der Anlagenintensität. Wie bereits dargelegt, zählt die Energieversorgung grundsätzlich zu den anlageintensiven Branchen. Statistisch betrachtet sind jedoch offensichtlich solche Stadtwerke rentabler, die über durchschnittlich weniger Anlagevermögen verfügen. Ob diesem Ergebnis das gezieltes (Re-)Investment der Unternehmen in bestimmten Anlagegruppen zugrunde liegt (z.B. Investitionen primär in Versorgungsnetze anstatt in konventionelle Kraftwerke), kann an dieser Stelle nicht näher untersucht werden, da das Anlagevermögen je Unternehmen nur in Summe bekannt und nicht genauer spezifizierbar ist. Im folgenden Kapitel 5 wird jedoch untersucht, inwieweit das unternehmerische Engagement der Stadtwerke in spezifischen Geschäftsbereichen zum wirtschaftlichen Erfolg der Unternehmen beiträgt.

4.5 Zusammenfassung

Bevor das vierte Kapitel mit einem Fazit über die aktuelle finanzielle Situation der EVU abschließt, werden zunächst die wesentlichen Erkenntnisse der Kennzahlenanalyse zusammengefasst.

Einige Kennzahlen weisen bemerkenswerte Besonderheiten auf. So steigen im Betrachtungszeitraum die Branchen-Umsätze – maßgeblich bedingt durch externe Preistreiber – deutlich an, wobei die Umsatzsteigerungen mit der Größe der EVU zunehmen. Die Ergebnisentwicklungen können jedoch nicht mit den Umsatzentwicklungen Schritt halten: in 2012 zeigen alle Stadtwerke Ergebnisminderungen gegenüber dem ersten Betrachtungsjahr 2004 (diese Einbußen fallen bei den großen und sehr großen EVU deutlicher aus als bei den kleinen und mittleren Unternehmen).

Daher überrascht es nicht, dass auch die Rentabilitätskennzahlen eine negative Branchenentwicklung aufzeigen. Zwar liegt die Eigenkapitalrendite der Branche auf einem noch akzeptablen Niveau (mit Ausnahme des Jahres 2008, dem Jahr der weltweiten Finanzkrise), der Median der Kennzahl erreicht im Betrachtungszeitraum jedoch nicht mehr seinen Ausgangswert. Eine nähere Betrachtung der Jahresabschlüsse zeigt, dass im letzten Jahr der Betrachtung mit 16 Prozent der EVU fast doppelt so viele Stadtwerke einen Jahresfehlbetrag ausweisen, wie im Jahr 2004. Auch die Kennzahl ROCE, der im folgenden Kapitel 5 eine besondere Bedeutung zukommt, zeigt eine rückläufige Rentabilität der Stadtwerke auf. Der Branchendurchschnitt weist mit 8,9 Prozent zwar eine – im Vergleich zu vielen anderen Branchen – ordentliche Marge aus. Bei 57 Prozent der betrachteten Unternehmen, also einer deutlichen Mehrheit, ist die durchschnittliche jährliche Veränderung des

ROCE allerdings negativ – mit steigender Tendenz. Die Branche befindet sich auf Krisenkurs.

Bemerkenswert ist auch, dass die Kreditorenlaufzeit der Branche im Median nur in einem einzigen Jahr größer als die Debitorenlaufzeit ist. Das bedeutet, dass die Stadtwerke sehr lange als Kreditgeber ihrer Kunden auftreten. Der Fokus der Stadtwerke sollte auf einer Verkürzung der Debitorenlaufzeit liegen. Signifikante Optimierungen lassen sich im Betrachtungszeitraum jedoch nicht feststellen.

Die Kennzahlen zur finanziellen Stabilität zeigen, dass sich die Stadtwerke-Branche insgesamt auf einem soliden finanziellen Niveau befindet. So steigt die durchschnittliche Eigenkapitalquote der Stichprobe im Betrachtungszeitraum sogar von 37,2 Prozent im Jahr 2004 auf 39,6 Prozent im Jahr 2012 an. Auffällig ist allerdings, dass die Gruppe der sehr großen und großen Stadtwerke in allen Jahren relativ deutlich unter dem Durchschnitt liegt und – im Gegensatz zu den kleinen und mittleren Stadtwerken – abnehmende EK-Quoten aufweist. In 2012 beträgt die durchschnittliche EK-Quote der großen Stadtwerke 32,3 Prozent, die der sehr großen Stadtwerke nur 26,2 Prozent. Dies legt die Vermutung nah, dass größere Stadtwerke ihren Fremdfinanzierungsspielraum bewusster ausschöpfen (müssen?) bzw. einen tendenziell leichteren Zugang zu den Kreditmärkten finden.

Bezüglich ihrer verfügbaren Liquidität befinden sich die Stadtwerke – von einzelnen Ausnahmen abgesehen – auf einem insgesamt unkritischen Niveau. Der Kennzahlenverlauf weist jedoch auf eine tendenziell angespanntere Situation in den kommenden Jahren hin, bei der das Liquiditätsmanagement für viele EVU eine zentrale Rolle einnehmen wird.

Der EBITDA-Zinsdeckungsgrad weist branchenweit einen Rückgang aus, der unter den großen und sehr großen EVU am stärksten ausgeprägt ist. Bei diesen Unternehmen zeigt sich im Betrachtungszeitraum auch ein nominal stark steigender Finanzaufwand – bei den sehr großen Stadtwerken liegt dieser im Jahr 2012 um 329 Prozent über dem Zinsaufwand des Jahres 2004. Sollte die Zinsbelastung durch ein möglicherweise wieder anziehendes, allgemeines Marktzinsniveau ansteigen, ist gerade bei diesen Unternehmen mit einem weiteren, deutlichen Absinken des Zinsdeckungsgrades zu rechnen. Insgesamt liegt die Branche hinsichtlich des Zinsdeckungsgrades jedoch auf einem noch auskömmlichen Niveau. Allerdings weisen 22 Stadtwerke Ende 2012 einen EBITDA-Zinsdeckungsgrad < 1 auf und sind damit nicht in der Lage, die Zinszahlungen für laufende Kredite aus dem EBITDA zu tätigen.

Eine Analyse des dynamischen Verschuldungsgrades zeigt für die letzten drei Betrachtungsjahre (2010–2012) eine steigende Anzahl höher verschuldeter Stadtwerke auf. In diesem Zeitraum weisen 49 Prozent aller betrachteten Unternehmen eine Verschuldung mit steigender (negativer) Tendenz aus. Bei gleicher Analyse über den gesamten Betrachtungszeitraum 2004–2012 fallen nur 42 Prozent der EVU in diese Kategorie. Dies deutet darauf hin, dass sich die Rahmenbedingungen für die EVU in den letzten Jahren verschlechtert haben. Die Entwicklung in den letzten Betrachtungsjahren lässt vermuten, dass zukünftig mit einer weiter steigenden Anzahl höher verschuldeter Stadtwerke gerechnet werden kann.

Zusammenfassend belegt die Kennzahlenanalyse, dass sich die Finanz- und Ertragslage der Stadtwerke im Median der Stichprobe auf einem soliden und finanzierbaren Niveau bewegt. Es liegen keine Hinweise dafür vor, dass die Verschuldungskapazitäten der Branche grundsätzlich erreicht wären – wenngleich einige der untersuchten Stadtwerke am unteren Ende der Bonitätsskala bezüglich ihrer finanziellen Stabilität als kritisch anzusehen sind (was sich u. a. durch sehr niedrige Eigenkapitalquoten und zunehmend steigende Verschuldungsgrade abzeichnet). Es zeigt sich jedoch aus der Entwicklung der Kennzahlen, dass die Branche sukzessive auf Niveaus zusteuert, die die Kapitalgeber zu einer intensiveren Kreditwürdigkeitsprüfung und Überprüfung ihrer Risikoeinschätzungen anhalten wird. Größere Stadtwerke weisen hierbei tendenziell schlechtere Kennzahlen auf als kleinere. Die beschriebenen Herausforderungen der Branche lassen nicht erwarten, dass der Druck auf die Geschäftsbilanzen und auf die Bonitäten in Zukunft wieder abnehmen wird. Stattdessen sollten sich die Stadtwerke auf restriktivere Kreditvergaben und bonitätsbedingt steigende Kapitalkosten einstellen und Investitionsalternativen prüfen.

Die durchgeführte Kennzahlenanalyse ermöglicht eine gesamthafte Aussage über die wirtschaftliche Entwicklung der deutschen Stadtwerke-Branche. Zwar sind einige wenige kennzahlenbasierte Branchenuntersuchungen bekannt (vgl. Kap. 3.4). Die hier vorliegende Größe der Stichprobe mit 509 kommunalen EVU, der umfassende Betrachtungszeitraum sowie die ausführliche Diskussion und innovative Bewertung der Ergebnisse vor dem Hintergrund der jeweiligen Marktphasen und Rahmenbedingungen tragen jedoch zu einer deutlichen Erweiterung des wissenschaftlichen Erkenntnisstandes bei.

5 Analyse zentraler Erfolgsfaktoren deutscher Stadtwerke

5.1 Einleitung

Nach Analyse der wirtschaftlichen Entwicklung der Stadtwerke seit Beginn der Liberalisierung in Kapitel 4 widmet sich Kapitel 5 dem zweiten maßgeblichen Ziel der vorliegenden Arbeit, der Analyse von Zusammenhängen zwischen ausgewählten potenziellen Erfolgsfaktoren und dem wirtschaftlichen Unternehmenserfolg der Stadtwerke. Hierzu werden aufgrund theoretischer Vorüberlegungen Hypothesen aufgestellt, die durch den Einsatz statistischer Verfahren auf ihre Gültigkeit hin überprüft werden.

Zunächst wird in Kapitel 5.2 die ausgewählte Erfolgsgröße erläutert und die jeweiligen Vor- und Nachteile dieser Kennzahl diskutiert. Kapitel 5.3 beschreibt die Datengrundlage der vorliegenden Untersuchung und insbesondere die Unterschiede und Besonderheiten der beiden verwendeten Datensample. In Kapitel 5.4 werden insgesamt 36 Hypothesen aufgestellt, die einen Bezug zwischen 15 potenziellen Erfolgsfaktoren und dem wirtschaftlichen Erfolg der Stadtwerke herstellen. Dabei erfolgt die Ableitung der Hypothesen anhand von theoriegeleiteten Plausibilitätsüberlegungen. Die 15 potenziellen Erfolgsfaktoren lassen sich wiederum in sieben Wirkungsbereiche einteilen, die jeweils in einem Unterkapitel erörtert werden. Die gewählten statistischen Verfahren zur Überprüfung der Hypothesen – insbesondere die multivariate lineare Regressionsanalyse – werden in Kapitel 5.5 vorgestellt; ebenso die konkreten Vorgehensweisen zur Entwicklung robuster Regressionsmodelle für beide Datensätze und zur Prüfung der Modellprämissen – sowie von Signifikanz und Güte der Modelle und ihrer Koeffizienten. Kapitel 5.6 beschreibt schließlich die Auswertung der Regressionsergebnisse und zeigt auf, welche Hypothesen statistisch unterstützt werden. Dabei werden – analog zu Kapitel 5.4 – die sieben Wirkungsbereiche der Erfolgsfaktoren jeweils in Unterkapiteln erörtert. Einen zusammenfassenden Überblick über die gewonnenen Erkenntnisse gibt Kapitel 5.7.

5.2 Auswahl der Erfolgsgröße

Wie bereits beschrieben, sollen in diesem Kapitel Zusammenhänge zwischen ausgewählten potenziellen Erfolgsfaktoren und dem Unternehmenserfolg von deutschen Stadtwerken analysiert werden. Der Erfolgsbegriff beschränkt sich dabei auf die klassisch-betriebswirtschaftliche Sicht (es sollen also monetär messbare Größen analysiert werden) – beziehungsweise, mit Verweis auf Kapitel 3.3, es wird nur das Erfolgsziel „Wirtschaftlichkeit" der Stadtwerke betrachtet. Um eine Erfolgsbewertung vornehmen zu können, ist die Bestimmung einer oder mehrerer Variablen notwendig, die den Unternehmenserfolg messbar und vergleichbar machen. Diese Variablen werden in der vorliegenden Arbeit als Erfolgsgrößen bezeichnet.

Gemäß den in Kapitel 3.2.1 vorgestellten Ansätzen zur Untersuchung des Unternehmenserfolgs wird in der vorliegenden Arbeit der Zielansatz verwendet. Diesem wird hinsichtlich Praxisnähe und Nutzen für die empirische Erfolgsfaktorenforschung die größte Bedeutung beigemessen (Fritz, 1995). Hierfür gibt es zwei wesentliche Gründe. Zum einen bilden Unternehmensziele die verbindlichste Orientierungsgrundlage für strategische Unternehmenshandlungen und sind damit die Basis für jeden gestaltbaren Erfolgsfaktor. Zum anderen ergeben sich bei der Verwendung des Zielansatzes im Vergleich zu anderen Ansätzen geringere Operationalisierungsprobleme bei der Festlegung der Erfolgsgröße (Haedrich/Jenner, 1996).

Im Rahmen der vorliegenden Arbeit wird zur Darstellung des Unternehmenserfolgs nur eine Erfolgsgröße verwendet – die Rentabilitätskennzahl ROCE (Return on Capital Employed). Es wird von der Annahme ausgegangen, dass die Stadtwerke bestrebt sind, das Erfolgsziel Wirtschaftlichkeit durch Maßnahmen zu erreichen, die zur Erzielung eines hohen ROCE führen. Zwar zeigen Schaefer (2012) sowie Rahmel, Völl und Rönz (2012), dass nur etwa jedes fünfte deutsche Stadtwerk (21%) den ROCE zum Zwecke der Unternehmenssteuerung nutzt (Platz drei nach den Kennzahlen EBIT und EBITDA), es gibt jedoch mehrere Gründe, die für die Wahl dieser Kennzahl sprechen. Zum einen handelt es sich beim ROCE um eine relative Kennzahl, die somit einen Vergleich unterschiedlich großer Unternehmen ermöglicht. Zum anderen setzt der ROCE das Ergebnis der gewöhnlichen Geschäftstätigkeit (EBIT) ins Verhältnis zum dafür betriebsnotwendigen Vermögen (vgl. Kapitel 4.4.3). Die Kennzahl erlaubt also eine Aussage zur operativen Ertragskraft unabhängig von der Kapitalstruktur und ist somit geeignet für unternehmensübergreifende Rentabilitätsvergleiche (Krause/Dayanand, 2010).

Gerade diese Eigenschaft, dass die Kapitalstruktur im ROCE keine Berücksichtigung findet, wird von Kritikern dieser Kennzahl hervorgehoben (Haeseler/Hörmann, 2006) und muss bei bestimmten Vergleichen berücksichtigt werden. Beispielsweise kann ein unternehmensübergreifender ROCE-Vergleich falsche Signale liefern, wenn es um die Durchführung von Neuinvestitionen geht. So kann eine Neuinvestition die Gesamtkapitalrendite – hier den ROCE – senken, aber trotzdem Wert schaffen, weil sie die Kapitalkosten übertrifft. Ein Beispiel hierzu wird in Abbildung 25 gezeigt: die Neuinvestition senkt zwar den ROCE des Unternehmens von 23% auf 20% ab, ist jedoch wirtschaftlich sinnvoll – wie die steigende Kennzahl EVA zeigt[7].

Es fehlt also eine Benchmarkgröße, denn erst der Vergleich mit den Kapitalkosten zeigt, ob eine Neuinvestition Wert schafft oder vernichtet (Deyhle/Radinger, 2008). Auf diese Einschränkung wird in Kapitel 5.6.4 noch vertiefend eingegangen.

7 Der Geschäftswertbeitrag (engl.: Economic Value Added, EVA) ist eine Messgröße aus der Finanzwirtschaft, der dazu dient, die Vorteilhaftigkeit einer Investition zu berechnen. EVA stellt einen Residualgewinn dar und ergibt eine absolute Nettogröße eines Gewinns nach Abzug der Kapitalkosten für das eingesetzte Gesamtkapital (Coenenberg, 2000).

Abbildung 25: ROCE berücksichtigt keine Kapitalkosten

	Bestehendes Geschäft	+	Neue Investition	=	Summe
EBIT	230		170		400
Cap. Empl.	1000		1000		2000
ROCE	**23%**		**17%**		**20%**
Kapitalkostensatz	10%		10%		10%
Kapitalkosten	100		100		200
EVA (Economic Value Added)	**130**		**70**		**200**

Quelle: Deyhle/Radinger (2008)

5.3 Untersuchungssample und Datengrundlage

Für die Suche nach kritischen Erfolgsfaktoren, die das oben beschriebene Erfolgsziel, die relative Erfolgsgröße ROCE, positiv beeinflussen, soll in dieser Arbeit – gemäß der Definition in Kapitel 3.2.3 – eine quantitativ-konfirmatorische Methodik angewendet werden. Das heißt, die Identifikation der Erfolgsfaktoren soll durch objektive Erfolgsmessungen anhand einer indirekt ermittelten, quantitativen Datenerhebung durchgeführt werden. Die Erfolgsmessung wiederum erfolgt durch empirische Überprüfung von Hypothesen (konfirmatorischer Untersuchungsansatz, vgl. Abb. 4), die in Kapitel 5.4 beschrieben werden.

Die Erfolgsebene beschränkt sich auf eine bestimmte Gruppe von Unternehmen, die durch das Untersuchungssample gebildet wird. Wie bereits in Kapitel 4.3 erläutert, basiert dieses auf einer Datensammlung, die im Wesentlichen die Daten aus Bilanzen sowie Gewinn- und Verlustrechnungen von 509 EVU aus den neun Jahren 2004–2012 umfasst. Die Unternehmen der Stichprobe erfüllen insbesondere die folgenden Kriterien:

- Der Anteil ihrer kommunalen Gesellschafter beträgt mindestens 50 Prozent.
- Sie sind als EVU mindestens in der Strom- oder Gasversorgung tätig.
- Sie sind keine konsolidierten Tochterunternehmen größerer EVU, die wiederum Gegenstand des Untersuchungssamples sind.
- Sie sind keine rechtlich unselbständigen kommunalen Eigenbetriebe.

Die vollständige Liste der betrachteten Unternehmen ist im Anhang A aufgeführt.

Im Zuge von Plausibilitätsüberlegungen zur Identifikation potenzieller Erfolgsfaktoren wird schnell deutlich, dass zusätzlich zu den klassischbetriebswirtschaftlichen Geschäftszahlen aus Bilanzen und GuV auch detailliertere Angaben zu Geschäftsfeldumsätzen, Energiemengenabsätzen, Infrastrukturen etc. betrachtet werden müssen. Ergänzend zu der bereits beschriebenen Datensammlung aus einem Kooperationsprojekt zwischen dem Fachgebiet für Unternehmensfinanzierung der TU Darmstadt und der Unternehmensberatung Roland Berger Strategy Consultants wird daher eine weitere Datensammlung zusammengetragen. Dazu wird zunächst eine Zielliste erstellt und die Verfügbarkeit der Daten anhand der Analyse von veröffentlichten Geschäftsberichten verprobt. In Kooperation mit dem Umwelt-Campus Birkenfeld der Hochschule Trier werden anschließend die Geschäftsberichte der 50 größten Stadtwerke des vorliegenden Untersuchungssamples für die Jahre 2004–2012 zusammengetragen, ausgewertet und zu einer zweiten Datensammlung verdichtet. Der Grund für die Beschränkung des zweiten Datensatzes auf nur 50 Unternehmen ist neben dem erheblichen manuellen Aufwand bei der Analyse der sehr unterschiedlich strukturierten Geschäftsberichte insbesondere die Tatsache, dass Umfang und Informationsgehalt der Geschäftsberichte deutlich abnehmen, je kleiner die Unternehmen werden (gemessen am Umsatz). Ausschlaggebend für die Wahl der TOP-50-Unternehmen ist deren durchschnittliche Umsatzhöhe in den letzten drei Jahren der Betrachtung (2010–2012). Es sei ausdrücklich angemerkt, dass die Gruppe der „TOP_50“ keine beliebige Stichprobe aus der ersten Unternehmensgruppe darstellt. Es muss davon ausgegangen werden, dass sich die 50 größten Stadtwerke von den kleineren Unternehmen in vielen Punkten unterscheiden. Beispielsweise zeigen die Geschäftsberichte, dass eigene Großhandelsbereiche („trading floors“) nur bei den großen und sehr großen EVU üblich sind, während kleinere Stadtwerke ihren Energiehandel z.B. über Kooperationsgesellschaften abwickeln. Die Liste der TOP-50-Unternehmen ist im Anhang B aufgeführt.

Für die Analysen stehen somit zwei unterschiedliche Datensample (Datensätze 1 und 2) zur Verfügung:

- Alle_509 Daten aus Bilanzen sowie Gewinn- und Verlustrechnungen von 509 deutschen EVU aus den Jahren 2004–2012. Kriterien der Stichprobe: Der Anteil kommunaler Gesellschafter beträgt mindestens 50 Prozent, die EVU sind mindestens in der Strom- oder Gasversorgung tätig, sind keine konsolidierten Tochterunternehmen größerer EVU und keine rechtlich und selbständigen kommunalen Eigenbetriebe.
- TOP_50 Die gemessen am Umsatz 50 größten Unternehmen der Gruppe Alle_509 (ausschlaggebend: durchschnittliche Umsatzhöhe in den letzten drei Jahren der Betrachtung (2010–2012)).

Der zweite Datensatz beinhaltet zusätzlich zu Bilanz- und GuV-Daten auch umfangreiche Angaben zu Geschäftsfeldumsätzen, Energiemengen, Infrastrukturdaten etc.

5.4 Ableitung der zu untersuchenden Hypothesen

Die Basis für die Suche nach potentiellen Erfolgsfaktoren mittels statistischer Analysen bilden Hypothesen, die je nach Grad ihrer Unterstützung belegen, in wie weit der untersuchte Faktor tatsächlich relevant für den Unternehmenserfolg – hier gemessen am ROCE – ist. Die Erfolgsfaktoren und die Hypothesen, welche sie stützen sollen, basieren auf Expertenwissen und theoretischen Vorüberlegungen und lassen sich in sieben Wirkungsbereiche kategorisieren:

1. Wirkung der Eigentümerstruktur auf den Unternehmenserfolg
2. Wirkung der strategischen Ausrichtung auf den Unternehmenserfolg
3. Wirkung der internen Ressourcen auf den Unternehmenserfolg
4. Wirkung von Strategien im Geschäftsfeld Erzeugung auf den Unternehmenserfolg
5. Wirkung von Strategien in den Geschäftsfeldern Vertrieb und Handel auf den Unternehmenserfolg
6. Wirkung von Strategien im Geschäftsfeld Netze auf den Unternehmenserfolg
7. Wirkung von Strukturindikatoren auf den Unternehmenserfolg

Im Folgenden werden die Erfolgsfaktoren und die zu analysierenden Hypothesen je Wirkungsbereich dargestellt und geschildert, welche Plausibilitätsüberlegungen den Hypothesen zu Grund liegen. Eine Übersicht über alle formulierten Hypothesen ist am Ende des Kapitels 5.4 aufgeführt (Tabelle 10).

5.4.1 Eigentümerstruktur

Die Eigentümerstruktur eines Stadtwerkes ist per Definition durch einen (oder mehrere) kommunale(n) Gesellschafter bestimmt. Wie bereits erläutert, liegt der Anteil kommunaler Gesellschafter bei den in dieser Arbeit betrachteten Stadtwerken bei mindestens 50 Prozent. Die Frage, welchen Einfluss privatwirtschaftliche Gesellschafter – insbesondere privatwirtschaftliche EVU – auf den Erfolg eines mehrheitlich kommunalen EVU haben, wird von Feldo (2009) so beantwortet, dass die Stadtwerke im von ihm verwendeten Datensample einen umso niedrigeren ROCE aufweisen, je höher ihr kommunaler Anteilsbesitz ist. Die Beobachtungen von Feldo (2009) umfassen allerdings nur 63 Unternehmen und einen fünfjährigen Betrachtungszeitraum. Ein größeres Sample analysieren Schumacher et al. (2007). Sie finden heraus, dass bei den 109 betrachteten EVU eine statistisch signifikant positive Korrelation zwischen dem privatwirtschaftlichen Anteilsbesitz und dem Return on Invested Capital (ROIC) besteht. Der Betrachtungszeitraum umfasst allerdings nur die Jahre 2003–2005. Der im Rahmen dieser Arbeit verfügbare Datensatz erlaubt eine deutlich umfassendere Betrachtung. Daher wird der potenzielle Erfolgsfaktor „Privatwirtschaftlicher Anteilsbesitz“ anhand folgender Hypothese untersucht:

Hypothese 1.1: *Je höher der Anteil privater Gesellschafter, desto höher der ROCE.*

Ergänzend wird betrachtet, ob die Anzahl der Gesellschafter Auswirkungen auf den Unternehmenserfolg hat. Es wird vermutet, dass mit einer höheren Anzahl an Gesellschaftern auch ein durchschnittlich höherer wirtschaftlicher Unternehmenserfolg einhergeht. Für diese Vermutung gibt es zwei motivierende Annahmen. Zum Einen erhöht sich mit der Anzahl der Gesellschafter die Wahrscheinlichkeit, dass sich unter diesen auch privatwirtschaftliche EVU befinden. Solchen Gesellschaftern wird in Anlehnung an Hypothese 1.1 ein positiver Einfluss auf die Wirtschaftlichkeit eines Stadtwerks unterstellt. Zum Anderen wird angenommen, dass die Unternehmensleitung eines Stadtwerks (Vorstände oder Geschäftsführer) wirtschaftlich erfolgsorientierter handelt, wenn es mehrere Gesellschafter gibt – da in solchen

Fällen der kommunalpolitische Wunsch nach unternehmerischer Mitgestaltung in den Hintergrund rückt. Der potenzielle Erfolgsfaktor „Anzahl der Gesellschafter" wird mittels folgender Hypothese untersucht:

Hypothese 1.2: *Je höher die Anzahl der Gesellschafter, desto höher der ROCE.*

Beide Hypothesen 1.1 und 1.2 können anhand des größeren Datensatzes 1 (Alle_509) untersucht werden. Die Auswertung der Regressionsergebnisse folgt in Kapitel 5.6.1.

5.4.2 Strategische Ausrichtung

Dass es zwischen dem Gesamtumsatz als Maß für die Unternehmensgröße und dem wirtschaftlichen Erfolg eines Stadtwerkes keinen eindeutigen Zusammenhang gibt, wird bereits in Kapitel 4.4.1 dieser Arbeit deutlich: Abbildung 6 zeigt für die vier betrachteten Unternehmensgruppen, dass Umsatzwachstum nicht zwangsläufig zu höheren Ergebnissen führt. Da die Stadtwerke jedoch in einer Vielzahl von Geschäftsbereichen tätig sind (vgl. hierzu Abb. 1 in Kapitel 2.4) stellt sich die Frage, wie sie sich strategisch ausrichten sollten – bzw. auf welches (Kern-)Geschäft sich die Stadtwerke fokussieren sollten. Da nur sehr wenige Stadtwerke Geschäftsbereichs-Ergebnisse veröffentlichen, kann sich der Antwort auf diese Frage nur durch Betrachtung der Geschäftsbereichs-Umsätze genähert werden. Diese liegen zumindest für die sieben wesentlichen Sparten der fünfzig größten Stadtwerke vor (Strom, Gas, Wasser, Fernwärme, ÖPNV, Abfall und Telekommunikation). Der potenzielle Erfolgsfaktor kann als „Fokussierung auf das Kerngeschäft" bezeichnet und dann auf die Sparten weiter herunter gebrochen werden. Die Hypothesen lauten somit:

Hypothesen 2.1–2.2: *Je größer der Umsatzanteil in der Sparte Strom / Gas, desto höher der ROCE.*

Hypothesen 2.4–2.5: *Je größer der Umsatzanteil in der Sparte Fernwärme / Telekommunikation, desto höher der ROCE.*

Für den regelmäßig defizitären öffentlichen Personennahverkehr und die Sparte Wasser wird vom gegenteiligen Effekt ausgegangen:

Hypothese 2.3: *Je kleiner der Umsatzanteil in der Sparte Wasser, desto höher der ROCE.*

Hypothese 2.6: *Je kleiner der Umsatzanteil in der Sparte ÖPNV, desto höher der ROCE.*

Die Abfallentsorgung wird wiederum als profitabel eingeschätzt. Die Vermutung lautet daher:

Hypothese 2.7: *Je größer der Umsatzanteil in der Sparte Abfallentsorgung, desto höher der ROCE.*

Die hier betrachteten Sparten umfassen regelmäßig mehrere Geschäftsfelder. So subsummiert die Sparte Strom typischerweise die Geschäftsfelder Stromerzeugung,

Stromhandel, Stromvertrieb und Stromverteilung (soweit jeweils vorhanden). Auch die Sparte Gas lässt sich entsprechend auf Geschäftsfelder herunter brechen. Die durchschnittlichen Geschäftsfeldumsätze (im Verhältnis zum Gesamtumsatz) der Unternehmen im Datensatz 2 (TOP_50) für den Betrachtungszeitraum 2004–2012 sind in Abbildung 25 dargestellt. Es zeigt sich, dass die Sparte Strom mit durchschnittlich 53 Prozent mit Abstand für den meisten Umsatz bei den Unternehmen steht, gefolgt von der Sparte Gas mit 23 Prozent.

Abbildung 26: Durchschnittliche Umsatzanteile je Geschäftsfeld, TOP_50

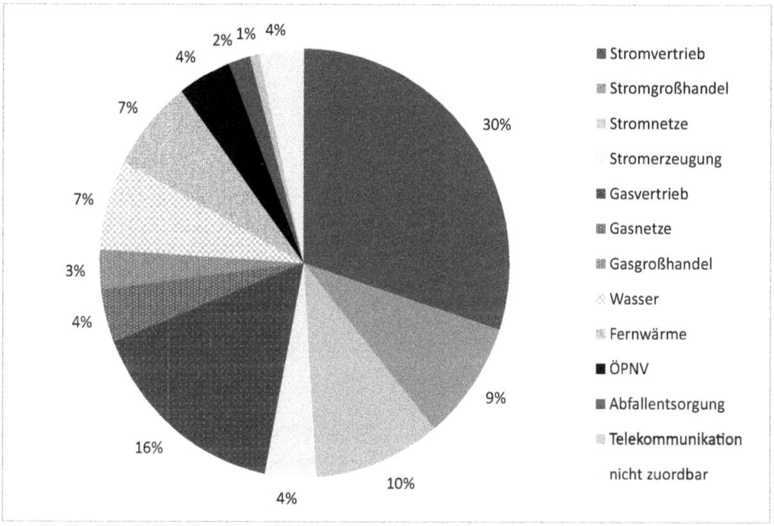

Zu Abbildung 26 sei angemerkt, dass die einzelnen Geschäftsfeldumsätze der Sparten Strom und Gas nicht für alle Unternehmen vorliegen. Die entsprechenden Prozentangaben sind Schlüsselungen basierend auf typischen Verhältnissen der ausweisenden Unternehmen.

Wie bereits in Kapitel 2.4 dargelegt, haben viele Stadtwerke seit Beginn der Liberalisierung ihr unternehmerisches Engagement deutlich ausgebaut und sind in einer Vielzahl von Geschäftsbereichen aktiv (vgl. Abb. 1). Einige Unternehmen engagieren sich dabei in Tätigkeitsfeldern, die mit ihrem eigentlichen Kerngeschäft nur noch bedingt zusammenhängen, wie folgende Beispiele verdeutlichen:

- Die Stadtwerke Völklingen, ursprünglich zuständig für Stromversorgung, Müllentsorgung und den Völklinger Busverkehr, wuchsen in den vergangenen Jahren zu einem kommunalen Mischkonzern heran, der unter anderem ein Parkhotel und einen Catering-Service betreibt. Ab 2007 bauten die Stadtwerke zudem die weltweit erste Zuchtfarm für Meeresfische im Binnenland. Da die Anlage nie gewinnbringend betrieben werden konnte, standen die Stadtwerke

2014 kurz vor der Insolvenz und stießen das Investment mit großen Verlusten ab (Dohms/Schreiber, 2015; Crolly, 2015).

- Die Mannheimer MVV Energie AG verfolgte ab dem Jahr 2000 unter anderem die Idee, „Internet aus der Steckdose“ anzubieten – und gründete mit einem israelischen IT-Unternehmen die gemeinsame Tochtergesellschaft PPC. Als sich 2004 die Verluste auf über 30 Mio. Euro summierten, stieß der Versorger dieses und einige weitere Geschäftsfelder ab – im Zuge einer strategischen Neuausrichtung wolle sich das Unternehmen auf sein Kerngeschäft fokussieren (Leuschner, 2004).

Bei der Analyse der für die Jahre 2004–2012 vorliegenden Geschäftsberichte der TOP-50-Unternehmen werden über 50 unterschiedliche Geschäftsaktivitäten dokumentiert. Diese werden anschließend zu 15 Geschäftsfeldern aggregiert (GF01 bis GF15, vgl. Abb. 27). Es stellt sich die Frage, ob ein sehr breites unternehmerisches Engagement erfolgsversprechend ist, oder ob die Stadtwerke tatsächlich besser beraten sind, sich auf ihr (jeweils unternehmensspezifisch zu definierendes) Kerngeschäft zu fokussieren. Dieser Frage wird durch statistische Untersuchung der folgenden Hypothese nachgegangen, die ebenfalls den Erfolgsfaktor „Fokussierung auf das Kerngeschäft“ stützt:

Hypothese 2.8: Je geringer die Anzahl der Geschäftsbereiche, desto höher der ROCE.

Alle acht Hypothesen zum Wirkungsbereich Strategische Ausrichtung können anhand des Datensatzes 2 (TOP_50) untersucht werden. Die Auswertung der Regressionsergebnisse folgt in Kapitel 5.6.2.

Abbildung 27: Analysierte Geschäftsfelder

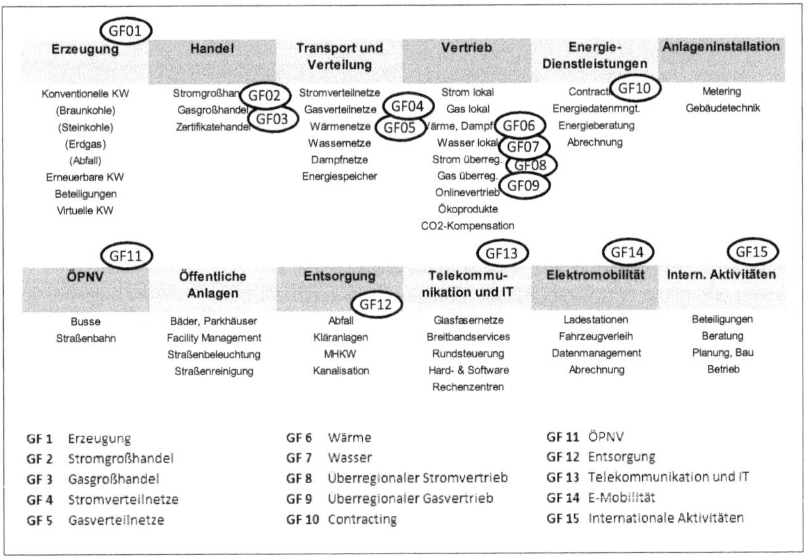

5.4.3 Interne Ressourcen

Die Liberalisierung der Energiemärkte hat in sämtlichen Unternehmensbereichen der Stadtwerke zu veränderten personellen Anforderungen geführt. Die Unternehmen sehen sich mit einem zunehmend dynamischen Marktumfeld konfrontiert, welches einem ständigen Wandel unterliegt. Die Kundenorientierung, Leistungsfähigkeit, Motivation und Qualifikation der Mitarbeiter hat in diesem Kontext erheblich an Bedeutung gewonnen (Ridder, 2007). Das Wissen um die steigende Bedeutung der „Ressource Mitarbeiter“ muss bei der strategischen Personalplanung in den EVU ebenso Berücksichtigung finden, wie das Streben nach innerer Effizienz (Ridder, 2007). Tatsächlich scheint Effizienzsteigerung durch Stellenabbau insbesondere in den ersten Jahren nach Beginn der Liberalisierung ein probater Management-Grundsatz bei den deutschen Energieversorgungsunternehmen zu sein. So zeigen Schumacher et al. (2007) in einer empirischen Untersuchung, dass von 94 betrachteten deutschen Energieversorgungsunternehmen 80 Prozent der EVU in den Jahren 1999 bis 2002 ihre Mitarbeiterzahlen verringern. In Summe stellen Schumacher et al. (2007) in diesem Betrachtungszeitraum einen Personalabbau von 10 Prozent fest.

Auch Bausch et al. (2009) zeigen in einer empirischen Untersuchung von Energieversorgungsunternehmen auf, dass die Mitarbeiterzahlen bei den im Zeitraum 1999 bis 2007 betrachteten 96 deutschen EVU deutlich rückläufig sind – insbesondere bei privatwirtschaftlichen EVU: so verringern EVU mit einem Anteil privater Eigner über 75 Prozent ihren durchschnittlichen Mitarbeiterstand um 33 Prozent (die vorwiegend kommunalen EVU senken ihre durchschnittlichen Mitarbeiterzahlen in diesem Zeitraum um 6 Prozent). Ebenso zeigen Bausch et al. (2009), dass die kommunalen Unternehmen eine signifikant geringere Wertschöpfung je Mitarbeiter aufweisen – die jedoch im Vergleich mit den privaten EVU laut der Autoren keine signifikanten Auswirkungen auf die durchschnittliche Unternehmensrendite hat, da die kommunalen EVU über nennenswerte Lohnkostenvorteile verfügen. So gibt es über die neun betrachteten Jahre einen ca. 20 Prozent höheren Personalaufwand je Mitarbeiter bei den EVU mit überwiegend privatem Gesellschafter (Bausch et al., 2009).

Nicht beantworten Bausch et al. (2009) die Frage, ob bzw. in welcher Ausprägung die Wertschöpfung der Mitarbeiter den wirtschaftlichen Erfolg eines Stadtwerks beeinflusst. In der vorliegenden Arbeit wird daher untersucht, ob es einen Zusammenhang zwischen dem ROCE und der unabhängigen Variable „Wertschöpfung je Mitarbeiter“ gibt. Diese Kennzahl ermittelt die Produktivität der Arbeitskraft. Dazu wird die Wertschöpfung, also der im Betrachtungszeitraum geschaffene neue Wert je Mitarbeiter ermittelt. Die Wertschöpfung wird berechnet, indem vom Umsatz die von anderen Unternehmen bezogenen Vorleistungen (Materialaufwand und Fremdleistungen) je EVU und Betrachtungsjahr abgezogen werden. Je höher der Wert, desto höher ist die Arbeitsproduktivität (Havighorst, 2006).

Eine Analyse des Datensatzes 2 (TOP_50) zeigt, dass die Wertschöpfung je Mitarbeiter bei den 50 größten EVU im Betrachtungszeitraum deutlich, d. h. um 26 Prozent, zunimmt: liegt der Median dieser Kennzahl im Jahr 2004 bei 95 Tsd.

€ pro Mitarbeiter, erhöht sich der Wert auf 120 Tsd. € pro Mitarbeiter im Jahr 2012 (vgl. Abb. 28). Auf den ersten Blick scheinen die Stadtwerke die Produktivität Ihrer Belegschaften demnach deutlich gesteigert zu haben. Diese Entwicklung geht allerdings einher mit der Umsatzsteigerung der Unternehmen, die bei den hier betrachteten TOP_50 im Betrachtungszeitraum 82 Prozent beträgt. Ein Teil dieser Umsatzsteigerungen liegt – wie in den Kapitel 4.4.1 und 4.4.2 gezeigt – allerdings in durchlaufenden Kosten begründet, die von den EVU nicht beeinflussbar sind (Steuern, EEG-Abgaben etc.). Wie bereits erläutert, können diese Effekte mangels verfügbarer Daten im Rahmen der vorliegenden Arbeit nicht genauer quantifiziert werden. Sie betreffen als staatliche Vorgaben jedoch alle EVU. Zwar darf bezweifelt werden, dass die Branche tatsächlich Produktivitätssteigerungen in genannter Höhe realisierte. Dennoch wird vermutet, dass sich eine höhere Wertschöpfung der Mitarbeiter positiv auf die Wirtschaftlichkeit eines Stadtwerkes auswirkt. Daher wird der potenzielle Erfolgsfaktor „Wertschöpfung der Mitarbeiter" anhand folgender Hypothese untersucht:

Hypothese 3.1: Je höher die Wertschöpfung je Mitarbeiter, desto höher der ROCE.

Unter der Annahme, dass die extern getriebenen Preis- bzw. Umsatzsteigerungen alle Unternehmen im annähernd gleichen Verhältnis betreffen, wird der beschriebene Zeitreiheneffekt bei der statistischen Untersuchung der Hypothese keine Relevanz haben, da diese anhand des Medians der unabhängigen Variablen über den gesamten Betrachtungszeitraum durchgeführt wird (siehe Erläuterung in Kap. 5.5.4).

Abbildung 28: Entwicklung der Wertschöpfung je MA, TOP_50

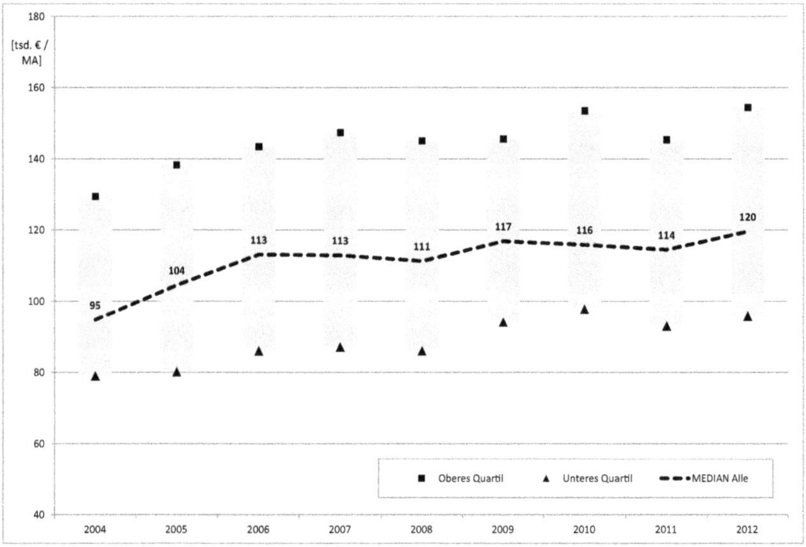

Dass der Personalaufwand eine gewichtige Position in der GuV eines Stadtwerks darstellt, liegt auf der Hand. Inwieweit die Lohnkosten allerdings einen strategischen Erfolgsfaktor der EVU darstellen, bleibt zu untersuchen. Bemerkenswert ist die Erkenntnis von Bausch et al. (2009), dass privatwirtschaftlich geführte Energieversorger ca. 20 Prozent höhere Personalkosten je Mitarbeiter aufweisen als kommunale EVU. Warum sollten diese Unternehmen höhere Löhne zahlen, wenn sie nicht im Gegenzug eine höhere Arbeitsleistung oder -qualität einfordern, die auch zu einer höheren Wirtschaftlichkeit des Unternehmens führt? Ob es einen Zusammenhang zwischen der Höhe des Personalaufwandes und dem Unternehmenserfolg gibt, wird durch statistische Überprüfung der folgenden Hypothese untersucht:

Hypothese 3.2: Je höher der Personalaufwand pro Mitarbeiter, desto höher der ROCE.

Die Hypothesen 3.1 und 3.2 umfassen jeweils Mitarbeiterbezogene unabhängige Variable, die nur aus dem kleineren Datensatz 2 (TOP_50) vorliegen. Daher wird ergänzend die Personalaufwandsquote betrachtet. Diese Kennzahl ergibt sich durch Division des Personalaufwands durch den jeweiligen Unternehmensumsatz und liegt auch aus dem größeren Datensatz 1 (Alle_509) vor. Die Hypothese lautet:

Hypothese 3.3: Je kleiner die Personalaufwandsquote, desto höher der ROCE.

Schließlich wird untersucht, ob sich alleine anhand der Anzahl der Mitarbeiter – bezogen auf den Unternehmensumsatz – Rückschlüsse auf die Wirtschaftlichkeit der Stadtwerke ziehen lassen:

Hypothese 3.4: Je höher der Umsatz je Mitarbeiter, desto höher der ROCE.

Neben den Personalkosten stellt das Verhältnis von Fremd- zu Eigenleistung einen weiteren potenziellen Erfolgsfaktor der Stadtwerke dar, der in dieser Arbeit betrachtet wird. Die Stadtwerke müssen nicht alle Wertschöpfungsaktivitäten langfristig aus eigener Kraft aufbauen bzw. unterhalten. Sofern z.B. eine zu geringe Unternehmensgröße mit beschränkten personellen und materiellen Ressourcen, fehlende Finanzkraft oder ungenügendes Knowhow das Erschließen von potenziellen Wettbewerbsvorteilen aus eigener Kraft blockieren, ist zu überlegen, ob diese Restriktionen nicht durch Fremdvergabe von Wertaktivitäten zu überwinden sind (Ridder, 2007). Vor diesem Hintergrund sind die einzelnen Stufen der Wertschöpfungskette daraufhin zu untersuchen, ob es für das jeweilige EVU effizienter und kostengünstiger ist, die jeweiligen Leistungen eigenständig zu erbringen, oder sie an externe Dienstleister auszugliedern („Make or Buy"-Entscheidung) (Ridder, 2007). Czotscher (2002) zeigt mit den Ergebnissen einer Umfrage unter 100 deutschen EVU, dass jedes zweite befragte Unternehmen im Jahr 2002 beabsichtigt, Unternehmensbereiche auszugliedern, die nicht zu den unternehmerischen Kernkompetenzen gezählt werden. Lediglich Wertaktivitäten von besonderer strategischer Bedeutung sollten weiterhin eigenständig erbracht werden. Viele EVU planen demnach, sich zu einem „Orchestrator" weiter zu entwickeln (Ridder, 2007). Tatsächlich zeigt eine Analyse des Datensatzes 2 (TOP_50), dass das Verhältnis von Fremd- zu Eigenleistung bei den

50 größten EVU des Betrachtungssamples in den Jahren 2004 bis 2008 im Median stetig zunimmt und von 43 Prozent auf 67 Prozent ansteigt (vgl. Abb. 29). Zwar pendelt sich der Median in den letzten vier Jahren der Betrachtung auf diesem Wert ein, das obere Quartil steigt jedoch kontinuierlich weiter an, was darauf schließen lässt, dass einige Stadtwerke den Anteil ihrer Fremdleistungen gezielt weiter ausbauen.

Abbildung 29: Entwicklg. d. Verhältnisses Fremd- zu Eigenleistg., TOP_50

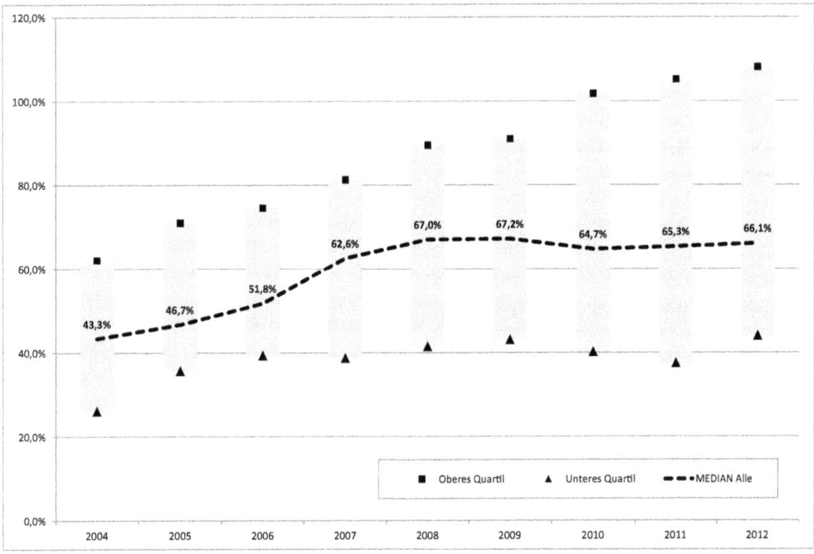

Diese Beobachtung führt zu der Vermutung, dass ein größeres Verhältnis von Fremd- zu Eigenleistung sich tendenziell positiv auf die Wirtschaftlichkeit eines Stadtwerkes auswirkt. Die zu überprüfende Hypothese lautet:

Hypothese 3.5: *Je größer das Verhältnis Fremd- zu Eigenleistung, desto höher der ROCE.*

Für sich alleine betrachtet bilden auch die Fremdleistungen, also die Aufwendungen für bezogene Leistungen, eine Kostenposition in der GuV, die es zu optimieren gilt. Hier sind die Einkaufsbereiche der Unternehmen gefragt, von denen für diese Arbeit jedoch keine detaillierteren Daten vorliegen. Ob EVU mit spezifisch geringen Aufwendungen für bezogene Leistungen einen wirtschaftlichen Vorteil genießen, wird anhand folgender Hypothese überprüft:

Hypothese 3.6: *Je geringer die Quote Aufwand für bezogene Leistung zu Umsatz, desto höher der ROCE.*

Die Hypothesen 3.1 und 3.2 sowie 3.4–3.6 werden anhand des Datensatzes 2 („TOP_50“) untersucht. Für die Überprüfung der Hypothese 3.3 liegen Daten aus dem größeren Datensatze 1 („Alle_509“) vor. Die Auswertung der Regressionsergebnisse erfolgt in Kapitel 5.6.3.

5.4.4 Strategien im Geschäftsfeld Erzeugung

Bezüglich der Unternehmensstrategien im Geschäftsfeld Erzeugung sind aufgrund unterschiedlicher Rahmenbedingungen und Unternehmensziele zwischen Strategien im Bereich der konventionellen Erzeugung und der Stromerzeugung durch Umwandlung regenerativer Energien zu differenzieren. Hier wird zunächst der Bereich der konventionellen Stromerzeugung betrachtet, also z.B. mittels Gas- oder Kohlekraftwerken.

Wie bereits in Kapitel 4.2 ausführlich geschildert, verändern sich die Rahmenbedingungen für den Betrieb konventioneller Kraftwerke nach der Liberalisierung mehrfach erheblich. Hiervon sind auch die stromerzeugenden Stadtwerke betroffen. So wird in den ersten Jahren nach Öffnung der Energiemärkte noch von „Überkapazitäten aus der Monopolzeit“ und dem „Niedergang der kommunalen Stromerzeugung“ gesprochen (Ridder, 2007). Die Stadtwerke streben in diesen Jahren danach, „asset free“ oder „asset light“ zu sein – Kraftwerke werden eher als Bedrohung gesehen, Energiehandel ist aus Sicht der EVU der Weg in die Zukunft (Schumacher et al., 2007). Während im Jahr 2000 noch 31 Prozent des von kommunalen EVU vertriebenen Stroms in eigenen Kraftwerken erzeugt wird, sinkt der Anteil bis zum Jahr 2005 auf 16 Prozent (Ridder, 2007).

In den folgenden Jahren 2006 bis 2010 („dritte Welle“, vgl. Kapitel 4.2) finden die Stadtwerke allerdings Rahmen- und Marktbedingungen vor, die Investments in konventionelle Eigenerzeugungsanlagen wirtschaftlich sehr interessant werden lassen – hierzu zählen insbesondere die ab 2004 fast kontinuierlich steigenden Großhandelspreise sowie das im April 2002 in Kraft tretende und im Juni 2008 novellierte Gesetzt zur Kraft-Wärme-Kopplung (Ridder, 2007; Weil, 2008). Unternehmensberatungen wie z.B. ACCENTURE proklamieren, dass sich „die sichere Marge in der Erzeugung befindet“ (Bausch et al., 2009) und der Präsident des VKU, Stefan Weil, betont im September 2008, dass „der deutliche Ausbau hocheffizienter eigener Erzeugungskapazitäten von entscheidender Bedeutung sei“ und jedes Stadtwerk die wirtschaftlichen Chancen, die sich aus der Erzeugungsoption ergäben, prüfen sollte (Weil, 2008). Durch den politischen Beschluss im Sommer 2011, bis 2021/22 stufenweise aus der Kernenergie auszusteigen, sehen viele Stadtwerke auch strategische Chancen darin, verstärkt in die Stromerzeugung einzusteigen (bzw. diese auszubauen) (Wübbels/Weigt/Petzold, 2012). Tatsächlich investieren die Stadtwerke in diesen Jahren kräftig in Eigenerzeugungsanlagen: So hat sich nach Angaben des VKU die konventionelle Kraftwerkskapazität der deutschen Stadtwerke von 9.700 Megawatt (MW) im Jahr 2005 auf 19.600 MW (jeweils Nettoengpassleistung) im Jahr 2013 mehr als verdoppelt (O.V., 2005; Energate Nr. 182, 2014; VKU, 2014).

Inzwischen gibt es jedoch vielfältige Hinweise dafür, dass mehrere der neu gebauten Kraftwerke die ursprünglich geplanten Betriebsergebnisse nicht erreichen: So ist der Presse beispielsweise zu entnehmen, dass das bereits in Kapitel 4.2 erwähnte 750-MW-Gemeinschafts-Kohlekraftwerk der Trianel in Lünen, an dem 30 Stadtwerke beteiligt sind, ab der ersten produzierten Kilowattstunde im Jahr 2013 Verluste einfährt (Energate Nr. 50, 2015). Im ersten kompletten Betriebsjahr 2014 betragen diese laut Trianel rund 100 Mio. Euro und führen dazu, dass die Kapitalbeiträge zur Bedienung der Kredite nicht erwirtschaftet werden können. Die beteiligten Stadtwerke müssen Abschreibungen auf ihre Beteiligung an dem Kraftwerk vornehmen und teilweise Drohverlustrückstellungen in Millionenhöhe bilden (Energate Nr. 140, 2013; Energate Nr. 50, 2015). In eine vergleichbare wirtschaftliche Schieflage (mit ähnlichen Konsequenzen für die Gesellschafter) kommt das im Jahr 2010 in Betrieb genommene Gaskraftwerk Irsching 5, dass mit einem Wirkungsgrad von 59,7 Prozent zu den effizientesten und leistungsfähigsten Gas- und Dampfkraftwerken der Welt zählt (O.V., 2010; Sorge, 2013). An dem 860-MW-Kraftwerk sind die drei kommunalen Regionalversorger N-ERGIE AG (Nürnberg) mit 25,2 Prozent, Mainova AG (Frankfurt am Main) mit 15,6 Prozent und HEAG Südhessische Energie AG (Darmstadt) mit 9 Prozent beteiligt, außerdem E.ON mit 50,2 Prozent (O.V., 2010). Das für 5.000 Vollaststunden geplante Gaskraftwerk kommt 2011 noch auf 4.000, 2012 nur noch auf 500 Vollaststunden (Seifert, 2013).

Der wesentliche Grund für diese Entwicklung im Bereich der konventionellen Stromerzeugung liegt im signifikanten Preisverfall auf dem Erzeugungsmarkt bzw. an der Strombörse, der seit ca. 2011 zu beobachten ist. Wie bereits in Kapitel 4.2 beschrieben („fünfte Entwicklungswelle"), ist die Ursache für die sinkenden Großhandelspreise auf ein Überangebot auf der Produktionsseite zurückzuführen, welches maßgeblich aus der Fördermechanik des EEG resultiert. Der signifikante Ausbau der regenerativen Erzeugungsanlagen in Deutschland und der im EEG gesetzlich geregelte Einspeisevorrang für Strom aus erneuerbaren Energiequellen lassen das Stromangebot an der Strombörse steigen und sorgen so für sinkende Preise (Harms, 2012; Mihm, 2013; Drieschner, 2014). In der Konsequenz steigt der wirtschaftliche Druck auf die Betreiber konventioneller Kraftwerke. Insbesondere bei den hochflexiblen Gaskraftwerken kommt es durch den bereits beschriebenen Merit-Order-Effekt, nach dem die teuersten Kraftwerke durch den Markteintritt von solchen mit niedrigen Grenzkosten verdrängt werden, zu einem erheblichen Rückgang der Laufzeiten (Drieschner, 2014). Dieser Effekt wird durch die ebenfalls stark gesunkenen Preise der Emissionsrechte im EU-Emissionshandel noch verstärkt, da diese dazu führen, dass statt Gaskraftwerken vermehrt Kohlekraftwerke zum Einsatz kommen und Gaskraftwerke nur noch selten benötigt werden (Drieschner, 2014). Nach Angaben des VKU sinkt die Auslastung kommunaler Gaskraftwerke mit einer Leistung von mindestens 20 Megawatt von 2010 bis 2012 um 24,4 Prozent (Neuerer/Stratmann, 2013). Diese Rahmenbedingungen führen zu der Vermutung, dass Stadtwerke mit konventionellen Stromerzeugungsanlagen im Mittel über den gesamten Betrachtungszeitraum wirtschaftlich weniger erfolgreich sind, als EVU ohne konventionelle

Eigenerzeugung. Daher wird der potenzielle Erfolgsfaktor „Anteil konventioneller Stromerzeugungsanlagen" anhand folgender Hypothesen untersucht:

Hypothese 4.1: *EVU mit konventioneller Strom-Eigenerzeugung haben einen niedrigeren ROCE als EVU ohne.*

Hypothese 4.2: *Je geringer der Anteil konventioneller Strom-Eigenerzeugung am Stromabsatz, desto höher der ROCE.*

Vollkommen unterschiedliche Rahmenbedingungen als für den Bereich der konventionellen Stromerzeugung gelten für die Stromerzeugung aus erneuerbaren Energiequellen, also z.B. Strom aus Windkraft- oder Photovoltaikanlagen. Diese werden im Folgenden kurz beschrieben und mögliche Geschäftsstrategien der Stadtwerke in diesem Bereich betrachtet.

Förderung und Ausbau der Energieerzeugung aus regenerativen Energiequellen sind zentrale Bestandteile der deutschen Energie- und Umweltpolitik. Dabei erfolgt der Ausbau der erneuerbaren Energien insbesondere im Interesse des Klima- und Umweltschutzes zur Entwicklung einer nachhaltigen Energieversorgung (Ridder, 2007). Daneben sollen die volkswirtschaftlichen Kosten der Energieversorgung verringert, die fossilen Energieressourcen geschont und die Technologieentwicklung im Bereich der erneuerbaren Energien vorangetrieben werden (BMWi, 2015). Zur Förderung der Stromerzeugung aus erneuerbaren Energien tritt am 01.04.2000 das „Gesetz über den Vorrang erneuerbarer Energien" (EEG) in Kraft. Das EEG löst das Stromeinspeisungsgesetz aus dem Jahr 1991 ab und wird seither in mehreren Novellierungen stetig weiterentwickelt (EEG 2004, EEG 2009, EEG 2012, PV-Novelle 2012). In seiner aktuellen Fassung tritt das EEG am 01. August 2014 in Kraft (EEG 2014) (BMWi, 2015a). Das EEG regelt die Abnahme und Vergütung von Elektrizität aus regenerativen Energiequellen durch die Netzbetreiber (Ridder, 2007). Das Gesetz soll potenziellen Investoren die nötige Planungs- und Investitionssicherheit für die Errichtung von EE-Anlagen gewährleisten und hat sich zum zentralen Steuerungsinstrument für den Ausbau der erneuerbaren Energien entwickelt (BMWi, 2015a). Ziel des EEG ist es, die Energieversorgung umzubauen und den Anteil der erneuerbaren Energien an der deutschen Stromversorgung bis 2050 auf mindestens 80 Prozent zu steigern. Dabei soll der Anteil erneuerbarer Energien bis zum Jahr 2025 auf 40 bis 45 Prozent und bis 2035 auf 55 bis 60 Prozent erhöht werden (§ 1 Abs. 2 EEG 2014) (Anm: Während damit nun ein fester Korridor für den Ausbau der erneuerbaren Energien mit festen Grenzen nach oben und unten festgelegt ist, gibt es in allen vorherigen Versionen des EEG Mindestziele ohne Obergrenzen) (BMWi, 2015a).

Tatsächlich erweist sich das EEG in Bezug auf den Ausbau der erneuerbaren Energien als „ausgesprochen erfolgreich" (BMWi, 2011). Dies zeigt sich besonders an den Investitionen in den Neubau von EE-Anlagen, welche sich zwischen 2000 und 2010 von 4,5 Mrd. EUR auf über 26 Mrd. EUR pro Jahr steigerten (Rothe/Ronkartz, 2015). Hauptursächlich für dieses Wachstum ist allerdings die verzögerte und unterproportionale Anpassung der EEG-Förderhöhe im Verhältnis zu den sinkenden Preisen für

Photovoltaik-Module. Dies führt zu einem Ausbau der erneuerbaren Energien, der selbst die ambitionierten Ziele der Bundesregierung deutlich übertrifft (Rothe/Ronkartz, 2015). So steigt die Stromerzeugung insbesondere aus Windkraft- und Photovoltaikanlagen ab dem Jahr 2000 deutlich an (BMWi, 2011; BMWi 2015b). Gemessen an der gesamten in Deutschland am Jahresende 2012 installierten Nettonennleistung in Höhe von 174,1 Gigawatt liegt der Marktanteil der erneuerbaren Energien im Jahr 2012 laut Jahresbericht der Bundesnetzagentur bereits bei 44 Prozent (77,4 GW). Zur Stromerzeugung tragen die erneuerbaren Energien in 2012 insgesamt 23 Prozent bei (VKU, 2013c), in 2014 wächst dieser Wert auf 26 Prozent (BDEW, 2015a).

Der Anteil der Stadtwerke an der in Deutschland installierten Stromerzeugungsleistung aus erneuerbaren Energien ist bislang allerdings gering. Er liegt im Jahr 2012 bei 2.321 MW bzw. 2,9 Prozent (VKU, 2013b). Gemäß den Ergebnissen einer Stadtwerkestudie, die die Prüfungs- und Beratungsgesellschaft Ernst & Young in Kooperation mit dem BDEW im Jahr 2012 durchführt, genießt der Ausbau Erneuerbarer Energien bei den Stadtwerken und regionalen Energieversorgungsunternehmen allerdings deutlich zunehmende Priorität: 80 Prozent der befragten EVU vergeben die Bewertung „sehr hoher Stellenwert" für den Ausbau von EE-Anlagen. Die erneuerbaren Energien werden auch am häufigsten genannt, als die Branche gefragt wird, welches Thema im Vergleich zum vorangegangenen Jahr an Bedeutung gewonnen hat (BDEW, 2012b). Gemäß dieser Studie wollen die befragten kommunalen EVU zwischen 2012 und 2020 schätzungsweise 16 Milliarden Euro in EE-Anlagen investieren[8] (BDEW, 2012b). In einer Befragung von 99 Stadtwerken durch Lenk/Rottmann/Albrecht/Grüttner (2012) kündigen 78 Prozent der Unternehmen steigende Investitionen im Bereich erneuerbarer Energien an. Die Prioritäten liegen dabei auf Windkraftanlagen an Land, Biomasse, Wasserkraft und Photovoltaik – in dieser Reihenfolge (BDEW, 2012b; Lenk/Rottmann/Albrecht/Grüttner, 2012). Tatsächlich wachsen die kommunalen Kraftwerkskapazitäten im Bereich erneuerbarer Energien von 2012 bis 2013 um 32 Prozent auf 3.057 MW installierte Netto-Leistung an (VKU, 2013b; VKU, 2014). Gemessen an der gesamten installierten EE-Leistung beträgt der Anteil der Stadtwerke damit 3,6 Prozent (s. Abb. 30).

8 Laut einer Schätzung des Deutschen Bauernverbandes haben die deutschen Landwirte bereits von 2009 bis 2012 rund 16 Milliarden Euro in erneuerbare Energien investiert. Der ländliche Raum nimmt demnach für die dezentrale Versorgung Deutschlands mit umweltfreundlicher Energie eine Schlüsselrolle ein, und die Erzeugung von Strom aus regenerativen Energien wird für immer mehr Landwirte zu einem zweiten Standbein (AEE, 2012).

Abbildung 30: Entwicklung erneuerbarer Energien in Deutschland

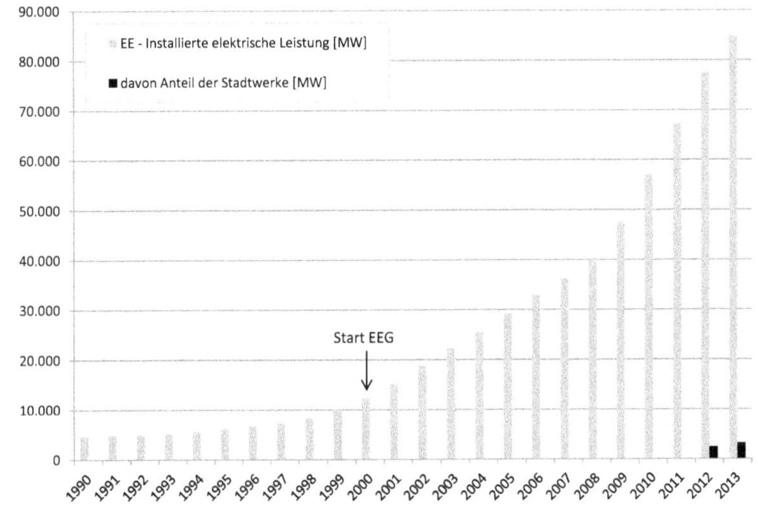

Quelle: Eigene Darstellung basierend auf BMWi, 2015a; VKU, 2013b; VKU, 2014

Wenngleich es so scheint, als habe die Branche einen eindeutigen Trend erst sehr spät erkannt, beschreiben einige Stadtwerke bereits vor einigen Jahren den Einstieg in die Strom-Eigenerzeugung aus erneuerbaren Energien als maßgebliches strategisches Unternehmensziel. So baut beispielsweise die in Darmstadt ansässige HEAG Südhessische Energie AG von 2007 bis 2014 ein Portfolio eigener EE-Anlagen mit einer Gesamtleistung von 250 MW auf (HSE, 2015). Die Stadtwerke München rufen ihre „Ausbauoffensive Erneuerbare Energien" im Jahr 2008 ins Leben und wollen bis 2025 so viel Ökostrom in eigenen Anlagen produzieren, wie ganz München verbraucht (rund 7,5 Milliarden Kilowattstunden pro Jahr). Damit soll München die weltweit erste Millionenstadt sein, die dieses Ziel erreicht (SWM, 2015).

An diesem Beispiel wird deutlich, dass Marketingaspekte mitunter eine wichtige Rolle spielen, wenn Stadtwerke in erneuerbare Energieversorgungsanlagen investieren. So bieten diese Investments die hervorragende Möglichkeit, ein positives Image als innovatives und nachhaltig aufgestelltes Energieversorgungsunternehmen zu transportieren (Walter/Krauter/Schwenzer, 2011) – zumal die Nachfrage nach Öko- bzw. Grünstrom nach wie vor steigt (vgl. Kapitel 4.2) und sich laut einer Umfrage von Lenk/Rottmann/Albrecht/Grüttner (2012) 56 Prozent der Stadtwerke als „Triebfeder der Energiewende vor Ort" sehen. Tatsächlich verfügen diese über eine zusätzliche Stärke gegenüber dritten Investoren: ihre regionale Verwurzelung und die damit verbundene größere Akzeptanz von EE-Projekten. Ansässige Unternehmen haben es leichter, Bürger in Planungs- und Entwicklungsprozesse einzubeziehen und so potenzielle Widerstände zu verringern (Walter/Krauter/Schwenzer, 2011; Berlo/Wagner, 2011). Neben den genannten muss es jedoch auch konkrete wirtschaftliche Gründe für die kommunalen EVU geben, in den Bau von Stromerzeugungsanlagen aus erneuerbaren Energiequellen zu investieren, zumal es sich in der Regel um langfristige Investments handelt. Da diesbezüglich ein Trend erkennbar ist, wird der potenzielle Erfolgsfaktor „Anteil regenerativer Stromerzeugungsanlagen" anhand folgender Hypothesen untersucht:

Hypothese 4.3: *EVU mit regenerativer Strom-Eigenerzeugung haben einen höheren ROCE als EVU ohne.*

Hypothese 4.4: *Je größer der Anteil regenerativer Strom-Eigenerzeugung am Stromabsatz, desto höher der ROCE.*

Für die Überprüfung der Hypothese 4.1 liegen Daten aus dem größeren Datensatz 1 (Alle_509) vor. Die Hypothesen 4.2–4.4 werden anhand des Datensatzes 2 (TOP_50) untersucht. Die Auswertung der Regressionsergebnisse erfolgt in Kapitel 5.6.4.

5.4.5 Strategien in den Geschäftsfeldern Vertrieb & Handel

Der Energiegroßhandel und der Vertrieb von Strom und Gas sind separate Geschäftsfelder, die jedoch eng miteinander verzahnt sind und daher in diesem Kapitel zusammen betrachtet werden. Zunächst liegt der Fokus auf den Vertriebsstrategien.

Der Energievertrieb ist neben dem Betrieb von Versorgungsnetzen das originäre Kerngeschäft der energieversorgenden Stadtwerke. Und es ist das Geschäftsfeld, das unter dem höchsten Effizienz- und Innovationsdruck steht: Die Deregulierung der Energiemärkte wirkt sich in keinem anderen betrieblichen Funktionsbereich der Anbieter von Strom und Gas so radikal aus wie im Bereich Marketing und Vertrieb (Beyer et al., 2009). Insbesondere im Vertrieb der Stadtwerke wird in den letzten Jahren der Markteintritt neuer nationaler und internationaler Anbieter, Handels- oder Brokerunternehmen und spezialisierter Ökostrom- sowie Discountanbieter spürbar (Beyer et al., 2009). Laut BDEW gibt es 2014 in Deutschland rund 1.190 Stromanbieter und mehr als 890 Gasversorger mit unterschiedlich zugeschnittenen Angeboten (Energate Nr. 213, 2014). Doch nicht nur die Zahl der Anbieter, auch die Wettbewerbsintensität steigt. So nehmen immer mehr Strom- und Gasverbraucher ihr Recht in Anspruch, ihren Energielieferanten frei zu wählen (Beyer et al., 2009). Nachdem in den ersten Jahren nach Beginn der Liberalisierung vor allem Industrie- und Gewerbekunden neue Anbieter wählen, werden nun auch die deutschen Haushaltskunden bei der Wahl ihrer Energieversorger immer wechselfreudiger (Energate Nr. 213, 2014). Laut einer in 2014 durchgeführten Umfrage des BDEW liegt die Wechselquote im Strombereich bei 36,0 Prozent, im Gasbereich bei 27,6 Prozent. Die Wechselquote gemäß BDEW erfasst dabei Kunden, die ihren Energieversorger mindestens einmal seit der Markt-Liberalisierung gewechselt haben. Rück- oder Mehrfachwechsler gehen nur einmal in die Erhebung ein (Energate Nr. 213, 2014). Nach einer Umfrage der Unternehmensberatung Putz und Partner im Jahr 2015 können sich 64 Prozent der

Befragten einen Wechsel des Stromanbieters grundsätzlich vorstellen. Wichtigstes Kriterium für einen Wechsel sei der Preis. Danach folgen als Kriterien bei der Auswahl des Strom- oder Gasanbieters der „gute Ruf" und die „Vertrauenswürdigkeit". Laut der Umfrage sei der Markt in den letzten Jahren für den Verbraucher deutlich transparenter geworden (Energate Nr. 12, 2015).

Für die Versorgungsunternehmen bietet dieser intensiver werdende Wettbewerb sowohl die Chance, neue Kunden zu gewinnen, als auch das Risiko, Kunden und damit Absatzmengen zu verlieren. Laut Beyer et al. (2009) müssen zehn Jahre nach Öffnung der Energiemärkte ein Drittel der Stadtwerke rückläufige Kunden- und Absatzzahlen in Kauf nehmen. Diese Quote ist in den vergangenen Jahren offensichtlich weiter gestiegen. Eine Analyse der im Rahmen dieser Arbeit gesammelten Absatzzahlen der TOP_50-Unternehmen (Datensatz 2) zeigt, dass im Strombereich mindestens 34 Prozent der EVU zwischen 2004 und 2012 im Mittel einen Absatzrückgang verzeichnen. In der Gassparte zeigen sogar 50 Prozent der Stadtwerke im Betrachtungszeitraum einen Absatzrückgang (vgl. Tabelle 7)[9]. Wenngleich der Gasabsatz in Deutschland in den letzten Jahren insgesamt leicht rückläufig ist[10], scheinen einige Unternehmen dennoch erfolgreichere Vertriebsstrategien zu verfolgen als andere.

Tabelle 7: Entwicklung der Strom- und Gas-Absatzmengen, TOP_50

Absatzmenge 2004–12	**Stromvertrieb, TOP_50**		**Gasvertrieb, TOP_50**	
	Anzahl EVU	**Prozentanteil**	**Anzahl EVU**	**Prozentanteil**
gewachsen	15	30%	9	18%
geschrumpft	17	34%	25	50%
keine Angabe	18	36%	16	32%
Summe	50	100%	50	100%
Quelle: Eigene Recherche				

Vertriebs- bzw. Wettbewerbsstrategien gibt es viele. In Abhängigkeit von der Art der angestrebten Wettbewerbsvorteile lassen sich diese jedoch systematisch in „generische" und „hybride" Strategien untergliedern (Ridder, 2007). Das „Konzept der generischen Wettbewerbsstrategien" von Porter (2000) basiert auf der Grundannahme, dass der eigentliche Kern jeder Strategie Wettbewerbsvorteile sind. Dabei existieren

9 Die Berechnung der Strom- bzw. Gas-Absatzveränderung basiert auf der ersten und letzten Jahresabsatzmenge im Betrachtungszeitraum unter unternehmensspezifischer Berücksichtigung von Entwicklungstrends und Einmaleffekten.

10 Im Jahr 2004 beträgt der Erdgasverbrauch in Deutschland 996 TWh. Der Spitzenwert im Betrachtungszeitraum wird 2006 mit 1.020 TWh erreicht. In den folgenden Jahren geht der Erdgasverbrauch in Deutschland fast kontinuierlich zurück und liegt 2012 bei 898 TWh (BDEW, 2015b).

nach Porter zwei Grundtypen von Wettbewerbsvorteilen: Kosten-/Preisführerschaft und Differenzierung. Strategien, welche die beiden generischen Ansätze nach Porter vereinen und somit eine Differenzierung bei gleichzeitiger Realisierung von Kostenvorteilen anstreben, werden als „hybride Wettbewerbsstrategien“ bezeichnet. Diese können noch in sequentielle und simultane Hybridstrategien untergliedert werden (temporärer Wechsel zwischen oder gleichzeitiges Erarbeiten und Nutzen von Kosten- und Differenzierungsvorteilen) (Ridder, 2007). Zusätzlich differenziert sich die Ausgestaltung der Vertriebsstrategie nach der geplanten Breite der Marktbearbeitung. Porter (2000) unterscheidet hier zwischen den Kategorien „Branchenweite Marktabdeckung“ und „Fokussierung auf Marktsegmente“. Nach Festlegung der grundsätzlichen strategischen Stoßrichtung folgen dann nachgelagerte Umsetzungsstrategien, wie beispielsweise die Wahl der Vertriebskanäle, Kommunikationsinstrumente und Werbemedien (Beyer et al., 2009).

In Anlehnung an Porter ist die strategische Frage nach der Breite der Marktbearbeitung seit Beginn der Liberalisierung auch für die Stadtwerke eine wesentliche. Auch sie müssen entscheiden, ob sie nur lokal oder branchenweit anbieten wollen, und welche Kundengruppen dabei fokussiert werden sollen (im Folgenden wird noch dargelegt, dass bei den Energieversorgern klassischerweise zwischen Privat- und Gewerbekunden sowie Industriekunden und Weiterverteilern differenziert wird). Aus diesen grundsätzlichen Überlegungen resultieren unterschiedliche Vertriebsstrategien – und damit potenzielle Erfolgsfaktoren – von denen im Rahmen dieser Arbeit zwei maßgebliche analysiert werden: Die Ausweitung des angestammten Vertriebsgebietes („Branchenweite Marktabdeckung“) und die Auswahl von Privat- und Gewerbekunden als vertriebliche Zielkunden („Fokussierung auf ein Marktsegment“).

Stadtwerke, die sich entscheiden, ihr Vertriebsgebiet auszuweiten (im Folgen als „überregionaler Strom- bzw. Gasvertrieb“ bezeichnet), verfolgen eine offensive Vertriebsstrategie und das Ziel, ihre Absatzmengen zu erhöhen (bzw. zumindest die im eigenen Versorgungsgebiet an Wettbewerber verlorenen Absatzmengen zu kompensieren). Im Gegensatz dazu steht die defensive Vertriebsstrategie mit dem Fokus auf Sicherung der Bestandskunden im angestammten Versorgungsgebiet bzw. Kundenrückgewinnung (Ridder, 2007; Beyer et al., 2009). Für die defensive Strategie sprechen viele Wettbewerbsvorteile, welche die Stadtwerke gegenüber dritten Anbietern im eigenen Versorgungsgebiet genießen: sie können z.B. im Marketing auf ihre hohe lokale bzw. regionale Markenbekanntheit und ihr äußerst positives Markenimage zurückgreifen, um gegenüber neuen Marktteilnehmern Differenzierungsvorteile zu realisieren, sie erreichen in Umfragen regelmäßig gute Ergebnisse in positiv besetzten Werten wie Glaubwürdigkeit und Verlässlichkeit, ihnen ist die Historie ihrer langjährigen Kunden bestens vertraut, und sie können dadurch Kundenbedürfnisse besser einschätzen, sie punkten mit Kundennähe (z.B. durch Kundencenter vor Ort) und stehen für lokale Arbeitsplätze und kommunale Wertschöpfung ein (Ridder, 2007).

Diese Vorteile greifen im überregionalen Vertrieb gerade nicht, was einer der Gründe dafür sein kann, dass bislang die Mehrzahl der deutschen Stadtwerke ihre

Vertriebsaktivitäten ausschließlich lokal bzw. regional ausrichten. In einer Befragung von 200 kommunalen EVU durch Beyer et al. (2009) zählen 84 Prozent der Unternehmen zu dieser Gruppe. Allerdings stellt für ein Drittel der Befragten eine bundesweite Ausrichtung der Vertriebsaktivitäten eine erfolgversprechende Alternative dar. Eine Analyse der gesammelten Daten der 50 größten Stadtwerke (Datensample 2, TOP_50) zeigt, dass 26 Prozent der Unternehmen im Betrachtungszeitraum im überregionalen Stromvertrieb aktiv sind (hierzu werden alle EVU gezählt, die in mehr als der Hälfte der betrachteten Jahre überregional Strom vertreiben). Gas vertreiben 20 Prozent der betrachteten Stadtwerke überregional, wobei alle EVU, die außerhalb ihres angestammten Versorgungsgebietes Gas vertreiben auch überregional Strom anbieten. Hier werden offensichtlich prozessuale, IT-technische und möglicherweise auch Marketing-Synergien genutzt. Tabelle 8 zeigt die entsprechende Übersicht.

Tabelle 8: Überregionale Vertriebsaktivitäten, TOP_50

	EVU mit überregionalem Strom-Vertrieb		**EVU mit überregionalem Gas-Vertrieb**	
	Anzahl EVU	**Prozentanteil**	**Anzahl EVU**	**Prozentanteil**
aktiv	13	26%	10	20%
nicht aktiv	35	70%	39	78%
keine Angabe	2	4%	1	2%
Summe	50	100%	50	100%

Quelle: Eigene Recherche

Doch nicht nur große und sehr große EVU, auch einige mittlere (G3) und kleine Stadtwerke (G4) verfolgen eine offensive Vertriebsstrategie und bieten deutschlandweit Strom und/oder Gas an. Hierzu zählen zum Beispiel die GGEW Gruppen-Gas- und Elektrizitätswerk Bergstraße Aktiengesellschaft aus Bensheim (G3, 150 Mitarbeiter) oder die Stadtwerke Fellbach (G3, 60 Mitarbeiter) mit ihren Stromprodukten „PowerFix“ bzw. „net(t)strom“. Die Stadtwerke Pirna (G4, 28 Mitarbeiter) vertreiben deutschlandweit Strom und Gas (Verivox, 2015; GGEW, 2015; SW Fellbach, 2015; EVP, 2015). Ob die Ausweitung des Vertriebsgebietes ein potenzieller Erfolgsfaktor für die Stadtwerke ist, wird anhand der beiden folgenden Hypothesen untersucht:

Hypothese 5.1: EVU mit überregionalem Stromvertrieb haben höheren ROCE als EVU ohne.

Hypothese 5.2: EVU mit überregionalem Gasvertrieb haben höheren ROCE als EVU ohne.

Dass der strategische Ansatz des überregionalen Energievertriebs für die Stadtwerke eine realistische Chance bietet, ihren Energieabsatz zu erhöhen, zeigt eine nähere Betrachtung der vorliegenden Daten – zumindest für den Strombereich. So können

54 Prozent der Unternehmen, die überregional anbieten, ein Absatzwachstum verzeichnen, während dies nur 23 Prozent der Stadtwerke gelingt, die sich auf ihren Heimatmarkt beschränken (vgl. Tabelle 9). Im Gasbereich allerdings gelingt nur einem der zehn überregional vertreibenden EVU ein Absatzwachstum. Vermutlich resultiert die hohe Anzahl an Gas-Absatzverlieren aus Mengenverlusten im angestammten Marktgebiet, die durch überregionale Vertriebserfolge nicht kompensiert werden können. Die vorliegenden Daten liefern allerdings keine Informationen darüber, in welchen Absatzgebieten welche Energiemengen vertrieben werden.

Tabelle 9: Absatzmengenentwicklung nach Vertriebsstrategie, TOP_50

Absatzmenge 2004–12	**EVU mit nur regionalem Strom-Vertrieb**		**EVU mit nur regionalem Gas-Vertrieb**	
	Anzahl EVU	**Prozentanteil**	**Anzahl EVU**	**Prozentanteil**
gewachsen	8	23%	8	21%
geschrumpft	14	40%	17	44%
keine Angabe	13	37%	14	36%
Summe	35	100%	39	100%
Absatzmenge 2004–12	**EVU mit überregionalem Strom-Vertrieb**		**EVU mit überregionalem Gas-Vertrieb**	
	Anzahl EVU	**Prozentanteil**	**Anzahl EVU**	**Prozentanteil**
gewachsen	7	54%	1	10%
geschrumpft	3	23%	8	80%
keine Angabe	3	23%	1	10%
Summe	13	100%	10	100%
Quelle: Eigene Recherche				

Fraglich ist auch, ob das reine Absatzmengenwachstum überhaupt ein Ziel ist, das Stadtwerke verfolgen sollten – und ob die Sparten Strom und Gas diesbezüglich als gleichrangig zu betrachten sind. Feldo (2011) zeigt in einer empirischen Untersuchung, dass ein statistisch signifikanter Zusammenhang zwischen dem Anteil des Stromumsatzes am Gesamtumsatz und dem Erfolg eines Energieversorgers besteht. Er schlussfolgert, dass die Stromsparte ein profitables Geschäftsfeld ist. Allerdings findet Feldo (2011) keinen signifikanten Zusammenhang zwischen dem Anteil des Gasumsatzes am Gesamtumsatz und dem Unternehmenserfolg. Er vermutet, dass dies auf die Limitation der ihm zur Verfügung stehenden Daten zurückzuführen ist. Im Rahmen der vorliegenden Arbeit wird daher überprüft, ob erzieltes Wachstum im Strom-Absatz und im Gas-Absatz jeweils mit wirtschaftlichem Erfolg der

Stadtwerke einhergehen und damit den potenziellen Erfolgsfaktor Ausweitung des Vertriebsgebietes stützen. Die Hypothesen lauten:

Hypothese 5.3: *Je größer das Wachstum im Strom-Absatz, desto höher der ROCE.*

Hypothese 5.4: *Je größer das Wachstum im Gas-Absatz, desto höher ROCE.*

Die zweite zu analysierende Vertriebsstrategie fällt nach Porter (2000) in die Kategorie „Fokussierung auf ein Marktsegment“: es geht um die Auswahl der durch die Stadtwerke vertrieblich gezielt anzugehenden Kundengruppe. Bei der Datenrecherche im Rahmen der vorliegenden Arbeit werden die Strom- und Gasabsätze der betrachteten EVU in zwei Absatzsegmente gegliedert: in das der Privat- und Gewerbekunden sowie in das der Industriekunden und Weiterverteiler (Weiterverteiler sind in der Regel kleinere Stadtwerke, die von einem Regionalversorger beliefert werden)[11]. Zu Zeiten der Gebietsmonopole wird die prozentuale Aufteilung der Kunden in diese beiden Gruppen von den Strukturindikatoren der jeweiligen Region des Versorgungsunternehmens bestimmt. So haben kleinere und eher ländlich gelegene Stadtwerke typischerweise einen höheren Anteil an Privat- und Gewerbekunden als Stadtwerke in Industrieregionen oder Regionalversorger mit mehreren nachgelagerten Weiterverteilern. Vereinzelt bestimmt die Historie immer noch den jeweiligen Anteil der Kundengruppen. So weist bei den betrachteten Unternehmen im Datensample 2 (TOP_50) die Pfalzwerke AG mit einem Strom-Absatzanteil in Höhe von 19,2 Prozent den niedrigsten Wert im Privat- und Gewerbekundensegment aus. Die Pfalzwerke sind ein typischer Regionalversorger, der durch den Betrieb von Hoch- und Mittelspannungsnetzen eher Zugang zu Industriekunden hat und zudem mehrere Stadt- und Gemeindewerke in Rheinland-Pfalz versorgt (O.V., 2013a). Seit Öffnung der Energiemärkte liegt es jedoch prinzipiell im Ermessen der EVU, welche Kunden sie versorgen und ob beispielsweise durch gezielten bundesweiten Angang die Anzahl der Privatkunden erhöht werden soll. Daher wird in der vorliegenden Arbeit überprüft, ob EVU mit einem höheren Absatzanteil an Privat- und Gewerbekunden wirtschaftlich erfolgreicher sind. Dieser potenzielle Erfolgsfaktor wird anhand folgender Hypothesen untersucht:

Hypothesen 5.5 (Strom) / 5.6 (Gas):

Je höher der Strom- / Gas-Absatzanteil an Privat- und Gewerbekunden, desto höher der ROCE.

11 In den Geschäftsberichten der fünfzig größten betrachteten EVU (TOP_50) war die Unterteilung in die zwei Gruppen „Privat und Gewerbe“ und „Geschäftskunden“ die am häufigsten gewählte, wenn Vertriebsmengen ausgewiesen wurden. Einige EVU untergliederten in bis zu vier Gruppen (Privatkunden, Gewerbekunden, Industriekunden, Weiterverteiler). Energiehandelsmengen wurden typischerweise getrennt ausgewiesen.

Von der Vertriebstätigkeit am Endkundenmarkt, bei der Strom- oder Gasprodukte typischerweise mittels Vollversorgungsvertrag (inklusive Netznutzung, Messdienstleistungen und Fahrplanmanagement) direkt an unterschiedliche Kundengruppen abgesetzt werden, ist der Energiehandel deutlich zu unterscheiden. Unter Energiehandel versteht man die Tätigkeit eines Unternehmens, elektrische Energie oder Erdgas am Großhandelsmarkt zu kaufen und zu verkaufen (häufig wird daher auch vom Energiegroßhandel gesprochen, mit dem für die EVU eine neue Wertschöpfungsstufe entstand) (Schwintowski, 2010).

Der Energiehandel entwickelt sich in Deutschland nach einem in verschiedenen Regionen und Märkten stets ähnlich verlaufenden Muster, wie Schwintowski (2010) zeigt: Ausgehend von der herkömmlichen Energiebeschaffung auf Basis bilateralen Handels (auf der Verbund- oder Ferngasebene) bilden sich nach Öffnung der Märkte erste Preisindizes an wenigen Handelspunkten. Hierzu zählen der CEPI in Deutschland und der SWEP an der deutsch-schweizerischen Grenze. An diesen entsteht zunächst ein ebenfalls bilateraler, außerbörslicher OTC-Handel (OTC: over the counter), der zu einer gewissen Preistransparenz führt. Mit Inkrafttreten der ersten objektiven und diskriminierungsfreien Netzzugangskonzepte entstehen Anfang des neuen Jahrtausends die deutschen Strombörsen (LPX und EEX fusionieren 2001 zur European Energy Exchange mit Sitz in Leipzig, vgl. Kapitel 4.2), die zunächst nur die Möglichkeit des physisch erfüllbaren, später auch des finanziellen Energiehandels anbieten (Schwintowski, 2010). In den letzten Jahren entwickelt sich der deutsche Energiehandel zu einem europaweiten Großhandel mit einer großen Anzahl von Marktteilnehmern und liquidem Handel. Hinsichtlich der gehandelten Produkte verläuft die Entwicklung wie in anderen Rohstoffmärkten auch: in kurzer Folge entwickeln sich Spotmärkte (für physische Transaktionen) sowie Termin- und Optionsmärkte (für finanzielle Transaktionen), an denen u. a. Optionen, Swaps, Forwards und Futures gehandelt werden (Zenke/Schäfer, 2009; Schwintowski, 2010). Die Handelsvolumina steigen in den letzten Jahren rasant: am Strom-Terminmarkt der Energiebörse EEX werden im Jahr 2014 rund 1.570 Mrd. kWh umgesetzt. Im Vergleich zum Vorjahr (1.264 Mrd. kWh) habe der Umsatz damit um 24 Prozent zugelegt, teilt die EEX mit (Energate Nr. 12, 2015). Dabei übersteigen die gehandelten Mengen deutlich den tatsächlichen Jahresstromverbrauch in Deutschland, der 2013 bei 530 Mrd. kWh liegt (Energate Nr. 12, 2015; O.V., 2015). Auch im Geschäftsfeld Erdgas verzeichnet die EEX kontinuierlich steigende Handelsvolumina, wenngleich in der Gaswirtschaft bilaterale Lieferverträge immer noch dominieren. Am Spotmarkt werden im Jahr 2014 insgesamt 196 Mrd. kWh Gas gehandelt. Im Jahr 2013 sind es 81 Mrd. kWh. Am Terminmarkt legt der Handel von 30 auf 85 Mrd. kWh zu (zum Vergleich: der Erdgasverbrauch in Deutschland liegt 2012 bei 898 Mrd. kWh) (BDEW, 2015b; Energate Nr. 12, 2015).

Der Energiehandel in seiner heutigen Form entwickelte sich also aus der Energiebeschaffung, die als Wertschöpfungsstufe seit Beginn der Liberalisierung einen enormen Bedeutungszuwachs erfährt (Ridder, 2007). Vor der Liberalisierung des Marktes decken die EVU den Großteil ihres Strom- und Gasbedarfs über langfristige Bezugsverträge mit festen Vorlieferanten der Regional- bzw. Verbundebene. Diese

Verträge enthalten regemäßig feste Bezugskonditionen und sogenannte Gesamtbedarfsdeckungsklauseln (Ruhland, 2001). Bedingt durch die langen Vertragslaufzeiten verfügen die meisten EVU daher nur in geringem Maße über eigene Kompetenzen in der Energiebeschaffung. Seit Beginn der Liberalisierung unternehmen auch die kommunalen EVU verstärkte Anstrengungen zum Aufbau entsprechender Beschaffungskompetenzen. Viele Stadtwerke bauen eigene Handelsabteilungen auf, andere gründen Handelskooperationen, um am Energiehandel partizipieren zu können (Ridder, 2007). Die Teilnahme am Großhandel eröffnet den Stadtwerken somit die Möglichkeit, ihre unternehmerische Wertschöpfung auszuweiten und durch den Weiterverkauf von Strom und Gas zusätzliche Umsatz- und Gewinnpotenziale zu realisieren (Ridder, 2007).

Ob jedoch die Unternehmen, die intensiv am Großhandel partizipieren, wirtschaftlich erfolgreicher sind, wird in dieser Arbeit untersucht. Aufgrund der besseren Datenlagen werden dabei die Handelsumsätze der EVU betrachtet, nicht die Handelsvolumina. Diese werden (differenziert nach Strom und Gas) ins Verhältnis zu den Gesamtumsätzen der Unternehmen gesetzt. Eine erste Analyse des Datensatzes 2 (TOP_50) zeigt, dass die Handelsaktivitäten durchaus unterschiedlich stark ausgeprägt sind. So sind im Zeitraum 2004 bis 2012 die Hälfte der beobachteten EVU nicht im Stromhandel tätig, bei 30 Prozent der Unternehmen macht dieser weniger, bei 20 Prozent der EVU im Median mehr als ein Viertel des Gesamtumsatzes aus. Erwartungsgemäß liegen die Verhältniszahlen im Gashandel deutlich niedriger. Hier sind nur 21 Prozent der Unternehmen aktiv. Der höchste Umsatzanteil im Gashandel liegt bei 14 Prozent. Der potenzielle Erfolgsfaktor „Höhe des Handelsvolumens" wird anhand folgender Hypothesen untersucht:

Hypothesen 5.7 (Strom) / 5.8 (Gas):

> *Je höher das Strom- / Gas-Handelsvolumen (gemessen am Umsatzverhältnis), desto höher der ROCE.*

Für die Überprüfung der Hypothesen 5.1–5.8 liegen nur Daten aus dem kleineren Datensample 2 („TOP_50") vor. Die Auswertung der Regressionsergebnisse folgt in Kapitel 5.6.5.

5.4.6 Strategien im Geschäftsfeld Netze

Wie bereits in vorhergehenden Kapiteln dargelegt, wird die Wirtschaftlichkeit der deutschen Strom- und Gasnetzbetreiber maßgeblich durch die Netzentgelte bestimmt, die von der Bundesnetzagentur (bzw. bei Netzbetreibern mit weniger als 100.000 Netzkunden von der jeweils zuständigen Landesregulierungsbehörde) festgelegt werden. Den „regulatorischen Rahmen" gibt dabei die Anreizregulierungsverordnung (ARegV) vor, die 2007 in Kraft tritt. Konkret werden den Netzbetreibern Obergrenzen für ihre Netzerlöse (Revenue Caps) vorgegeben. Dies erfolgt in einem zweistufigen Verfahren. In der ersten Stufe ermittelt die Regulierungsbehörde das Ausgangsniveau für die Bestimmung der Erlösobergrenzen durch eine Kostenprüfung. Diese erfolgt im vorletzten Kalenderjahr vor Beginn einer Regulierungsperiode auf der Grundlage der Daten des letzten abgeschlossenen Geschäftsjahres. Das Kalenderjahr, in dem das der Kostenprüfung zugrundeliegende Geschäftsjahr endet, gilt als „Foto-“ oder Basisjahr. Das Basisjahr für die erste Regulierungsperiode ist 2006 (§ 6 ARegV). Nach Festlegung des Ausgangsniveaus werden in Stufe zwei durch einen bundesweiten Effizienzvergleich unternehmensindividuelle Schätzungen für die Kosteneffizienz ermittelt[12]. Die Effizienzgrenze wird von den Netzbetreibern mit dem besten Verhältnis zwischen netzwirtschaftlicher Leistungserbringung und Aufwand gebildet. Für Netzbetreiber, die im Effizienzvergleich als effizient ausgewiesen werden, gilt ein Effizienzwert in Höhe von 100 Prozent, für alle anderen Netzbetreiber ein entsprechend niedrigerer Wert (Anlage 3 der ARegV). Alle Netzbetreiber müssen sich dann am effizientesten Betreiber messen. Weniger effiziente Unternehmen müssen die von der Bundesnetzagentur ermittelte individuelle Ineffizienz innerhalb von zwei Regulierungsperioden abbauen (eine Regulierungsperiode dauert fünf Jahre) (§ 3 ARegV). Netzbetreiber, welche die Effizienzvorgaben übererfüllen – also innerhalb der laufenden Regulierungsperiode ihre Kosten senken – erwirtschaften höhere Renditen als Netzbetreiber, die dies nicht schaffen. Im Fall der Übererfüllung entsteht ein Delta, das der Netzbetreiber als zusätzlichen Gewinn für sich verbuchen kann. Hierin liegt der Anreiz für Netzbetreiber, eigene Anstrengungen zu unternehmen, um ihre Effizienz zu steigern (BNetzA, 2006b; Herrmann, 2012).

Der wirtschaftliche Erfolg der Netzbetreiber hängt somit – neben möglichen Effizienzsteigerungen während der laufenden Anreizregulierungsperiode – maßgeblich von der Höhe der genehmigten Kosten im Startjahr der jeweiligen Regulierungsperiode ab – also dem Ausgangsniveau als Ergebnis der oben genannten Stufe 1. Diese erste Stufe – die Prüfung angemeldeter Kosten durch die Regulierungsbehörde – wird seitens der Netzbetreiber durch „Regulierungsmanager“ aktiv begleitet bzw. gesteuert. Diese haben unterschiedliche Möglichkeiten, die Festlegungen der Erlösobergrenzen im Sinne des Unternehmens zu beeinflussen (KVK, 2015). Ein strategisches Regulierungsmanagement stellt daher einen potenziellen Erfolgsfaktor der Stadtwerke dar. Um diese Überlegung anhand der vorliegenden Daten zu überprüfen, wird folgende Annahme getroffen: Ziel des strategischen Regulierungsmanagements ist die Erreichung eines hohen Ausgangsniveaus genehmigter Gesamtkosten des Netzbetriebs. Der theoretische Hintergrund dieser Annahme

12 Der Effizienzvergleich, den die Bundesnetzagentur vor jeder Regulierungsperiode durchführt, ergibt sich aus den Gesamtkosten des Netzbetriebs nach Abzug der nicht beeinflussbaren Kostenanteile und Standardisierung des Kapitalkostenanteils. Der Effizienzwert wird in Prozent angegeben und darf 60 Prozent nicht unterschreiten. Beim Effizienzvergleich werden verschiedene gegebene Unterschiede bei den einzelnen Netzbetreibern berücksichtigt: Versorgungsaufgabe, geografische, geologische und topografische Merkmale sowie die Leitungslänge. Die anzuwendenden Methoden bei der Durchführung des Effizienzvergleichs sind die Dateneinhüllungsanalyse (Data Envelopment Analysis, DEA) und die Stochastische Effizienzgrenzenanalyse (Stochastic Frontier Analysis, SFA) (Anlage 3 der ARegV).

ist, dass höhere akzeptierte Netzkosten im anschließenden Effizienzvergleich der Bundesnetzagentur (zweite Stufe) zwar zu schlechteren Effizienzwerten und damit „steileren" Erlösabsenkungspfaden für die nächste Regulierungsperiode führen, die Unternehmen jedoch von den höheren genehmigten Netzentgelten wirtschaftlich profitieren. Hierzu ein vereinfachtes Beispiel (vgl. Abb. 31): Netzbetreiber 1 erhält als Ausgangsniveau genehmigte Kosten in Höhe von „A". Sein Effizienzwert beträgt 90%. Er muss seine Erlösobergrenze zehn Jahre lang um jährlich 1% reduzieren, um als effizient zu gelten. Nach zehn Jahren beträgt seine Erlösobergrenze (EOG) noch „B". Netzbetreiber 2 erreicht als Ausgangsniveau deutlich höhere genehmigte Kosten „A+". Sein Effizienzwert beträgt jedoch nur 80%. Das heißt, er muss seine EOG jedes Jahr um 2 Prozent absenken. Angenommen, er gilt bei Erreichung einer EOG in Höhe von „B" als 100%-effizient, dann hätte er aufgrund seines Ausgangsniveaus zehn Jahre lang höhere Erlöse eingenommen, als Netzbetreiber 1 (das Delta aus A, A+, B).

Abbildung 31: Erlösabsenkungspfade zweier Netzbetreiber

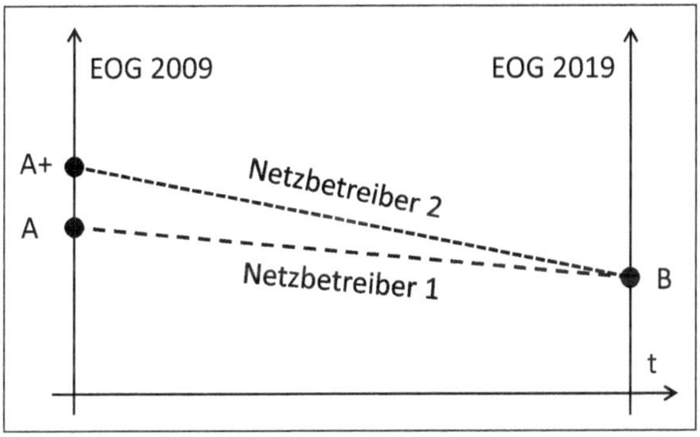

Zwar liegen im Rahmen dieser Arbeit die unternehmensspezifischen Erlösobergrenzen der Netzentgelte nicht vor, dafür jedoch die Effizienzwerte Strom und Gas für die erste Anreizregulierungsperiode (2009–2014). Die zwei zu überprüfenden Hypothesen lauten daher:

Hypothesen 6.1 (Strom) / 6.2 (Gas):

> *Netzbetreiber, die in der ersten Anreizregulierungsperiode Strom (bzw. Gas) einen höheren Effizienzwert aufweisen, haben in den Jahren 2009–2012 (Beginn der ersten Anreizregulierungsperiode bis Ende des Betrachtungszeitraums) durchschnittlich einen niedrigeren ROCE als Netzbetreiber mit niedrigerem Effizienzwert.*

Die unternehmensspezifischen Effizienzwerte Strom und Gas der ersten Anreizregulierungsperiode liegen im Datensatz 1 (Alle_509) vor.

Unabhängig von der Höhe der genehmigten Netzentgelte hängen die tatsächlich realisierbaren Einnahmen der Netzbetreiber maßgeblich von der Nutzung der Netze durch die Netzkunden ab. Die Regulierungsbehörde setzt für die Unternehmen zwar eine Erlösobergrenze fest. Diese wird jedoch über die Netzentgelte auf durchgeleitete Kilowattstunden realisiert – oder eben nicht. Um die Höhe der Netzentgelte zu ermitteln, wird der Stromverbrauch (und damit die Netznutzung) im Vorhinein von den Netzbetreibern abgeschätzt. Bleibt der tatsächliche Stromverbrauch dahinter zurück, wird die Erlösobergrenze nicht erreicht (Energate Nr. 57, 2015). Vor diesem Hintergrund liegt die Überlegung nah, dass die Anschlussdichte, also die Anzahl der Netzkunden je Leitungslänge, einen potenziellen Erfolgsfaktor der Stadtwerke darstellt und die Netzbetreiber Maßnahmen zur Erhöhung der Netz-Anschlussdichte verfolgen sollten. Zur Überprüfung dieser Annahme stehen im Datensatz 2 (TOP_50) sowohl die Anzahl der Netzanschlusspunkte (Strom und Gas) als auch die Anzahl der Strom- bzw. Gaszähler pro Kilometer Leitungslänge zur Verfügung. Die Hypothesen zur Analyse des potenziellen Erfolgsfaktors „Netz-Anschlussdichte" lauten:

Hypothesen 6.3 (Strom) / 6.5 (Gas):

> *Je höher die Anzahl der Netzanschlusspunkte pro Kilometer Leitungslänge (Strom / Gas), desto höher der ROCE.*

Hypothesen 6.4 (Strom) / 6.6 (Gas):

> *Je höher die Anzahl der Netz-Kunden pro Kilometer Leitungslänge (Strom / Gas), desto höher der ROCE.*

Die Auswertung der Regressionsergebnisse folgt in Kapitel 5.6.6.

5.4.7 Strukturindikatoren

Wie bereits in Kapitel 3.2.2 geschildert, lassen sich Erfolgsfaktoren auch danach differenzieren, ob sie unternehmensintern (also durch das Management) beeinflussbar sind, oder ob sie durch unternehmensexterne Einflussfaktoren determiniert werden. Aus Sicht der Unternehmensführung sind vor allem solche Erfolgsfaktoren von Interesse, die von den Entscheidungsträgern im Unternehmen beeinflusst und gestaltet werden können (Röderstein, 2009). Die potenziellen Erfolgsfaktoren, welche in die oben genannten Wirkungsbereiche 2 bis 6 kategorisiert werden, sind zweifelsfrei vom Management der Stadtwerke beeinflussbar. Nicht ganz so eindeutig steht es um die Beeinflussbarkeit der Eigentümerstruktur des Unternehmens durch die Unternehmensführung (Wirkungsbereich 1). Diese wird je nach EVU unterschiedlich ausgeprägt sein und sich vielleicht zwischen folgenden beispielhaften Extremen bewegen: Während im Stadtwerk A der Vorstand quasi im Alleingang einen Börsengang vorbereitet oder einen strategischen Gesellschafter vorschlägt, folgt im Stadtwerk B der angestellte Geschäftsführer ausschließlich den Weisungen der Gesellschafterversammlung.

Vom Management eines Stadtwerks sicherlich nicht – oder zumindest nicht maßgeblich – beeinflussbar sind die beiden potenziellen Erfolgsfaktoren, die im

Wirkungsbereich 7 als „Strukturindikatoren“ zusammengefasst sind. Strukturindikatoren sind Relationen, Anteilswerte oder Veränderungsraten, die einen direkten Vergleich von Regionen ermöglichen (O.V., 2015d). In der vorliegenden Arbeit wird untersucht, welche Auswirkung die jeweilige Region auf den wirtschaftlichen Erfolg eines Stadtwerkes hat. Dazu werden die zwei potenziellen Erfolgsfaktoren Industriebesatz und Bevölkerungsentwicklung betrachtet. Die Strukturdaten können den Stadtwerken aufgrund der Postleitzahlen der Unternehmenssitze zugeordnet werden und liegen im größeren Datensatz 1 (Alle_509) vor.

Für den Industriebesatz liegen nur Einzelwerte je Unternehmen vor (Momentaufnahmen). Es kann jedoch vereinfachend davon ausgegangen werden, dass sich dieser potenzielle Erfolgsfaktor im Betrachtungszeitraum nur bedingt verändert – insbesondere, was die regionalen Unterschiede betrifft. Es wird postuliert, dass die Stadtwerke einen höheren ROCE aufweisen, bei denen der Industriebsatz höher ist:

Hypothese 7.1: Je höher der Industriebesatz, desto höher der ROCE.

Für die Bevölkerungsentwicklung der jeweiligen Region liegt je Unternehmen ein Prozentsatz vor, der die Veränderung der Bevölkerungszahl zwischen den Jahren 1995 und 2011 als Jahresdurchschnittswert angibt. Zwar trifft dieser Wert nicht genau die Entwicklung im Betrachtungszeitraum, kann jedoch in guter Näherung verwendet werden. Da ein kontinuierlicher kommunaler bzw. regionaler Anstieg der Bevölkerung gemeinhin mit wirtschaftlichem Wachstum der jeweiligen Region assoziiert wird, wird der potenzielle Erfolgsfaktor „Bevölkerungsentwicklung“ anhand folgender Hypothese untersucht:

Hypothese 7.2: Je größer das Wachstum der Bevölkerung, desto höher der ROCE.

Die Auswertung der Regressionsergebnisse folgt in Kapitel 5.6.7. Die hiermit aufgestellten insgesamt 36 Hypothesen (vgl. Übersicht in Tabelle 10) beinhalten jeweils eine unabhängige Variable, deren Wirkung auf den ROCE mittels multivariater Regressionsanalysen überprüft wird. Die angewendete Vorgehensweise zur Bildung der dafür notwendigen Regressionsmodelle wird im Kapitel 5.5.4 erläutert.

Tabelle 10: Übersicht über die 36 Hypothesen

Wirkungsbereich	Hypothese:
1 Eigentümerstruktur	1.1 Je höher der Anteil privater Gesellschafter, desto höher ROCE
	1.2 Je höher die Anzahl der Gesellschafter, desto höher ROCE
2 Strategische Ausrichtung	2.1 Je größer der Umsatzanteil in der Sparte Strom, desto höher ROCE
	2.2 Je größer der Umsatzanteil in der Sparte Gas, desto höher ROCE
	2.3 Je kleiner der Umsatzanteil in der Sparte Wasser, desto höher ROCE
	2.4 Je größer der Umsatzanteil in der Sparte Fernwärme, desto höher ROCE
	2.5 Je größer der Umsatzanteil in der Sparte Telekommunikation, desto höher ROCE
	2.6 Je kleiner der Umsatzanteil in der Sparte ÖPNV, desto höher ROCE
	2.7 Je größer der Umsatzanteil in der Sparte Abfallentsorgung, desto höher ROCE
	2.8 Je geringer die Anzahl der Geschäftsbereiche, desto höher ROCE
3 Interne Ressourcen	3.1 Je höher die Wertschöpfung (Umsatz-Mat+Fremdleistung) / Mitarbeiter, desto höher ROCE
	3.2 Je höher der Personalaufwand pro Mitarbeiter, desto höher ROCE
	3.3 Je kleiner die Personalaufwandsquote, desto höher ROCE
	3.4 Je höher der Umsatz je Mitarbeiter, desto höher ROCE
	3.5 Je größer das Verhältnis Fremd- zu Eigenleistung, desto höher ROCE
	3.6 Je geringer die Quote Aufwand f. bezog. Lstg. zu Umsatz, desto höher ROCE
4 Strategien im Geschäftsfeld Erzeugung	4.1 EVU mit konvent. EE haben niedrigeren ROCE als EVU ohne konvent. EE
	4.2 Je geringer der Anteil konvent. Strom-Eigenerzeugung am Stromabsatz, desto höher ROCE
	4.3 EVU mit regenerativer EE haben höheren ROCE als EVU ohne
	4.4 Je größer der Anteil regenerativer Strom-Eigenerzeugung am Stromabsatz, desto höher ROCE

Wirkungsbereich	Hypothese:
5 Strategien in den Geschäftsfeldern Vertrieb und Handel	5.1 EVU mit überregionalem Stromvertrieb haben höheren ROCE als EVU ohne
	5.2 EVU mit überregionalem Gasvertrieb haben höheren ROCE als EVU ohne
	5.3 Je größer das Wachstum im Strom-Absatz, desto höher ROCE
	5.4 Je größer das Wachstum im Gas-Absatz, desto höher ROCE
	5.5 Je höher der Strom-Absatzanteil an Privat- und Gewerbekunden, desto höher ROCE
	5.6 Je höher der Gas-Absatzanteil an Privat- und Gewerbekunden, desto höher ROCE
	5.7 Je höher das Strom-Handelsvolumen (gemessen am Umsatzverhältnis), desto höher ROCE
	5.8 Je höher das Gas-Handelsvolumen (gemessen am Umsatzverhältnis), desto höher ROCE
6 Strategien im Geschäftsfeld Netze	6.1 Strom-Netzbetreiber mit hohem Eff.-Wert haben niedrigeren ROCE in 2009-2012
	6.2 Gas-Netzbetreiber mit hohem Eff.-Wert haben niedrigeren ROCE in 2009-2013
	6.3 Je höher Anzahl d. Netzanschlusspkt. pro Kilometer Strom-Leitungslänge, desto höher ROCE
	6.4 Je höher Anzahl der Netz-Kunden pro Kilometer Strom-Leitungslänge, desto höher ROCE
	6.5 Je höher Anzahl d. Netzanschlusspkt. pro Kilometer Gas-Leitungslänge, desto höher ROCE
	6.6 Je höher Anzahl der Netz-Kunden pro Kilometer Gas-Leitungslänge, desto höher ROCE
7 Strukturindikatoren	7.1 Je höher der Industriebsatz, desto höher ROCE
	7.2 Je größer die Bevölkerungsentwicklung, desto höher ROCE

5.5 Statistische Auswertungsmethoden

Zur Auswertung der erhobenen Daten wird das statistische Instrument der Regressionsanalyse verwendet. Die Regressionsanalyse ist eines der flexibelsten und am häufigsten eingesetzten statistischen Analyseverfahren (Backhaus et al., 2011) und dient zur Quantifizierung des Zusammenhangs und der statistisch kausalen Verbindung zwischen metrischen Variablen (Best, 2015). Es geht in der Regressionsanalyse also primär darum, den Erwartungswert einer abhängigen Variablen y in Abhängigkeit von Werten unabhängiger bzw. erklärender Variablen $x_1,...,x_p$

zu schätzen[13]. Die Grundidee der Regression ist, dass sich die Ausprägung einer abhängigen Variablen durch eine mathematische Funktion der unabhängigen Variablen ausdrücken lässt (Best, 2015). Damit lässt sich y an nicht beobachteten Stellen von $x_1,...,x_p$ prognostizieren (Schlittgen, 2009). Voraussetzung für die Anwendung des Regressionsverfahrens ist, dass die Variablen ein metrisches Skalenniveau aufweisen (Best, 2015). In dieser Arbeit werden sowohl bivariate als auch multivariate Abhängigkeiten untersucht. Die verwendeten Verfahren werden im Folgenden näher beschrieben.

5.5.1 Bivariate lineare Regressionsanalyse

Um festzustellen, ob und in welcher Ausprägung ein potenzieller Erfolgsfaktor eine identifizierte Erfolgsgröße beeinflusst, wird das Verfahren der bivariaten linearen Regressionsanalyse angewendet. Dieses stellt den Zusammenhang zwischen jeweils einer unabhängigen und der abhängigen Variable mit Hilfe einer Regressionsfunktion dar. Die unabhängige Variable stellt dabei den potenziellen Erfolgsfaktor dar, während die abhängige Variable der Erfolgsgröße entspricht.

Mit der „Methode der kleinsten Quadrate" erfolgt die Schätzung der linearen Regressionsfunktion, also der „Regressionsgeraden". Die Regressionsgerade wird so bestimmt, dass die Summe der quadrierten Abweichungen der Messwerte von dieser Geraden minimal ist (Schweitzer, 2007). Sie liefert für jeden beobachteten Wert einer unabhängigen Variablen den Schätzwert für die abhängige Variable. Die Regressionsgerade

$$y = a + b * x$$

wird durch zwei Parameter bestimmt. Die Regressionskonstante a entspricht mathematisch dem y-Achsenabschnitt und kann beliebige Werte annehmen. Der Regressions- oder Steigerungskoeffizient b entspricht mathematisch der Steigung der Geraden. Negative Regressionskoeffizienten belegen einen negativen, positive einen positiven Einfluss der unabhängigen auf die abhängige Variable. Ist der Regressionskoeffizient „0", gibt es keinen Einfluss zwischen den Variablen. Eine ausführliche Darstellung der Grundlagen und der Vorgehensweise bei der bivariaten Regressionsanalyse findet sich bei Backhaus et al. (2011).

5.5.2 Multivariate lineare Regressionsanalyse

Die multivariate lineare Regressionsanalyse ist ein Verfahren zur Prüfung des gemeinsamen linearen Einflusses mehrerer unabhängiger Variablen – in dieser Arbeit

13 In der Regression haben sich viele Synonyme herausgebildet: Die abhängige Größe wird auch als Regressand, zu erklärende Variable, Prognosevariable oder endogene Variable bezeichnet, während die Einflussgrößen als Regressoren, unabhängige Variablen, erklärende Variablen, exogene Variablen oder Prädiktoren bezeichnet werden (Backhaus et al., 2011).

der potenziellen Erfolgsfaktoren – auf eine metrische abhängige Variable – also der Erfolgsgröße. Analog zur bivariaten Regression wird auch hier die Abhängige als lineare Funktion der Unabhängigen modelliert:

$$y = a + b_1 * x_1 + b_2 * x_2 + \ldots + b_n * x_n$$

Dabei stellt a wiederum die Regressionskonstante dar, b_n den Steigungskoeffizienten und x_n die Ausprägung des n-ten Merkmals. Bei der multivariaten Regressionsanalyse werden jedoch nicht Regressiongeraden, sondern Ebenen oder Räume gesucht, die optimal – d.h. mit minimalen Fehlern – zu den Eingabewerten eine lineare Abhängigkeit darstellen (Schweitzer, 2007). Wie auch bei der bivariaten Regression werden die Regressionskonstante und die Koeffizienten mit der Methode der kleinsten Quadrate geschätzt, wobei deren Ableitung umso komplizierter wird, je höher die Anzahl der betrachteten Variablen ist (Backhaus et al., 2011)

Bei der multivariaten Regressionsanalyse ist die Besonderheit zu beachten, dass die Regressionskoeffizienten von der Skala der unabhängigen Variablen abhängig sind und daher nicht miteinander verglichen werden können (bzgl. der Stärke ihres Effektes). Abhilfe bieten standardisierte, skalenunabhängige Koeffizienten. Diese werden von modernen Statistikprogrammen direkt berechnet und können zwischen -1 und +1 schwanken. Je mehr sich die standardisierten Koeffizienten den Werten +1 (-1) nähern, desto stärker ist der positive (negative) Zusammenhang zwischen Erfolgsfaktor und Erfolgsgröße. „0" bedeutet kein Effekt. Für die ausführlichere Darstellung der multivarianten Regressionsanalyse sei wiederum auf Backhaus et al. (2011) verwiesen.

In dieser Arbeit wird für bivariate Regressionsanalysen das Statistikmodul von Microsoft „EXCEL" genutzt. Bivariate Abhängigkeiten werden allerdings nur im Rahmen von Plausibilitätsüberlegungen zur Ableitung der 36 Hypothesen geprüft, wie sie in Abschnitt 5.4 erläutert sind. Die eigentliche statistische Überprüfung der aufgestellten Hypothesen erfolgt mittels multivariater Regressionsanalysen. Diese werden in dem Statistikprogramm „GRETL" ausgeführt (GNU Regression, Econometrics and Time-series Library, Version 1.10.1 für MS Windows). Die Ergebnisse der Regressionsanalysen erlauben Aussagen darüber, ob die aufgestellten Hypothesen statistisch unterstützt werden können oder verworfen werden müssen. Zur Feststellung der Belastbarkeit der Aussagen sind einige zusätzliche Tests durchzuführen, die im folgend Abschnitt 5.5.3 vorgestellt werden.

5.5.3 Prüfung der Regressionsmodelle und der Modellprämissen

Das klassische Regressionsmodell enthält eine Reihe von Annahmen über die Art und Weise des Zusammenhangs zwischen der abhängigen Variablen y und den erklärenden Werten $x_1,\ldots,x_p$ (Fahrmeir/Kneib/Lang, 2009). So wird bei der linearen Regression von Normalverteilung, Homoskedastiziät, Linearität sowie von fehlender Autokorrelation und nicht vorhandener Multikollinearität ausgegangen (Backhaus et al., 2011). Diese Modellprämissen müssen im Rahmen der statistischen Auswertung ebenso überprüft werden, wie die Signifikanz des Gesamtmodells und seiner Koeffizienten sowie das Bestimmtheitsmaß als Güte für die Qualität der Regressionsfunktion.

Überprüfung der statistischen Signifikanz

Abhängigkeiten zwischen Variablen werden in der Statistik als signifikant bezeichnet, wenn die Wahrscheinlichkeit, dass diese durch Zufall zustande kommen können, eine gewisse Schwelle nicht überschreitet. Der Ausdruck signifikant bedeutet daher, dass ein überzufälliger Zusammenhang angenommen wird – bezogen auf einen zuvor festgelegten Schwellwert. Dieser Schwellwert wird auch als maximal zulässige Irrtumswahrscheinlichkeit oder Signifikanzniveau α bezeichnet. Mit der Überprüfung der statistischen Signifikanz wird also festgestellt, ob die mittels Regression ermittelten Zusammenhänge zwischen den Variablen nicht nur für die gewählte Stichprobe, sondern auch für die Grundgesamtheit gelten (Backhaus et al. 2011; Urban/Mayerl, 2011). Diese Überprüfung erfolgt auf der Grundlage eines F-Tests. Dabei werden der Regressionsgleichung zunächst lineare Restriktionen in Form einer Nullhypothese H_0 aufgezwungen:

H_0: Die unabhängige Variable x (potenzieller Erfolgsfaktor) und die abhängige Variable y (Erfolgsgröße) sind voneinander unabhängig.

Die daraus resultierende restriktive Regressionsgleichung ist diejenige, die gelten würde, wenn die Nullhypothese H_0 korrekt ist. Im nächsten Schritt wird diese restriktive Gleichung mit Hilfe der Methode der kleinsten Quadrate geschätzt und die Anpassungsgüte dieser Gleichung mit der der Regressionsgleichung ohne Restriktionen verglichen. Sind sie nicht signifikant verschieden, werden die Restriktionen der Nullhypothese H_0 nicht abgelehnt, andernfalls schon. Die gebräuchlichste Anwendung des F-Tests ist die Hypothese, dass alle Steigungsparameter eines Modells gleich null sind – die erklärenden Variablen also keinen Erklärungsgehalt besitzen. Es wird also geprüft, ob dem Modell als Ganzes Signifikanz zugeschrieben werden kann oder nicht. Die ermittelte Irrtumswahrscheinlichkeit (p-Wert) wird mit dem Signifikanzniveau (z.B. $\alpha = 5\%$) verglichen. Falls der p-Wert größer als das Signifikanzniveau ist, kann die Nullhypothese nicht verworfen werden. Bei einer Irrtumswahrscheinlichkeit, die kleiner als das Signifikanzniveau ist, wird die Nullhypothese verworfen und die Alternativhypothese H_1 bestätigt.

H_1: Mindestens eine unabhängige Variable x_i (potenzieller Erfolgsfaktor) und die abhängige Variable y (Erfolgsgröße) sind voneinander abhängig.

Je kleiner der p-Wert ist, desto wahrscheinlicher kann H_0 verworfen werden.

Eine verworfene Nullhypothese bzw. eine bestätigte Alternativhypothese deutet auf einen Zusammenhang zwischen zumindest einer unabhängigen Variable und der abhängigen Variable hin. Um eine Aussage darüber machen zu können, welche der einzelnen unabhängigen Variablen einen signifikanten Effekt auf die abhängige ausüben, müssen noch die einzelnen Regressionskoeffizienten auf Signifikanz geprüft werden. Das verwendete Statistikprogramm „GRETL“ liefert hier automatisch die p-Werte der einzelnen Koeffizienten und kategorisiert diese in die Signifikanzbereiche 99% (***), 95% (**) und 90% (*). Diese geben jeweils an, mit welcher Wahrscheinlichkeit eine Abhängigkeit zwischen der unabhängigen und der abhängigen Variablen mindestens angenommen werden kann.

Mit dem F-Test lässt sich nicht die Wirkungsrichtung eines gefundenen Zusammenhangs ablesen. Auch hierzu ist eine Betrachtung der einzelnen Regressionskoeffizienten notwendig. Diese geben das Ausmaß und die Wirkungsrichtung des jeweiligen Effektes an, der auf die abhängige Variable wirkt, wenn eine bestimmte unabhängige Variable verändert wird. Das Vorzeichen des Regressionskoeffizienten lässt somit eine Aussage zu, ob die ermittelte Regressionsgleichung die Wirkungsrichtung der aufgestellten Hypothese bestätigt.

Überprüfung der Modellgüte

Die Stärke des Zusammenhangs zwischen den unabhängigen und den abhängigen Variablen wird durch den Korrelationskoeffizienten R ausgewiesen. Ein Wert nahe Null deutet auf eine geringe Korrelation hin. Je stärker der Korrelationskoeffizient zu +1 (-1) tendiert, desto stärker ist der positive (negative) Zusammenhang zwischen den betrachteten Variablen (Schweitzer, 2007).

Der Determinationskoeffizient bzw. das „Bestimmtheitsmaß" R^2 gibt Auskunft darüber, welcher Anteil der Streuung der abhängigen Variablen durch die Regression erklärt wird. Das Bestimmtheitsmaß kann somit als Gütemaß für die Qualität der Regressionsfunktion angesehen werden. Es ist eine normierte Größe, deren Wertebereich zwischen null und eins liegt. Ein Wert von Null bedeutet, dass zwischen den betrachteten Variablen kein linearer Zusammenhang besteht. Je größer R^2 wird, desto höher ist der Anteil der erklärten Streuung an der Gesamtstreuung (Backhaus et al., 2011). Der Erklärungsgehalt des Modells steigt also, je näher sich das Bestimmtheitsmaß an den Wert Eins annähert. Allerdings wird dieses in seiner Höhe durch die Zahl der Regressoren beeinflusst. Bei gegebener Stichprobengröße wird mir jedem hinzukommenden Regressor ein mehr oder weniger großer Erklärungsteil hinzugefügt, der möglicherweise nur zufällig bedingt ist. Der Wert des Bestimmtheitsmaßes kann also mt der Aufnahme von irrelevanten Regressoren zunehmen, aber nicht abnehmen (Backhaus et al., 2011). Dieses Problem kann mit dem sogenannten korrigierten Bestimmtheitsmaß verhindert werden, indem eine Korrektur für die Anzahl der Parameter angeführt wird, so dass das Gütemaß nicht notwendigerweise größer wird wenn eine zusätzliche Variable aufgenommen wird (Fahrmeir/Kneib/Lang, 2009). Das korrigierte (oder adjustierte) Bestimmtheitsmaß wird im verwendeten Statistikprogramm „GRETL" standardmäßig ausgegeben. Im Rahmen der vorliegenden Arbeit werden alle Regressionsmodelle verworfen, bei denen das korrigierte R^2 unter 0,1 liegt.

Überprüfung auf Multikollinearität

Das lineare Regressionsmodell basiert auf der Prämisse, dass Regressoren nicht exakt linear abhängig sind. Das heißt, ein Regressor darf sich nicht als lineare Funktion der übrigen Regressoren darstellen lassen. In diesem Fall würde perfekte Multikollinearität bestehen und die Regressionsanalyse wäre rechnerisch nicht durchführbar (Backhaus et al., 2011). Bei empirischen Daten besteht jedoch immer ein gewisser Grad an Multikollinearität, der nicht störend sein muss. Ein hoher Grad wird allerdings zum Problem, da dann die Schätzungen der Regressionsparameter unzuverlässig werden. Es kann bei hoher Multikollinearität vorkommen, dass das R^2 der Regressionsfunktion signifikant ist, obgleich keiner der Koeffizienten in der Funktion signifikant ist. Eine weitere Folge hoher Multikollinearität kann darin bestehen, dass sich Regressionskoeffizienten erheblich verändern, wenn dem Modell einzelne Variablen hinzugefügt oder aus ihm entfernt werden (Urban/Mayerl, 2008; Backhaus et al., 2011). Vor diesem Hintergrund ist bei der Modellbildung die Multikollinearität zu überprüfen, und Modelle mit hohen Graden sind zu verwerfen. Im Rahmen dieser Arbeit wird zur Aufdeckung von Multikollinearität der Varianzerhöhungsfaktor VIF (auch: Varianzinflationsfaktor, engl.: Variance Inflation Factor) verwendet, den „GRETL“ standardmäßig errechnet:

$$VIF_j \quad = \quad 1/\,T_j \quad = \quad 1\,/\,(1 - R_j^2)$$

Der VIF ist der Kehrwert der sogenannten Toleranz und umso größer, je größer die multiple Korrelation bzw. das Bestimmtheitsmaß eines Regressors in Bezug auf die übrigen Regressoren ist (Backhaus et al., 2011). Der minimal mögliche Wert des VIF ist 1.0. Als Faustformel für ein Kollinearitätsproblem gilt ein Varianzerhöhungsfaktor größer 10, also $VIF_j > 10.0$ (Fahrmeir/Kneib/Lang, 2009). Im Rahmen dieser Arbeit werden daher Modelle, in denen VIF_j-Werte > 10.0 auftreten, nicht verwendet.

Überprüfung auf Normalverteilung

Für die Überprüfung der Normalverteilung gibt es eine Reihe unterschiedlicher statistischer Tests, wie den Shapiro-Wilk-Test oder den Kolmogorow-Smirnov-Test (Schlittgen, 2011; Feldo, 2011). Der wohl bekannteste ist der Chi-Quadrat-Test (Schlittgen, 2011), mit dem als Verteilungstest geprüft werden kann, ob eine Normalverteilung der Residuen vorliegt. Dieser Test ist im verwendeten Statistikprogramm „GRETL“ enthalten. Er geht davon aus, dass die tatsächliche Verteilung an einem beliebigen Punkt eine bestimmte Abweichung von einer hypothetischen Normalverteilung nicht überschreiten darf, andernfalls müsste die Annahme einer Normalverteilung verworfen werden. Daher wird in einer Reihe von Rechenschritten die jeweilige konkrete Abweichung errechnet. Bei einem Signifikanzniveau von 5% sind die Residuen normalverteilt, wenn der p-Wert größer 0,05 ist. In diesem Fall kann eine annähernde Normalverteilung angenommen werden (Urban/Mayerl, 2011). Bei den Modellen, die im Rahmen der vorliegenden Arbeit mit dem Datensample 1 („Alle_509“) untersucht werden, kann aufgrund der hohen Datenmenge von einer Normalverteilung ausgegangen werden. Allerdings werden alle Modelle auf Normalverteilung der Residuen hin überprüft, die mit dem kleineren Datensample „TOP_50“ verprobt werden. Die Überprüfung erfolgt anhand des in „GRETL“ verfügbaren Tests auf Normalverteilung mit der Nullhypothese

H_0: Der Fehler ist normalverteilt.

Die Teststatistik berechnet Chi-Quadrat und *p*-Wert. Je kleiner der *p*-Wert ist, desto wahrscheinlicher muss die Nullhypothese verworfen und von einer nicht vorhandenen Normalverteilung der Residuen ausgegangen werden. Im Rahmen der vorliegenden Arbeit werden alle Modelle verworfen, bei denen der *p*-Wert kleiner 0,05 ist (das gewählte Signifikanzniveau von 5% wird unterschritten).

Überprüfung auf Heteroskedastizität

Regressionsanalysen beruhen des Weiteren auf der Annahme der Streuungsgleichheit bzw. Homoskedastizität der Residuen (Urban/Mayerl, 2011). Homoskedastizität bedeutet zum Beispiel bei bivariater linearer Regression, dass die Streuung der Punkte um die Regressionsgerade konstant ist. Wird diese Annahme verletzt, liegt Streuungsungleichheit bzw. Heteroskedastizität vor. Diese führt zu Ineffizienz der Schätzung und verfälscht den Standardfehler des Regressionskoeffizienten. Damit wird die Schätzung des Konfidenzintervalls ungenau (Backhaus et al., 2011). Zur Aufdeckung von Heteroskedastizität gibt es wiederum eine Reihe von anwendbaren Tests, wie den Goldfeld/Quandt-Test, den White's Test oder das Verfahren von Glesjer (Ramanathan, 2002; Backhaus et al., 2011). In „GRETL" ist für die Überprüfung auf Heteroskedastizität u. a. der Test nach Breusch-Pagan anwendbar. Heteroskedastizität weist in den meisten Fällen auf Nichtlinearität hin; daher kann das Ergebnis der Tests auch zur Aufdeckung von Nichtlinearität verwendet werden (Backhaus et al., 2011).

Im Rahmen dieser Arbeit werden während der Modellbildung Stichproben-Tests mit dem Verfahren nach Breusch-Pagan in „GRETL" durchgeführt. Diese zeigen Evidenz für Heteroskedastizität auf. Eine naheliegende Lösung für das Problem der Heteroskedastizität ist die Standardisierung der Residuen (Fahrmeir/Kneib/Lang, 2009). Daher wird in „GRETL" grundsätzlich das Verfahren „Robuste Standardfehler" gewählt, es werden also robuste *t*-Statistiken verwendet. Bei der Berechnung robuster Standardfehler werden die geschätzten Residuen des Modells für jede Beobachtung mit einbezogen. Es wird somit erlaubt, dass statt einer konstanten Varianz (Homoskedastie) die Varianzen nicht konstant sind (Heteroskedastie). Mit anderen Worten: die Varianz wird nicht per Annahme geschätzt, sondern direkt aus den Daten bestimmt. Das Verfahren der robusten Standardfehler sorgt somit dafür, dass bei möglicher vorliegender Heteroskedastizität gültige Teststatistiken durchgeführt werden (Fahrmeir/Kneib/Lang, 2009; Wagner, 2012).

5.5.4 Konkrete Vorgehensweise

Im Folgenden werden die genauen Prozessabläufe geschildert, in denen mithilfe der vorgestellten statistischen Auswertemethoden die in Kapitel 5.4 aufgestellten Hypothesen untersucht werden. Wie bereits in Kapitel 5.3 dargestellt, stehen für die Analysen zwei unterschiedliche Datensample zur Verfügung: Datensatz 1 (Alle_509) ist dabei derjenige mit deutlich mehr Beobachtungen (bis zu 509 EVU je Variable), Datensatz 2 (TOP_50) umfasst für den gleichen Beobachtungszeitraum nur bis zu 50 EVU je Abfrage – enthält dafür allerdings deutlich mehr Variablen (umfangreiche

Angaben zu Geschäftsfeldumsätzen, Energiemengen, Infrastrukturdaten etc.). Von den insgesamt 36 aufgestellten Hypothesen können 8 mittels des Datensatzes 1 untersucht werden, die restlichen 28 werden anhand des Datensatzes 2 analysiert.

Ergänzend zu den Ausführungen in Kapitel 4.3 sei hier nochmals darauf hingewiesen, dass die Datengrundlage insbesondere im letzten Jahr des Betrachtungszeitraums (2012), aber auch in den ersten beiden Jahren (2004 und 2005) weniger Beobachtungen umfasst, als in den übrigen Jahren (zum Zeitpunkt der Datensammlung lagen Jahresabschlüsse oder Geschäftsberichte noch nicht vor oder waren nicht mehr verfügbar). Dieser Effekt an sich hat für die präsentierten Regressionsanalysen nur nachrangige Relevanz, da für die Untersuchung der Hypothesen in der Regel jeweils der Median von abhängiger und unabhängiger Variable über den gesamten Betrachtungszeitraum gebildet wird. Er trägt jedoch zu dem Umstand bei, dass für einige Variablen im ohnehin kleinen Datensatz 2 nur wenige Beobachtungen vorliegen.

Zunächst werden mittels multivariater Regressionsanalysen die 8 unabhängigen Variablen untersucht, für die das umfangreichere Datensample 1 (Alle_509) genutzt werden kann. Zusätzlich zu den 8 zu betrachtenden Variablen werden einige weitere Variablen einbezogen, um zu testen, ob die Modelle durch sie robuster werden. Zu diesen Hilfsvariablen zählen u. a. der natürliche Logarithmus der Bilanzsumme, die Eigenkapitalquote und die Debitoren- und Kreditorentage. Alle Variablenwerte werden je Unternehmen aus dem Median des gesamten Betrachtungszeitraums gebildet. Die wesentlichen Ergebnisse des besten gebildeten Regressionsmodells (von mehreren Dutzend getesteten Modellen) zeigt Tabelle 11. Dieses Modell „Alle_509_V.3" weist bei 443 Beobachtungen ein adjustiertes Bestimmtheitsmaß von 29,6 Prozent aus – den höchsten für R^2 erreichten Wert bei allen entwickelten Modellen mit dem Datensatz 1.

Tabelle 11: Robustestes Modell, Alle_509

Variable	**Modell Alle_509_V.3**		
	Koeff.	**VIF**	**p-Wert**
const.	0,2093		* * *
LN(Bilanzsumme)	-0,0027	1,0	
Anteil priv. Gesellschafter	0,0984	1,0	* * *
Arbeitslosenquote	0,5364	1,8	* * *
Bevölkerungsentwicklung	2,7860	1,8	* *
Kreditorentage	-0,0002	1,1	* * *
Materialaufwandsquote	-0,1409	1,0	* *
Personalaufwandsquote	-0,3523	1,1	* * *
R-Quadrat	0,3066		
Korr. R-Quadrat	0,2955		
F-Wert	16,42		
P-Wert(F)	3,15E-19		
Beobachtungen	443		

Da in diesem Modell nicht alle acht zu untersuchenden Variablen Berücksichtigung finden, werden weitere neun „Partialmodelle“ herangezogen (s. Anhang D1). Alle aufgestellten bzw. verwendeten Modelle erfüllen dabei die in Abschnitt 5.5.3 genannten Kriterien.

Für die abschließenden Beurteilungen der Zusammenhänge zwischen der abhängigen Variablen (ROCE) und den unabhängigen Variablen werden die Ergebnisse mehrerer gültiger Modelle miteinander verglichen und in sieben Ergebniskategorien unterteilt. Weisen die Koeffizienten derselben unabhängigen Variable in verschiedenen Regressionsmodellen unterschiedliche Vorzeichen auf, kann für die entsprechende Hypothese keine Aussage getroffen werden. Damit liegt die erste Ergebniskategorie vor (Unterstützung der Hypothese: nein / keine Aussage möglich). Weisen die Koeffizienten dagegen in verschiedenen Regressionsmodellen immer gleiche Vorzeichen auf, entscheidet sich die Einteilung in die sechs weiteren Ergebniskategorien nach dem Vorzeichen und der Größe der Koeffizienten sowie der Signifikanz der gefundenen Abhängigkeit zwischen der untersuchten Variablen und dem ROCE. So kann die Hypothese entweder unterstützt werden, oder ein gegenteiliger Effekt wird aufgezeigt. Aus diesen zwei Varianten und drei möglichen Signifikanzstärken der Hypothesen resultieren die übrigen Ergebniskategorien. Tabelle 12 verdeutlicht die Zusammenhänge.

Tabelle 12: Kategorisierung der Regressionsergebnisse

<table>
<tr><th>Koeffizient</th><th>p-Wert</th><th>Sonstige Bedingungen</th><th colspan="2">Ergebniskategorien</th></tr>
<tr><td></td><td>Signifikanz</td><td></td><td>Signifikanz d. Hypoth.</td><td>Unterstützg. d. Hypoth.</td></tr>
<tr><td>Betrag > 0.1</td><td>* * *</td><td rowspan="8">Koeff. haben in allen Modellen gleiches Vorzeichen</td><td>✓✓✓ sehr (deutlich) signifikant</td><td rowspan="8">ja / Gegenteil</td></tr>
<tr><td>Betrag > 0.05</td><td>* * *</td><td rowspan="2">✓✓ (überwiegend) signifikant</td></tr>
<tr><td>Betrag > 0.1</td><td>* *</td></tr>
<tr><td>Betrag < 0.05</td><td>* * *</td><td rowspan="5">✓ Tendenz erkennbar</td></tr>
<tr><td>Betrag > 0.05</td><td>* *</td></tr>
<tr><td>Betrag > 0.1</td><td>*</td></tr>
<tr><td>Betrag < 0.05</td><td>* *</td></tr>
<tr><td colspan="2">sonstige Kombinationen</td></tr>
<tr><td colspan="2">alle Kombinationen</td><td>Koeff. haben in den Modellen ungleiche Vorzeichen</td><td>keine Aussage möglich</td><td>nein</td></tr>
</table>

Die hier vorgestellte Kategorisierung der Regressionsergebnisse wird bei der Untersuchung der weiteren 28 unabhängigen Variablen anhand des kleineren Datensatzes 2 (TOP_50) entsprechend angewendet. Der Analyseprozess verläuft hier allerdings „iterativ“ in zwei Stufen:

Zunächst werden auch hier die zu untersuchenden Variablen um Hilfsvariablen ergänzt, um robustere Modelle zu erhalten (neben den bereits genannten Hilfsvariablen wird hier zusätzlich die betriebswirtschaftliche Kennzahl „Wachstum" verwendet[14]). Dann werden zwei Variablensätze à 18 unabhängigen Variablen (zzgl. einer Konstanten) in „GRETL" eingelesen. Basierend auf jedem dieser zwei Variablensätze werden mehrere Modelle getestet und die jeweils robustesten zehn davon ausgewählt (diese sind als Anhänge D2 und D3 aufgeführt; alle Modelle erfüllen die in Abschnitt 5.5.3 genannten Kriterien). Basierend auf diesen zehn Modellen erfolgt eine erste Klassifizierung der Koeffizienten in Kategorien gemäß Tabelle 12 (Stufe 1).

Anschließend werden alle „sehr signifikanten" Variablen (sowie einige Hilfsvariablen) als dritter Variablensatz zusammengestellt. Dieser umfasst 12 Variablen (zzgl. einer Konstanten), mit denen wiederum neue Modelle getestet werden. Ebenfalls zehn davon werden für die finale Analyse berücksichtigt (s. Anhang D4) (Stufe 2).

Dieses zweistufige Verfahren mit der finalen Analyse von insgesamt 30 („gültigen") Modellen erfolgt aus zwei Gründen: Zum einen liegt die Anzahl der Beobachtungen bei einigen Variablen – und damit auch der jeweiligen Modelle – deutlich unter 50. „GRETL" setzt jedoch voraus, dass die Anzahl der Beobachtungen größer als die der Parameter ist. So werden maximal zehn Variablen in einem Modell getestet (vgl. Anhang D3, Modell TOP_50_V.2.7). Zum anderen kommt es bei der Kombination der 28 zu prüfenden Variablen häufig zu Kollinearitätsproblemen. Diese lassen sich durch gezielte Modellentwicklung jedoch vermeiden. Durch dieses zweistufige Verfahren werden Modelle mit relativ hoher Signifikanz ermittelt. Die wesentlichen Ergebnisse des besten Modells (von mehreren Dutzend getesteten) zeigt Tabelle 13. Das Regressionsmodell „TOP_50_V.3.10" weist bei 16 Beobachtungen ein adjustiertes Bestimmtheitsmaß von 81,4 Prozent aus – den höchsten für R^2 erreichten Wert bei allen in Stufe 2 entwickelten Modellen mit dem Datensatz 2.

14 Die Kennzahl Wachstum wird bestimmt aus dem Quotienten aus dem operativen Cashflow und der Bilanzsumme. Mit dieser Kennzahl wird ermittelt, wie viel Cashflow-Wachstum (in Prozent) das Gesamtkapital (Eigen- und Fremdkapital) generiert. Es wird also berechnet, wie effizient das Gesamtkapital eingesetzt wird, um einen Zuwachs an liquiden Mitteln aus dem operativen Geschäft zu erwirtschaften (Simon, 2015). Der Vorteil dieser Kennzahl, die auch als Cashflow-Gesamtkapitalrentabilität bezeichnet werden kann, im Vergleich zur Gesamtkapitalrentabilität ist, dass der Cashflow eine weitgehend von Bilanzierungs- und Bewertungseinflüssen freie Größe ist. Da er nur zahlungswirksame Geschäftsvorfälle beinhaltet, kann er entsprechend weniger „beschönigt" werden als Kennzahlen, die mit kalkulatorischen Größen rechnen (Kirsch, 2015).

Tabelle 13: Robustestes Modell, TOP_50

Variable	Modell TOP_50_V.3.10 Koeff.	VIF	p-Wert
const.	0,0949		* * *
Personalaufwandsquote	-0,1265	6,4	
Umsatzanteil Gas	0,1703	1,6	* * *
Umsatzanteil Stromgroßhandel	0,0317	1,3	*
Umsatzanteil Wasser	-0,2307	2,4	
Umsatzanteil Fernwärme	-0,1840	2,0	* *
Umsatzanteil ÖPNV	-0,2351	4,2	*
Anteil regenerativer Eigenerzeugung am Stromabsatz	-0,8844	2,0	* * *
Überregionaler Stromvertrieb	0,0547	3,4	* * *
Überregionaler Gasvertrieb	-0,0905	3,7	* * *
R-Quadrat	0,9254		
Korr. R-Quadrat	0,8137		
F-Wert	291,34		
P-Wert(F)	3,17E-07		
Beobachtungen	16		

Die 29 anderen Modelle können als „Partialmodelle“ betrachtet werden, die in die abschließende Beurteilung mit einbezogen werden. Die Kategorisierung erfolgt dabei wiederum gem. Tabelle 12, wobei nur in den Fällen ein „sehr signifikanter“ Zusammenhang zwischen abhängiger und unabhängiger Variabler anerkannt wird, wenn sich dieser in Stufe 2 des beschriebenen Verfahrens bestätigt hat. Alle anderen Abhängigkeiten werden maximal als „signifikant“ bewertet.

Die Ergebnisse der Regressionsanalysen und die daraus resultierenden Schlussfolgerungen für die aufgestellten Hypothesen werden im folgenden Abschnitt 5.6 beschrieben.

5.6 Auswertung der Regressionsergebnisse

Mit den genannten statistischen Prüfungs- und Auswertungsmethoden und anhand der vorgestellten konkreten Vorgehensweise werden die bereits in Kapitel 5.4 aufgestellten Hypothesen untersucht. Die Präsentation und Diskussion der Ergebnisse erfolgt entsprechend Kapitel 5.4 in sieben Teilkapiteln, welche die definierten Wirkungsbereiche der potenziellen Erfolgsfaktoren umfassen.

In allen sieben Teilkapiteln werden für einzelne der 36 untersuchten Hypothesen die aufgestellten Regressionsmodelle dargestellt – insbesondere für die Hypothesen, die deutlich signifikant unterstützt werden. Die Darstellung der Regressionsmodelle erfolgt in kompakter Tabellenform und beschränkt sich auf das jeweils robusteste Modell sowie vier Partialmodelle. Die Beschränkung auf fünf Modelle resultiert aus Gründen der Übersichtlichkeit – teilweise wurden bis zu zehn Modelle berücksichtigt. Alle 40 verwendeten Regressionsmodelle sind mit zusätzlichen Informationen in den

Anhängen D1 bis D4 aufgelistet. Sie erfüllen jeweils die in Kapitel 5.5.3 genannten Kriterien.

5.6.1 Wirkung der Eigentümerstruktur auf den Unternehmenserfolg

Für den Wirkungsbereich Eigentümerstruktur werden zwei potenzielle Erfolgsfaktoren anhand von jeweils einer Hypothese analysiert. Der zuerst betrachtete, potenzielle Erfolgsfaktor lautet:

Privatwirtschaftlicher Anteilsbesitz

Hypothese 1.1: *Je höher der Anteil privater Gesellschafter, desto höher der ROCE.*

Ergebnis: *Die Hypothese wird mit deutlicher Signifikanz unterstützt.*

Die Hypothese wird mit dem Datensatz 1 (Alle_509) in acht multivariaten Regressionsmodellen untersucht (Modell Alle_509_V.1-V.7, V.10). Die Regressionsergebnisse von fünf dieser acht Modelle sind in Tabelle 14 dargestellt.

Tabelle 14: Regressionsergebnisse für Hypothese 1.1 (Auszug)

	Alle_509_V.1		Alle_509_V.2		Alle_509_V.3		Alle_509_V.7		Alle_509_V.10	
Variable	Koeff.	p-Wert	Koeff.	p-Wert	Koeff.	p-Wert	Koeff.	p-Wert	Koeff.	p-Wert
const.	0,1939		0,2401	**	0,2093	***	0,1501		0,1804	
LN(Bilanzsumme)	-0,0111	***	-0,0098	***	-0,0027		-0,0033			
Anteil priv. Gesellschafter	0,1007	***	0,0927	***	0,0984	***	0,1030	***	0,1021	***
Anzahl d. Gesellschafter	0,0006		0,0007						0,0004	
Arbeitslosenquote	0,9552	***	0,8721	***	0,5364	***	0,5361	***	0,8516	***
Industriebesatz	0,0461		0,0462						0,0468	
Bevölkerungsentwicklung	5,2770	***	5,3209	***	2,7860	**	3,0368	***	4,6862	***
EK Quote			0,0353							
Debitorentage			-0,0002							
Kreditorentage			-0,0002	***	-0,0002	***	-0,0002	***		
Materialaufwandsquote			-0,1581	***	-0,1409	**	-0,1785	***		
Personalaufwandsquote	-0,4231	***	-0,4885	***	-0,3523	***	-0,5376	***	-0,4653	***
Konv. Erzeugung	-0,0041		-0,0071						-0,0107	
EW Strom 1RP	-0,1007		-0,1306				-0,1364		-0,0208	
EW Gas 1RP	-0,1274	*	-0,0853						-0,1092	
Korr. R-Quadrat	0,2788		0,2934		0,2955		0,2646		0,2621	
Quelle: Eigene Berechnungen										

Die Ergebnisse zeigen jeweils einen positiven und in allen acht Modellen deutlich signifikanten Koeffizienten (p-Wert im 99%-Bereich) für die betrachtete unabhängige Variable. Der höchste Koeffizient weist den Wert 0,1030 aus. Es wird davon ausgegangen, dass es einen deutlich signifikanten, positiven Zusammenhang zwischen dem privatwirtschaftlichen Anteilsbesitz und dem ROCE gibt. Dieses Ergebnis unterstützt die bereits in Kapitel 5.4 genannten Aussagen von Schumacher et al. (2007) und Feldo (2009) und unterstreicht, dass auch Minderheitsbeteiligungen privater Investoren in der Regel einen positiven Einfluss auf den wirtschaftlichen Erfolg kommunaler Stadtwerke haben (zur Erinnerung: alle im Rahmen dieser Arbeit betrachteten EVU sind zu mindestens 50 Prozent in kommunaler Hand). Wie bereits in Kapitel 3.3 dargestellt, messen insbesondere kommunale Unternehmen ihren Erfolg nicht nur in wirtschaftlichen Dimensionen. Bei diesen stehen häufig andere Unternehmensziele im Vordergrund, wie z.B. günstige Preise, kommunale Einflussnahme und Gestaltbarkeit, Umweltthemen oder der Erhalt lokaler Arbeitsplätze (Henseler, 2006; Bontrup/Marquardt, 2010; Pfeifer/Paul, 2013). Ein Erklärungsansatz für die deutliche Unterstützung der betrachteten Hypothese kann daher lauten, dass bei privatwirtschaftlichen EVU mehr Wert auf das Erreichen eines hohen ROCE gelegt wird, als bei kommunalen Unternehmen – dass jedoch diese wirtschaftliche Zielvorgabe mit steigendem privatem Anteilsbesitz an Bedeutung gewinnt. Ein anderer Erklärungsansatz kann lauten, dass privatwirtschaftliche EVU effizienter aufgestellt sind und kommunale Stadtwerke durch Beteiligung dieser Unternehmen von deren Effizienz profitieren – z.B. durch Knowhow-Transfer („best practice"), Synergie- oder Skaleneffekte. Für den Beleg dieser Erklärungsansätze sind jedoch detaillierte Untersuchungen erforderlich.

Anzahl der Gesellschafter

Hypothese 1.2: *Je höher die Anzahl der Gesellschafter, desto höher der ROCE.*

Ergebnis: *Die Hypothese wird tendenziell unterstützt.*

Die Hypothese wird mit dem Datensatz 1 (Alle_509) in fünf Modellen untersucht (Modell Alle_509_V.1, V.2, V.4, V.9, V.10). Diese zeigen jeweils einen positiven Koeffizienten für die betrachtete Unabhängige, der in einem Modell im 90%-, einmal im 95%-Signifikanzniveau liegt. In diesem Niveau weist der Koeffizient allerdings nur den Wert 0,0028 aus. Es wird davon ausgegangen, dass es tendenziell einen positiven Zusammenhang zwischen der Anzahl der Gesellschafter und dem ROCE gibt. Ein Erklärungsansatz für die Bestätigung dieser Hypothese ist, dass sich im Fall mehrerer Gesellschafter mit großer Wahrscheinlichkeit auch privatwirtschaftliche EVU unter diesen befinden. Diese führen gemäß der deutlich bestätigten Hypothese 1.1 eben zu höherem wirtschaftlichem Erfolg des Unternehmens. Tatsächlich zeigt eine genauere Betrachtung des Datensatzes 1, dass bei den EVU mit mehr als einem Gesellschafter (dies trifft auf 208 der betrachteten 509 Unternehmen zu) in 73 Prozent der Fälle auch ein privatwirtschaftlicher Anteilseigner beteiligt ist (152 Fälle; in den anderen Fällen besteht die Gesellschafterstruktur demnach aus einem oder mehreren kommunalen Anteilseignern). Ein anderer möglicher Erklärungsansatz lautet, dass die Unternehmensleitung eines EVU (also Vorstände oder Geschäftsführer) wirtschaftlich erfolgsorientierter handelt, wenn es mehrere Gesellschafter gibt, die jeweils kleinere Unternehmensanteile besitzen. Hintergrund dieser Überlegung ist zum einen, dass in solchen Fällen der kommunalpolitische Wunsch nach unternehmerischer Mitgestaltung in den Hintergrund rückt. Zum anderen ist denkbar, dass die Geschäftsleitung eigene Beschlussvorlagen bei mehreren Minderheitsgesellschaftern schneller genehmigt bekommt, als bei wenigen dominanten Mehrheitsgesellschaftern. Auch diese Erklärungsansätze stellen jedoch nur Hypothesen dar, zu deren Unterstützung weitere Untersuchungen erforderlich sind. Allerdings ist der erkannte statistische Zusammenhang zwischen der Anzahl der Gesellschafter und der Höhe des ROCE so klein, dass ihm kaum ökonomische Relevanz beizumessen ist.

Eine Übersicht über die zwei Erfolgsfaktoren im Wirkungsbereich der Eigentümerstruktur und die Ergebnisse der Regressionsanalysen zur Überprüfung ihrer unterstützenden Hypothesen ist in Tabelle 15 aufgeführt.

Tabelle 15: Wirkung der Eigentümerstruktur

Wirkung der Eigentümerstruktur auf den Unternehmenserfolg		
Erfolgsfaktor: Privatwirtschaftlicher Anteilsbesitz		
Hypoth.:		Unabhängige Variable:
1.1	Je höher der Anteil privater Gesellschafter, desto höher ROCE	Anteil priv. Gesellschafter
Erfolgsfaktor: Anzahl der Gesellschafter		
Hypoth.:		Unabhängige Variable:
1.2	Je höher die Anzahl der Gesellschafter, desto höher ROCE	Anzahl d. Gesellschafter

Ermittelter Zusammenhang zw. unabh. Variable und ROCE (Regressionsergebnisse)						
	Datensatz 1: "Alle_509"		Datensatz 2: "TOP_50"			
Hypoth.:	Koeffizient	Signifikanz	Koeffizient	Signifikanz	Unterstützung der Hypoth.:	Modelle:
1.1	0,1030	* * *			ja ✓✓✓	Modell Alle_509_V.1 - V.7, V.10
1.2	0,0028	* *			ja ✓	Modell Alle_509_V.1, V.2, V.4, V.9, V.10
Legende:	✓✓✓ sehr (deutlich) signifikant		✓✓	(überwiegend) signifikant	✓ Tendenz erkennbar	
Quelle: Eigene Berechnungen						

5.6.2 Wirkung der strategischen Ausrichtung auf den Unternehmenserfolg

Für den Wirkungsbereich Strategische Ausrichtung wird ein potenzieller Erfolgsfaktor analysiert: die Fokussierung auf das Kerngeschäft.

Fokussierung auf das Kerngeschäft

Der potenzielle Erfolgsfaktor Fokussierung auf das Kerngeschäft wird – wie bereits in Kapitel 5.4.2 erläutert – auf die sieben wesentlichen Sparten der kommunalen

EVU heruntergebrochen: Strom, Gas, Wasser, Fernwärme, Telekommunikation, ÖPNV und Abfallentsorgung.

Hypothese 2.1: *Je größer der Umsatzanteil in der Sparte Strom, desto höher der ROCE.*

Ergebnis: *Die Hypothese wird tendenziell unterstützt.*

Die Hypothese wird mit dem Datensatz 2 (TOP_50) in drei Modellen untersucht (Modell TOP_50_V.1.4, V.1.9, V.1.10). Diese zeigen jeweils einen positiven Koeffizienten für die betrachtete Unabhängige, der in einem Modell im 90%-Signifikanzniveau liegt. Dieser Koeffizient hat den Wert 0,0497. Es wird davon ausgegangen, dass es tendenziell einen positiven Zusammenhang zwischen dem Umsatzanteil der Sparte Strom und dem ROCE gibt.

Hypothese 2.2: *Je größer der Umsatzanteil in der Sparte Gas, desto höher der ROCE.*

Ergebnis: *Die Hypothese wird mit deutlicher Signifikanz unterstützt.*

Die Hypothese wird mit dem Datensatz 2 (TOP_50) in zehn Modellen untersucht (Modell TOP_50_V.3.1 – V.3.10). Die Regressionsergebnisse von fünf dieser zehn Modelle sind in Tabelle 16 dargestellt.

Tabelle 16: Regressionsergebnisse für Hypothese 2.2 (Auszug)

Variable	TOP_50_V.3.1		TOP_50_V.3.2		TOP_50_V.3.3		TOP_50_V.3.7		TOP_50_V.3.10	
	Koeff.	p-Wert	Koeff.	p-Wert	Koeff.	p-Wert	Koeff.	p-Wert	Koeff.	p-Wert
const.	0,1491		0,2431		0,0668		0,0407		0,0949	* * *
LN(Bilanzsumme)	-0,0079		-0,0158		-0,0033		0,0061			
Wachstum	0,3202		0,3437		0,5136	* *				
Personalaufwandsquote	-0,1179						-0,5978	* * *	-0,1265	
Aufwand f. bezog. Lstg. zu Umsatz	0,2779	*	0,2318	*	0,2604	*	0,2733	*		
Umsatzanteil Gas	0,1733	* *	0,1306	* *	0,1903	* * *	0,1573	* * *	0,1703	* * *
Umsatzanteil Stromgroßhandel	0,0425	*	0,0576	* *	0,0367				0,0317	*
Umsatzanteil Wasser	-0,2147		-0,2171		-0,3101	*	-0,1649	* *	-0,2307	
Umsatzanteil Fernwärme	-0,2780	* *	-0,3081	* *	-0,2728	* *	-0,0629		-0,1840	* *
Umsatzanteil ÖPNV	-0,1732		-0,1936	* *	-0,2470	* *			-0,2351	*
Anteil regener. Eigenerzeug. am Stromabs.	-1,0011	* *	-0,7768	*	-1,0590	* *			-0,8844	* * *
Überregionaler Stromvertrieb			0,0187				0,0300		0,0547	* * *
Überregionaler Gasvertrieb					-0,0142		-0,0498		-0,0905	* * *
Korr. R-Quadrat	0,6789		0,7005		0,6763		0,6184		0,8137	

Quelle: Eigene Berechnungen

Die Ergebnisse zeigen jeweils positive Koeffizienten. Die jeweiligen *p*-Werte der Koeffizienten liegen bei der einen Hälfte der Modelle im 95%-Niveau, bei der anderen Hälfte sogar im 99%-Bereich. Der höchste Koeffizient weist den Wert 0,1903 aus. Es wird somit davon ausgegangen, dass es einen sehr signifikanten, positiven Zusammenhang zwischen dem Umsatzanteil der Sparte Gas und dem ROCE gibt.

Die präsentierten Ergebnisse zeigen, dass die beiden umsatzstärksten Sparten Strom und Gas in der Regel profitabel für die Unternehmen sind. Die Ergebnisse unterstützen die Aussagen von Schumacher et al. (2007) und Feldo (2009), die ebenfalls zu dem Schluss kommen, dass es einen positiven Zusammenhang zwischen der Umsatzhöhe in den Sparten Strom und Gas und dem wirtschaftlichen Unternehmenserfolg gibt (Feldo (2009) weist einen signifikanten Zusammenhang nur für die Sparte Strom nach).

Allerdings überrascht die nur tendenzielle Unterstützung der Hypothese 2.2 – zumal die Sparte Strom mit durchschnittlich 53 Prozent die mit Abstand umsatzstärkste Sparte bei den betrachteten Unternehmen ist (vgl. Abbildung 26). Ein Erklärungsansatz für dieses Ergebnis lautet, dass ein oder mehrere der vier Geschäftsfelder, welche die Sparte Strom regelmäßig subsummiert, im Betrachtungszeitraum weniger rentabel oder sogar defizitär sind. Wie in Kapitel 5.4.2 dargestellt, lässt sich die Sparte Strom in die Geschäftsfelder Stromerzeugung, Stromhandel, Stromvertrieb und Stromverteilung untergliedern. Die Durchführung multivariater Regressionsanalysen mit den Umsatzverhältnissen dieser Geschäftsfelder als unabhängigen Variablen (analog zur beschriebenen Überprüfung der Hypothese 2.2) könnte diesen Erklärungsansatz bestätigen. Leider lässt die Anzahl der im Rahmen der vorliegenden Arbeit verfügbaren Beobachtungen dieser Kennzahlen keine belastbare Analyse zu. Zur Rentabilität des Geschäftsfeldes Stromerzeugung wird jedoch im Kapitel 5.6.4 eine Aussage getroffen.

Hypothese 2.3: *Je kleiner der Umsatzanteil in der Sparte Wasser, desto höher der ROCE.*

Ergebnis: *Die Hypothese wird signifikant unterstützt.*

Die Hypothese wird mit dem Datensatz 2 (TOP_50) in acht Modellen untersucht (Modell TOP_50_V.3.1-V3.4, V.3.7-V.3.10). Diese zeigen jeweils einen negativen Koeffizienten für die betrachtete Unabhängige, wobei die *p*-Werte einmal im 90%- und zweimal im 95%-Bereich liegen. Der Betrag des höchsten Koeffizienten weist den Wert 0,3268 aus. Es wird davon ausgegangen, dass es einen signifikanten, negativen Zusammenhang zwischen dem Umsatzanteil der Sparte Wasser und dem ROCE gibt.

Sowohl die Hypothese an sich als auch ihre Unterstützung durch das vorgestellte Ergebnis der Regressionsanalysen mögen auf den ersten Blick überraschen, da die Trinkwasserversorgung nicht im Wettbewerb steht und die Wasserversorger zunächst im „Generalverdacht" stehen, Einsparpotenziale nicht zu nutzen oder gar nicht erst zu suchen, und dennoch gut an der Wasserversorgung zu verdienen (VZH, 2013). Die Wasserversorgung stellt ein natürliches Monopol dar, da in einem Versorgungsgebiet immer nur ein Anbieter auf Basis einer Konzession die öffentliche

Trinkwasserversorgung anbietet. Durch den fehlenden Wettbewerb haben die Kunden keine Möglichkeit, den Anbieter zu wechseln und sind – was die Preise angeht – an ihren lokalen Wasserversorger gebunden. Nach einem Präzedenzfall, den die Kartellbehörde des hessischen Wirtschaftsministeriums im Frühjahr 2007 startete, haben in den vergangenen Jahren allerdings das Bundeskartellamt sowie mehrere Landeskartellbehörden verstärkt die Preise der privatrechtlich tätigen Wasserversorger untersucht und in vielen Fällen erhebliche Preissenkungen durchgesetzt, was Signalwirkung für die Branche hatte (O.V., 2012b; VZH, 2013). Die Preissenkungen führen offensichtlich zu Umsatz- und Ergebniseinbußen und in einigen Fällen zu unrentablen Wasserkonzessionen, wie das Beispiel des südhessischen Regionalversorgers HSE AG zeigt: Auf Druck der hessischen Landeskartellbehörde musste das Unternehmen seine Wasserpreise um 20 Prozent senken. Als Konsequenz darauf wurde nach 40 Jahren die auslaufende Wasserkonzession der Stadt Erbach aufgrund von Unrentabilität nicht mehr verlängert (O.V., 2013b). Es liegt auf der Hand, dass ein solcher Schritt kommunalpolitische Relevanz hat.

Dies gilt auch für eine weitere Strategie, die in jüngster Zeit von mehreren Wasserversorgern verfolgt wird: die sogenannte „Flucht in die Gebühren". Während nämlich die Preise, die privatrechtlich organisierte Wasserversorgungsunternehmen erheben, dem Kartellrecht unterliegen, bietet dieses bei Gebühren keine Handhabe. Man spricht von Preisen oder Tarifen, wenn die Versorgungsunternehmen privatrechtlich organisiert sind, z.B. als AG oder GmbH, unabhängig davon, ob die Unternehmen in öffentlichem oder privatem Eigentum sind. Hingegen spricht man von Gebühren, Beiträgen oder Abgaben auf der Grundlage des Kommunalabgabengesetzes, wenn die Versorgungsunternehmen öffentlich-rechtlich organisiert sind (öffentlich-rechtliche Betriebe haben allerdings die Wahlfreiheit, privatwirtschaftliche Preise zu erheben) (VZH, 2013). Liegt die Wasserversorgung also in den Händen eines öffentlich-rechtlichen Unternehmens, z.B. eines kommunalen Eigenbetriebes, hat das zuständige Kartellamt bzgl. der erhobenen Wasserabgaben keine Ansatzmöglichkeiten. Diese strategische Option erhielt durch das neue deutsche Kartellrecht vom 30. Juni 2013 zusätzlichen Aufwind. Der Gesetzgeber hat damit – wider Erwarten – einen wirksamen Anreiz für Wasserversorger geschaffen, sich der Kartellaufsicht durch Flucht in das Gebührenrecht zu entziehen. Für Verbraucher ist das nicht unbedingt eine gute Nachricht. Bei den Wasserversorgern ist in jüngster Zeit jedenfalls ein neuer Trend zu beobachten: Sie entziehen sich zunehmend der Kontrolle durch die Kartellbehörden, z.B. durch schlichten Rechtsformwechsel oder „Zwischenschaltung" der Kommune als Wasserversorger – dann wird der bisheriger Wasserversorger (z.B. die Stadtwerk GmbH) typischerweise Vorlieferant des Wassers, Verpächter des Netzes und Dienstleister des kommunalen Eigenbetriebs (z.B. für die Betriebsführung) (VZH, 2013; Bangard, 2014).

Bezüglich der Hypothese 2.3 sei abschließend darauf hingewiesen, dass deren signifikante Unterstützung durch die Ergebnisse der Regressionsanalyse nicht bedeutet, dass die Sparte Wasser bei den betrachteten EVU in der Regel defizitär ist. Sie zeigt auf, dass die Wassersparte weniger rentabel ist als z.B. die Sparten Strom und Gas. Die Stadtwerke sind in jedem Fall gut beraten, die Wirtschaftlichkeit ihrer

Wassersparte zu kontrollieren (bis auf Konzessionsebene) und ggfs. Maßnahmen zur Erhöhung ihrer Rentabilität zu ergreifen.

Hypothesen 2.4: *Je größer der Umsatzanteil in der Sparte Fernwärme, desto höher der ROCE.*

Ergebnis: *Der gegenteilige Effekt der Hypothese wird signifikant unterstützt.*

Die Hypothese wird mit dem Datensatz 2 (TOP_50) in zehn Modellen untersucht (Modell TOP_50_V.3.1-V.3.10). Diese zeigen jeweils einen negativen Koeffizienten für die betrachtete unabhängige Variable. Die entsprechenden *p*-Werte liegen in sieben Modellen im 90%-Signifikanzniveau. Der höchste Koeffizient in diesem Niveau weist den Wert -0,3081 aus. Somit wird davon ausgegangen, dass es einen signifikanten, negativen Zusammenhang zwischen dem Umsatzanteil der Sparte Fernwärme und dem ROCE gibt – also dem gegenteiligen Effekt der aufgestellten Hypothese.

Zunächst gilt hier der gleiche Hinweis wie bei Hypothese 2.4: Die Ergebnisse der Regressionsanalysen sagen nicht aus, dass die Sparte Fernwärme in der Regel defizitär ist. Dennoch überraschen die negativen Koeffizienten, zumal die Fernwärme offensichtlich zu den Wachstumsbereichen zählt. Insbesondere die großen Fernwärmeversorger, wie die Mainova AG in Frankfurt, die Stadtwerke München GmbH oder die MVV Energie AG in Mannheim wollen auch in den kommenden Jahren erhebliche Investitionen in den Ausbau ihrer Fernwärmenetze tätigen (Jaeger, 2014; O.V., 2015b; O.V., 2015c). Der Fernwärme-Branchenverband AGFW berichtet im Oktober 2014, dass im vorangegangenen Jahr mit 20.219 km die bislang größte Fernwärmenetzlänge in Deutschland dokumentiert wird – Tendenz steigend (AGFW, 2014). Aus strategischer Sicht gibt es einige Gründe, die für das Investment in Fernwärme sprechen. So unterliegen in Deutschland weder die Fernwärmenetze noch die Wärmelieferanten der Regulierung durch die Bundesnetzagentur[15] (BNetzA, 2015) und der wichtigste Wettbewerber, die Gas-Zentralheizung, kann seitens der EVU durch geeignete Festlegung von Gas- bzw. Fernwärmevorranggebieten gut gesteuert werden (zumal Gasabsatz in der Regel für Umsatz im selben Stadtwerk sorgt). Warum also führt ein höherer Fernwärme-Umsatzanteil tendenziell zu einem geringeren ROCE? Neben der höheren Wirtschaftlichkeit anderer Sparten können zwei mögliche Erklärungsansätze genannt werden, für deren Bestätigung jedoch detaillierte Untersuchungen erforderlich sind. Zum einen verfügen viele Stadtwerke nur über kleine Wärmenetze, die zumeist aus Gas-befeuerten Wärmequellen versorgt werden. Die ökonomischen und ökologischen Vorteile der Kraftwerkekopplung bestehen in diesen Fällen nicht. Zum anderen kann davon ausgegangen werden, dass es bei größeren, stromgeführten KWK-Anlagen aufgrund der bereits in Kapitel 5.4.4 genannten Effekte im Zuge der Energiewende zunehmend zu sinkenden Laufzeiten der Kraftwerke bzw. deutlich steigenden Wärme-

15 Es sei allerdings angemerkt, dass die Fernwärmeversorger der erst im Jahr 2007 eingeführten Verbraucherpreisaufsicht nach § 29 GWB (Gesetz gegen Wettbewerbsbeschränkungen) sowie auch zunehmender kartellbehördlicher Aufmerksamkeit unterliegen (Pielow, 2012).

gestehungskosten kommt, die die EVU nicht unmittelbar bzw. nicht in voller Höhe an die Wärmekunden weiterreichen können. Beispielhaft kann hier die Entwicklung bei den WSW Wuppertaler Stadtwerken genannt werden, deren Fernwärmenetz bislang in Kraft-Wärme-Kopplung von einem Gas-, sowie einem Kohlebefeuerten Kraftwerk gespeist wird. Die Wärmegestehungskosten in beiden Kraftwerken sind aufgrund der energiepolitischen Rahmenbedingungen in jüngster Zeit so unwirtschaftlich geworden, dass die WSW eine Stilllegung des Kohlekraftwerkes im Jahr 2019 planen. Dieser Zeitpunkt resultiert aus erheblichen Umbaumaßnahmen im Fernwärmenetz, die nötig sind, um die Wärmeversorgung weiterhin sicher zu stellen (Wuppertaler Rundschau, 2014; WSW, 2015).

Wirtschaftlich besser als für die Sparte Fernwärme steht es offensichtlich für die Sparte Telekommunikation, wie das Ergebnis der folgenden Hypothese zeigt.

Hypothesen 2.5: *Je größer der Umsatzanteil in der Sparte Telekommunikation, desto höher der ROCE.*

Ergebnis: *Die Hypothese wird signifikant unterstützt.*

Die Hypothese wird mit dem Datensatz 2 (TOP_50) in acht Modellen untersucht (Modell TOP_50_V.2.1-V.2.5, V.2.7-V.2.9). Diese zeigen jeweils einen positiven Koeffizienten für die betrachtete Unabhängige. Die *p*-Werte der Koeffizienten liegen in drei Modellen im 90%-Signifikanzniveau, zweimal im 95%-Niveau. Dort weist der höchste Koeffizient den Wert 2,8122 aus. Es wird davon ausgegangen, dass ein signifikanter positiver Zusammenhang zwischen dem Umsatzanteil in der Sparte Telekommunikation und dem ROCE besteht. Eine Analyse der vorliegenden Geschäftsberichte der TOP_50-Unternehmen offenbart eine Vielzahl unterschiedlicher Geschäftstätigkeiten, die von den EVU in der Sparte Telekommunikation zusammengefasst werden. Kleinster gemeinsamer Nenner ist in der Regel der Betrieb von Telekommunikationsnetzen, üblicherweise Breitband-Glasfaserleitungen, die mit den Kabelnetzen anderer Sparten mitverlegt werden. Auf diese Weise nutzen die Stadtwerke erhebliche Synergien, insbesondere im Tiefbau (Büllingen/Stamm, 2003). Basierend auf dem Betrieb dieser Infrastruktur bieten viele EVU (bzw. oftmals ihre Tochtergesellschaften) ein breites Spektrum an Telekommunikations- und IT-Dienstleistungen an, z.B. schnelles Internet, moderne Telefonie, Datendienste und Administrator-Services für Geschäftskunden bis hin zu Rechenzentrumsleistungen (Visser, 2008; HSE, 2013; EWE, 2015). Dabei besetzen die kommunalen Anbieter häufig Nischen in Regionen, die für andere Telekommunikationsanbieter nicht interessant bzw. nicht wirtschaftlich erschließbar sind. Gerade der flächendeckende Breitbandausbau ist auch ein politisches Ziel der Bundesregierung, und die Rahmenbedingungen für Wettbewerber der Telekom wurden in jüngster Zeit regulatorisch verbessert (BNetz, 2014). Zwar sind für die konkrete Beurteilung der jeweiligen Geschäftsmodelle Einzelbetrachtungen erforderlich, die Sparte Telekommunikation an sich erscheint für die Stadtwerke allerdings wirtschaftlich interessant.

Hypothese 2.6: *Je kleiner der Umsatzanteil in der Sparte ÖPNV, desto höher der ROCE.*

Ergebnis: *Die Hypothese wird mit deutlicher Signifikanz unterstützt.*

Die Hypothese wird mit dem Datensatz 2 (TOP_50) in acht Modellen untersucht (Modell TOP_50_V.3.1-V.3.5, V.3.8-V.3.10). Die Regressionsergebnisse von fünf dieser acht Modelle sind in Tabelle 17 dargestellt.

Tabelle 17: Regressionsergebnisse für Hypothese 2.6 (Auszug)

Variable	TOP_50_V.3.2		TOP_50_V.3.4		TOP_50_V.3.5		TOP_50_V.3.9		TOP_50_V.3.10	
	Koeff.	p-Wert	Koeff.	p-Wert	Koeff.	p-Wert	Koeff.	p-Wert	Koeff.	p-Wert
const.	0.2431		0.1734		0.2564	*	0.0503		0.0949	* * *
LN(Bilanzsumme)	-0.0158		-0.0069		-0.0157	*				
Wachstum	0.3437				0.2817		0.4278	*		
Personalaufwandsquote									-0.1265	
Aufwand f. bezog. Lstg. zu Umsatz	0.2318	*					0.0275			
Umsatzanteil Gas	0.1306	* *	0.1460	* *	0.1007	* *	0.1528	* *	0.1703	* * *
Umsatzanteil Stromgroßhandel	0.0576	* *	0.0449	*	0.0653	* * *	0.0321	*	0.0317	*
Umsatzanteil Wasser	-0.2171		-0.2398				-0.3268	* *	-0.2307	
Umsatzanteil Fernwärme	-0.3081	* *	-0.2292	* *	-0.2985	* *	-0.1913	* *	-0.1840	* *
Umsatzanteil ÖPNV	-0.1936	* *	-0.2809	* * *	-0.2654	* * *	-0.2527	* * *	-0.2351	*
Anteil regener. Eigenerzeug. am Stromabs.	-0.7768	*	-0.7476	*	-0.2759	* *	-0.8158	* * *	-0.8844	* * *
Überregionaler Stromvertrieb	0.0187		0.0614	* * *	0.0629	* * *	0.0571	* * *	0.0547	* * *
Überregionaler Gasvertrieb			-0.0827	* * *	-0.0667	* * *	-0.0848	* * *	-0.0905	* * *
Korr. R-Quadrat	0.7005		0.8106		0.7994		0.8024		0.8137	
Quelle: Eigene Berechnungen										

Die Ergebnisse zeigen jeweils einen negativen Koeffizienten für die betrachtete unabhängige Variable. Die *p*-Werte der Koeffizienten liegen einmal im 90%-Bereich, dreimal im 95%-, und dreimal sogar im 99%-Signifikanzbereich. Im letzteren weist der höchste Koeffizient den Wert -0,2809 aus. Es wird deshalb davon ausgegangen, dass ein deutlich signifikanter, negativer Zusammenhang zwischen dem Umsatzanteil in der Sparte ÖPNV und dem ROCE besteht. Dieses Ergebnis überrascht nicht. Stadtwerke, die über Verkehrsbetriebe verfügen, stellen mit dem öffentlichen Personennahverkehr eine gesetzlich geregelte Daseinsvorsorge sicher. Dabei kann sich der ÖPNV über Fahrscheine regelmäßig nicht eigenfinanzieren und stellt somit einen Zuschussbetrieb dar (Gehrke/Groß, 2014). Die vorgestellten Ergebnisse der Regressionsanalysen bestätigen die Erkenntnisse einer Untersuchung von Bausch et al. (2009), die aufzeigt, dass Stadtwerke mit ÖPNV im Durchschnitt einen um 4,7 Prozent geringeren Return on Invested Capital (ROIC) aufweisen, als solche ohne ÖPNV (betrachtet wurden 121 EVU aus Deutschland, Österreich und der Schweiz im Betrachtungszeitraum 1999 bis 2007).

Wirtschaftlich interessanter erscheint für die Stadtwerke in der Regel die Sparte Abfallentsorgung, wie die Regressionsergebnisse der Hypothese 2.8 zeigen:

Hypothese 2.7: *Je größer der Umsatzanteil in der Sparte Abfallentsorgung, desto höher der ROCE.*

Ergebnis: *Die Hypothese wird tendenziell unterstützt.*

Die Hypothese wird mit dem Datensatz 2 (TOP_50) in zwei Modellen untersucht (Modell TOP_50_V.2.7, V.2.10), die beide einen positiven Koeffizienten für die betrachtete unabhängige Variable zeigen. Es wird davon ausgegangen, dass ein tendenziell positiver Zusammenhang zwischen dem Umsatzanteil in der Sparte Abfallentsorgung und dem ROCE besteht, wenngleich die *p*-Werte des Koeffizienten unterhalb des 90%-Signifikanzniveaus liegen. Eine Analyse der vorliegenden Geschäftsberichte der TOP_50-Unternehmen zeigt – ähnlich wie in der Telekommunikation – eine Vielzahl unterschiedlicher Geschäftstätigkeiten, die von den EVU in der Sparte Abfallentsorgung zusammengefasst werden. Hierzu zählen die Abfallsammlung und Aufbereitung von Rest-, Bio- und Sonderabfällen sowie von Sperrmüll, Papier, Glas und Kunststoffen, die Betriebsführung kommunaler Wertstoff- und Recyclinghöfe und die Elektroaltgeräteverwertung, die Gewinnung und Vermarktung von Sekundärroh- und –brennstoffen, die Abwasserentsorgung und der Betrieb von Klärwerken, Müll- und Klärschlammverbrennungsanlagen. Typischerweise werden diese Aufgaben von Tochtergesellschaften der Stadtwerke erbracht. Häufig sind mehrere Stadtwerke oder die Kommunen selbst an diesen Gesellschaften beteiligt.

Diese Entsorgungsgesellschaften erbringen Dienstleistungen für die öffentlich-rechtlichen Entsorgungsträger – dies sind nach dem deutschen Abfallrecht (überwiegend geregelt durch das Kreislaufwirtschaftsgesetz (KrWG, 2013)) die Städte und Kommunen. Diese sind verpflichtet, andienungspflichtige Abfälle zu erfassen und zu verwerten oder – soweit nicht stofflich und/oder energetisch verwertbar – zu beseitigen. Dabei lässt die kommunale Selbstverwaltung den Kommunen weitgehende Handlungsfreiheit für die Organisation der hoheitlichen Aufgabe der Abfallentsorgung: sie bedienen sich ihrer Eigenbetriebe, ihrer unmittelbar oder mittelbar beherrschten Unternehmen (z.B. Stadtwerken) sowie Dritter (O.V., 2014d). Unter der „hoheitlichen Abfallentsorgung“ sind zusammenfassend die abfallwirtschaftlichen Leistungen zu verstehen, die durch Gebühren finanziert werden. Den rechtlichen Rahmen – auch für die Kalkulation der Abfallgebühren – konkretisieren die öffentlich-rechtlichen Entsorgungsträger durch den Erlass von eigenen Abfallsatzungen und Abfallgebührensatzungen. Zur Finanzierung der hoheitlichen Abfallwirtschaft erheben die Entsorgungsträger Benutzungsgebühren im Sinne der Kommunalabgabengesetze der Länder (KAG)[16], die als Jahres-, Grund-, Zusatz- sowie Lenkungsgebühren ausgestaltet werden (O.V., 2014d). Zur Kalkulation der Gebühren heißt es im Kommunalabgabengesetz des Landes Hessen, dass sowohl Kostenüberdeckungen als auch Kostenunterdeckungen in den Gebührenhaushalten grundsätzlich an bzw. seitens der Gebührenpflichtigen auszugleichen sind. Entgelte für in Anspruch genommene Fremdleistungen stellen dabei ansatzfähige Kosten bei der Gebührenkalkulation dar. Zu den Fremdleistungen zählen Leistungen Dritter, die Aufgaben der hoheitlichen Abfallentsorgung erbringen (O.V., 2014d).

Werden Stadtwerke seitens der öffentlich-rechtlichen Entsorgungsträger mit entsprechenden Aufgaben betraut, erbringen sie Dienstleistungen im Rahmen abzuschließender Dienstleistungsverträge. Gemäß den Ergebnissen der Regressionsanalyse scheinen diese Verträge für die betrachteten EVU überwiegend rentabel zu sein. Es kann vermutet werden, dass typischerweise mehrjährige Vertragslaufzeiten vereinbart werden und Kostensenkungen durch Effizienzsteigerungen innerhalb der Vertragslaufzeit bei den Dienstleistern verbleiben. Eine Untersuchung des Bayrischen kommunalen Prüfungsverbands im Jahr 2002 zeigt, dass im Bereich der Abfallentsorgung erhebliche Effizienzsteigerungsmaßnahmen umsetzbar sind und auch umgesetzt werden (O.V., 2002b). So wird z.B. im Bereich der Müllabfuhr durch verstärkten Technikeinsatz der Personalbedarf bei der Behälterentleerung auf ein Minimum begrenzt. Bei Einsatz von sogenannten „Seitenladern" wird im „Null-Service-Bereich" (die Bürger stellen die Tonnen selbst bereit) vollständig auf den Einsatz von Müllladern neben dem Fahrzeugführer verzichtet (im Gegensatz zum „Voll-Service", bei dem die Abfallbehälter von den Grundstücken und nicht vom Straßenrand aufgenommen werden) (O.V., 2002b). Für konkretere Analysen fehlen im Rahmen der vorliegenden Arbeit detailliertere Daten. Tendenziell erscheint die Sparte Abfallentsorgung für Stadtwerke jedoch wirtschaftlich interessant.

Wie bereits in Kapitel 5.4.2 dargelegt, wird bei der Analyse der Geschäftsberichte der TOP_50-Unternehmen das jeweilige Engagement der Stadtwerke in 15 aggregierten Geschäfts- bzw. Tätigkeitsfeldern dokumentiert (vgl. Abb. 27). Zur Klärung der Frage, ob ein sehr breites Engagement erfolgsversprechend ist, oder ob die Stadtwerke besser beraten sind, sich auf ihr (jeweils unternehmensspezifisch zu definierendes) Kerngeschäft zu fokussieren, wird Hypothese 2.8 statistisch untersucht:

Hypothese 2.8:	*Je geringer die Anzahl der Geschäftsbereiche, desto höher der ROCE.*
Ergebnis:	*Keine Aussage möglich.*

Die Hypothese wird mit dem Datensatz 2 (TOP_50) in mehreren Modellen analysiert. Diese liefern unterschiedliche Vorzeichen für den Koeffizienten der betrachteten unabhängigen Variablen. Auf Basis der hier durchgeführten Regressionsanalysen

16 Die Kommunalabgabengesetze (KAG) der Länder sind neben den Bundesgesetzen (Abgabenordnung, Gewerbesteuergesetz, Grundsteuergesetz, Gemeindefinanzreformgesetz) die wichtigste Rechtsgrundlage für die Einnahmen der Gemeinden und anderer kommunaler Gebietskörperschaften (FES, 2015).

kann für diese Hypothese daher keine Aussage getroffen werden. Eine Datenanalyse zeigt, dass die 50 Unternehmen im Betrachtungszeitraum durchschnittlich in 8,6 der in Abbildung 26 gezeigten 15 Geschäftsfelder tätig sind. Das erfolgreiche Management einer höheren Anzahl an Geschäftsfeldern erscheint allerdings grundsätzlich möglich: Auch einige EVU mit einer zweistelligen Anzahl an Geschäftsfeldern erreichen überdurchschnittliche ROCE-Werte.

Tabelle 18 zeigt eine Übersicht über die Ergebnisse der Regressionsanalysen zur Überprüfung der unterstützenden Hypothesen des Erfolgsfaktors Fokussierung auf das Kerngeschäft.

Tabelle 18: Wirkung der strategischen Ausrichtung auf den Erfolg

Wirkung der strategischen Ausrichtung auf den Unternehmenserfolg		
Erfolgsfaktor: Fokussierung auf das Kerngeschäft		
Hypoth.:		Unabhängige Variable:
2.1	Je größer der Umsatzanteil in der Sparte Strom, desto höher ROCE	Umsatzanteil Strom
2.2	Je größer der Umsatzanteil in der Sparte Gas, desto höher ROCE	Umsatzanteil Gas
2.3	Je kleiner der Umsatzanteil in der Sparte Wasser, desto höher ROCE	Umsatzanteil Wasser
2.4	Je größer der Umsatzanteil in der Sparte Fernwärme, desto höher ROCE	Umsatzanteil Fernwärme
2.5	Je größer der Umsatzanteil in der Sparte Telekommunikation, desto höher ROCE	Umsatzanteil Telekommunikation
2.6	Je kleiner der Umsatzanteil in der Sparte ÖPNV, desto höher ROCE	Umsatzanteil ÖPNV
2.7	Je größer der Umsatzanteil in der Sparte Abfallentsorgung, desto höher ROCE	Umsatzanteil Abfallentsorgung
2.8	Je geringer die Anzahl der Geschäftsbereiche, desto höher ROCE	Anzahl der Geschäftsfelder

Ermittelter Zusammenhang zw. unabh. Variable und ROCE (Regressionsergebnisse)							
	Datensatz 1: "Alle_509"		Datensatz 2: "TOP_50"				
Hypoth.:	Koeffizient	Signifikanz	Koeffizient	Signifikanz	Unterstützung der Hypoth.:		Modelle:
2.1			0,0497	*	ja	✓	Modell TOP_50_V.1.4, V.1.9 - V.1.10
2.2			0,1903	* * *	ja	✓✓✓	Modell TOP_50_V.3.1 - V.3.10
2.3			-0,3268	* *	ja	✓✓	Modell TOP_50_V.3.3, V.3.7, V.3.9
2.4			-0,3081	* *	Gegenteil	✓✓	Modell TOP_50_V.3.1 - V.3.10
2.5			2,8122	* *	ja	✓✓	Modell TOP_50_V.2.1 - V.2.5, V.2.7 - V.2.9
2.6			-0,2809	* * *	ja	✓✓✓	Modell TOP_50_V.3.1 - V.3.5, V.3.8 - V.3.10
2.7			0,1973		ja	✓	Modell TOP_50_V.2.7, V.2.10
2.8			keine Aussage möglich		nein		-

Legende:	✓✓✓	sehr (deutlich) signifikant	✓✓	(überwiegend) signifikant	✓	Tendenz erkennbar
Quelle:	Eigene Berechnungen					

5.6.3 Wirkung der internen Ressourcen auf den Unternehmenserfolg

Im Wirkungsbereich Interne Ressourcen werden drei potenzielle Erfolgsfaktoren analysiert: Die Wertschöpfung der Mitarbeiter (anhand einer Hypothese), die Personalkosten (drei Hypothesen) und das Verhältnis Fremd- zu Eigenleistung (zwei Hypothesen).

Wertschöpfung der Mitarbeiter

Hypothese 3.1: *Je höher die Wertschöpfung je Mitarbeiter, desto höher der ROCE.*

Ergebnis: *Die Hypothese wird tendenziell unterstützt.*

Die Hypothese wird mit dem Datensatz 2 (TOP_50) in fünf Modellen untersucht (Modell TOP_50_V.1.2-V.1.5, V.1.7). Diese zeigen jeweils einen positiven Koeffizienten für die betrachtete unabhängige Variable. Die *p*-Werte der Koeffizienten liegen einmal im 90%-, einmal im 99%-Signifikanzbereich. Im letzteren weist der Koeffizient allerdings nur den Wert 0,0007 aus. Damit ist der erkannte statistische Zusammenhang zwischen der Wertschöpfung je Mitarbeiter und der Höhe des ROCE so gering, dass ihm kaum ökonomische Relevanz beizumessen ist. Dieses Ergebnis überrascht. Ein Erklärungsansatz für diesen nur geringen statistischen Zusammenhang zielt auf die Umsatzanteile ab, die nicht oder nur unwesentlich mit der operativen Arbeitsleistung der Mitarbeiter zusammenhängen: die Umsätze im Energiehandel und insbesondere die nicht durch die EVU beeinflussbaren externen Kostentreiber, z.B. die EEG-Umlage (vgl. Kapitel 5.4.3). Diese Umsatzanteile verzerren die Höhe der ermittelten Wertschöpfung. Wie bereits dargestellt, liegen im Rahmen dieser Arbeit keine durchgängigen, detaillierteren Daten vor, mit denen die Unternehmensumsätze um die genannten Positionen bereinigt werden können. Aufgrund der genannten Regressionsergebnisse wird jedoch davon ausgegangen, dass tendenziell ein positiver Zusammenhang zwischen der Wertschöpfung der Mitarbeiter und dem ROCE besteht.

Personalkosten

Inwieweit die Lohn- oder Personalkosten einen strategischen Erfolgsfaktor der EVU darstellen, wird anhand der Hypothesen 3.2 bis 3.4 untersucht. Wie bereits erwähnt, liegt die Anzahl der Mitarbeiter (jeweils pro Jahr des Betrachtungszeitraumes) für die Unternehmen im Datensatz 2 vor (TOP_50). Eine erste Analyse zeigt, dass erhebliche Unterschiede bzgl. der durchschnittlichen Gehaltshöhe bei den EVU bestehen. So ist das höchste gezahlte Jahresdurchschnittsgehalt (Median über den gesamten Betrachtungszeitraum) mit 72,3 T€/a fast doppelt so hoch, wie das niedrigste Jahresdurchschnittsgehalt mit 36,5 T€/a (vgl. hierzu die Datenpunkte in Abb. 33). In einzelnen Jahren reichen die Differenzspannen über 100% hinaus. Weniger überraschend ist die Erkenntnis, dass die Personalkosten im Betrachtungszeitraum im Durchschnitt kontinuierlich ansteigen, wie Abbildung 32 beispielhaft für die Jahre 2006, 2009 und 2012 zeigt (Anm.: Personalkostensprünge auf Unternehmensebene sind in der Regel auf Sondereffekte wie Pensionsrückstellungen zurückzuführen).

Abbildung 32: Ø-Personalkosten je Mitarbeiter, TOP_50

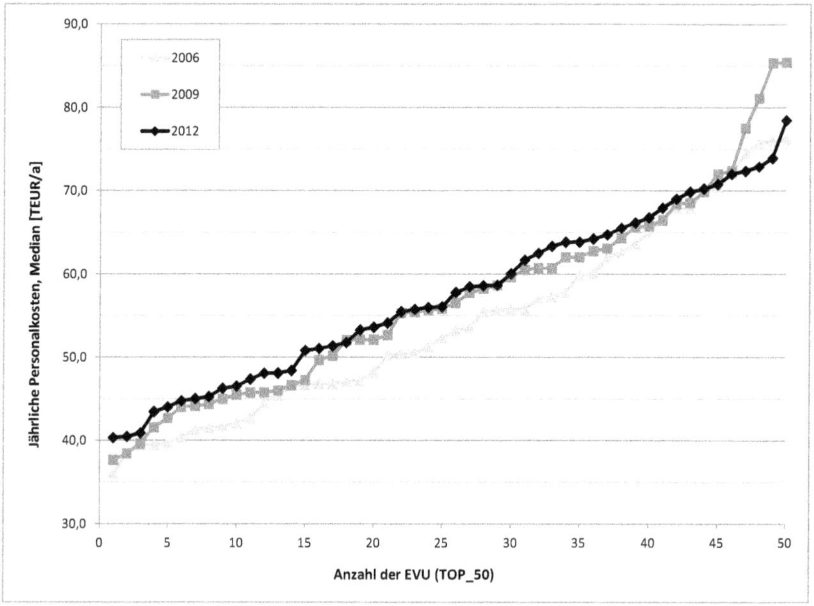

Abbildung 33: Privater Anteilsbesitz zu Personalkosten/MA, TOP_50

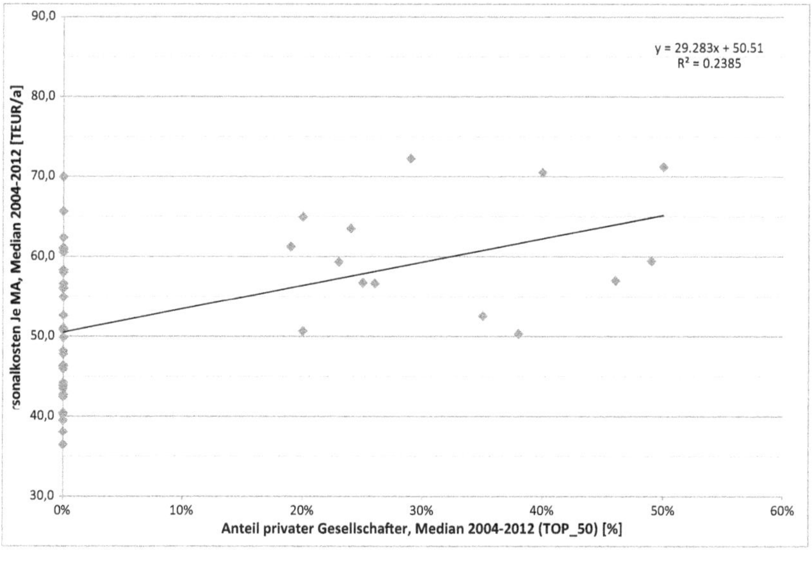

Unterstützt werden kann mittels einer weiteren Analyse die bereits in Kapitel 5.4.3 genannte Erkenntnis von Bausch et al. (2009), wonach privatwirtschaftlich geführte Energieversorger höhere Personalkosten je Mitarbeiter aufweisen als kommunale EVU. Eine bivariate Regressionsanalyse basierend auf dem Datensatz 2 zeigt, dass es statistisch einen signifikanten, positiven Zusammenhang zwischen der Höhe des Anteils privater Gesellschafter und der Höhe der Personalkosten je Mitarbeiter gibt (jeweils als Median über den Betrachtungszeitraum). Abbildung 33 zeigt die Regressionsgerade und die zugehörige Regressionsgleichung.

Hypothese 3.2 resultiert aus der Überlegung, dass solche EVU, die bereit sind, deutlich höhere Durchschnittsgehälter zu zahlen, möglicherweise aufgrund von höher qualifizierten oder höher motivierten Mitarbeitern eine höhere Wirtschaftlichkeit erreichen:

Hypothese 3.2: *Je höher der Personalaufwand pro Mitarbeiter, desto höher der ROCE.*

Ergebnis: *Die Hypothese wird tendenziell unterstützt.*

Diese Hypothese wird ebenfalls mit dem Datensatz 2 (TOP_50) in drei Modellen untersucht (Modell TOP_50_V.1.2, V.1.7, V.1.8). Die Modelle zeigen jeweils einen positiven Koeffizienten für die betrachtete Unabhängige, die *p*-Werte der Koeffizienten liegen jedoch unterhalb des 90%-Signifikanzniveaus. Zudem weist der höchste Koeffizient nur einen Wert von 0,0007 aus. Daher wird davon ausgegangen, dass es statistisch tendenziell einen positiven Zusammenhang zwischen dem Personalaufwand je Mitarbeiter und dem ROCE gibt, dem jedoch ökonomisch keine Relevanz beizumessen ist. Somit liegen auf Basis der hier durchgeführten Betrachtung keine Hinweise dafür vor, dass die Zahlung hoher Durchschnittsgehälter einen strategischen Erfolgsfaktor darstellt.

Eine nicht nur von den EVU regelmäßig verfolgte Strategie ist die generelle Senkung der Personalkosten. Diese lassen sich anhand der Personalaufwandsquote unternehmensübergreifend vergleichen. Ob Stadtwerke mit geringerer Personalaufwandsquote wirtschaftlich erfolgreicher sind, wird anhand von Hypothese 3.3 betrachtet:

Hypothese 3.3: *Je kleiner die Personalaufwandsquote, desto höher der ROCE.*

Ergebnis: *Die Hypothese wird mit deutlicher Signifikanz unterstützt.*

Die Hypothese wird mit dem Datensatz 1 (Alle_509) in neun Modellen untersucht (Modell Alle_509_V.1-V.8, V.10). Die Regressionsergebnisse von fünf dieser neun Modelle sind in Tabelle 19 dargestellt.

Tabelle 19: Regressionsergebnisse für Hypothese 3.3 (Auszug)

Variable	Alle_509_V.1 Koeff.	p-Wert	Alle_509_V.2 Koeff.	p-Wert	Alle_509_V.3 Koeff.	p-Wert	Alle_509_V.8 Koeff.	p-Wert	Alle_509_V.10 Koeff.	p-Wert
const.	0,1939		0,2401	* *	0,2093	* * *	0,2024	* * *	0,1804	
LN(Bilanzsumme)	-0,0111	* * *	-0,0098	* * *	-0,0027					
Anteil priv. Gesellschafter	0,1007	* * *	0,0927	* * *	0,0984	* * *			0,1021	* * *
Anzahl d. Gesellschafter	0,0006		0,0007						0,0004	
Arbeitslosenquote	0,9552	* * *	0,8721	* * *	0,5364	* * *	0,7573	* * *	0,8516	* * *
Industriebesatz	0,0461		0,0462						0,0468	
Bevölkerungsentwicklung	5,2770	* * *	5,3209	* * *	2,7860	* *	3,7587	* * *	4,6862	* * *
EK Quote			0,0353							
Debitorentage			-0,0002							
Kreditorentage			-0,0002	* * *	-0,0002	* * *				
Materialaufwandsquote			-0,1581	* * *	-0,1409	* *	-0,0461			
Personalaufwandsquote	-0,4231	* * *	-0,4885	* * *	-0,3523	* * *	-0,5693	* * *	-0,4653	* * *
Konv. Erzeugung	-0,0041		-0,0071						-0,0107	
EW Strom 1RP	-0,1007		-0,1306						-0,0208	
EW Gas 1RP	-0,1274	*	-0,0853				-0,0765		-0,1092	
Korr. R-Quadrat	0,2788		0,2934		0,2955		0,2072		0,2621	

Quelle: Eigene Berechnungen

Die Ergebnisse zeigen jeweils negative und in allen neun Modellen deutlich signifikante Koeffizienten (99%-Niveau) für die betrachtete unabhängige Variable. Der höchste Koeffizient weist den Wert -0,5693 aus. Somit wird davon ausgegangen, dass es einen sehr signifikanten, negativen Zusammenhang zwischen der Personalaufwandsquote und dem ROCE gibt. Unter wirtschaftlichen Gesichtspunkten erscheint es für die EVU also durch sinnvoll, die absoluten Personalkosten so gering wie möglich zu halten.

Gemäß den statistischen Analyseergebnissen zur Hypothese 3.2 stellen hohe Durchschnittsgehälter kein strategisch sinnvolles Ziel dar. Ob anhand der Anzahl der Mitarbeiter Rückschlüsse auf den wirtschaftlichen Unternehmenserfolg gezogen werden können, wird durch folgende Hypothese überprüft:

Hypothese 3.4: *Je höher der Umsatz je Mitarbeiter, desto höher der ROCE.*

Ergebnis: *Keine Aussage möglich.*

Diese Hypothese wird mit dem Datensatz 2 (TOP_50) in mehreren Modellen untersucht. Diese liefern unterschiedliche Vorzeichen für den Koeffizienten der betrachteten unabhängigen Variablen. Daher kann auf Basis der hier durchgeführten Regressionsanalysen keine Aussage über einen möglichen Zusammenhang zwischen dem Umsatz der Mitarbeiter und dem ROCE getroffen werden. Wenngleich die häufig verwendete Personalkennzahl „Umsatz je Mitarbeiter“ zu den Standardkennzahlen zählt, die sich auf das Humankapital eines Unternehmens beziehen, zeigen sich in der Praxis häufig Probleme beim Vergleich von Unternehmen (Havighorst, 2006). Ursächlich werden in diesem Fall wiederum die bereits erwähnten Umsatzanteile sein, die nicht oder nur unwesentlich mit der operativen Arbeitsleistung der Mitarbeiter zusammenhängen (Umsätze im Energiehandel, Umlagen, Steuern).

Verhältnis Fremd- zu Eigenleistung

Hypothese 3.5: *Je größer das Verhältnis Fremd- zu Eigenleistung, desto höher der ROCE.*

Ergebnis: *Die Hypothese wird signifikant unterstützt.*

Die Hypothese wird mit dem Datensatz 2 (TOP_50) in zwei Modellen untersucht (Modell TOP_50_V.1.3, V.1.7). Diese zeigen jeweils einen positiven Koeffizienten für die betrachtete unabhängige Variable. In einem Modell liegt der *p*-Wert des Koeffizienten im 95%-Signifikanzniveau, im anderen Modell im 99%-Niveau. Dort hat der Koeffizient einen Wert von 0,0571. Es wird somit davon ausgegangen, dass es einen signifikanten, positiven Zusammenhang zwischen dem Verhältnis von Fremd- zu Eigenleistung und dem ROCE gibt – wenngleich der relativ niedrige Koeffizient nur eine geringe ökonomische Relevanz vermuten lässt. In Kapitel 5.4.3 wird aufgezeigt, dass einige der untersuchten EVU im Betrachtungszeitraum den Anteil ihrer Fremdleistungen gezielt ausbauen (vgl. Abb. 29). Die Gründe dafür können sehr unterschiedlich sein (z.B. beschränkte personelle Ressourcen, fehlendes Knowhow oder zu hohe interne Kosten) und sind unternehmensspezifisch zu analysieren, was nicht Gegenstand dieser Arbeit ist. Die statistische Betrachtung zeigt allerdings, dass diese Unternehmen wirtschaftlich erfolgreicher sind. Es kann daher schlussgefolgert werden, dass die Eigenleistungstiefe in der Branche nach wie vor zu hoch ausgeprägt ist und die Stadtwerke nicht alle Wertschöpfungsaktivitäten eigenständig abdecken sollten. Sie sind gut beraten, ihre individuellen Wettbewerbsvorteile heraus zu arbeiten und die Eigenleistung auf ihre jeweiligen Kernkompetenzen zu fokussieren (Fokus-Strategie). Daher kann das Verhältnis Fremd- zu Eigenleistung als relevanter strategischer Erfolgsfaktor der Stadtwerke bezeichnet werden.

Kein Hinweis wird darauf gefunden, dass EVU mit geringeren Aufwendungen für bezogene Leistungen einen wirtschaftlichen Vorteil genießen:

Hypothese 3.6: *Je geringer die Quote Aufwand für bezogene Leistung zu Umsatz, desto höher der ROCE.*

Ergebnis: *Keine Aussage möglich.*

Die Hypothese wird mit dem Datensatz 2 (TOP_50) in mehreren Modellen untersucht, die jedoch unterschiedliche Vorzeichen für den Koeffizienten der betrachteten unabhängigen Variablen liefern. Auf Basis der hier durchgeführten Regressionsanalysen kann daher keine Aussage über einen möglichen Zusammenhang zwischen dem Verhältnis von Aufwand für bezogene Leistung zu Umsatz und dem ROCE getroffen werden. Allerdings muss auch hier auf die Problematik der nicht im Zusammenhang stehenden Umsatzanteile hingewiesen werden.

Tabelle 20 zeigt eine Übersicht über die drei Erfolgsfaktoren im Wirkungsbereich der internen Ressourcen und die Ergebnisse der Regressionsanalysen zur Überprüfung ihrer unterstützenden Hypothesen.

Tabelle 20: Wirkung der internen Ressourcen

Wirkung der internen Ressourcen auf den Unternehmenserfolg		
Erfolgsfaktor: Wertschöpfung der Mitarbeiter		
Hypoth.:		Unabhängige Variable:
3.1	Je höher die Wertschöpfung (Umsatz-(Mat+Fremdleistung)) / Mitarbeiter, desto höher ROCE	Wertschöpfung je Mitarbeiter
Erfolgsfaktor: Personalkosten		
Hypoth.:		Unabhängige Variable:
3.2	Je höher der Personalaufwand pro Mitarbeiter, desto höher ROCE	Personalkosten je Mitarbeiter
3.3	Je kleiner die Personalaufwandsquote, desto höher ROCE	Personalaufwandsquote
3.4	Je höher der Umsatz je Mitarbeiter, desto höher ROCE	Umsatz je Mitarbeiter
Erfolgsfaktor: Verhältnis Fremd- zu Eigenleistung		
Hypoth.:		Unabhängige Variable:
3.5	Je größer das Verhältnis Fremd- zu Eigenleistung, desto höher ROCE	Fremd- zu Eigenleistung
3.6	Je geringer die Quote Aufwand f. bezog. Lstg. zu Umsatz, desto höher ROCE	Aufwand f. bezogene Leistung zu Umsatz

Ermittelter Zusammenhang zw. unabh. Variable und ROCE (Regressionsergebnisse)							
	Datensatz 1: "Alle_509"		Datensatz 2: "TOP_50"				
Hypoth.:	Koeffizient	Signifikanz	Koeffizient	Signifikanz	Unterstützung der Hypoth.:		Modelle:
3.1			0,0007	***	ja	✓	Modell TOP_50_V.1.2 - V.1.5, V.1.7
3.2			0,0007		ja	✓	Modell TOP_50_V,1.2, V.1.7, V.1.8
3.3	-0,5693	***			ja	✓✓✓	Modell Alle_509_V.1 - V.8, V.10
3.4			keine Aussage möglich		nein		-
3.5			0.0571	***	ja	✓✓	Modell TOP_50_V.1.3, V.1.7
3.6			keine Aussage möglich		nein		-
Legende:	✓✓✓	sehr (deutlich) signifikant	✓✓	(überwiegend) signifikant	✓	Tendenz erkennbar	
Quelle:	Eigene Berechnungen						

5.6.4 Wirkung von Strategien im Geschäftsfeld Erzeugung auf den Unternehmenserfolg

In diesem Wirkungsbereich werden zwei potenzielle Erfolgsfaktoren – die Höhe des Anteils an konventioneller bzw. regenerativer Stromeigenerzeugung – anhand von jeweils zwei Hypothesen analysiert.

Anteil konventioneller Strom-Eigenerzeugung

Hypothese 4.1: *EVU mit konventioneller Strom-Eigenerzeugung haben einen niedrigeren ROCE als EVU ohne.*

Ergebnis: *Die Hypothese wird tendenziell unterstützt.*

Die Hypothese wird mit dem Datensatz 1 (Alle_509) in sechs Modellen untersucht (Modell Alle_509_V.1, V.2, V.4, V.6, V.9, V.10). Diese zeigen jeweils einen negativen Koeffizienten für die betrachtete unabhängige Variable. Allerdings liegen alle *p*-Werte der Koeffizienten unterhalb des 90%-Signifikanzniveaus. Der höchste Koeffizient weist den Wert -0,0107 aus. Daher wird davon ausgegangen, dass es tendenziell einen negativen Zusammenhang zwischen dem Vorhandensein konventioneller Eigenerzeugungsanlagen und dem ROCE gibt.

Die zweite Hypothese zum potenziellen Erfolgsfaktor „Anteil an konventioneller Eigenerzeugung" wird mit dem Datensatz 2 (TOP_50) untersucht:

Hypothese 4.2: *Je geringer der Anteil konventioneller Strom-Eigenerzeugung am Stromabsatz, desto höher der ROCE.*

Ergebnis: *Die Hypothese wird tendenziell unterstützt.*

Diese Hypothese wird anhand von zwei Modellen untersucht (Modell TOP_50_V.2.5, V.2.6). Diese zeigen jeweils einen negativen Koeffizienten für die betrachtete Unabhängige, die jedoch *p*-Werte unterhalb des 90%-Niveaus aufweisen. Auch ist der höchste Betrag des Koeffizienten mit 0,0047 sehr klein. Es wird davon ausgegangen, dass es tendenziell einen negativen Zusammenhang zwischen dem Anteil an konventioneller Strom-Eigenerzeugung und dem ROCE gibt. Somit zeigen beide Hypothesen 4.1 und 4.2 auf, dass es statistisch betrachtet über den gesamten Zeitraum 2004–2012 unvorteilhaft für die EVU war, über größere konventionelle Eigenerzeugungskapazitäten zu verfügen.

Wie bereits dargelegt, verschlechtern sich die Rahmenbedingungen für die konventionelle Stromerzeugung zum Ende des Betrachtungszeitraums deutlich (Marktentwicklung aufgrund von EEG-Einspeisung, Merit-Order-Effekt, Verfall der CO_2-Zertifikatepreise – vgl. Kapitel 4.2 und 5.4.4). Dies wird offensichtlich bei Betrachtung der wirtschaftlichen Entwicklung der Unternehmen im Datensample 1 (Alle_509), wenn diese in zwei Gruppen unterteilt werden: EVU mit und EVU ohne konventionelle Eigenerzeugung. Abbildung 34 stellt die beiden ROCE-Entwicklungen dar (jeweils Median des ROCE per anno über die jeweilige Gruppe). Ab dem Jahr 2010 schlagen die beschriebenen schlechteren Rahmenbedingungen für die konventionelle Erzeugung auf die Ergebnisse der Stadtwerke durch, die über nennenswerte konventionelle Eigenerzeugung verfügen. Diese Tendenz wird sich in den Jahren nach 2012 weiter verstärken und zeichnet sich zumindest an den schwindenden Laufzeiten der kommunalen Gaskraftwerke bereits ab. So berichtet der VKU, dass die Anzahl der Volllaststunden von 2010 bis 2013 um über 30 Prozent sinkt. Kommunale Kraftwerke mit einer Leistung von mehr als 20 MW weisen 2010 durchschnittlich noch 3.333 Volllaststunden aus, 2013 nur 2.306 (Energate Nr. 182, 2014).

Abbildung 34: ROCE-Entw. mit/ohne konventioneller Erzeugung, Alle_509

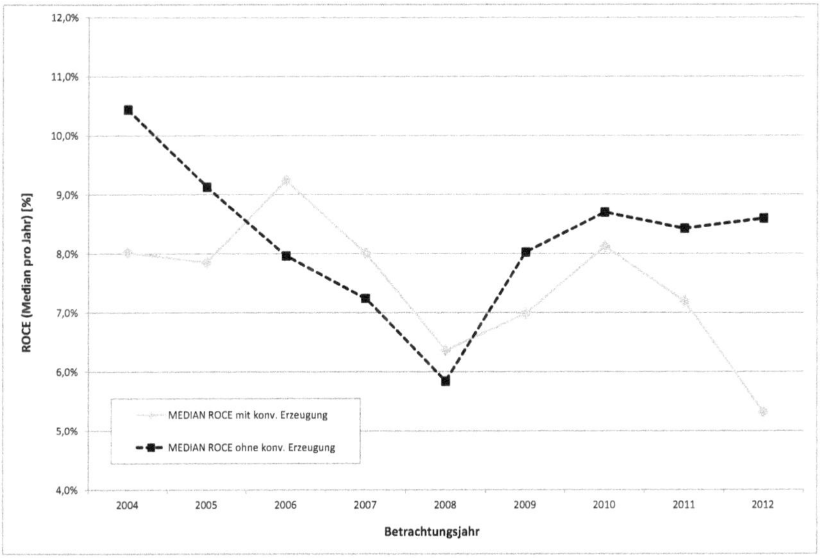

Strategische Entscheidungen der Stadtwerke aus den Jahren 2006 bis 2010 („dritte Welle", vgl. Kapitel 4.2 und 5.4.4), in konventionelle Kraftwerkskapazitäten zu investieren, müssen heute höchst kritisch gesehen werden – wobei es schwierig zu beantworten sein dürfte, ob bzw. wann die Marktentwicklung vorhersehbar war. Offen ist, wie das Marktumfeld sich weiterentwickelt und welche Strategien die EVU im Bereich konventioneller Strom-Eigenerzeugung künftig verfolgen sollten. Inzwischen ziehen die Stadtwerke aus den neuen Rahmenbedingungen Konsequenzen und drosseln ihre Investitionen in konventionelle Erzeugung. Laut VKU fahren die kommunalen EVU ihre Aufwendungen für neue konventionelle Kraftwerkskapazitäten im Jahr 2013 um 22 Prozent gegenüber 2012 herunter (2012: 6,24 Mrd. Euro, 2013: 4,87 Mrd. Euro) – im Vergleich zu 2011 sogar um 44 Prozent (Energate Nr. 182, 2014). Diese Entwicklung sei dramatisch, warnt VKU-Hauptgeschäftsführer Hans-Joachim Reck im September 2014. Insbesondere neue, hocheffiziente Gaskraftwerke gelten als unverzichtbar für die Energiewende und seien neben dem Ausbau der erneuerbaren Energien und dem Netzausbau ihr drittes Standbein. Einerseits sollen sie Atomkraftwerke ersetzen, die nach und nach abgeschaltet werden. Andererseits sind diese Anlagen schnell regelbar und somit in der Lage, schwankende Strommengen aus erneuerbaren Quellen wie Windkraft- und Photovoltaikanlagen auszugleichen (Sorge, 2013; Energate Nr. 182, 2014).

Die derzeitige geringe Investitionsbereitschaft in neue Kraftwerke (Energate Nr. 165, 2014) führt inzwischen über die Branche hinaus bis auf höchste politische Ebene zu Diskussionen über die Sicherheit der Stromversorgung in den kommenden Jahren. Vor dem Hintergrund langer Planungs- und Realisierungszeiten bei Kraftwerken, einer möglichen Kraftwerkslücke nach dem Abschalten der Kernkraftwerke und der daraus resultierenden Gefahr von Blackouts werden unterschiedliche Möglichkeiten erörtert, wie die Investitionsbereitschaft für neue Kraftwerke erhöht werden kann. Grundsätzlich besteht Konsens darin, dass für eine unterbrechungsfreie Stromversorgung neue konventionelle Kraftwerke gebraucht werden – sie stellen bei zunehmend volatiler Einspeisung aus erneuerbaren Energie die gesicherte Leistung bereit (BMWi, 2014b). Sehr unterschiedliche Ansichten gibt es darüber, wie groß die mögliche Leistungslücke und der zeitliche Druck für neue Investitionsanreize sind[17] und wie ein neues „Marktdesign für zukunftsfähige Elektrizitätsmärkte" aussehen soll. Dieses wird diskutiert, weil im derzeitigen Strommarkt die Bereitstellung von Kapazität (Leistung) nicht monetär vergütet wird, sondern nur die tatsächlich gelieferte Menge an Strom (elektrische Arbeit). Man spricht von einem „Energy-only-Markt" (EOM) (BMWi, 2014b). Ein neues Marktdesign würde neue Rahmenbedingungen setzen und ist daher nicht nur für künftige Investoren entscheidend, sondern auch für die heutigen Betreiber konventioneller Kraftwerke. Im Oktober 2014 legte das Bundeswirtschaftsministerium ein „Grünbuch zur Strommarktreform" vor, in dem mehrere Maßnahmen für einen sicheren, kosteneffizienten und umweltverträglichen Einsatz aller Erzeuger und Verbraucher sowie Lösungsansätze für eine ausreichende, kosteneffiziente und umweltverträgliche Kapazitätsvorhaltung diskutiert werden (BMWi, 2014b). Darin wird erörtert, welche Maßnahmen

17 Die Unternehmensberatung Pöyry Management Consulting publiziert im Oktober 2014 eine Analyse, die für das Jahr 2020 eine Kapazitätslücke von 7 GW prognostiziert (Energate Nr. 221, 2014). Der Präsident der BNetzA sagt im November 2014, dass die Wahrscheinlichkeit sehr hoch ist, dass Deutschland auf eine Versorgungslücke zusteuert, wenn im Jahr 2022 das letzte Kernkraftwerk vom Netz geht. Die gesicherte Leistung werde voraussichtlich etwa 76 GW betragen, die Spitzennachfrage jedoch rund 85 GW (Energate Nr. 219b, 2014). Sein Vizepräsident ergänzt im Dezember 2014, dass die derzeit noch im Markt vorhandenen (Kraftwerks)-Überkapazitäten nachhaltig bröckeln und eine Blackout-Gefahr für die Winter 2019/20 und 2021/22 besteht (Energate Nr. 235, 2014). Das Bundeswirtschaftsministerium geht im März 2015 davon aus, dass Deutschland seine Jahreshöchstlast auch in den Jahren 2021 bis 2025 nach dem vollständigen Atomausstieg mit einer Wahrscheinlichkeit von „nahezu 100 Prozent" decken kann (Energate Nr. 57a, 2015)

erforderlich sind, damit der Strommarkt auch in Zukunft ausreichend Investitionen in die erforderlichen Kapazitäten generiert – und ob ein sogenannter „Kapazitätsmarkt“ eingeführt werden muss oder ob die Weiterentwicklung des bestehenden Marktmodells, ein reformierter „Energy-Only-Markt 2.0“ genügt (BMWi, 2014b; Energate Nr. 170/184/185/192/215/219b, 2014).

Der „EOM 2.0“ basiert im Grundsatz darauf, dass gesetzlich klargestellt wird, dass keine Preisobergrenzen mehr bestehen und Preisspitzen am Spotmarkt akzeptiert werden (BMWi, 2014b). Die Einführung eines Kapazitätsmarktes verändert das bestehende Strommarktdesign tiefgreifender: Es wird ein zusätzlicher Markt neben dem bestehenden Strommarkt geschaffen. Auf dem Kapazitätsmarkt wird ausschließlich die Vorhaltung von Kapazität (Leistung) gehandelt und explizit vergütet. Für die Vergütung der Kapazitäten entstehen Kosten zusätzlich zu den Kosten der Beschaffung des Stroms am Strommarkt (BMWi, 2014b).

Befürworter des Kapazitätsmarktes sind neben den großen Kraftwerksbetreibern wie E.ON und RWE u. a. auch die stromerzeugenden Stadtwerke und die sie vertretenden Verbände, wie der VKU und der BDEW. Sie zielen auf Prämien für die Vorhaltung gesicherter Kraftwerksleistung ab – z.B. durch einen dezentralen Handel mit bereitgestellter gesicherter Leistung in Form von Leistungszertifikaten (Energate Nr. 184, 2014). Auf politischer Ebene zählen die westdeutschen und süddeutschen Bundesländer zu den Anhängern, da sie Industriestandorte mit konventionellen Kraftwerken sind und zukünftige Leistungsengpässe vor Ort befürchten (Energate Nr. 184, 2014). Die Befürworter preisen die Vorteile eines Kapazitätsmarktes, der technologieoffen und diskriminierungsfrei sei. Auf ihm könnten nicht nur moderne, flexible KWK-Anlagen und Gas-Kraftwerke zum Zuge kommen, die sich durch einen hohen Wirkungsgrad und gute CO_2-Bilanz auszeichnen (Energate Nr. 191, 2014), sondern auch Stromspeicher, Demand-Side-Management (Nachfragemanagement) und gesicherte Leistung aus Erneuerbaren-Quellen (Energate Nr. 184, 2014). Mit einem Kapazitätsmarkt würden gemäß einer Studie der Beratungsgesellschaft Pöyry Management Consulting die Großhandelspreise für Strom im Jahr 2025 um rund zwölf Euro/MWh geringer sein als im Energy-Only-Markt (Energate Nr. 184, 2014). Langfristig seien Kapazitätsmechanismen vorteilhaft, weil sie das Investitionsrisiko für die Betreiber von Residuallastkraftwerken senken (Energate Nr. 170, 2014).

Auch werden die potenziellen Nachteile des „EOM 2.0“ betont: Dieser müsste sehr hohe Spitzenlastpreise zulassen, um überhaupt Investitionsanreize für neue Kraftwerke zu senden – was zu hohen und extrem volatilen Marktpreisen führen würde (Energate Nr. 170, 2014). Es sei auch kein zielführendes Modell, dass Kraftwerksbetreiber auf Preisspitzen hoffen müssen, um mit ihren Kraftwerken Geld zu verdienen. Dies sei bei den kapitalintensiven Investitionen im Kraftwerksgeschäft der falsche Weg (Energate Nr. 219a, 2014). Überhaupt scheine es fraglich, ob Investoren bereit seien, in einen so volatilen Markt zu investieren bzw. ob Banken die Finanzierung übernehmen (Energate Nr. 221, 2014). Ein Problem extremer Preisaufschläge wäre auch, dass die Kartellbehörden in solchen Situationen nicht mehr kontrollieren könnten, ob ein Unternehmen seine Marktmacht missbraucht (Energate Nr. 219b, 2014). Schließlich gäbe es in anderen Ländern bereits Kapazitätsmärkte, z.B. in Griechenland,

Irland, Italien, Portugal, Rumänien, Spanien und den Niederlanden. In Großbritannien, Frankreich und Ungarn würden ebenfalls Systeme diskutiert beziehungsweise entwickelt. Andere Länder wie Belgien, Finnland, Polen und Schweden hätten sich für eine strategische Reserve entschieden, in der Kraftwerksleistung vergütet wird. Die EU-Kommission würde Leitlinien zum Kapazitätsmarkt entwickeln – da würde Deutschland mit einem Festhalten am EOM nicht die sinnvollste Variante wählen (Energate Nr. 215/219a, 2014; Energate Nr. 17, 2015).

Zu den Gegnern des Kapazitätsmarktes zählen u. a. die energieintensive Industrie, die neben dem EEG einen zweiten staatlich verordneten Subventions-Mechanismus befürchtet (Energate Nr. 215, 2014), die Vertreter der Strombörsen, die Wettbewerbsverzerrungen im europäischen Stromhandel erwarten (Energate Nr. 215, 2014), das Bundeskartellamt, das nach Aussage seines Präsidenten mit der Kontrolle eines Kapazitätsmarktes überfordert wäre (Energate Nr. 192, 2014), sowie derzeit eine bundespolitische Mehrheit, die durch Kapazitätsmechanismen eine „Konservierung existierender Überkapazitäten auf Kosten der Stromverbraucher" befürchtet (Energate Nr. 13b, 2015). Die Befürworter des „EOM 2.0" argumentieren auch, dass der Kapazitätsmarkt deutlich enger als der Arbeitsmarkt ist: Unternehmen mit großen Kraftwerksportfolien hätten Vorteile, weil sie sich kostengünstiger gegen den Ausfall von Anlagen absichern könnten, während kleinere Betreiber verhältnismäßig große Teile ihres Portfolios in Reserve halten müssten. Im Extremfall könnte dies ihre Teilnahme an den LeistungsAuktionen unwirtschaftlich machen (Energate Nr. 192, 2014). Außerdem verweisen die Gegner des Kapazitätsmarktes darauf, dass dessen Einführung nur unter europäischer Koordination sinnvoll sei, da ansonsten mehr Kapazitäten aufgebaut würden als benötigt – und nicht unbedingt da, wo sie gebraucht werden (Energate Nr. 170, 2014). Tatsächlich betrachtet die EU-Kommission Kapazitätsmärkte nur als „Notlösung": der Energiebinnenmarkt solle diese doch gerade unnötig machen. Grenzüberschreitende Kapazitätsmärkte seien zwar möglich, aber nur wenn sie den Wettbewerb auf dem Energy-Only-Markt nicht verzerrten. Würde der Austausch von Ausgleichsenergie funktionieren, bräuchte man keine Kapazitätsmechanismen (Energate Nr. 45, 2015).

Unabhängig von der Wahl des zukünftigen Marktmodells will das Bundeswirtschaftsministerium eine sogenannte „Kapazitätsreserve" einführen, die zur Vermeidung von Blackouts beitragen soll (Energate Nr. 13a, 2015). Hierzu soll eine gesicherte Kraftwerksleistung auktioniert werden. Zum Umfang der Kapazitätsreserve schlägt das BMWi eine Größe von fünf Prozent der erwarteten durchschnittlichen Jahreshöchstlast vor. Das entspräche etwa vier Gigawatt installierte Kraftwerksleistung. Die Bundesnetzagentur solle diesen Ansatz regelmäßig überprüfen. Die Kraftwerke sollen im Besitz der Unternehmen bleiben, die Regie für ihren Einsatz soll indes bei den Übertragungsnetzbetreibern (ÜNB) liegen, da diese zielgerichtet Signale für den Kraftwerkseinsatz geben, wenn ein Engpass droht. Die Kapazitätsreserve soll zunächst deutschlandweit ausgeschrieben werden. An diesen Ausschreibungen können sich alle Kraftwerksbetreiber beteiligen (Energate Nr. 57a, 2015), also auch Stadtwerke mit Eigenerzeugungsanlagen, die gesicherte Leistung vorhalten können.

Die Entscheidung für das neue, zukunftsfähige Marktdesign ist bislang offen. Der zuständige Staatssekretär für Energie im BMWi sagt im Januar 2015, dass sowohl in der Wissenschaft als auch in der Energiewirtschaft selbst keine Einigkeit darüber bestehe, welches Marktmodell die bessere Variante sei. Auch die Politik „blicke oftmals nicht durch" (Energate Nr. 13a, 2015). Für die Stadtwerke, deren KWK-Anlagen vielfach unter dem Strompreisverfall leiden, stellt der Bundeswirtschaftsminister im Januar 2015 Abhilfe in Aussicht. Solche Anlagen seien hocheffizient und würden in Zukunft gebraucht. Es solle in den kommenden Monaten einen Vorschlag geben (Energate Nr. 13b, 2015). Dieser und die Gestaltung des neuen Marktdesigns dürften die zukünftigen Strategien der Stadtwerke im Bereich konventioneller Strom-Eigenerzeugung maßgeblich beeinflussen.

Anteil regenerativer Strom-Eigenerzeugung
Im September 2014 teilt der VKU mit, dass die kommunalen EVU aufgrund der negativen Rahmenbedingungen für konventionelle Kraftwerke Erzeugungseinheiten ihre Erzeugungsinvestitionen in Erneuerbaren-Anlagen umlenken (Energate Nr. 182, 2014). Wie bereits in Kapitel 5.4.4 gezeigt, genießt der Ausbau erneuerbarer Stromerzeugungsanlagen bei den Stadtwerken hohe Priorität. Dabei haben einige kommunale EVU bereits vor mehreren Jahren begonnen, gezielt in EE-Anlagen zu investieren. Ob bzw. inwieweit diese Investments bereits Auswirkungen auf die Wirtschaftlichkeit der Unternehmen zeigen, wird anhand der beiden folgenden Hypothesen überprüft.

Hypothese 4.3: *EVU mit regenerativer Strom-Eigenerzeugung haben einen höheren ROCE als EVU ohne.*

Ergebnis: *Keine Aussage möglich.*

Die Hypothese wird mit dem Datensatz 2 (TOP_50) in mehreren Modellen untersucht. Diese liefern unterschiedliche Vorzeichen für den Koeffizienten der betrachteten unabhängigen Variablen. Auf Basis der hier durchgeführten Regressionsanalysen kann daher keine Aussage über einen möglichen Zusammenhang zwischen dem Vorhandensein regenerativer Eigenerzeugungsanlagen und dem ROCE getroffen werden. Wie bei Hypothese 4.1 weist die unabhängige Variable hier eine digitale Charakteristik auf: entweder das EVU verfügt über EE-Anlagen – oder nicht. Allerdings gibt es bei Hypothese 4.3 zwei wesentliche Unterschiede zur Untersuchung von Hypothese 4.1: zum einen wird hier der kleinere Datensatz 2 verwendet, zum anderen können die EVU nur sehr geringe EE-Kapazitäten besitzen – während Beteiligungen an konventionellen Kraftwerken üblicherweise nennenswerte Anteile der Stromabgabemenge abdecken. Tatsächlich liegt der Anteil der regenerativ erzeugten Strommenge bei 67 Prozent der betrachteten EVU mit EE-Anlagen bei unter 5 Prozent (im Verhältnis zum Stromabsatz des Unternehmens; Median über den Betrachtungszeitraum). Es ist daher nachvollziehbar, dass für Hypothese 4.3 kein statistischer Zusammenhang gefunden wird. Dieser zeigt sich jedoch bei Untersuchung der Hypothese 4.4:

Hypothese 4.4: *Je größer der Anteil regenerativer Strom-Eigenerzeugung am Stromabsatz, desto höher der ROCE.*

Ergebnis: *Der gegenteilige Effekt der Hypothese wird mit deutlicher Signifikanz unterstützt.*

Die Hypothese wird mit dem Datensatz 2 (TOP_50) in acht Modellen untersucht (Modell TOP_50_V.3.1-V.3.5, V.3.8-V.3.10). Die Regressionsergebnisse von fünf dieser neun Modelle sind in Tabelle 21 dargestellt.

Tabelle 21: Regressionsergebnisse für Hypothese 4.4 (Auszug)

Variable	TOP_50_V.3.1 Koeff.	p-Wert	TOP_50_V.3.5 Koeff.	p-Wert	TOP_50_V.3.8 Koeff.	p-Wert	TOP_50_V.3.9 Koeff.	p-Wert	TOP_50_V.3.10 Koeff.	p-Wert
const.	0.1491		0.2564	*	0.1180		0.0503		0.0949	***
LN(Bilanzsumme)	-0.0079		-0.0157	*	-0.0013					
Wachstum	0.3202		0.2817				0.4278	*		
Personalaufwandsquote	-0.1179				-0.2979	*			-0.1265	
Aufwand f. bezog. Lstg. zu Umsatz	0.2779	*			0.2640		0.0275			
Umsatzanteil Gas	0.1733	**	0.1007	**	0.1154	**	0.1528	**	0.1703	***
Umsatzanteil Stromgroßhandel	0.0425	*	0.0653	***			0.0321	*	0.0317	*
Umsatzanteil Wasser	-0.2147				-0.0568		-0.3268	**	-0.2307	
Umsatzanteil Fernwärme	-0.2780	**	-0.2985	**	-0.2232	*	-0.1913	**	-0.1840	**
Umsatzanteil ÖPNV	-0.1732		-0.2654	***	-0.3171	**	-0.2527	***	-0.2351	*
Anteil regener. Eigenerzeug. am Stromabs.	-1.0011	**	-0.2759	**	-0.0921	***	-0.8158	***	-0.8844	***
Überregionaler Stromvertrieb			0.0629	***	0.0711	**	0.0571	***	0.0547	***
Überregionaler Gasvertrieb			-0.0667	***	-0.0747	*	-0.0848	***	-0.0905	***
Korr. R-Quadrat	0.6789		0.7994		0.6274		0.8024		0.8137	
Quelle: Eigene Berechnungen										

Die Ergebnisse zeigen jeweils einen negativen Koeffizienten für die betrachtete unabhängige Variable. Die *p*-Werte der Koeffizienten liegen zweimal im 90%-Bereich, dreimal im 95%-, und dreimal sogar im 99%-Signifikanzbereich. Im letzteren weist der dem Betrag nach höchste Koeffizient den Wert -0,8844 aus. Somit wird davon ausgegangen, dass es einen sehr signifikanten und ökonomisch relevanten negativen Zusammenhang zwischen dem Anteil regenerativer Strom-Eigenerzeugung am Stromabsatz und dem ROCE gibt – also dem gegenteiligen Effekt der aufgestellten Hypothese.

Dieses Ergebnis überrascht zunächst. Erklärungsansätze finden sich, wenn die These berücksichtigt wird, dass Investments der Stadtwerke in EE-Anlagen erst gegen Mitte des Betrachtungszeitraumes (etwa 2007/2008) nennenswert ansteigen. Zwar liegen für diese These keine stützenden Investitionszahlen vor. Ergänzend zu den bereits in Kapitel 5.4.4 aufgeführten Erläuterungen wird sie jedoch durch Abbildung 35 untermauert, welche den steigenden EE-Anteil am Stromabsatz der TOP_50-EVU mit EE-Anlagen zeigt.

Der erste Erklärungsansatz für die präsentierten Regressionsergebnisse lautet, dass Investments der Stadtwerke in EE-Anlagen im Betrachtungszeitraum noch keine nennenswerten Ergebnisbeiträge liefern (bzw. sogar Verluste produzieren) – und der Zähler der Kennzahl ROCE (das EBIT des Unternehmens) durch diese Investments zumindest nicht ansteigt. Hierfür gibt es mehrere Gründe. Zum einen Anlaufschwierigkeiten bei dieser neuen Art von Investments: So hängt die Wirtschaftlichkeit eines EE-Projektes neben dem Kaufpreis oder den Herstellkosten entscheidend von der – im Vergleich zu den Prognosen – zur Verfügung stehenden Ressourcenmenge und -qualität ab. Kommt es zu einem abweichenden Wind- oder Sonneneinstrahlungsangebot, ist die Rentabilität des Vorhabens gefährdet (Jäger/Brandt, 2012). In den Jahren des beginnenden EE-Wachstums werden häufig zu optimistische Annahmen bzgl. des Wind- und Sonnenangebotes getroffen (Petersdorff, 2014). So können für den Betrachtungszeitraum auch bei den Stadtwerken Anfangsverluste aufgrund des nötigen Knowhow-Aufbaus und erster unrentabler Projekte vermutet werden. Möglicherweise kommen auch Marketingaufwendungen hinzu (um den in eigenen Anlagen erzeugten Ökostrom anzupreisen), denen kein entsprechender Ergebnisbeitrag gegenübersteht. Diese Vermutungen werden in der vorliegenden Arbeit nicht näher untersucht. Ein anderer Grund für zunächst geringe oder negative Ergebnisbeiträge aus EE-Investments resultiert aus der Finanzierung der Anlagen. Unabhängig von der Kreditart werden große Teile der frei werdenden Cashflows in den ersten Projektjahren während der Laufzeit der Kreditverträge regelmäßig für Zins und Tilgung genutzt (Rothe/Ronkartz, 2015). Da die technisch-wirtschaftliche Nutzungsdauer der EE-Anlagen die Kreditlaufzeit grundsätzlich übersteigt, entsteht durch die Rückflüsse am Ende der Laufzeit sowie durch den Restwert der Anlage zwar ein beträchtlicher Werthebel (Rothe/Ronkartz, 2015), auf der G&V-Seite belasten die hohen Zinsen in den ersten Projektjahren jedoch die Ergebnisbeiträge der EE-Investments.

Abbildung 35: EE-Anteil am Stromabsatz (nur EVU mit EE), TOP_50

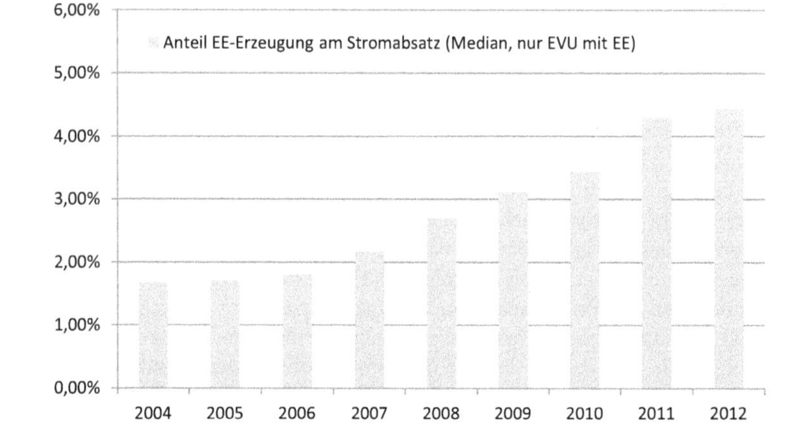

Quelle: Eigene Darstellung

Der zweite Erklärungsansatz für die genannten Regressionsergebnisse betrifft den Nenner der Kennzahl ROCE. Dieser wird bestimmt durch das Capital Employed, also das Gesamtkapital abzüglich der kurzfristigen, unverzinslichen Verbindlichkeiten (vgl. Kapitel 4.4.3). Da Investitionen die Bilanzsumme erhöhen können, liefert ein unternehmensübergreifender ROCE-Vergleich – wie bereits in Kapitel 5.2 erläutert – möglicherweise falsche Signale: So kann eine Neuinvestition den ROCE senken, aber trotzdem Wert schaffen, weil sie die Kapitalkosten übertrifft (Deyhle/Radinger, 2008). Hinsichtlich dieses Erklärungsansatzes werden daher die Bilanzsummen der betrachteten EVU analysiert. Zunächst werden zwei Gruppen verglichen, EVU mit und EVU ohne EE-Anlagen. Höhe und zeitlicher Verlauf der durchschnittlichen Bilanzsummen dieser Gruppen zeigen allerdings keine Auffälligkeiten. Gleiches gilt für den Bilanzsummenvergleich zweier weiterer Gruppen: der EVU mit überdurchschnittlichem EE-Anteil am Stromabsatz und der Unternehmen mit unterdurchschnittlichem Anteil. Es kann somit davon ausgegangen werden, dass im Branchenschnitt die EE-Investments nicht zu einer nennenswerten Veränderung der Bilanzsummen führen. Auf Unternehmensebene ist dieser Effekt jedoch zu berücksichtigen.

Die Einteilung der Unternehmen in die beiden Gruppen „EVU mit über- bzw. unterdurchschnittlichem EE-Anteil am Stromabsatz" wird für zwei weitere Betrachtungen genutzt: die Entwicklung der EBIT-Marge und des ROCE im Betrachtungszeitraum. Letztere ist in Abbildung 36 dargestellt. Es zeigt sich, dass beide Entwicklungen relativ ähnlich verlaufen und der ROCE beider Gruppen somit maßgeblich durch das EBIT der Unternehmen beeinflusst wird. Tatsächlich ähneln sich die ROCE-Entwicklungen der beiden Gruppen sehr, was den Erklärungsansatz unterstützt, dass die EE-Investments im Betrachtungszeitraum noch keine nennenswerten Ergebnisbeiträge liefern. Anhand der vorliegenden Daten werden somit keine Argumente gefunden, die den potenziellen Erfolgsfaktor „(hoher) Anteil an regenerativer Eigenerzeugung" unterstützen.

Abbildung 36: ROCE-Entwicklung in Abhängigkeit vom EE-Anteil, TOP_50

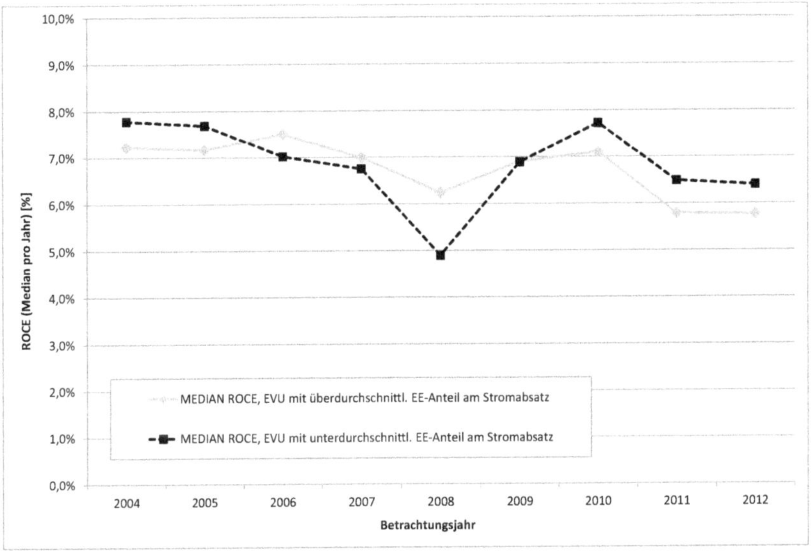

Für viele Stadtwerke ist der Ausbau erneuerbarer Energien dennoch ein wichtiges Ziel für die Zukunft (BDEW, 2012b; Lenk et al., 2012). Auch die Ankündigung von E.ON, die zukunftsträchtigen Assets und Geschäftsmodelle von der konventionellen Erzeugung zu trennen, bestätigt die Attraktivität und die künftige Rolle regenerativer Erzeugungsanlagen (Rothe/Ronkartz, 2015). Trotz sinkender garantierter Einspeiseprämien steht fest, dass Investitionen in regenerative Erzeugungsanlagen bzw. deren Betrieb erhebliche Chancen bieten. Der Wachstumspfad der erneuerbaren Energien ist weiterhin durch die energiepolitischen Ziele der Bundesregierung vorgegeben (Rothe/Ronkartz, 2015).

Doch nicht immer lohnt sich eine Investition in eigene regenerative Erzeugungsanlagen. Vor einem Engagement müssen viele Fragen geklärt und die Wirtschaftlichkeit der geplanten Projekte genau geprüft werden. Schon die Wahl des geeigneten Standorts kann die Wirtschaftlichkeit maßgeblich beeinflussen, wenn wichtige planungs- oder umweltrechtliche Vorschriften nicht beachtet wurden und es dadurch zu kostspieligen zeitlichen Verzögerungen kommt. Die besten Standorte für Windenergieanlagen und Solarparks wurden bereits in der frühen Ausbauphase der erneuerbaren Energien besetzt. Daher steigt nun der Wettbewerb um die verbliebenen guten

Standorte, die für den Bau neuer Anlagen geeignet sind. Im Ergebnis steigen die Kosten für den Flächenerwerb beziehungsweise für die Pachtzahlung (Rother/Ronkartz, 2015). Auch die veränderten Vergütungsbedingungen erhöhen die Komplexität im Markt für erneuerbare Energien. Ein Großteil der Cashflows hängt über die Projektlaufzeit nicht nur vom Energieertrag, sondern außerdem von der Preisentwicklung am Strommarkt ab. Dieser Effekt verstärkt sich mit steigender Lebensdauer der Anlage, da damit der Zeitraum, in dem die Vermarktung ohne gleitende Marktprämie gelingen muss, größer wird. Daher sind ein Verständnis der Wirkungszusammenhänge des Energiesystems und der damit verbundenen möglichen Preisszenarien unerlässlich (Rothe/Ronkartz, 2015). Hier greift ein weiterer Wettbewerbsvorteil der Stadtwerke (neben den bereits in Kapitel 5.4.4 erwähnten): sie kennen den politischen Rahmen und die EE-Fördermechanismen. Stadtwerke mit eigener Handelsabteilung können zudem Chancen in der Stromvermarktung realisieren, die aufgrund der neuen Ausschreibungsverfahren für EE-Strom vorgeschrieben wird (EEG, 2014; Rother/Ronkartz, 2015). Auch in der technischen Umsetzung sind zahlreiche Fragen im Vorfeld zu klären, um das Investitionsrisiko zu senken und den wirtschaftlichen Erfolg zu steigern. Stadtwerke verfügen dabei über Erfahrung in der gesamten technischen Wertschöpfungskette und können diese häufig selbst abdecken: von der Planung der EE-Anlagen, über Netzanbindung und Inbetriebnahme bis zur Betriebsführung (Wartung/Instandhaltung).

Ein entscheidender Faktor für den Investitionserfolg in EE-Anlagen ist darüber hinaus die Festlegung der richtigen Finanzierungsstrategie. Seit einigen Jahren haben Wind-, Solar- und Bioenergievorhaben Größenordnungen erreicht, die ihre Finanzierung zu einem für Banken und andere Finanzintermediäre interessanten Geschäft machen. Mittlerweile gibt es kaum eine Bank, die nicht im Geschäftsfeld „Grüne Energie" aktiv ist (Böttcher, 2011). Konventionelle Kreditfinanzierungen sind dabei rückläufig, während sich Projektfinanzierungen bei Erneuerbaren Energien etablieren (Böttcher, 2011). Unter Projektfinanzierung wird die Finanzierung einer sich selbst tragenden Wirtschaftseinheit (in diesem Fall das EE-Projekt) verstanden, bei der sich die Financiers in ihrer Kreditentscheidung primär auf den zukünftigen Cashflow und im weiteren auf die Aktiva des Projektes als Sicherheit für die Rückzahlung der von ihnen vergebenen Kredite stützen (Nevitt/Fabozzi, 2000). Seine Institutionalisierung findet das zu finanzierende Projekt zumeist in einer Projektgesellschaft, deren Anteilseigner üblicherweise die Unternehmen sind, die das Projekt initiieren (Böttcher, 2011) – hier also die Stadtwerke. Diese Projektgesellschaft – und nicht die Anteilseigner – ist in aller Regel Schuldner der zur Finanzierung des Projektes notwendigen Kredite. Es gehört zum Prinzip der Projektfinanzierung, dass die Kreditgeber keine oder nur eingeschränkte Möglichkeiten haben, auf die Anteilseigner (auch als Sponsoren bezeichnet) der Projektgesellschaft zurückzugreifen. Für Stadtwerke ist die Projektfinanzierung insbesondere dann interessant, wenn ein Vorhaben die Finanzkraft oder Risikobereitschaft des Unternehmens übersteigt. Erscheint das Vorhaben aber gleichwohl als wirtschaftlich attraktiv, so bietet es sich an, Chancen und Risiken auf mehrere Schultern zu verteilen und gegenüber den Kapitalgebern allein das Projekt mit seinem Cashflow haften zu lassen. Diese beiden zentralen

Überlegungen – Cashflow-Orientierung einerseits und Risikoteilung zwischen den Projektbeteiligten andererseits – sind die zentralen Strukturelemente einer Projektfinanzierung (Böttcher, 2011). Außerdem wird angestrebt, dass der Ausweis der Projektkredite direkt in der Bilanz der Projektgesellschaft erfolgt, sodass die Jahresabschlüsse der Anteilseigner durch die Kreditaufnahme nicht berührt werden („Off-Balance Sheet Financing") (Böttcher, 2011). Diese Kreditfinanzierung des Projektes außerhalb ihrer eigenen Bilanzen kann für die Stadtwerke den Vorteil haben, dass ihr Kredit-Standing unberührt bleibt, da die Verschuldung der Projektgesellschaft nicht in ihrer Bilanz erscheint. Auch ihre Bilanzsumme wird durch die Investition weniger getrieben als bei einer „klassischen" Kreditfinanzierung, die gegebenenfalls zu den oben beschriebenen negativen Auswirkungen auf den ROCE des Unternehmens führt. Dass sich die Projektfinanzierung von EE-Vorhaben erst in den letzten Jahren etabliert, unterstützt den zweiten Erklärungsansatz, wonach sich das Capital Employed bei den EVU erhöhte, die sehr früh einen hohen Anteil an erneuerbarer Eigenerzeugung aufweisen.

Aus den Betrachtungen in Kapitel 5.6.4 kann folgendes Fazit gezogen werden: Für konventionelle Erzeugungsanlagen verschlechtern sich die Rahmenbedingungen gegen Ende des Betrachtungszeitraums erheblich, was die Regressionsergebnisse unterstützen. Da eine Verbesserung bislang nicht erkennbar ist, stellt der Anteil konventioneller Erzeugungskapazitäten einen negativen Erfolgsfaktor der Stadtwerke dar. Bei den erneuerbaren Energien sehen die Rahmenbedingungen grundsätzlich besser aus. Es zeigt sich jedoch ein statistischer Zusammenhang zwischen hohen EE-Anteilen am Stromabsatz und niedrigem ROCE. Hierfür wurden mehrere mögliche Gründe erörtert. Ein weiterer – und wesentlicher – Grund könnte sein, dass Investments der Stadtwerke in EE-Anlagen politisch motiviert sind und auch dann durchgeführt werden, wenn konkrete Einzelprojekte betriebswirtschaftlich kritisch zu betrachten sind. Möglicherweise liefert die Kennzahl ROCE aufgrund des Zeitpunktes der betrachteten EE-Investitionen allerdings falsche Signale. Für projektbezogene Wirtschaftlichkeitsbetrachtungen fehlt es im Rahmen dieser Arbeit jedoch an Daten.

Eine Übersicht über die zwei Erfolgsfaktoren im Wirkungsbereich der Erzeugung und die Ergebnisse der Regressionsanalysen zur Überprüfung ihrer unterstützenden Hypothesen ist in Tabelle 22 aufgeführt.

Tabelle 22: Wirkung von Strategien im Geschäftsfeld Erzeugung

Wirkung von Strategien im Geschäftsfeld Erzeugung auf den Unternehmenserfolg		
Erfolgsfaktor: Anteil konventioneller Strom-Eigenerzeugung		
Hypoth.:		Unabhängige Variable:
4.1	EVU mit konvent. EE haben niedrigeren ROCE als EVU ohne konvent. EE	Konventionelle Erzeugung (j/n)
4.2	Je geringer der Anteil konvent. Strom-Eigenerzeugung am Stromabsatz, desto höher ROCE	Anteil konv. Eigenerzeugung am Stromabsatz
Erfolgsfaktor: Anteil regenerativer Eigenerzeugung		
Hypoth.:		Unabhängige Variable:
4.3	EVU mit regenerativer EE haben höheren ROCE als EVU ohne	Regenerative Erzeugung (j/n)
4.4	Je größer der Anteil regenerativer Strom-Eigenerzeugung am Stromabsatz, desto höher ROCE	Anteil regener. Eigenerzeug. am Stromabsatz

Ermittelter Zusammenhang zw. unabh. Variable und ROCE (Regressionsergebnisse)						
	Datensatz 1: "Alle_509"		Datensatz 2: "TOP_50"			
Hypoth.:	Koeffizient	Signifikanz	Koeffizient	Signifikanz	Unterstützung der Hypoth.:	Modelle:
4.1	-0,0107				ja ✓	Modell Alle_509_V.1, V.2, V.4, V.6, V.9, V.10
4.2			-0,0047		ja ✓	Modell TOP_50_V.2.5, V.2.6
4.3			keine Aussage möglich		nein	-
4.4			-0,8844	* * *	Gegenteil ✓✓✓	Modell TOP_50_V.3.1 - V.3.5, V.3.8 - V.3.10
Legende:	✓✓✓	sehr (deutlich) signifikant	✓✓	(überwiegend) signifikant	✓	Tendenz erkennbar
Quelle: Eigene Berechnungen						

5.6.5 Wirkung von Strategien in den Geschäftsfeldern Vertrieb und Handel auf den Unternehmenserfolg

In diesem Wirkungsbereich werden zwei potenzielle Erfolgsfaktoren für das Geschäftsfeld Vertrieb analysiert (die erste mit vier, die zweite mit zwei Hypothesen), sowie ein potenzieller Erfolgsfaktor für das Geschäftsfeld Energiehandel (mit zwei Hypothesen).

Ausweitung des Vertriebsgebietes

Ob eine offensive Vertriebsstrategie in Form branchenweiter Marktabdeckung einen Erfolgsfaktor für die Stadtwerke darstellt, wird anhand der Hypothesen 5.1 und 5.2 überprüft. Die unabhängigen Variablen weisen hier wiederum eine digitale Charakteristik auf: entweder das EVU bietet überregional Strom bzw. Gas an – oder nicht (wobei das Kriterium als erfüllt angesehen wird, wenn das Unternehmen in mindestens fünf der neun Betrachtungsjahre überregional angeboten hat).

Mittels der Hypothesen 5.3. und 5.4 wird analysiert, inwieweit erzieltes Strom- bzw. Gas-Absatzwachstum mit wirtschaftlichem Erfolg der Unternehmen einhergehen. Da diese Hypothesen gegebenenfalls die Ergebnisse der Prüfungen von 5.1

und 5.2 stützen, werden der Übersichtlichkeit halber die Ergebnisse im Folgenden spartenweise erläutert (5.1 und 5.3 sowie 5.2 und 5.4).

Hypothese 5.1: *EVU mit überregionalem Stromvertrieb haben einen höheren ROCE als EVU ohne.*

Ergebnis: *Die Hypothese wird signifikant unterstützt.*

Diese Hypothese wird mit dem Datensatz 2 (TOP_50) in acht Regressionsmodellen untersucht (Modell TOP_50_V.3.2, V.3.4-V.3.10). Die Regressionsergebnisse von fünf dieser acht Modelle sind in Tabelle 23 dargestellt.

Tabelle 23: Regressionsergebnisse für Hypothese 5.1 (Auszug)

Variable	TOP_50_V.3.4 Koeff.	p-Wert	TOP_50_V.3.5 Koeff.	p-Wert	TOP_50_V.3.8 Koeff.	p-Wert	TOP_50_V.3.9 Koeff.	p-Wert	TOP_50_V.3.10 Koeff.	p-Wert
const.	0,1734		0,2564	*	0,1180		0,0503		0,0949	* * *
LN(Bilanzsumme)	-0,0069		-0,0157	*	-0,0013					
Wachstum			0,2817				0,4278	*		
Personalaufwandsquote					-0,2979	*			-0,1265	
Aufwand f. bezog. Lstg. zu Umsatz					0,2640		0,0275			
Umsatzanteil Gas	0,1460	* *	0,1007	* *	0,1154	* *	0,1528	* *	0,1703	* * *
Umsatzanteil Stromgroßhandel	0,0449	*	0,0653	* * *			0,0321	*	0,0317	*
Umsatzanteil Wasser	-0,2398				-0,0568		-0,3268	* *	-0,2307	
Umsatzanteil Fernwärme	-0,2292	* *	-0,2985	* *	-0,2232	*	-0,1913	* *	-0,1840	* *
Umsatzanteil ÖPNV	-0,2809	* * *	-0,2654	* * *	-0,3171	* *	-0,2527	* * *	-0,2351	*
Anteil regener. Eigenerzeug. am Stromabs.	-0,7476	*	-0,2759	* *	-0,0921	* * *	-0,8158	* * *	-0,8844	* * *
Überregionaler Stromvertrieb	0,0614	* * *	0,0629	* * *	0,0711	* *	0,0571	* * *	0,0547	* * *
Überregionaler Gasvertrieb	-0,0827	* * *	-0,0667	* * *	-0,0747	*	-0,0848	* * *	-0,0905	* * *
Korr. R-Quadrat	0,8106		0,7994		0,6274		0,8024		0,8137	
Quelle: Eigene Berechnungen										

Die Regressionsergebnisse zeigen jeweils einen positiven Koeffizienten für die betrachtete unabhängige Variable. Die *p*-Werte der Koeffizienten liegen einmal im 95%- und viermal im 99%-Signifikanzbereich. Dort weist der höchste Koeffizient den Wert 0,0629 aus. Es wird davon ausgegangen, dass es einen signifikanten, positiven Zusammenhang zwischen dem überregionalen Stromvertrieb und dem ROCE gibt.

Hypothese 5.3: *Je größer das Wachstum im Strom-Absatz, desto höher der ROCE.*

Ergebnis: *Die Hypothese wird signifikant unterstützt.*

Die Hypothese wird mit dem Datensatz 2 (TOP_50) in zwei Modellen untersucht (Modell TOP_50_V.2.4, V.2.8). Diese zeigen beide einen positiven Koeffizienten für die betrachtete unabhängige Variable mit jeweils *p*-Werten im 95%-Signifikanzniveau.

Der höchste Koeffizient weist den Wert 0,0656 aus. Daher wird davon ausgegangen, dass es einen signifikanten, positiven Zusammenhang zwischen dem Wachstum im Stromvertrieb und dem ROCE gibt. Tatsächlich hängen im Stromvertrieb der überregionale Marktangang und ein Wachstum im Vertriebsabsatz eng miteinander zusammen. Wie bereits in Kapitel 5.4.5 gezeigt, können 54 Prozent der Unternehmen aus Datensample 2 (TOP_50) die überregional anbieten, ein Absatzwachstum verzeichnen. Im Median über den Betrachtungszeitraum wachsen alle im externen Stromvertrieb tätigen Stadtwerke um 18,4 Prozent (Mittelwert: 24,4%). Unternehmen, die sich auf ihren angestammten Heimatmarkt beschränken, verlieren im gleichen Zeitraum an Absatzmenge (Median: -2,3%; Mittelwert: -0,3%). Nur 23 Prozent dieser Stadtwerke gelingt es, im Heimatmarkt zu wachsen (vgl. Tabelle 9). In der Stromsparte kann die Ausweitung des Vertriebsgebietes somit tendenziell zum wirtschaftlichen Erfolg der Stadtwerke beitragen.

Hypothese 5.2: *EVU mit überregionalem Gasvertrieb haben einen höheren ROCE als EVU ohne.*

Ergebnis: *Der gegenteilige Effekt der Hypothese wird signifikant unterstützt.*

Diese Hypothese wird ebenfalls mit dem Datensatz 2 (TOP_50) in acht Modellen untersucht (Modell TOP_50_V.3.3 - V.3.10). Diese zeigen jeweils einen negativen Koeffizienten für die betrachtete unabhängige Variable. Die *p*-Werte der Koeffizienten liegen zweimal im 90%- und viermal im 99%-Signifikanzbereich. Dort weist der dem Betrag nach höchste Koeffizient den Wert -0,0905 aus. Es wird davon ausgegangen, dass es einen signifikanten, negativen Zusammenhang zwischen dem überregionalen Gasvertrieb und dem ROCE gibt – also dem gegenteiligen Effekt der aufgestellten Hypothese. Da alle im externen Gasvertrieb tätigen EVU auch im überregionalen Stromvertrieb aktiv sind, dürfte die Erklärung für dieses Regressionsergebnis weniger mit hohen Markterschließungskosten (Marketingaufwendungen, Prozeß- und IT-Kosten, etc.) zu tun haben, als mehr mit den spezifischen Gasbeschaffungskosten und den gewählten Absatzpreisen der Unternehmen. Eine Analyse der vorliegenden Daten zeigt, dass nur ein Stadtwerk während des gesamten Betrachtungszeitraums im überregionalen Gasvertrieb tätig ist (dieses EVU ist auch das einzige, das seine Gasabsatzmenge im Betrachtungszeitraum erhöhen kann – um 57 Prozent). Die anderen Stadtwerke starten ihren externen Gasvertrieb in den Jahren 2005 bis 2008 und weisen zu diesen Zeitpunkten bereits jeweils Absatzmengenrückgänge gegenüber dem Startjahr 2004 auf, die also aus dem angestammten Vertriebsgebiet resultieren. Diese können sie in den Folgejahren weder auf dem externen, noch auf dem heimischen Markt kompensieren. Es kann hier allerdings keine Aussage darüber getroffen werden, welche Absatzmengen auf dem externen Markt erreicht wurden, da entsprechende differenzierende Daten nicht vorliegen. Im Median über den Betrachtungszeitraum verlieren alle im externen Gasvertrieb tätigen Stadtwerke 14,5 Prozent (Mittelwert: 13,6%) an Absatzvolumen. Unternehmen, die sich auf ihren angestammten Heimatmarkt beschränken, verlieren im gleichen Zeitraum 15,1 Prozent (Mittelwert: 9,1%) an Absatzmenge, also etwa vergleichbar viel Volumen. Im

Gegensatz zur Stromsparte erscheint Absatzwachstum durch einen überregionalen Vertriebsansatz in der Gassparte für den Großteil der betrachteten Unternehmen nur schwer realisierbar zu sein. Die Vermutung liegt nahe, dass dies mit ungünstigen Beschaffungskonditionen der EVU zusammenhängt, die zwangsläufig zu höheren Vertriebspreisen führen. Diese These erklärt auch die Absatzverluste im angestammten Marktgebiet und den niedrigeren ROCE der Unternehmen, kann jedoch im Rahmen der vorliegenden Arbeit mangels detaillierter Beschaffungskosten nicht verifiziert werden.

In der Sparte Gas erscheint der überregionale Vertriebsansatz somit tendenziell wenig erfolgsversprechend, wenn es um das Wachstum der Absatzmenge geht. Dass dieses ein Ziel der Stadtwerke sein sollte, zeigt das Untersuchungsergebnis der folgenden Hypothese:

Hypothese 5.4: *Je größer das Wachstum im Gas-Absatz, desto höher der ROCE.*

Ergebnis: *Die Hypothese wird signifikant unterstützt.*

Die Hypothese wird ebenfalls mit dem Datensatz 2 (TOP_50) in drei Modellen untersucht (Modell TOP_50_V.2.4, V.2.8, V.2.10). Diese zeigen jeweils einen positiven Koeffizienten für die betrachtete unabhängige Variable. Die *p*-Werte der Koeffizienten liegen einmal unterhalb, zweimal oberhalb des 90%-Signifikanzniveaus. In einem Modell wird das 95%-Niveau erreicht. Dort weist der höchste Koeffizient den Wert 0,0519 aus. Somit wird davon ausgegangen, dass es einen signifikanten, positiven Zusammenhang zwischen dem Wachstum im Gasvertrieb und dem ROCE gibt. Die Hypothesen 5.3 und 5.4 unterstützen somit die Hypothesen 2.2 und 2.3 und zeigen, dass die (vertrieblich dominierten) Umsätze der Strom- und Gassparte zur Wirtschaftlichkeit der Stadtwerke beitragen.

Auswahl der Zielkunden

Neben der Ausweitung des Vertriebsgebietes ist die Auswahl der Zielkunden die zweite Vertriebsstrategie, die in dieser Arbeit als potentieller Erfolgsfaktor untersucht wird. Wie bereits in Kapitel 5.4.5 beschrieben, lassen sich die Vertriebskunden der Stadtwerke in unterschiedliche Kategorien einteilen, von denen hier die Privat- und Gewerbekunden explizit betrachtet werden.

Im Datensatz 2 (TOP_50) liegen für diese Kundengruppe die Strom- und Gas-Absatzmengen je EVU für den Betrachtungszeitraum vor. Die Analyse des Samples zeigt zunächst, dass im Stromvertrieb der Absatzanteil an Privat- und Gewerbekunden im Betrachtungszeitraum leicht rückläufig ist: im Jahr 2004 liegt der Wert bei 42,1 Prozent, im Jahr 2012 nur bei 35,0 Prozent (jeweils Median über alle EVU im Sample). Diese Entwicklung ist in Abbildung 32 dargestellt. Ergänzend soll erwähnt sein, dass die TOP_50-EVU im Betrachtungszeitraum ihren Strom-Gesamtabsatz um 13 Prozent steigern können (von 1.025 GWh/a in 2004 auf 1.157 GWh/a in 2012), während die Absatzmenge bei den Privat- und Gewerbekunden in dieser Zeit um 6 Prozent zurückgeht (von 432 GWh/a in 2004 auf 405 GWh/a in 2012). Im Gasvertrieb zeigt sich eine andere Entwicklung – dort wächst der Anteil des Gasabsatzes an

Privat- und Gewerbekunden im Betrachtungszeitraum prozentual um 11 Prozent (s. Abb. 37). Dabei bleibt das vertriebene Gasvolumen in diesem Segment annähernd konstant (845 GWh/a in 2004, 847 GWh/a in 2012) – der gesamte Gasabsatz der TOP_50-EVU geht im Betrachtungszeitraum jedoch um 18 Prozent zurück (von 1.821 GWh/a in 2004 auf 1.485 GWh/a in 2012), und fällt damit prozentual stärker als der deutschlandweite Gasabsatz (vgl. Kapitel 5.4.5). Da der Gasverbrauch gemäß BDEW im Betrachtungszeitraum in den Kundengruppen Haushalte und Handel/Gewerbe/Dienstleistungen deutschlandweit abnimmt (BDEW, 2015b) kann angenommen werden, dass die betrachteten Gasversorger in diesem Segment neue Kunden akquirierten.

Abbildung 37: Absatzanteil an Privat- u. Gewerbekunden, TOP_50

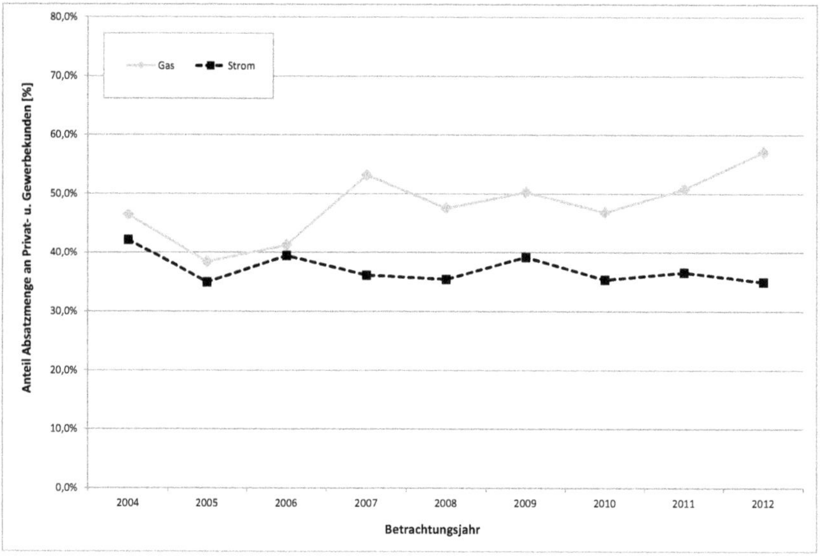

Wie bereits beschrieben, variieren die Absatzanteile in der Gruppe Privat- und Gewerbekunden je nach Unternehmen erheblich, wobei einige EVU innerhalb des Betrachtungszeitraums deutliche Quotenveränderungen aufzeigen. Nicht ersichtlich ist anhand des Datenmaterials, ob diese Anteilsveränderungen aus gezielten Vertriebsaktionen in einem Kundensegment (z.B. dem der Privat- und Gewerbekunden) oder deutlichen Kundenverlusten in einem anderen Segment (z.B. dem der Industriekunden) resultieren.

Anhand der beiden folgenden Hypothesen 5.5 und 5.6 wird untersucht, ob ein höherer Absatzanteil an Privat- und Gewerbekunden unter wirtschaftlichen Aspekten anzustreben ist:

Hypothese 5.5: *Je höher der Strom-Absatzanteil an Privat- und Gewerbekunden, desto höher der ROCE.*

Ergebnis: *Der gegenteilige Effekt der Hypothese wird tendenziell unterstützt.*

Die Hypothese wird mit dem Datensatz 2 (TOP_50) in zwei Modellen untersucht (Modell TOP_50_V.2.3, V.2.6). Diese zeigen jeweils einen negativen Koeffizienten für die betrachtete unabhängige Variable. Die *p*-Werte der Koeffizienten liegen in einem Modell unterhalb, im anderen Modell oberhalb des 90%-Signifikanzniveaus. In letzterem Fall weist der Betrag des Koeffizienten den Wert 0,1358 aus. Es wird davon ausgegangen, dass es tendenziell einen negativen Zusammenhang zwischen dem Strom-Absatzanteil an Privat- und Gewerbekunden und dem ROCE gibt – also dem gegenteiligen Effekt der aufgestellten Hypothese.

Hypothese 5.6: *Je höher der Gas-Absatzanteil an Privat- und Gewerbekunden, desto höher der ROCE.*

Ergebnis: *Der gegenteilige Effekt der Hypothese wird signifikant unterstützt.*

Auch diese Hypothese wird mit dem Datensatz 2 (TOP_50) in zwei Modellen untersucht (Modell TOP_50_V.2.3, V.2.6), die jeweils beide einen negativen Koeffizienten für die betrachtete unabhängige Variable zeigen. Die *p*-Werte der Koeffizienten liegen in einem Modell unterhalb des 90%-Signifikanzniveaus, im anderen Modell im 95%-Niveau. Dort weist der Betrag des Koeffizienten den Wert 0,2635 aus. Daher wird davon ausgegangen, dass es einen signifikanten, negativen Zusammenhang zwischen dem Gas-Absatzanteil an Privat- und Gewerbekunden und dem ROCE gibt – also wiederum dem gegenteiligen Effekt der aufgestellten Hypothese.

Wenngleich Hypothese 5.6 mit höherer Signifikanz unterstützt wird als Hypothese 5.5, zeigen beide auf, dass eine höhere Quote an Privat- und Gewerbekunden im Strom- und Gasvertrieb wirtschaftlich wenig erstrebenswert scheint. Diese Ergebnisse überraschen, da gemeinhin vermutet wird, dass im Industriekundenbereich ein härterer Wettbewerb stattfindet und die Vertriebsmargen dort kleiner sind. Ein Erklärungsansatz für diese Ergebnisse zielt auf das Datensample selbst ab: Es muss angenommen werden, dass die Kundenstrukturen bei den fünfzig größten EVU anders aussehen, als bei den kleinen und sehr kleinen Stadtwerken. Insbesondere werden die Vertriebsmengen bei vielen der hier betrachteten Unternehmen durch den Energieverkauf an Weiterverteiler bestimmt. Möglicherweise stellen diese ein lukratives Absatzfeld dar. Die vorliegenden Daten erlauben jedoch weder eine detaillierte Betrachtung des EBIT-Beitrages der unterschiedlichen Kundengruppen, noch eine Branchenbetrachtung der Wertschöpfungsstufe Vertrieb als solche. Ein anderer Erklärungsansatz für die beiden Regressionsergebnisse lautet daher, dass der Beitrag zur Wirtschaftlichkeit des Unternehmens weniger aus der Anzahl oder Höhe der realisierten Vertriebsabschlüsse resultiert, als mehr aus den Bezugskonditionen der beschafften Strom- und Gasmengen. Es könnte sein, dass die EVU, die überwiegend Industriekunden und Weiterverteiler versorgen, im Bereich Energiebeschaffung bessere Konditionen erreichen als Versorger, die überwiegend Privat- und

Gewerbekunden beliefern. Zwischen der Höhe der Strom- bzw. Gashandelsmengen (gemessen am Umsatzanteil) und den Absatzanteilen bei den Privat- und Gewerbekunden wird allerdings kein statistischer Zusammenhang gefunden. Inwieweit jedoch die Handelsvolumina für den wirtschaftlichen Erfolg der Unternehmen relevant sind, wird mit den Hypothesen 5.7 und 5.8 untersucht.

Höhe des Handelsvolumens

Hypothese 5.7: *Je höher das Strom-Handelsvolumen (gemessen am Umsatzverhältnis), desto höher der ROCE.*

Ergebnis: *Die Hypothese wird signifikant unterstützt.*

Die Hypothese wird mit dem Datensatz 2 (TOP_50) in sieben Modellen untersucht (Modell TOP_50_V.3.1-V.3.5, V.3.9, V.3.10). Die Regressionsergebnisse von fünf dieser acht Modelle sind in Tabelle 24 dargestellt.

Tabelle 24: Regressionsergebnisse für Hypothese 5.7 (Auszug)

	TOP_50_V.3.1		TOP_50_V.3.2		TOP_50_V.3.4		TOP_50_V.3.5		TOP_50_V.3.10	
Variable	**Koeff.**	**p-Wert**	**Koeff.**	**p-Wert**	**Koeff.**	**p-Wert**	**Koeff.**	**p-Wert**	**Koeff.**	**p-Wert**
const.	0,1491		0,2431		0,1734		0,2564	*	0,0949	* * *
LN(Bilanzsumme)	-0,0079		-0,0158		-0,0069		-0,0157	*		
Wachstum	0,3202		0,3437				0,2817			
Personalaufwandsquote	-0,1179								-0,1265	
Aufwand f. bezog. Lstg. zu Umsatz	0,2779	*	0,2318	*						
Umsatzanteil Gas	0,1733	* *	0,1306	* *	0,1460	* *	0,1007	* *	0,1703	* * *
Umsatzanteil Stromgroßhandel	0,0425	*	0,0576	* *	0,0449	*	0,0653	* * *	0,0317	*
Umsatzanteil Wasser	-0,2147		-0,2171		-0,2398				-0,2307	
Umsatzanteil Fernwärme	-0,2780	* *	-0,3081	* *	-0,2292	* *	-0,2985	* *	-0,1840	* *
Umsatzanteil ÖPNV	-0,1732		-0,1936	* *	-0,2809	* * *	-0,2654	* * *	-0,2351	*
Anteil regener. Eigenerzeug. am Stromabs.	-1,0011	* *	-0,7768	*	-0,7476	*	-0,2759	* *	-0,8844	* * *
Überregionaler Stromvertrieb			0,0187		0,0614	* * *	0,0629	* * *	0,0547	* * *
Überregionaler Gasvertrieb					-0,0827	* * *	-0,0667	* * *	-0,0905	* * *
Korr. R-Quadrat	0,6789		0,7005		0,8106		0,7994		0,8137	
Quelle: Eigene Berechnungen										

Die Ergebnisse zeigen jeweils einen positiven Koeffizienten für die betrachtete unabhängige Variable. Die *p*-Werte der Koeffizienten liegen in vier Modellen im 90%-Signifikanzniveau, in einem Modell im 95%-, und in einem Modell sogar im

99%-Niveau. In letzterem weist der Koeffizient den Wert 0,0653 aus. Es wird davon ausgegangen, dass es einen signifikanten, positiven Zusammenhang zwischen dem Strom-Handelsvolumen und dem ROCE gibt. In Anbetracht der teilweise sehr hohen Umsatzanteile und des nur kleinen Regressionskoeffizienten scheinen die Margen im Stromhandel allerdings sehr gering zu sein. Dennoch kann ein hohes Stromhandelsvolumen als Erfolgsfaktor betrachtet werden.

Hypothese 5.8: *Je höher das Gas-Handelsvolumen (gemessen am Umsatzverhältnis), desto höher der ROCE.*

Ergebnis: *Keine Aussage möglich.*

Die Hypothese wird mit dem Datensatz 2 (TOP_50) in mehreren Modellen untersucht. Diese liefern unterschiedliche Vorzeichen für den Koeffizienten der betrachteten unabhängigen Variablen. Auf Basis der hier durchgeführten Regressionsanalysen kann daher keine Aussage über einen möglichen Zusammenhang zwischen der Höhe des Umsatzes im Gashandel und dem ROCE getroffen werden. Dieses Ergebnis ist nachvollziehbar. Zum einen ist das Betrachtungssample klein: Wie bereits in Kapitel 5.4.5 erläutert, sind nur 21 Prozent der betrachteten EVU im Gashandel aktiv. Zum anderen sind die Umsatzanteile im Gashandel deutlich niedriger sind als im Stromhandel (der höchste Umsatzanteil im Gashandel liegt bei 14 Prozent). Da auch im Gashandel sehr geringe Umsatzrenditen vermutet werden, überrascht es nicht, dass kein statistischer Zusammenhang zwischen der Höhe des Gas-Handelsvolumens und dem ROCE gefunden wird.

In Tabelle 25 ist eine Übersicht über die vier Erfolgsfaktoren im Wirkungsbereich „Strategie in den Geschäftsfeldern Vertrieb und Handel“, die untersuchten Hypothesen sowie die Ergebnisse der Regressionsanalysen aufgeführt.

Tabelle 25: Wirkung von Strategien in Vertrieb und Handel

Wirkung von Strategien in den Geschäftsfeldern Vertrieb und Handel auf den Unternehmenserfolg		
Erfolgsfaktor: Ausweitung des Vertriebsgebietes		
Hypoth.:		Unabhängige Variable:
5.1	EVU mit überregionalem Stromvertrieb haben höheren ROCE als EVU ohne	Wachstum im Stromvertrieb seit 2004
5.2	EVU mit überregionalem Gasvertrieb haben höheren ROCE als EVU ohne	Überregionaler Stromvertrieb (j/n)
5.3	Je größer das Wachstum im Strom-Absatz, desto höher ROCE	Wachstum im Gasvertrieb seit 2004
5.4	Je größer das Wachstum im Gas-Absatz, desto höher ROCE	Überregionaler Gasvertrieb (j/n)
Erfolgsfaktor: Auswahl der Zielkunden		
Hypoth.:		Unabhängige Variable:
5.5	Je höher der Strom-Absatzanteil an Privat- und Gewerbekunden, desto höher ROCE	Anteil Stromabsatz an Privat und Gewerbe
5.6	Je höher der Gas-Absatzanteil an Privat- und Gewerbekunden, desto höher ROCE	Anteil Gasabsatz an Privat und Gewerbe
Erfolgsfaktor: Höhe des Strom-Handelsvolumen		
Hypoth.:		Unabhängige Variable:
5.7	Je höher das Strom-Handelsvolumen (gemessen am Umsatzverhältnis), desto höher ROCE	Umsatzanteil Stromgroßhandel
Erfolgsfaktor: Höhe des Gas-Handelsvolumen		
Hypoth.:		Unabhängige Variable:
5.8	Je höher das Gas-Handelsvolumen (gemessen am Umsatzverhältnis), desto höher ROCE	Umsatzanteil Gasgroßhandel

Ermittelter Zusammenhang zw. unabh. Variable und ROCE (Regressionsergebnisse)

	Datensatz 1: "Alle_509"		Datensatz 2: "TOP_50"				
Hypoth.:	Koeffizient	Signifikanz	Koeffizient	Signifikanz	Unterstützung der Hypoth.:		Modelle:
5.1			0,0629	* * *	ja	✓✓	Modell TOP_50_V.3.2, V.3.4 - V.3.10
5.2			-0,0905	* * *	Gegenteil	✓✓	Modell TOP_50_V.3.3 - V.3.10
5.3			0,0656	* *	ja	✓✓	Modell TOP_50_V.2.4, V.2.8
5.4			0,0519	* *	ja	✓✓	Modell TOP_50_V.2.4, V.2.8, V.2.10
5.5			-0,1358	*	Gegenteil	✓	Modell TOP_50_V.2.3, V.2.6
5.6			-0,2635	* *	Gegenteil	✓✓	Modell TOP_50_V.2.3, V.2.6
5.7			0,0653	* * *	ja	✓✓	Modell TOP_50_V.3.1 - V.3.5, V.3.9, V.3.10
5.8			keine Aussage möglich		nein		-

Legende:	✓✓✓	sehr (deutlich) signifikant	✓✓	(überwiegend) signifikant	✓	Tendenz erkennbar
Quelle:	Eigene Berechnungen					

5.6.6 Wirkung von Strategien im Geschäftsfeld Netze auf den Unternehmenserfolg

Für den Wirkungsbereich Strategien im Geschäftsfeld Netze werden zwei potenzielle Erfolgsfaktoren analysiert. Der erste – das strategische Regulierungsmanagement – wird bedingt durch die beiden regulierten Netzsparten Strom und Gas anhand von zwei Hypothesen analysiert. Der zweite potenzielle Erfolgsfaktor – die Netzanschlussdichte – wird anhand von vier Hypothesen untersucht. Dabei resultieren wiederum zwei Hypothesen aus den beiden betrachteten Sparten, zwei weitere dienen zur Absicherung des Ergebnisses.

Strategisches Regulierungsmanagement

In Kapitel 5.4.6 wird erläutert, dass die Erreichung eines hohen Ausgangsniveaus genehmigter Gesamtkosten des Netzbetriebs wesentliches Ziel eines erfolgreichen strategischen Regulierungsmanagements ist. Ein höheres Ausgangsniveau geht aufgrund der Zielsetzung des Effizienzbenchmarks der BNetzA mit niedrigeren Effizienzwerten einher. Gelingt es den Netzbetreibern innerhalb der laufenden Regulierungsperiode jedoch, ihre tatsächlichen Kosten unter die „genehmigten" zu senken, erwirtschaften sie einen zusätzlichen Gewinn (der zu einer höheren Rendite führen kann als der regulatorisch genehmigten Eigenkapitalverzinsung). Die zwei zu überprüfenden Hypothesen lauten:

Hypothesen 6.1 (Strom) / 6.2 (Gas):

Netzbetreiber, die in der ersten Anreizregulierungsperiode Strom (bzw. Gas) einen höheren Effizienzwert aufweisen, haben in den Jahren 2009–2012 (Beginn der ersten Anreizregulierungsperiode bis Ende des Betrachtungszeitraums) durchschnittlich einen niedrigeren ROCE als Netzbetreiber mit niedrigerem Effizienzwert.

Ergebnisse: *Beide Hypothesen werden tendenziell unterstützt.*

Beide Hypothesen werden mit dem Datensatz 1 (Alle_509) in jeweils sechs Modellen untersucht – darunter sind fünf gemeinsame Modelle, deren Regressionsergebnisse Tabelle 26 dargestellt werden.

Tabelle 26: Regressionsergebnisse für Hypothesen 6.1 und 6.2 (Auszug)

Variable	Alle_509_V.1 Koeff.	p-Wert	Alle_509_V.2 Koeff.	p-Wert	Alle_509_V.4 Koeff.	p-Wert	Alle_509_V.9 Koeff.	p-Wert	Alle_509_V.10 Koeff.	p-Wert
const.	0,1939		0,2401	* *	0,3194	* * *	0,2574	* *	0,1804	
LN(Bilanzsumme)	-0,0111	* * *	-0,0098	* * *	-0,0073	*	-0,0157	* * *		
Anteil priv. Gesellschafter	0,1007	* * *	0,0927	* * *	0,0746	* * *			0,1021	* * *
Anzahl d. Gesellschafter	0,0006		0,0007		0,0010	*	0,0028	* *	0,0004	
Arbeitslosenquote	0,9552	* * *	0,8721	* * *					0,8516	* * *
Industriebesatz	0,0461		0,0462		-0,0723				0,0468	
Bevölkerungsentwicklung	5,2770	* * *	5,3209	* * *					4,6862	* * *
EK Quote			0,0353		0,0283		0,0283			
Debitorentage			-0,0002				-0,0001			
Kreditorentage			-0,0002	* * *	-0,0002	* * *	-0,0003	* * *		
Materialaufwandsquote			-0,1581	* * *	-0,2102	* * *				
Personalaufwandsquote	-0,4231	* * *	-0,4885	* * *	-0,5486	* * *			-0,4653	* * *
Konv. Erzeugung	-0,0041		-0,0071		-0,0048		-0,0065		-0,0107	
EW Strom 1RP	-0,1007		-0,1306		-0,1789		-0,0555		-0,0208	
EW Gas 1RP	-0,1274	*	-0,0853		-0,0898		-0,0382		-0,1092	
Korr. R-Quadrat	0,2788		0,2934		0,2401		0,091		0,2621	
Quelle: Eigene Berechnungen										

In allen 12 Modellen zeigen die Koeffizienten der beiden betrachteten unabhängigen Variablen negative Werte auf. Zwar zeigen die *p*-Werte der Koeffizienten nur in einem Modell ein Signifikanzniveau von über 90% an (Hypothese 6.2), die Koeffizienten selbst sind jedoch nicht vernachlässigbar. Sie erreichen Werte von -0,1789 (Hypothese 6.1) bzw. -0,1274 (Hypothese 6.2). Für beide Hypothesen wird somit davon ausgegangen, dass es tendenziell einen negativen Zusammenhang zwischen der Höhe der Effizienzwerte (Strom und Gas) in der ersten ARegV-Periode und dem Median des ROCE gibt, den die jeweiligen Netzbetreiber in dieser Periode erreichen. Diese Ergebnisse bestätigen, dass es nicht das Ziel der Netzbetreiber sein muss, im bundesweiten Benchmark hohe Effizienzwerte zu erreichen, sondern hohe von der Regulierungsbehörde anerkannte Netzkosten (die dann innerhalb der Regulierungsperiode erfolgreich abgesenkt werden). Der von Regulierungsmanagern gesteuerte Prozess der Kostenanmeldung hat maßgebliche Auswirkung auf den wirtschaftlichen Erfolg eines Netzbetreibers. Die Ergebnisse der untersuchten Hypothesen unterstützen die Annahme, dass ein strategisches Regulierungsmanagement einen potenziellen Erfolgsfaktor der Stadtwerke darstellt.

Netzanschlussdichte

Ebenfalls in Kapitel 5.4.6 wird die Annahme hergeleitet, dass Netzbetreiber durch Maßnahmen zur Erhöhung der Anschlussdichte in ihren Strom- und Gasnetzen ihre

Wirtschaftlichkeit steigern können (Anm.: Während in Stromversorgungsnetzen von Anschlusspunkten gesprochen wird, heißt es in Gasversorgungsnetzen Ausspeisepunkte (vgl. § 13 ARegV)). Dieser potenzielle Erfolgsfaktor wird anhand der Hypothesen 6.3 bis 6.6 untersucht:

Hypothesen 6.3 (Strom) / 6.5 (Gas):

Je höher die Anzahl der Netzanschlusspunkte pro Kilometer Leitungslänge (Strom / Gas), desto höher der ROCE.

Ergebnisse: *Keine Aussagen möglich.*

Die Hypothesen werden mit dem Datensatz 2 (TOP_50) in mehreren Modellen untersucht. Diese liefern jeweils unterschiedliche Vorzeichen für die Koeffizienten der beiden betrachteten unabhängigen Variablen. Auf Basis der hier durchgeführten Regressionsanalysen können daher keine Aussagen über mögliche Zusammenhänge zwischen der Anzahl der Netzanschlusspunkte je Kilometer Leitungslänge und dem ROCE getroffen werden. Eine zusätzliche Möglichkeit zur Überprüfung der oben genannten Annahme stellen die Hypothesen 6.4 und 6.6 dar, bei denen die Netzanschlussdichte alternativ durch die Anzahl der Netz-Kunden pro Kilometer Leitungslänge angegeben wird (die Anzahl der Netz-Kunden je Versorgungssparte wird dabei ersatzweise anhand der Anzahl der Strom- bzw. Gaszähler betrachtet). Die zu überprüfenden Hypothesen lauten:

Hypothesen 6.4 (Strom) / 6.6 (Gas):

Je höher die Anzahl der Netz-Kunden pro Kilometer Leitungslänge (Strom / Gas), desto höher der ROCE.

Ergebnisse: *Keine Aussagen möglich.*

Auch diese beiden Hypothesen werden mit dem Datensatz 2 (TOP_50) in mehreren Modellen untersucht, die wiederum jeweils unterschiedliche Vorzeichen für die Koeffizienten der beiden betrachteten Unabhängigen aufzeigen. Daher können basierend auf den hier durchgeführten Regressionsanalysen auch keine Aussagen über mögliche Zusammenhänge zwischen der Anzahl der Netz-Kunden pro Kilometer Leitungslänge und dem ROCE getroffen werden.

Die beschriebenen Regressionsergebnisse liefern also keine Unterstützung für die These, dass eine hohe Netzanschlussdichte einen potenziellen Erfolgsfaktor der Stadtwerke darstellt. Dennoch kann die Größe Netzanschlussdichte für die Netzbetreiber eine individuelle wirtschaftliche Relevanz haben: Sowohl die Anzahl der Anschlusspunkte in Stromversorgungsnetzen und der Ausspeisepunkte in Gasversorgungsnetzen als auch die Leitungslänge der Netze (Systemlänge) werden als Vergleichsparameter in das Effizienzbenchmark-Verfahren der BNetzA einbezogen (§ 13 ARegV). Dieses Verfahren basiert auf zwei Analysemethoden (Data Envelopment Analysis (DEA) und Stochastic Frontier Analysis (SFA)), wobei für die regulatorische Umsetzung der Effizienzergebnisse eine Bestabrechnung zugunsten des betroffenen Netzbetreibers vorgesehen ist (Herrmann, 2009; § 12 ARegV). Sensitivitätsanalysen können dem Netzbetreiber aufzeigen, inwieweit Veränderungen der genannten Parameter zu individuellen Vorteilen im Effizienzbenchmark-Verfahren führen (Elsenbast/Nick/Boche, 2008) – und ob das Unternehmen Maßnahmen zur Beeinflussung seiner Netzanschlussdichte einleiten sollte.

Eine Übersicht über die zwei Erfolgsfaktoren im Wirkungsbereich „Strategien im Geschäftsfeld Netze" und die Ergebnisse der Regressionsanalysen zur Überprüfung der Hypothesen ist in Tabelle 27 aufgeführt.

Tabelle 27: Wirkung von Strategien im Geschäftsfeld Netze

Wirkung von Strategien im Geschäftsfeld Netze auf den Unternehmenserfolg		
Hypoth.:		Unabhängige Variable:
6.1	Strom-Netzbetreiber mit hohem Eff.-Wert haben niedrigeren ROCE in 2009-2012	Eff.-Wert Strom 1. Reg.-Periode
6.2	Gas-Netzbetreiber mit hohem Eff.-Wert haben niedrigeren ROCE in 2009-2013	Eff.-Wert Gas 1. Reg.-Periode
Erfolgsfaktor: Netz-Anschlußdichte		
Hypoth.:		Unabhängige Variable:
6.3	Je höher Anzahl d. Netzanschlusspkt. pro Kilometer Strom-Leitungslänge, desto höher ROCE	NAP Strom je km Leitungslänge
6.4	Je höher Anzahl der Netz-Kunden pro Kilometer Strom-Leitungslänge, desto höher ROCE	Anzahl Stromzähler je Leitungslänge
6.5	Je höher Anzahl d. Netzanschlusspkt. pro Kilometer Gas-Leitungslänge, desto höher ROCE	NAP Gas je km Leitungslänge
6.6	Je höher Anzahl der Netz-Kunden pro Kilometer Gas-Leitungslänge, desto höher ROCE	Anzahl Gaszähler je Leitungslänge

Ermittelter Zusammenhang zw. unabh. Variable und ROCE (Regressionsergebnisse)						
	Datensatz 1: "Alle_509"		Datensatz 2: "TOP_50"			
Hypoth.:	Koeffizient	Signifikanz	Koeffizient	Signifikanz	Unterstützung der Hypoth.:	Modelle:
6.1	-0,1789				ja ✓	Modell Alle_509_V.1, V.2, V.4, V.7, V.9, V.10
6.2	-0,1274	*			ja ✓	Modell Alle_509_V.1, V.2, V.4, V.8, V.9, V.10
6.3			keine Aussage möglich		nein	-
6.4			keine Aussage möglich		nein	-
6.5			keine Aussage möglich		nein	-
6.6			keine Aussage möglich		nein	-
Legende: ✓✓✓ sehr (deutlich) signifikant	✓✓ (überwiegend) signifikant	✓ Tendenz erkennbar				
Quelle: Eigene Berechnungen						

5.6.7 Wirkung von Strukturindikatoren auf den Unternehmenserfolg

Im siebten und letzten in dieser Arbeit betrachteten Wirkungsbereich potenzieller Erfolgsfaktoren werden Strukturindikatoren analysiert – also Relationen, Anteilswerte oder Veränderungsraten, die einen direkten Vergleich von Regionen ermöglichen (O.V., 2015d). Wie bereits in Kapitel 5.4.7 erläutert, sind Strukturindikatoren vom Management eines Stadtwerks nicht – oder nicht maßgeblich – beeinflussbar. Es wird jedoch angenommen, dass die jeweilige Region einen Einfluss auf den wirtschaftlichen Erfolg eines Stadtwerks hat. Daher werden für den Wirkungsbereich Strukturindikatoren die statistischen Abhängigkeiten zwischen den beiden potenziellen Erfolgsfaktoren Industriebesatz und Bevölkerungsentwicklung und dem ROCE der EVU anhand von jeweils einer Hypothese analysiert.

Industriebesatz

Der Industriebesatz ist eine Kennziffer in der Regionalanalyse zur Messung des Industrialisierungsgrades, welche die Zahl der Industriebeschäftigten auf die Einwohner der Region bezieht (Industriebeschäftigte je 1.000 Einwohner) (Gabler, 2010). Wie in Kapitel 5.4.7 erläutert, liegen die Daten zum Industriebesatz im größeren Datensatz 1 (Alle_509) vor. Eine Analyse zeigt, dass die meisten der 509 betrachteten EVU in Regionen ansässig sind, die einen Industriebsatz zwischen 10% und 30% aufweisen (vgl. Tabelle 28). Der höchste Industriebesatz im Datensample wird in Wolfsburg erreicht. Dort arbeiten von 1.000 Einwohner 524 in Industrieunternehmen (52,4%; das zugehörige EVU ist die Stadtwerke Wolfsburg AG).

Tabelle 28: Anzahl der EVU nach Höhe des Industriebesatzes, Alle_509

Indutriebesatz	**Anzahl der EVU**	**Anteil des Samples**
50% <= Industriebesatz	1	0,2%
40% <= Industriebesatz < 50%	8	1,6%
30% <= Industriebesatz < 40%	55	10,8%
20% <= Industriebesatz < 30%	198	38,9%
10% <= Industriebesatz < 20%	211	41,5%
Industriebesatz < 10%	14	2,8%
keine Angabe	22	4,3%
Summe	**509**	**100,0%**

Hypothese 7.1: *Je höher der Industriebesatz, desto höher der ROCE.*

Ergebnis: *Keine Aussage möglich.*

Die Hypothese wird mit dem Datensatz 1 (Alle_509) in mehreren Modellen untersucht. Diese liefern unterschiedliche Vorzeichen für den Koeffizienten der betrachteten unabhängigen Variable. Auf Basis der hier durchgeführten Regressionsanalysen kann daher keine Aussage über einen möglichen Zusammenhang zwischen der Höhe des Industriebesatzes in der jeweiligen Region eines EVU und seines ROCE getroffen werden.

Bevölkerungsentwicklung

Bis vor wenigen Jahren ist die Einwohnerzahl Deutschlands stetig gewachsen. 2003 lebten hierzulande rund 82,4 Millionen Menschen (Sütterlin, 2008). Doch zwischen 2003 und 2010 ist die Zahl gesunken, bis Ende 2010 auf rund 80,3 Millionen Menschen. Dieser Bevölkerungsrückgang wurde aufgrund einer besonders starken Nettozuwanderung in den Jahren 2011 bis 2013 unterbrochen. Die grundsätzlichen Ursachen des Bevölkerungsrückgangs bestehen jedoch weiter fort und werden sich auf lange Sicht noch stärker als in der Vergangenheit auswirken (Pötzsch/Rößger, 2015). Die Bevölkerungszahl wird von 80,8 Millionen Menschen im Jahr 2013 je nach Ausmaß der Nettozuwanderung voraussichtlich noch fünf bis sieben Jahre steigen und anschließend abnehmen. Unter den Stand von 2013 sinkt sie frühestens 2023. 2060 wird die Einwohnerzahl zwischen 67,6 Millionen (kontinuierliche Entwicklung bei schwächerer Zuwanderung) und 73,1 Millionen (kontinuierliche Entwicklung bei stärkerer Zuwanderung) betragen (Sütterlin, 2008; Statistisches Bundesamt, 2014; Pötzsch/Rößger, 2015). Grundsätzlich sind alle Regionen und Kommunen in Deutschland von der Veränderung der Bevölkerungszahl und der Zusammensetzung der Einwohner betroffen. Der demografische Wandel und seine Auswirkungen sind jedoch regional sehr unterschiedlich. In den meisten Regionen sinkt die Einwohnerzahl, in einigen wird sie steigen (Böhle, 2009). Hierfür gibt es eine Vielzahl unterschiedlicher Gründe, u. a. die Entwicklung der Neugeborenenzahlen, der Sterberaten (der Lebenserwartung), der Zuwanderung aus dem Ausland sowie der Binnenwanderung. Bezüglich der Binnenwanderung lassen sich innerhalb Deutschlands in den letzten Jahren unterschiedliche Wanderungstrends ausmachen, unter denen die Ost-West-Wanderungen und die Nord-Süd-Wanderungen dominieren (Karsch/Hoßmann, 2010). In vielen ostdeutschen Gemeinden und in strukturschwachen Regionen Westdeutschlands sind die Auswirkungen bereits deutlich zu spüren. Aufgrund von Abwanderung sind viele Städte und Kommunen von einem drastischen Rückgang der Bevölkerungszahl betroffen. In Folge der Binnenwanderung werden demgegenüber die Metropolregionen weiter wachsen (Böhle, 2009).

Wie bereits in Kapitel 5.4.7 erläutert, liegen für die Regionen, in denen die in dieser Arbeit betrachteten EVU ansässig sind, jeweils Daten über die Bevölkerungsentwicklung vor (Jahresdurchschnittswerte für die prozentuale Veränderung der Bevölkerungszahl zwischen 1995 und 2011). Eine Analyse dieses Datensatzes zeigt, dass von den 509 betrachteten Unternehmen mindestens 273 (54%) in Regionen liegen, die im Betrachtungszeitraum ein durchschnittliches jährliches Bevölkerungswachstum aufweisen (der höchste Wachstumswert beträgt dabei 1,27% pro Jahr).

Mindestens 194 EVU (38% des Samples) sind in Regionen ansässig, die im gleichen Zeitraum einen Bevölkerungsrückgang verzeichnen (die höchste Schrumpfung liegt bei -1,40% pro Jahr). Von 44 der 509 betrachteten Unternehmen liegen keine Daten zur regionalen bzw. kommunalen Bevölkerungsentwicklung vor (9% des Samples). Abbildung 38 zeigt die Verteilung der regionalen Bevölkerungsentwicklung im Datensatz 1.

Abbildung 38: Regionale Bevölkerungsentwicklung, Alle_509

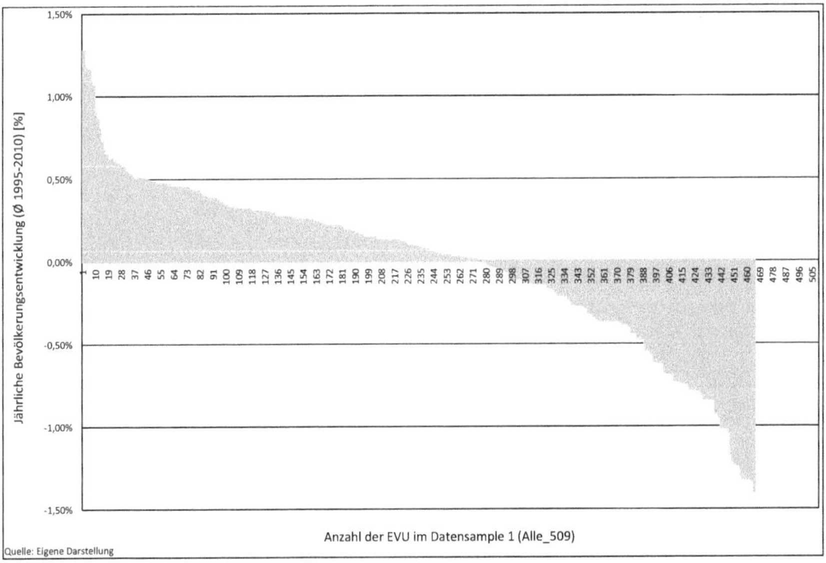

Quelle: Eigene Darstellung

Zwischen der Bevölkerungs- und der Wirtschaftsentwicklung einer Region bestehen erhebliche Wechselwirkungen. Regionen mit starkem Wachstum sind besser in der Lage, qualifizierte Menschen an sich zu binden als Regionen, die von Bevölkerungsverlusten und Alterung überdurchschnittlich betroffen sind (Brandt/Franz/Wieja, 2008). Aufgrund der Annahme, dass von einer positiven Bevölkerungs- und Wirtschaftsentwicklung auch die regionalen bzw. kommunalen EVU profitieren, lautet die zu untersuchende Hypothese:

Hypothese 7.2: *Je größer das Wachstum der Bevölkerung, desto höher der ROCE.*

Ergebnis: *Die Hypothese wird mit deutlicher Signifikanz unterstützt.*

Diese Hypothese wird mit dem Datensatz 1 (Alle_509) in acht Modellen untersucht (Modell Alle_509_V.1-V.3, V.5-V.8, V.10). Die Regressionsergebnisse von fünf dieser acht Modelle sind in Tabelle 29 dargestellt.

Tabelle 29: Regressionsergebnisse für Hypothese 7.2 (Auszug)

Variable	Alle_509_V.1 Koeff.	p-Wert	Alle_509_V.2 Koeff.	p-Wert	Alle_509_V.7 Koeff.	p-Wert	Alle_509_V.8 Koeff.	p-Wert	Alle_509_V.10 Koeff.	p-Wert
const.	0,1939		0,2401	**	0,1501		0,2024	***	0,1804	
LN(Bilanzsumme)	-0,0111	***	-0,0098	***	-0,0033					
Anteil priv. Gesellschafter	0,1007	***	0,0927	***	0,1030	***			0,1021	***
Anzahl d. Gesellschafter	0,0006		0,0007						0,0004	
Arbeitslosenquote	0,9552	***	0,8721	***	0,5361	***	0,7573	***	0,8516	***
Industriebesatz	0,0461		0,0462						0,0468	
Bevölkerungsentwicklung	5,2770	***	5,3209	***	3,0368	***	3,7587	***	4,6862	***
EK Quote			0,0353							
Debitorentage			-0,0002							
Kreditorentage			-0,0002	***	-0,0002	***				
Materialaufwandsquote			-0,1581	***	-0,1785	***	-0,0461			
Personalaufwandsquote	-0,4231	***	-0,4885	***	-0,5376	***	-0,5693	***	-0,4653	***
Konv. Erzeugung	-0,0041		-0,0071						-0,0107	
EW Strom 1RP	-0,1007		-0,1306		-0,1364				-0,0208	
EW Gas 1RP	-0,1274	*	-0,0853				-0,0765		-0,1092	
Korr. R-Quadrat	0,2788		0,2934		0,2646		0,2072		0,2621	
Quelle: Eigene Berechnungen										

Die Regressionen zeigen jeweils einen positiven Koeffizienten für die betrachtete unabhängige Variable. Die *p*-Werte der Koeffizienten liegen dreimal im 95%-Bereich, fünfmal sogar im 99%-Signifikanzbereich. Im letzteren weist der höchste Koeffizient den Wert 5,3209 aus. Somit wird davon ausgegangen, dass es einen sehr signifikanten, positiven Zusammenhang zwischen der Bevölkerungsentwicklung in der jeweiligen Region eines EVU und dessen ROCE gibt. Dieses Ergebnis ist an sich nicht überraschend, da sich leicht Erklärungsansätze finden lassen, wonach aus einem Bevölkerungswachstum auch Wachstum in den überwiegend rentablen Geschäftsfeldern der Stadtwerke resultiert (z.B. Umsatzwachstum in den Sparten Strom und Gas). Bemerkenswert ist allerdings, dass in allen zehn Modellen zur Durchführung multivariater Regressionsanalysen mit dem Datensatz 1 keine andere unabhängige Variable einen höheren Regressionskoeffizienten aufweist, als die Bevölkerungsentwicklung. Von den in diesen Modellen betrachteten potenziellen Erfolgsfaktoren hat damit ein vom Management nicht beeinflussbarer Faktor die größte Auswirkung auf den ROCE. Dieses Ergebnis kann auch als ein Indikator dafür angesehen werden, dass der wirtschaftliche Erfolg der Stadtwerke zunehmend von externen – zumeist politisch bedingten – Rahmenbedingungen beeinflusst wird. Beispiele hierfür sind die in den vorangehenden Kapiteln dargelegten Entwicklungen in den Bereichen Netzregulierung, EEG-Förderung und konventionelle Energieerzeugung.

Tabelle 30 zeigt eine Übersicht über die beiden potenziellen Erfolgsfaktoren im Wirkungsbereich der Strukturindikatoren und die Ergebnisse der Regressionsanalysen zur Überprüfung ihrer unterstützenden Hypothesen.

Tabelle 30: Wirkung von Strukturindikatoren

Wirkung von Strukturindikatoren auf den Unternehmenserfolg						
Erfolgsfaktor: Bevölkerungsentwicklung						
Hypoth.:						Unabhängige Variable:
7.1	Je höher der Industriebsatz, desto höher ROCE					Industriebesatz
Erfolgsfaktor: Arbeitslosenquote						
Hypoth.:						Unabhängige Variable:
7.2	Je größer die Bevölkerungsentwicklung, desto höher ROCE					Bevölkerungsentwicklung
Ermittelter Zusammenhang zw. unabh. Variable und ROCE (Regressionsergebnisse)						
	Datensatz 1: "Alle_509"		Datensatz 2: "TOP_50"			
Hypoth.:	Koeffizient	Signifikanz	Koeffizient	Signifikanz	Unterstützung der Hypoth.:	Modelle:
7.1	keine Aussage möglich				nein	-
7.2	5,3209	* * *			ja ✓✓✓	Modell Alle_509_V.1 - V.3, V.5 - V.8, V.10
Legende:	✓✓✓	sehr (deutlich) signifikant	✓✓	(überwiegend) signifikant	✓	Tendenz erkennbar
Quelle: Eigene Berechnungen						

5.7 Zusammenfassung

In Kapitel 5 werden statistische Zusammenhänge zwischen ausgewählten potenziellen Erfolgsfaktoren und dem wirtschaftlichen Unternehmenserfolg der Stadtwerke untersucht. Zur Darstellung des Unternehmenserfolgs wird dabei die Kennzahl ROCE als Erfolgsgröße verwendet, da sich diese besonders für unternehmensübergreifende Rentabilitätsvergleiche eignet (Krause/Dayanand, 2010). Basierend auf Expertenwissen und theoretischen Vorüberlegungen werden 15 potenzielle Erfolgsfaktoren in sieben Wirkungsbereichen definiert (vgl. Kapitel 5.4). Die Wirkungsbereiche umfassen die Eigentümerstruktur der Unternehmen, die Unternehmensgröße, interne Ressourcen, Strategien in den Geschäftsfeldern Erzeugung, Vertrieb/Handel und Netze sowie Strukturindikatoren der jeweiligen Regionen, in denen die Stadtwerke ansässig sind. Die 15 potenziellen Erfolgsfaktoren werden anhand von insgesamt 36 Hypothesen überprüft, die jeweils einen Bezug zur Erfolgsgröße ROCE herstellen.

Für die Durchführung der Analysen stehen zwei Datensätze zur Verfügung. Datensatz 1 (Alle_509) beinhaltet Daten aus Bilanzen sowie Gewinn- und Verlustrechnungen von 509 deutschen EVU aus den Jahren 2004–2012. Datensatz 2 (TOP_50) umfasst die Daten der 50 größten Unternehmen aus Datensatz 1 (gemessen am Umsatz), beinhaltet jedoch umfangreiche zusätzliche Angaben über die Stadtwerke, z.B. zu Geschäftsfeldumsätzen, Energiemengen und Infrastrukturdaten. Die statistischen Untersuchungen erfolgen mittels multivariater linearer Regressionsverfahren (vgl. Kapitel 5.5). Dazu werden mit dem Datensatz 1 zehn Regressionsmodelle erstellt, mit dem Datensatz 2 weitere dreißig Modelle (vgl. Anhänge D1 bis D4). Im Rahmen der vorliegenden Arbeit werden dabei alle Regressionsmodelle verworfen, bei denen das korrigierte Bestimmtheitsmaß R^2 unter 0,1 liegt. Die ausführliche Beschreibung der weiteren Prüfungsprämissen und der konkreten Vorgehensweise wird in Kapitel 5.5 erläutert.

Die in dieser Arbeit gewonnenen Erkenntnisse aus den statistischen Analysen anhand des Datensatzes 1 (Alle_509) können aufgrund der Größe dieses Samples als gültig für die deutsche Stadtwerke-Branche angesehen werden. Diese Verallgemeinerung ist für die Ergebnisse der Analysen anhand des kleineren Datensatzes 2 (TOP_50) nicht möglich, da davon ausgegangen werden muss, dass die 50 größten Unternehmen nicht repräsentativ für die ganze Branche sind – bzw. bei ihnen andere Erfolgsfaktoren signifikanter sind, als bei kleineren Stadtwerken. Dies zeigt sich bereits dadurch, dass von den im oben genannten großen Datensample 1 identifizierten drei „sehr signifikanten" unabhängigen Variablen bei einer Verprobung im Datensample 2 (TOP_50) nur eine als „sehr signifikant" getestet wird („Personalaufwandsquote", vgl. Anhang D4), eine weitere als „signifikant" („Anteil privater Gesellschafter", vgl. Anhang D2). Die Erkenntnisse aus den Analysen anhand des Datensatzes 2 können demnach nur als statistisch relevant für die größten Stadtwerke angesehen werden, für die gesamte Branche haben sie nur indikativen Charakter.

Die Zusammenfassung der gewonnenen Erkenntnisse aus den statistischen Analysen erfolgt daher getrennt nach den verwendeten Datensätzen (Anm.: aufgrund der besseren Lesbarkeit werden in der ausführlichen Beschreibung der Auswertung in Kapitel 5.6 nacheinander die sieben Wirkungsbereiche betrachtet. In drei Wirkungsbereichen (interne Ressourcen, Strategien in den Geschäftsfeldern Erzeugung und Netze) werden dabei beide Datensätze zur Untersuchung der Hypothesen herangezogen).

Von den 36 aufgestellten Hypothesen werden 28 anhand des kleineren Datensatzes 2 (TOP_50) untersucht. Für neun dieser achtundzwanzig Hypothesen lässt sich anhand der vorgenommenen Regressionsanalysen kein statistischer Zusammenhang feststellen, da die Regressionskoeffizienten in den betrachteten Partialmodellen unterschiedliche Vorzeichen aufweisen. Bei der Untersuchung der anderen 19 Hypothesen werden alle in Kapitel 5.5 genannten Prüfungsprämissen erfüllt. Diese Hypothesen betreffen die Wirkungsbereiche Strategische Ausrichtung, interne Ressourcen sowie Strategien in den Geschäftsfeldern Erzeugung und Vertrieb/Handel.

Im Wirkungsbereich Strategische Ausrichtung werden insbesondere Zusammenhänge zwischen den Umsatzanteilen in den Kerngeschäftsfeldern und dem ROCE der Unternehmen betrachtet. Es zeigt sich, dass höhere Umsatzanteile in den Sparten Strom und Gas, Telekommunikation und Abfallentsorgung mit höherem wirtschaftlichem Erfolg der Unternehmen einhergehen. Bei den Sparten ÖPNV, Wasser und Fernwärme wird der gegenteilige Effekt beobachtet.

Bei der Untersuchung von Kennzahlen zu den internen Ressourcen der fünfzig größten EVU zeigt sich, dass sowohl höhere Wertschöpfungsbeiträge der Mitarbeiter, als auch höhere Personalkosten je Mitarbeiter (vereinfachend gleichzusetzen mit höherer Qualifikation) sich tendenziell positiv auf den Unternehmenserfolg auswirken. Gleichzeitig wird ein signifikanter Zusammenhang zwischen hohen ROCE-Werten und hohen Fremdleistungsanteilen festgestellt. Es wird daher angenommen, dass solche Stadtwerke erfolgreicher sind, die sich mit kleinerer, höher qualifizierter (und motivierter) Belegschaft auf Geschäftsprozesse mit hoher Wertschöpfung fokussieren und die übrigen Tätigkeiten outsourcen (Fokus-Strategie).

Im Wirkungsbereich Strategien im Geschäftsfeld Erzeugung bestätigen die Regressionsergebnisse, dass sich die Rahmenbedingungen für konventionelle Kraftwerke in den letzten Jahren erheblich verschlechtert haben. So zeigt die statistische Untersuchung der großen Stadtwerke, dass solche mit höherem Anteil konventioneller Strom-Eigenerzeugung am Stromabsatz nur kleinere ROCE-Werte erreichen. Erstaunlicherweise gilt der gleiche statistische Zusammenhang auch für den Absatzanteil an regenerativer Strom-Eigenerzeugung. Zwar wird hier davon ausgegangen, dass die Rahmenbedingungen positiv und die Anlagen überwiegend wirtschaftlich sind. Der EE-Anteil der Stadtwerke steigt allerdings erst ab Mitte des Betrachtungszeitraumes an (bleibt jedoch im Verhältnis zur konventionellen Eigenerzeugung vernachlässigbar klein), sodass angenommen wird, dass die EE-Investments der Stadtwerke noch keine statistisch relevanten Ergebnisbeiträge liefern.

Im Geschäftsfeld Vertrieb und Handel zeigt sich, dass Stadtwerke mit größerem Wachstum im Strom- und Gasvertrieb in der Regel wirtschaftlich erfolgreicher sind. Gleiches gilt für Unternehmen mit hohen Strom-Handelsvolumina. Diese Ergebnisse stützen die Aussagen zu den Spartenumsätzen im Wirkungsbereich Unternehmensgröße. Allerdings zeigen sich Unterschiede bezüglich der Zielmärkte und -kundengruppen. So wird für EVU mit überregionalem Stromvertrieb ein positiver statistischer Zusammenhang mit dem ROCE gefunden. Beim überregionalen Gasvertrieb ist der gegenteilige Effekt signifikant. Überraschend ist auch, dass bei den fünfzig größten EVU gemäß Datensatz 2 in beiden Sparten Strom und Gas die Wirtschaftlichkeit mit steigendem Absatzanteil an Privat- und Gewerbekunden sinkt. Es wird angenommen, dass dieser Effekt branchenuntypisch ist und mit den Absatzmengen an weiterverteilende EVU zusammenhängt.

Acht der 36 aufgestellten Hypothesen werden anhand des größeren Datensatzes 1 (Alle_509) untersucht und können – wie bereits erläutert – aufgrund der Größe der Stichprobe als übertragbar auf die deutsche Stadtwerke-Branche angesehen werden. Für eine dieser acht Hypothesen lässt sich kein statistischer Zusammenhang feststellen (die Regressionskoeffizienten weisen unterschiedliche Vorzeichen auf). Bei der Untersuchung der anderen sieben Hypothesen werden alle in Kapitel 5.5 genannten Prüfungsprämissen erfüllt. Die Hypothesen betreffen 5 Wirkungsbereiche: die drei bereits genannten „gemeinsamen“ (Interne Ressourcen, Strategien in den Geschäftsfeldern Erzeugung und Netze) sowie die Bereiche Eigentümerstruktur und Strukturindikatoren, die ausschließlich anhand des Datensatzes 1 betrachtet werden.

Im Wirkungsbereich Eigentümerstruktur zeigen die Regressionsergebnisse, dass die Höhe des privatwirtschaftlichen Anteilsbesitzes an einem Stadtwerk als wirtschaftlicher Erfolgsfaktor des Unternehmens betrachtet werden kann. Die Untersuchung unterstreicht, dass auch Minderheitsbeteiligungen privater Investoren in der Regel einen positiven Einfluss auf die Wirtschaftlichkeit kommunaler Stadtwerke haben. Des Weiteren sind tendenziell Stadtwerke mit mehreren Gesellschaftern erfolgreicher.

Die bereits zusammengefassten Erkenntnisse zum Wirkungsbereich Interne Ressourcen werden durch ein Regressionsergebnis mit dem Datensatz 1 ergänzt, wonach es einen sehr signifikant negativen Zusammenhang zwischen der Personalaufwandsquote und dem ROCE der EVU gibt. Unter wirtschaftlichen Gesichtspunkten erscheint es für die EVU also sinnvoll, die absoluten Personalkosten so gering wie möglich zu halten. Die oben genannte Fokus-Strategie wird durch diese Erkenntnis unterstützt. Ebenso unterstützt ein weiteres Regressionsergebnis anhand des „großen" Datensatzes 1 bereits getroffene Aussagen zur Stromerzeugung: EVU mit konventioneller Eigenerzeugung sind im Betrachtungszeitraum tendenziell weniger wirtschaftlich als EVU ohne konventionelle Kraftwerke (oder Kraftwerksbeteiligungen).

Für das Geschäftsfeld Netze wird aufgezeigt, dass der Prozess der Kostenanmeldung im Rahmen der Netzentgeltregulierung durch die Bundesnetzagentur maßgebliche Auswirkung auf den wirtschaftlichen Erfolg eines Netzbetreibers hat und dass ein strategisches Regulierungsmanagement einen potenziellen Erfolgsfaktor der Stadtwerke darstellt.

Im Wirkungsbereich Strukturindikatoren wird schließlich gezeigt, dass von einem sehr signifikanten, positiven Zusammenhang zwischen der Bevölkerungsentwicklung in der jeweiligen Region eines EVU und dessen ROCE ausgegangen werden kann. Da die Bevölkerungsentwicklung unter allen in der vorliegenden Arbeit betrachteten unabhängigen Variablen den höchsten Regressionskoeffizienten aufweist, hat ein vom Management nicht beeinflussbarer Erfolgsfaktor die größte Auswirkung auf den ROCE der Stadtwerke. Dieses Ergebnis kann als Indikator dafür angesehen werden, dass der wirtschaftliche Erfolg der Stadtwerke zunehmend von externen – zumeist politisch bedingten – Rahmenbedingungen beeinflusst wird.

Tabelle 31 zeigt eine zusammenfassende Darstellung der gewonnenen Erkenntnisse aus der statistischen Untersuchung der 36 Hypothesen. Eine ausführliche Übersicht einschließlich der Wirkungsbereiche und Erfolgsfaktoren ist in Anhang D5 aufgeführt.

Tabelle 31: Zusammenfassung der Erkenntnisse über die Hypothesen

Wirkungsbereich	**Hypothese:**	**Unterstützg. d. Hypoth.:**
1 Eigentümer-struktur	1.1 Je höher der Anteil privater Gesellschafter, desto höher ROCE	ja (sehr signifikant)
	1.2 Je höher die Anzahl der Gesellschafter, desto höher ROCE	ja (Tendenz)
2 Strategische Ausrichtung	2.1 Je größer der Umsatzanteil in der Sparte Strom, desto höher ROCE	ja (Tendenz)
	2.2 Je größer der Umsatzanteil in der Sparte Gas, desto höher ROCE	ja (sehr signifikant)
	2.3 Je kleiner der Umsatzanteil in der Sparte Wasser, desto höher ROCE	ja (signifikant)
	2.4 Je größer der Umsatzanteil in der Sparte Fernwärme, desto höher ROCE	Gegenteil (signifik.)
	2.5 Je größer der Umsatzanteil in der Sparte Telekommunikation, desto höher ROCE	ja (signifikant)
	2.6 Je kleiner der Umsatzanteil in der Sparte ÖPNV, desto höher ROCE	ja (sehr signifikant)
	2.7 Je größer der Umsatzanteil in der Sparte Abfallentsorgung, desto höher ROCE	ja (Tendenz)
	2.8 Je geringer die Anzahl der Geschäftsbereiche, desto höher ROCE	nein
3 Interne Ressourcen	3.1 Je höher die Wertschöpfung (Umsatz-Mat+Fremdleistung) / Mitarbeiter, desto höher ROCE	ja (Tendenz)
	3.2 Je höher der Personalaufwand pro Mitarbeiter, desto höher ROCE	ja (Tendenz)
	3.3 Je kleiner die Personalaufwandsquote, desto höher ROCE	ja (sehr signifikant)
	3.4 Je höher der Umsatz je Mitarbeiter, desto höher ROCE	nein
	3.5 Je größer das Verhältnis Fremd- zu Eigenleistung, desto höher ROCE	ja (signifikant)
	3.6 Je geringer die Quote Aufwand f. bezog. Lstg. zu Umsatz, desto höher ROCE	nein
4 Strategien im Geschäftsfeld Erzeugung	4.1 EVU mit konvent. EE haben niedrigeren ROCE als EVU ohne konvent. EE	ja (Tendenz)
	4.2 Je geringer der Anteil konvent. Strom-Eigenerzeugung am Stromabsatz, desto höher ROCE	ja (Tendenz)
	4.3 EVU mit regenerativer EE haben höheren ROCE als EVU ohne	nein
	4.4 Je größer der Anteil regenerativer Strom-Eigenerzeugung am Stromabsatz, desto höher ROCE	Gegenteil (s. signifik.)

Wirkungsbereich	Hypothese:	Unterstützg. d. Hypoth.:
5 Strategien in den Geschäftsfeldern Vertrieb und Handel	5.1 EVU mit überregionalem Stromvertrieb haben höheren ROCE als EVU ohne	ja (signifikant)
	5.2 EVU mit überregionalem Gasvertrieb haben höheren ROCE als EVU ohne	Gegenteil (signifik.)
	5.3 Je größer das Wachstum im Strom-Absatz, desto höher ROCE	ja (signifikant)
	5.4 Je größer das Wachstum im Gas-Absatz, desto höher ROCE	ja (signifikant)
	5.5 Je höher der Strom-Absatzanteil an Privat- und Gewerbekunden, desto höher ROCE	Gegenteil (Tendenz)
	5.6 Je höher der Gas-Absatzanteil an Privat- und Gewerbekunden, desto höher ROCE	Gegenteil (signifik.)
	5.7 Je höher das Strom-Handelsvolumen (gemessen am Umsatzverhältnis), desto höher ROCE	ja (signifikant)
	5.8 Je höher das Gas-Handelsvolumen (gemessen am Umsatzverhältnis), desto höher ROCE	nein
6 Strategien im Geschäftsfeld Netze	6.1 Strom-Netzbetreiber mit hohem Eff.-Wert haben niedrigeren ROCE in 2009-2012	ja (Tendenz)
	6.2 Gas-Netzbetreiber mit hohem Eff.-Wert haben niedrigeren ROCE in 2009-2013	ja (Tendenz)
	6.3 Je höher Anzahl d. Netzanschlusspkt. pro Kilometer Strom-Leitungslänge, desto höher ROCE	nein
	6.4 Je höher Anzahl der Netz-Kunden pro Kilometer Strom-Leitungslänge, desto höher ROCE	nein
	6.5 Je höher Anzahl d. Netzanschlusspkt. pro Kilometer Gas-Leitungslänge, desto höher ROCE	nein
	6.6 Je höher Anzahl der Netz-Kunden pro Kilometer Gas-Leitungslänge, desto höher ROCE	nein
7 Strukturindikatoren	7.1 Je höher der Industriebsatz, desto höher ROCE	nein
	7.2 Je größer die Bevölkerungsentwicklung, desto höher ROCE	ja (sehr signifikant)
Quelle: Eigene Berechnungen		

6 Grenzen der vorliegenden Analysen

Im Folgenden wird die Aussagekraft der Ergebnisse der in der vorliegenden Arbeit durchgeführten Analysen kritisch beleuchtet und wesentliche, offen gebliebene Fragen werden aufgeführt.

Bevor hierzu der Fokus auf die zahlenbasierten Analysen der Kapitel 4 und 5 gelegt wird, die den Hauptteil der vorliegenden Arbeit ausmachen, soll zunächst noch einmal auf den Vergleich der kommunalen Versorgungstrukturen anderer Staaten mit der deutschen Stadtwerke-Branche in Kapitel 2 eingegangen werden. Bei diesem internationalen Vergleich, der exemplarisch Gemeinsamkeiten und Unterschiede kommunaler EVU aufzeigt, können zunächst Größe und Auswahl der Stichprobe kritisiert werden. Zwar wird der Schwerpunkt auf die Stromversorgung und die Entwicklung der nationalen Strommärkte seit deren Öffnung gelegt – was die Anzahl der in Frage kommenden Staaten einschränkt. Dennoch deckt die Stichprobe mit elf betrachteten Nationen zwar ein breites, jedoch kein umfassendes Spektrum ab. Wesentlicher Kritikpunkt dürfte jedoch sein, dass im Rahmen der vorliegenden Arbeit nicht beantwortet wird, welche Auswirkungen die unterschiedlichen internationalen Entwicklungen auf den wirtschaftlichen Erfolg der jeweiligen kommunalen Versorgungsunternehmen haben. Diese Frage könnte Gegenstand weiterer wissenschaftlicher Analysen sein. Da Kapitel 2 zeigt, dass es in einigen anderen Staaten Versorgungsstrukturen gibt, die mit den deutschen Stadtwerken durchaus vergleichbar sind, liegt es nahe, die weiteren in dieser Arbeit vorgestellten Analysen für andere Länder zu wiederholen – auch, um die Stabilität der Ergebnisse zu überprüfen.

In Kapitel 4 werden zunächst die zeitlich variierenden Rahmenbedingungen der Stadtwerke und die daraus resultierenden Marktphasen seit Beginn der Liberalisierung Ende der 1990er Jahre erörtert. Für die zeitliche Kategorisierung dieser Marktphasen sowie das adaptierende strategische Verhalten der Stadtwerke wird das beschreibende Element der strategischen „Wellen“ gewählt. Hier können sowohl deren zeitliche Unschärfe, als auch der grundsätzlich fehlende empirische Existenznachweis dieser Entscheidungswellen kritisiert werden.

Der dieser Arbeit zugrunde liegende Datensatz gibt Hinweise darauf, dass einzelne Stadtwerke typische Strategien aus kommenden Wellen bereits vorzeitig verfolgten und umsetzten („first mover“). Ob – bzw. inwieweit – diese Unternehmen wirtschaftlich erfolgreicher sind als ihre Wettbewerber, kann mangels belastbarer Vergleichsdaten jedoch nicht näher untersucht werden. Auch diese Beobachtung könnte Gegenstand weiterer wissenschaftlicher Analysen sein.

Die ebenfalls in Kapitel 4 durchgeführte Kennzahlenanalyse ermöglicht aufgrund der Größe der gewählten Stichprobe (509 kommunale EVU) sowie des umfassenden Betrachtungszeitraums (2004–2012) eine gesamthafte Aussage über die wirtschaftliche Entwicklung der deutschen Stadtwerke-Branche. Kritisiert werden können einzelne Interpretationen der Ergebnisse – insbesondere solche, für die wiederum kein statistischer Beleg vorliegt. So wird beispielsweise aufgezeigt, dass die Umsätze der großen und sehr großen EVU im Betrachtungszeitraum überproportional ansteigen. Der aufgeführte Erklärungsansatz kann im Rahmen der vorliegenden Arbeit jedoch nicht empirisch untermauert werden. Auch wird anhand der Kennzahlenanalyse gezeigt, dass die Gruppe der sehr großen und großen Stadtwerke während des gesamten Betrachtungszeitraums unterdurchschnittliche und abnehmende Eigenkapitalquoten aufweist. Daraufhin wird angenommen, dass die größeren Stadtwerke ihren Fremdfinanzierungsspielraum bewusster ausschöpfen bzw. einen tendenziell leichteren Zugang zu den Kreditmärkten finden. Diese These kann jedoch ebenfalls nicht empirisch unterstützt werden.

Naturgemäß handelt es sich bei einer Kennzahlenanalyse um eine vergangenheitsbezogene Analyse – im vorliegenden Fall basierend auf Geschäftsberichten bzw. Veröffentlichungen im Bundesanzeiger. Eine auf Grundlage von Vergangenheitsdaten in die Zukunft gerichtete Annahme kann allerdings nur unter Unsicherheit getroffen werden. Daher müssen einige der in Kapitel 4 angestellten Vermutungen durchaus kritisch hinterfragt werden. Beispielsweise, dass es zukünftig zu einer weiter steigenden Anzahl höher verschuldeter Stadtwerke kommt, da sich die Rahmenbedingungen für die EVU in den letzten Jahren verschlechtert haben. Ob diese Vermutung tatsächlich so eintritt, sollte im Rahmen anschließender Arbeiten analysiert werden.

Auch die Aussagekraft der in Kapitel 5 durchgeführten Erfolgsfaktorenanalyse wird im Folgenden kritisch hinterfragt. Zum Einen grundsätzlich deshalb, weil jede Erfolgsfaktorenanalyse in einem Spannungsfeld zwischen Wissenschaftlichkeit und Praxisrelevanz liegt (Wolff/Herrmann/Niggemann, 2004). Zum Anderen, weil die Erfolgsfaktorenanalyse als Forschungsfeld von vielen Wissenschaftlern generell in Frage gestellt wird, da ihrer Ansicht nach oftmals nicht angemessene statistische Verfahren angewendet oder Untersuchungsergebnisse unzulässig kausal interpretiert werden (Nicolai/Kieser, 2002). Bei der vorliegenden Arbeit sind kritische Vorbehalte hinsichtlich der Auswahl der untersuchten Erfolgsfaktoren zu machen, hinsichtlich der verwendeten Daten sowie hinsichtlich der statistischen Auswertemethoden.

Die Untersuchungen in Kapitel 5 verfolgen das Ziel, anhand eines praxisrelevanten Ansatzes potenzielle Erfolgsfaktoren der deutschen Stadtwerke zu identifizieren. Die Zielsetzung der Arbeit beruht dabei nicht auf der Ermittlung sämtlicher Erfolgsfaktoren der Stadtwerke. Stattdessen konzentriert sich die Analyse auf die Überprüfung von 36 Hypothesen, die aufgrund von Expertenwissen und Plausibilitätsüberlegungen aufgestellt und mittels statistischer Untersuchungen getestet werden. Durch diese Vorgehensweise wird der Anspruch einer theoriegeleiteten Untersuchung erfüllt.

Bei der Bewertung der vorliegenden Ergebnisse ist strikt zu differenzieren, anhand welches Datensatzes diese ermittelt werden. Wie bereits erläutert, können die Ergebnisse anhand des kleineren Datensatzes 2 (TOP_50) nicht als repräsentativ für die ganze Branche betrachtet werden, da die fünfzig größten Stadtwerke keine beliebige Branchenstichprobe darstellen. Die Ergebnisse haben somit nur einen indikativen Charakter. In weiterführenden Untersuchungen anhand umfassenderer Datensätze könnten diese Ergebnisse auf ihre statistische Relevanz für die gesamte Stadtwerkebranche hin analysiert werden.

Der in der vorliegenden Arbeit untersuchte Zeitraum umfasst neun Jahre (2004–2012). Dieser für eine Erfolgsfaktorenanalyse vergleichsweise lange Betrachtungszeitraum lässt zwar die Vermutung zu, dass auch zeitlich verzögerte Auswirkungen der unabhängigen Variablen auf den ROCE in die Betrachtung einfließen. Dennoch kann nicht ausgeschlossen werden, dass längerfristige Wirkungen der unabhängigen Variablen unberücksichtigt bleiben – oder, dass Effekte sich gar nicht beobachten lassen, da sich die Wirkungsweise der unabhängigen Variable im Betrachtungszeitraum verändert.

Für die Durchführung der statistischen Analysen wird die multivariate Regressionsanalyse angewendet. Hiermit wird der Notwendigkeit Rechnung getragen, eine Vielzahl unabhängiger Variablen gleichzeitig zu betrachten – schließlich weisen Einflussgrößen, die auf den Unternehmenserfolg wirken, einen vieldimensionalen Charakter auf (Kalka, 1996). Ein Modell, das alle Einflussgrößen umfasst und den Unternehmenserfolg vollständig erklärt, ist gemäß Trommsdorff (1990) aufgrund der komplexen Realität als utopisch anzusehen. Derartige Totalmodelle sollten demnach nicht das Ziel der Erfolgsfaktorenforschung sein – stattdessen ist zur Vermeidung praxisfeindlicher Komplexität eine Konzentration auf die wichtigsten potenziellen Erfolgsfaktoren vorzunehmen (Trommsdorff, 1990). Wenngleich die vorliegende Arbeit vergleichsweise viele unabhängige Variablen untersucht, bleibt sie dennoch den Beleg schuldig, dass die wichtigsten Erfolgsfaktoren der deutschen Stadtwerke identifiziert werden.

Schließlich kann an der vorliegenden Arbeit kritisiert werden, dass sich die Bewertung der statistischen Regressionsergebnisse auf Erklärungsansätze und Vermutungen beschränkt, die überwiegend nicht empirisch belegt werden können. Prinzipiell bietet so jedes Regressionsergebnis Ansatzpunkte für weitergehende Untersuchungen. In diesen könnten auch noch offene bzw. vertiefende Fragestellungen betrachtet werden, die aus den hier vorliegenden Erklärungsansätzen resultieren. Die vorliegenden Ergebnisse können jedoch als Indizien angesehen werden, welchen Variablen die kommunalen Energieversorger im Rahmen ihrer strategischen Planung verstärkte Aufmerksamkeit entgegenbringen sollten.

7 Zusammenfassung und Ausblick

7.1 Zusammenfassung der vorliegenden Arbeit

Betrachtungsgegenstand dieser Arbeit sind kommunale, deutsche Energieversorgungsunternehmen, die mindestens in der Strom- oder Gasversorgung tätig sind, sich mehrheitlich (zu mindestens 50 Prozent) in kommunaler Hand befinden, und daher zusammenfassend als Stadtwerke bezeichnet werden können. Die angestellten Untersuchungen und empirischen Analyse verfolgen und erreichen zwei wesentliche Ziele. Zum einen zeichnet diese Arbeit ein umfassendes Bild der wirtschaftlichen Entwicklung der Stadtwerke seit Beginn der Liberalisierung (Kapitel 4). Zum anderen zeigt sie Faktoren auf, die für den wirtschaftlichen Erfolg dieser Unternehmen relevant sind (Kapitel 5). Auf diese beiden Schwerpunkte der Arbeit wird im Folgenden zusammenfassend eingegangen. Vorangestellt werden noch die wichtigsten Erkenntnisse aus den Kapiteln 2 und 3.

Wie die historische Entwicklung der deutschen Energieversorgung zeigt, bilden die Stadtwerke seit ihrem Entstehen den Kernbestandteil der öffentlichen Daseinsvorsorge (eine Ausnahme bilden die Kommunen während der Zeit und auf dem Gebiet der ehemaligen DDR). Seit der Liberalisierung der Energiemärkte gegen Ende der 1990er Jahre stehen die Unternehmen im Wettbewerb und müssen neben der Erfüllung ihres öffentlichen Versorgungsauftrages auch wirtschaftlich erfolgreich sein. Vor diesem Hintergrund – und aufgrund der weiteren Auswirkungen der Öffnung der Energiemärkte (wie insbesondere der gesetzlich geforderten Deregulierung des Energievertriebs und der Regulierung des Netzbetriebs) – kommt es zu einem Strukturwandel bei den Stadtwerken. Neben unternehmensinternen Umstrukturierungen erlebt die Branche Privatisierungen, Kooperationen, Fusionen, Rekommunalisierungen und Stadtwerke-Neugründungen. Dabei nimmt das unternehmerische Engagement bzw. die Anzahl der Tätigkeitsbereiche der Stadtwerke seit Aufkommen des Wettbewerbs durchaus zu. So bieten viele Unternehmen heute ein breites Spektrum an Versorgungs- und Entsorgungsleistungen, sowie unterschiedlichste Dienstleistungen an – und „managen" dieses offensichtlich überwiegend erfolgreich. Zumindest kann im Rahmen dieser Arbeit kein Beleg dafür gefunden werden, dass Stadtwerke mit einer großen Anzahl an Geschäftsbereichen wirtschaftlich weniger erfolgreich sind, als fokussierte Wettbewerber.

Neben der Wirtschaftlichkeit zählen für die Stadtwerke und ihre Gesellschafter auch andere Erfolgsziele, die in Kapitel 3 erörtert werden. Hier sind die Versorgungsicherheit bzw. die Versorgungsqualität zu nennen, das Erfolgsziel Umweltverträglichkeit, sowie die Verbraucherfreundlichkeit und Preisgünstigkeit des Versorgungsunternehmens. Doch auch kommunale Gestaltbarkeit bzw. kommunalpolitische Einflussnahme stellen für die Stadtwerke wichtige Komponenten im Zielsystem dar, welches somit gleichermaßen aus ökonomischen, ökologischen, politischen und gesellschaftlichen Erfolgszielen besteht. Gemäß der definierten

Zielsetzung wird der Fokus der vorliegenden Arbeit jedoch auf den wirtschaftlichen Erfolg der Stadtwerke gelegt.

Die Ergebnisse einer Literaturrecherche zeigen, dass die wissenschaftliche Forschung sich bislang kaum mit der ökonomischen Situation der kommunalen Energieversorger beschäftigt. Insbesondere die Frage nach dem wirtschaftlichen Unternehmenserfolg von Stadtwerken wird heute nur in vergleichsweise wenigen Studien erörtert.

Zur Erreichung des ersten wesentlichen Ziels dieser Arbeit – der umfassenden Beschreibung der wirtschaftlichen Entwicklung der Stadtwerke seit Beginn der Liberalisierung – wird eine umfangreiche Kennzahlenanalyse durchgeführt (Kapitel 4). Dabei wird auf Kennzahlen zurückgegriffen, die sowohl von den EVU selbst zur internen Steuerung genutzt werden, als auch von Kreditinstituten zur Einschätzung der Bonität der Unternehmen. Für die Untersuchung kann auf eine vergleichsweise sehr große Stichprobe und eine umfangreiche Datensammlung zugegriffen werden, die einen langen Betrachtungszeitraum abdeckt. So werden die Finanzdaten von 509 kommunalen Stadtwerken aus den Jahren 2004 bis 2012 ausgewertet. Die Analyse ermöglicht damit eine gesamthafte Aussage über die wirtschaftliche Entwicklung der Branche und trägt zu einer deutlichen Erweiterung des wissenschaftlichen Erkenntnisstandes bei.

Die Ergebnisse der Kennzahlenanalyse zeigen, dass sich die Finanz- und Ertragslage der Stadtwerke im Median auf einem soliden und finanzierbaren Niveau bewegt. Einige Unternehmen am unteren Ende der Bonitätsskala sind bezüglich ihrer finanziellen Stabilität jedoch als kritisch anzusehen – und die Entwicklung der Kennzahlen zeigt auch, dass die Branche insgesamt auf Niveaus zusteuert, die Kapitalgeber zu intensiveren Kreditwürdigkeitsprüfungen anhalten wird. Auch auf bonitätsbedingt steigende Kapitalkosten werden sich die Stadtwerke einstellen müssen.

Einige Kennzahlen weisen bemerkenswerte Besonderheiten auf. So steigen im Betrachtungszeitraum die Branchen-Umsätze deutlich an, gleichzeitig kommt es jedoch branchenweit zu Ergebnisminderungen (die bei den großen und sehr großen EVU deutlicher ausfallen, als bei den kleinen und mittleren Unternehmen). Auch die Rentabilitätskennzahlen zeigen eine negative Entwicklung auf. Zwar liegt die Eigenkapitalrendite im Median auf einem noch akzeptablen Niveau, 16 Prozent der Unternehmen weisen 2012 jedoch einen Jahresfehlbetrag aus – und damit fast doppelt so viele, wie im ersten Betrachtungsjahr. Auch die Entwicklung der Kennzahl ROCE deutet auf eine rückläufige Rentabilität der Stadtwerke hin. Mit durchschnittlich 8,9 Prozentpunkten weist die Branche zwar eine vergleichsweise ordentliche Marge aus. Bei einer deutlichen Mehrheit der betrachteten Unternehmen (57 Prozent) ist die durchschnittliche jährliche Veränderung des ROCE allerdings negativ – mit steigender Tendenz. Die Branche befindet sich auf Krisenkurs.

Auch der EBITDA-Zinsdeckungsgrad weist branchenweit einen Rückgang aus, der unter den großen und sehr großen EVU am stärksten ausgeprägt ist. Bei diesen zeigt sich auch ein nominal stark steigender Finanzaufwand, der im Falle einer ansteigenden Zinsbelastung durch ein möglicherweise wieder anziehendes, allgemeines

Marktzinsniveau zu einem weiteren, deutlichen Absinken des Zinsdeckungsgrades führen kann.

Bezüglich ihrer verfügbaren Liquidität befinden sich die Stadtwerke – von einzelnen Ausnahmen abgesehen – auf einem insgesamt unkritischen Niveau. Der Kennzahlenverlauf weist jedoch auf eine tendenziell angespanntere Situation in den kommenden Jahren hin. Bemerkenswert ist, dass die Kreditorenlaufzeit der Branche im Median regelmäßig größer als die Debitorenlaufzeit ist – die Stadtwerke also sehr lange als Kreditgeber ihrer Kunden auftreten. Hier sollten sich die Unternehmen auf eine Verkürzung ihrer Debitorenlaufzeit fokussieren und dem Liquiditätsmanagement eine zentralere Bedeutung einräumen.

Die Analyse des dynamischen Verschuldungsgrades zeigt schließlich eine steigende Anzahl höher verschuldeter Stadtwerke auf und deutet darauf hin, dass sich die Rahmenbedingungen für die EVU in den letzten Jahren verschlechtert haben. Insbesondere die Entwicklung in den letzten Betrachtungsjahren lässt vermuten, dass zukünftig mit einer weiter steigenden Anzahl höher verschuldeter Stadtwerke gerechnet werden kann.

Einzelbetrachtungen im Rahmen der Kennzahlenanalyse zeigen auf, dass einige Stadtwerke wirtschaftlich deutlich erfolgreicher sind, als der Branchendurchschnitt. Diese Erkenntnis führt zur zweiten maßgeblichen Zielsetzung der vorliegenden Arbeit – die Beantwortung der Frage, was Erfolgsfaktoren der deutschen Stadtwerke sind.

Hierzu werden in Kapitel 5 statistische Zusammenhänge zwischen potenziellen Erfolgsfaktoren und dem ROCE – als gewählter Größe für den wirtschaftlichen Unternehmenserfolg der Stadtwerke – untersucht. Basierend auf Expertenwissen und theoretischen Vorüberlegungen werden 15 potenzielle Erfolgsfaktoren in sieben Wirkungsbereichen definiert. Die Wirkungsbereiche umfassen die Eigentümerstruktur der Stadtwerke, die Unternehmensgröße, interne Ressourcen, Unternehmensstrategien in den Geschäftsfeldern Erzeugung, Vertrieb/Handel und Netze sowie Strukturindikatoren der jeweiligen Regionen, in denen die Stadtwerke ansässig sind. Die 15 potenziellen Erfolgsfaktoren werden anhand von 36 Hypothesen untersucht, die jeweils einen Bezug zur Erfolgsgröße ROCE herstellen.

Die statistische Überprüfung der Hypothesen auf ihre Signifikanz und Gültigkeit hin erfolgt anhand des Verfahrens der multivariaten Regressionsanalyse. Hierzu stehen zwei unterschiedliche Datensätze zur Verfügung. Neben dem bereits für die Kennzahlenanalyse verwendeten Datensatz 1 wird ein weiterer Datensatz 2 herangezogen, der zusätzliche Informationen über die 50 größten Unternehmen aus Datensatz 1 beinhaltet. Während die Erkenntnisse aus den statistischen Analysen anhand des ersten Datensatzes als gültig für die gesamte deutsche Stadtwerke-Branche angesehen werden können, haben die Ergebnisse der Untersuchungen am kleineren Datensatz 2 nur indikativen Charakter für die Branche.

Von den 36 aufgestellten Hypothesen können acht anhand des größeren Datensatzes 1 überprüft werden, 28 werden anhand des kleineren Datensatzes 2 untersucht. Im Folgenden wird zunächst auf die Erkenntnisse aus Datensatz 2 eingegangen.

Für neunzehn der achtundzwanzig Hypothesen lassen sich anhand der vorgenommenen Regressionsanalysen belastbare statistische Zusammenhänge feststellen. Diese betreffen vier Wirkungsbereiche:

Im Wirkungsbereich Strategische Ausrichtung kann gezeigt werden, dass höhere Umsatzanteile in den Sparten Strom und Gas, Telekommunikation und Abfallentsorgung mit höherem wirtschaftlichem Erfolg der Stadtwerke einhergehen, während in den Sparten ÖPNV, Wasser und Fernwärme statistisch der gegenteilige Effekt beobachtet wird.

Die Ergebnisse der Untersuchungen im Wirkungsbereich Interne Ressourcen lassen vermuten, dass solche Stadtwerke wirtschaftlich erfolgreicher sind, die sich mit kleinerer, aber höher qualifizierter Belegschaft auf Geschäftsprozesse mit hoher Wertschöpfung fokussieren – und die übrigen Tätigkeiten outsourcen (Fokus-Strategie).

Im Wirkungsbereich Strategien im Geschäftsfeld Erzeugung bestätigen die Regressionsergebnisse, dass sich die Rahmenbedingungen für konventionelle Kraftwerke in den letzten Jahren erheblich verschlechtert haben. So zeigt die statistische Untersuchung, dass Stadtwerke mit höherem Anteil an konventioneller Strom-Eigenerzeugung wirtschaftlich weniger erfolgreich sind. Was die regenerativen Eigenerzeugungsanlagen betrifft, wird zwar davon ausgegangen, dass hier die Rahmenbedingungen besser und die Anlagen überwiegend wirtschaftlich sind. Erstaunlicherweise zeigen die statistischen Auswertungen einen vergleichbar negativen Zusammenhang (für den es jedoch einen relativierenden Erklärungsansatz gibt).

Im Wirkungsbereich Strategien in den Geschäftsfeldern Vertrieb und Handel zeigt sich, dass Stadtwerke mit größerem Wachstum im Strom- und Gasabsatz statistisch erfolgreicher sind. Allerdings zeigen sich Unterschiede bezüglich der Zielmärkte und Zielkunden. So wird beispielsweise für EVU mit überregionalem Stromvertrieb ein positiver Zusammenhang mit dem wirtschaftlichen Erfolg gefunden. Beim überregionalen Gasvertrieb ist der gegenteilige Effekt statistisch signifikant.

Die verbleibenden acht der 36 aufgestellten Hypothesen werden anhand des größeren Datensatzes 1 untersucht. Für sieben dieser acht Hypothesen lassen sich belastbare statistische Zusammenhänge feststellen, die – wie bereits erläutert – als übertragbar auf die gesamte Branche angesehen werden können.

So zeigen die Regressionsergebnisse im Wirkungsbereich Eigentümerstruktur, dass die Höhe des privatwirtschaftlichen Anteilsbesitzes an einem Stadtwerk als wirtschaftlicher Erfolgsfaktor betrachtet werden kann. Auch Minderheitsbeteiligungen privater Investoren haben danach statistisch einen positiven Einfluss auf die Wirtschaftlichkeit. Stadtwerke mit mehreren Gesellschaftern sind tendenziell ebenso erfolgreicher.

Im Wirkungsbereich Interne Ressourcen wird ein sehr signifikant negativer Zusammenhang zwischen der Personalaufwandsquote und dem ROCE der Stadtwerke identifiziert. Unter wirtschaftlichen Gesichtspunkten erscheint es für die Unternehmen also sinnvoll, die absoluten Personalkosten so gering wie möglich zu halten – was die bereits vermutete Fokus-Strategie unterstreicht.

Die bereits zusammengefassten Erkenntnisse zum Wirkungsbereich Strategien im Geschäftsfeld Erzeugung werden durch ein Regressionsergebnis anhand des „großen" Datensatzes 1 unterstützt: EVU mit konventioneller Eigenerzeugung sind im Betrachtungszeitraum tendenziell weniger wirtschaftlich, als EVU ohne konventionelle Kraftwerke (oder Kraftwerksbeteiligungen).

Im Wirkungsbereich Strategien im Geschäftsfeld Netze wird gezeigt, dass ein strategisches Regulierungsmanagement einen Erfolgsfaktor darstellt, da der Prozess der Kostenanmeldung im Rahmen der Netzentgeltregulierung maßgebliche Auswirkung auf die Wirtschaftlichkeit des gesamten Unternehmens hat.

Unter allen in der vorliegenden Arbeit betrachteten unabhängigen Variablen hat allerdings das Wachstum der Bevölkerung in der jeweiligen Region eines Stadtwerks statistisch den größten positiven Einfluss auf dessen wirtschaftlichen Erfolg – und damit ein vom Management nicht steuerbarer Erfolgsfaktor (Wirkungsbereich Strukturindikatoren). Dieses Ergebnis kann als Indikator dafür angesehen werden, dass die Wirtschaftlichkeit der Stadtwerke zunehmend von externen und zumeist politisch motivierten Rahmenbedingungen bestimmt wird – wie auch bei der Erörterung der Marktphasen und Rahmenbedingungen herausgestellt wird (Kapitel 4.2).

Zusammenfassend können für 26 der insgesamt 36 untersuchten unabhängigen Variablen statistische Zusammenhänge zur Erfolgsgröße ROCE aufgezeigt werden. Somit werden in allen sieben betrachteten Wirkungsbereichen Erfolgsfaktoren der Stadtwerke identifiziert – insgesamt 13.

Vor dem Hintergrund der gewonnenen Ergebnisse wird im folgenden, letzten Teil dieser Arbeit der Versuch unternommen, die mögliche künftige Entwicklung der deutschen Stadtwerke zu skizzieren.

7.2 Künftige Entwicklung der Branche

Der in Kapitel 4 analysierte Verlauf der finanzwirtschaftlichen Branchenkennzahlen und die dort beschriebenen Rahmenbedingungen zeigen, dass die deutschen Stadtwerke aktuell vor sehr großen Herausforderungen stehen. Laut einer Studie der Unternehmensberatung Accenture (Guthridge et al., 2013) verändert insbesondere die Energiewende die Branche dramatisch und die bisherigen Strategien der Stadtwerke gelten nicht mehr. Die Margen in den einzelnen Wertschöpfungsstufen stehen dabei unterschiedlich stark unter Druck. Auf die Ausgangsbedingungen und möglichen künftigen Entwicklungen der wesentlichen Geschäftsfelder – Erzeugung, Vertrieb und Handel sowie Netze – wird im Folgenden nacheinander eingegangen.

Besonders treffen die neuen Rahmenbedingungen durch die Energiewende das Geschäftsfeld Erzeugung. Hier nimmt die Anspannung weiter zu, sodass die Branche schätzt, ohne verändertes Marktdesign langfristig kein Geld mehr verdienen zu können (Haller et al., 2015). Gemäß einer Umfrage der Managementberatung Horváth & Partner sind sich die deutschen EVU darin einig, dass die Erzeugungskrise dauerhaft ist und sich die Energiepreise auf einem niedrigen Niveau einpendeln. Die Branche hofft auf eine Änderung des Marktmodells hin zum Kapazitätsmarkt (Haller et al., 2015). So gibt es – wie die Analysen der vorliegenden Arbeit untermauern – in der

Stadtwerke-Landschaft heute zwei Gruppen von Unternehmen, die mit unterschiedlichen Startvoraussetzungen an der Schwelle zur Zukunft stehen: die mit derzeit wirtschaftlich schwierigen konventionellen Kraftwerks-Beteiligungen – und die ohne (Teigeler, 2015).

Positiver sehen die Rahmenbedingungen im Bereich der erneuerbaren Energieerzeugung aus. Hier fand der Ausbau allerdings lange ohne die Energieversorger statt. Erst in den letzten Jahren haben einige der Stadtwerke, die noch genügend finanzielles Potenzial hatten, nachgelegt (Teigeler, 2015). Wer künftig in EE-Anlagen investiert, steht jedoch einem erhöhten Risikoprofil gegenüber: Zum einen bestimmt sich der Wert der Anlagen durch die Verpflichtung zur Direktvermarktung an der Strombörse zunehmend durch die Erwartungen an künftige Markterlöse. Zum anderen gibt es den Effekt der Kannibalisierung der Erneuerbaren durch sich selbst. Wird die EE-Erzeugung insgesamt weiter ausgebaut, steigt ihr Einfluss auf den Strommarktpreis. Im Endeffekt reduziert sich der Marktwert von EE-Investments also mit ihrem zunehmenden Ausbau (Lorenz/Müser, 2015).

Die Energiewende wird auch die Geschäftsfelder Vertrieb und Handel deutlich beeinflussen. Gemäß einer Umfrage der Kanzlei BBH und der Technischen Universität Berlin unter 110 EVU erwartet eine deutliche Mehrheit der Befragten, dass sich der Energiehandel verändern muss, wenn immer mehr volatile Energie ins Netz drängt. Das Handelsrisiko wird steigen, die Bedeutung des Großhandels jedoch nicht sinken – die Kopplung der europäischen Handelsplätze und gegebenenfalls auch der Hochfrequenzhandel gewinnen zukünftig sogar an Bedeutung (Zenke/Erdmann, 2015; VDI, 2015).

Im Geschäftsfeld Vertrieb bewegen sich die Margen bei den meisten Energieversorgern seit 2012 unverändert auf moderatem Niveau bei sinkenden Wechselquoten (Haller et al., 2015). Sorgen bereiten den Vertriebseinheiten hingegen die zunehmende Eigennutzung von Strom aus erneuerbaren Energien. Laut aktuellen Analysen steht die Kostengleichheit von PV-Eigenverbrauchslösungen mit Speichern unmittelbar bevor. Dann wäre selbst erzeugter und gespeicherter Strom genauso teuer, wie der aus dem Netz (Thomsen/Mehler, 2014; Busch, 2015). Wenn sich Eigenverbrauchskonzepte verbreiten, sinkt der Bedarf an Strom aus dem Netz. Eine mögliche Folge ist, dass der eher regionale bzw. lokale Fokus von Stadtwerken diese in die Rolle von Residualmengenlieferanten drängt, die dann nur noch die Restnachfrage nach Strom decken (Lenk et al., 2014; Busch, 2015).

Im Geschäftsfeld Netze hat sich die Ergebnissituation seit 2012 auf einem mittleren Niveau eingependelt (Haller et al., 2015). Durch die geplante Reform der Anreizregulierung befürchtet die Branche jedoch einen deutlich steigenden Kostendruck in den Verteilnetzen und bemängelt, dass die aktuell geplanten Änderungen seitens des BMWi nicht darauf abzielen, notwendige Netzinvestitionen für die Integration erneuerbarer Energien stärker anzureizen (ZfK, 2014; Energate Nr. 15, 2015).

Die Einnahmen in den klassischen Geschäftsfeldern schrumpfen, das Geschäft der Stadtwerke wird kleinteiliger (Energate Nr. 159, 2015). Gemäß einer Umfrage der Zeitung für kommunale Wirtschaft unter den Unternehmenslenkern der deutschen Stadtwerke rechnen diese unisono mit einem wachsenden Kostendruck in den Kernbereichen Erzeugung, Netz und Vertrieb. Mindestens ebenso intensiv wie mit dem Thema Kostenkontrolle beschäftige man sich jedoch mit neuen Geschäftsmodellen (Nallinger, 2014). Es wird klar, dass die EVU ihr Verhältnis zum Kunden grundlegend überdenken und neue Produkte und Serviceangebote liefern müssen (Guthridge et al., 2013; Energate Nr. 159, 2015). Hier zeichnen sich einige Megatrends ab.

Das neue Versorgungssystem basiert auf einer Vielzahl dezentraler Anlagen, die erneuerbar erzeugten Strom in die Verteilnetze einspeisen. Diese Anlagen sind so zu vernetzen und zu steuern, dass die Netze stabil bleiben. Virtuelle Puffer aus Speichern, Lastmanagement und der Energiehandel können dazu beitragen, Erzeugung und Verbrauch in Einklang zu bringen. Neue energiewirtschaftliche Geschäftsmodelle werden an dieser Schnittstelle entstehen und auch die Verbindung zwischen Strom-, Wärme- und Verkehrssektor herstellen – wenn etwa der erneuerbar erzeugte Strom in Wärmepumpen oder perspektivisch in Elektroautos fließt. Die Stadtwerke können hier als Netzwerk- und Energiedatenmanager ins Spiel kommen (Thomsen/Mehler, 2014; Busch, 2015; Energate Nr. 151, 2015).

Dafür, dass sich der Markt für Elektromobilität entwickeln wird, spricht heute vieles – insbesondere der derzeitige Preissturz bei den Batteriespeichern. Die EVU können sich hier einen neuen Absatzmarkt erschließen, etwa indem sie Ladestationen im öffentlichen Raum und übergreifende Abrechnungssysteme installieren (Energate Nr. 166, 2015).

Der Umgang mit Daten spielt in der Energieversorgung künftig eine zentrale Rolle. Es geht um Echtzeitdaten zu Energieverbräuchen, Strompreisen, Ladezuständen oder Wetterprognosen (Busch, 2015). Verfügbarkeit und Qualität dieser Daten entscheiden künftig über den Geschäftserfolg. Datenvolumina werden zunehmen, Datenflüsse werden komplexer – die digitale Revolution erreicht die Energiewirtschaft (Hasse, 2015). Wesentliche Werttreiber für Synergien und Wachstum durch „Big Data“, die Analyse und Verarbeitung großer Datenmengen, werden sowohl in den Wertschöpfungsstufen Vertrieb, Handel und Erzeugung gesehen, als auch in den Bereichen Abrechnung und Netz (dort insbesondere in den Themen „Smart Metering“ und „Smart Grids“) (Haller et al., 2015; VDI, 2015).

Die Digitalisierung wird neue Kundenlösungen ermöglichen. Hierzu zählen zum Beispiel flexible Tarife, die Visualisierung des Energieverbrauchs für den Endkunden, intelligente Steuerungsinstrumente, EEG-Direktvermarktung oder ein hochflexibles Lastmanagement (VDI, 2015). Stadtwerke könnten hier als kommunale Infrastrukturdienstleister eine große Zukunft haben – die Digitalisierung der Energiewirtschaft wird aber neue Wettbewerber anlocken. Zu diesen werden zukünftig große Technologiekonzerne zählen, Unternehmen, die Erfahrungen mit Massendaten haben, sowie Start-ups (Energate Nr. 161 und 166, 2015). Mit letzteren könnten die Stadtwerke versuchen, neue Kooperationen einzugehen – wenn sie Wege finden, sich auf die Schnelligkeit, Innovationsfähigkeit und Flexibilität dieser Unternehmen einzustellen. Weitere mögliche Kooperationen lassen sich mit Telekommunikationsunternehmen, Versicherungen, Batterieherstellern, Internetanbietern, Roboterherstellern, Car-Sharing-Anbietern oder Unternehmen aus dem

Smart-Home-Bereich absehen. Diese könnten die unterschiedlichen Prioritäten in den Kundenbedürfnissen möglichst genau abbilden (Thomsen/Mehler, 2014).

Noch nicht abschätzbar ist, was die Digitalisierung und die dazu erforderlichen IT-Technologien den Stadtwerken an Investitionen abverlangen. Zur Mittelbeschaffung für Weiterentwicklungs- oder Expansionspläne können die Stadtwerke derzeit jedenfalls auf genügend Mittel und Geldgeber zurückgreifen. Neben den klassischen Finanziers sind Pensionsfonds eine Alternative, die angesichts des niedrigen Zinsniveaus gerne ins Energiegeschäft investieren (Köpke, 2015).

Aus kommunalwirtschaftlicher Sicht bleibt zu hoffen, dass die deutschen Stadtwerke auf die unternehmerischen Herausforderungen und regulatorischen Veränderungen, die durch die Energiewende verursacht werden, adäquate Antworten finden. Die vorliegende Arbeit kann hierzu gegebenenfalls wichtige Impulse beitragen.

Anhang

A1 Liste der 509 untersuchten Unternehmen (Alle_509)

1 Badenova AG & Co.KG
2 Dessauer Versorgungs- und Verkehrsgesellschaft mbH (DVV)
3 Dortmunder Stadtwerke Aktiengesellschaft
4 Duisburger Versorgungs- und Verkehrsgesellschaft mit beschränkter Haftung
5 Elektrizitätswerk Hammermühle Versorgungs GmbH
6 Erlanger Stadtwerke Aktiengesellschaft
7 EWE Aktiengesellschaft
8 EWR Aktiengesellschaft
9 Feuchter Gemeindewerke GmbH (FGW)
10 Gemeindewerke Bad Sassendorf GmbH & Co. KG
11 Gemeindewerke Bobenheim-Roxheim GmbH
12 Gemeindewerke Bovenden GmbH & Co. KG
13 Gemeindewerke Brüggen Gesellschaft mit beschränkter Haftung
14 Gemeindewerke Cadolzburg
15 Gemeindewerke Dettingen
16 Gemeindewerke Eppelborn GmbH & Co. KG
17 Gemeindewerke Everswinkel GmbH
18 Gemeindewerke Grefrath Gesellschaft mit beschränkter Haftung
19 Gemeindewerke Großkrotzenburg GmbH
20 Gemeindewerke Gundelfingen GmbH
21 Gemeindewerke Halstenbek
22 Gemeindewerke Haßloch GmbH
23 Gemeindewerke Heikendorf GmbH
24 Gemeindewerke Herxheim
25 Gemeindewerke Hettenleidelheim E- und Gas-Werk
26 Gemeindewerke Heusweiler GmbH
27 Gemeindewerke Holzkirchen GmbH
28 Gemeindewerke Hünxe GmbH
29 Gemeindewerke Isernhagen GmbH
30 Gemeindewerke Kahl Versorgungsgesellschaft mbH
31 Gemeindewerke Kirkel GmbH
32 Gemeindewerke Lilienthal GmbH
33 Gemeindewerke Münchweiler a.d. Rodalb
34 Gemeindewerke Namborn GmbH
35 Gemeindewerke Neuenkirchen GmbH
36 Gemeindewerke Niederkrüchten GmbH
37 Gemeindewerke Nümbrecht GmbH
38 Gemeindewerke Oberstdorf

39 Gemeindewerke Putzbrunn GmbH
40 Gemeindewerke Ritterhude GmbH
41 Gemeindewerke Schlangen GmbH (GWS)
42 Gemeindewerke Steinhagen GmbH
43 Gemeindewerke Trappenkamp
44 Gemeindewerke Uetze GmbH
45 Gemeindewerke Waldfischbach-Burgalben
46 Gemeindewerke Wedemark GmbH
47 Gemeindewerke Wickede (Ruhr) Gesellschaft mit beschränkter Haftung
48 GGEW Gruppen-Gas und Elektrizitätswerk Bergstraße Aktiengesellschaft
49 Grimmener Stadtwerke GmbH
50 GWS Stadtwerke Hameln Gesellschaft mit beschränkter Haftung
51 HEAG Südhessische Energie AG (HSE)
52 Hertener Stadtwerke GmbH
53 Kommunalunternehmen Gemeindewerke Peißenberg
54 Kreiswerke Bautzen Wasserversorgung GmbH
55 Kreiswerke Delitzsch GmbH
56 Kreiswerke Grevenbroich GmbH
57 Kreiswerke Heinsberg GmbH
58 Kreiswerke Main-Kinzig GmbH
59 Kreiswerke Schmalkalden-Meiningen GmbH
60 Mainova Aktiengesellschaft
61 Maintal-Werke Gesellschaft mit beschränkter Haftung – Stadtwerke der Stadt Maintal
62 Meißener Stadtwerke GmbH (MSW)
63 MVV Energie AG
64 N-ERGIE Aktiengesellschaft
65 Neubrandenburger Stadtwerke GmbH
66 Oberhessische Versorgungs- und Verkehrsgesellschaft mbH
67 Pfalzwerke Aktiengesellschaft
68 RheinEnergie AG
69 RhönEnergie Fulda GmbH
70 Schleswiger Stadtwerke GmbH
71 Stadt Goslar Stadtwerke
72 Stadtwerk Haßfurt GmbH
73 Stadtwerk Külsheim GmbH
74 Stadtwerke Aachen Aktiengesellschaft
75 Stadtwerke Aalen GmbH
76 Stadtwerke Achim AG
77 Stadtwerke Ahaus GmbH
78 Stadtwerke Ahlen GmbH
79 Stadtwerke Ahrensburg GmbH
80 Stadtwerke Altdorf GmbH
81 Stadtwerke Altena Gesellschaft mit beschränkter Haftung

82 Stadtwerke Altenburg GmbH
83 Stadtwerke Altensteig Strom- und Wasserwerk
84 Stadtwerke Amberg Holding GmbH
85 Stadtwerke Andernach Gesellschaft mit beschränkter Haftung
86 Stadtwerke Annaberg-Buchholz GmbH
87 Stadtwerke Ansbach GmbH
88 Stadtwerke Arnsberg GmbH
89 Stadtwerke Attendorn GmbH
90 Stadtwerke Aue GmbH
91 Stadtwerke Augsburg Holding GmbH
92 Stadtwerke Backnang GmbH
93 Stadtwerke Bad Bergzabern GmbH
94 Stadtwerke Bad Brückenau GmbH
95 Stadtwerke Bad Driburg GmbH
96 Stadtwerke Bad Dürkheim GmbH
97 Stadtwerke Bad Freienwalde GmbH
98 Stadtwerke Bad Harzburg GmbH
99 Stadtwerke Bad Herrrenalb GmbH
100 Stadtwerke Bad Hersfeld GmbH
101 Stadtwerke Bad Homburg v.d. Höhe
102 Stadtwerke Bad Kissingen GmbH
103 Stadtwerke Bad Kreuznach GmbH
104 Stadtwerke Bad Lauterberg GmbH
105 Stadtwerke Bad Nauheim GmbH
106 Stadtwerke Bad Oeynhausen
107 Stadtwerke Bad Sachsa Gesellschaft mit beschränkter Haftung
108 Stadtwerke Bad Säckingen GmbH
109 Stadtwerke Bad Salzuflen GmbH
110 Stadtwerke Bad Sooden-Allendorf
111 Stadtwerke Bad Tölz GmbH
112 Stadtwerke Bad Vilbel GmbH
113 Stadtwerke Bad Wörishofen
114 Stadtwerke Baden-Baden
115 Stadtwerke Balingen
116 Stadtwerke Barmstedt
117 Stadtwerke Barth GmbH
118 Stadtwerke Bayreuth Holding GmbH
119 Stadtwerke Bebra GmbH
120 Stadtwerke Beelitz GmbH
121 Stadtwerke Bergheim GmbH
122 Stadtwerke Bernau GmbH
123 Stadtwerke Bernburg GmbH
124 Stadtwerke Bexbach GmbH
125 Stadtwerke Biberach GmbH

126 Stadtwerke Bielefeld Gesellschaft mit beschränkter Haftung
127 Stadtwerke Bietigheim-Bissingen GmbH
128 Stadtwerke Bitterfeld-Wolfen GmbH
129 Stadtwerke Blankenburg GmbH
130 Stadtwerke Bliestal GmbH
131 Stadtwerke Bocholt GmbH
132 Stadtwerke Bogen GmbH
133 Stadtwerke Böhmetal GmbH
134 Stadtwerke Boizenburg/Elbe GmbH
135 Stadtwerke Bonn GmbH (SWB)
136 Stadtwerke Bönnigheim Stadtwerke
137 Stadtwerke Borken/Westf. GmbH
138 Stadtwerke Bramsche GmbH
139 Stadtwerke Brandenburg an der Havel GmbH
140 Stadtwerke Braunfels
141 Stadtwerke Bretten GmbH
142 Stadtwerke Bruchsal GmbH
143 Stadtwerke Brühl GmbH
144 Stadtwerke Buchholz in der Nordheide GmbH
145 Stadtwerke Bühl GmbH
146 Stadtwerke Burscheid GmbH
147 Stadtwerke Buxtehude GmbH
148 Stadtwerke Calw GmbH
149 Stadtwerke Celle GmbH
150 Stadtwerke Cham GmbH
151 Stadtwerke Clausthal-Zellerfeld GmbH
152 Stadtwerke Coesfeld Gesellschaft mit beschränkter Haftung
153 Stadtwerke Crailsheim GmbH
154 Stadtwerke Dachau
155 Stadtwerke Delitzsch GmbH
156 Stadtwerke Delmenhorst GmbH
157 Stadtwerke Detmold GmbH
158 Stadtwerke Dietzenbach Gesellschaft mit beschränkter Haftung
159 Stadtwerke Dingolfing GmbH
160 Stadtwerke Dinslaken GmbH
161 Stadtwerke Döbeln GmbH
162 Stadtwerke Dorfen GmbH
163 Stadtwerke Eckernförde Gesellschaft mit beschränkter Haftung
164 Stadtwerke Eichstätt Versorgungs-GmbH
165 Stadtwerke Eilenburg GmbH
166 Stadtwerke Einbeck GmbH
167 Stadtwerke Eisenberg GmbH
168 Stadtwerke Eisenhüttenstadt GmbH
169 Stadtwerke Elbtal GmbH

170 Stadtwerke Ellwangen GmbH
171 Stadtwerke Elmshorn
172 Stadtwerke Elzach
173 Stadtwerke Emden GmbH
174 Stadtwerke Emmendingen GmbH
175 Stadtwerke Emmerich GmbH
176 Stadtwerke Emsdetten GmbH
177 Stadtwerke Energie Verbund SEV GmbH
178 Stadtwerke Engen GmbH
179 Stadtwerke Erding GmbH
180 Stadtwerke Erkrath GmbH
181 Stadtwerke Eschwege GmbH
182 Stadtwerke Essen Aktiengesellschaft
183 Stadtwerke Esslingen am Neckar GmbH & Co. KG
184 Stadtwerke Ettlingen GmbH
185 Stadtwerke Eutin GmbH
186 Stadtwerke EVB Huntetal GmbH
187 Stadtwerke Feuchtwangen
188 Stadtwerke Finsterwalde GmbH
189 Stadtwerke Flensburg GmbH
190 Stadtwerke Forchheim GmbH
191 Stadtwerke Frankenberg GmbH
192 Stadtwerke Frankenthal GmbH
193 Stadtwerke Freiberg AG
194 Stadtwerke Freiburg GmbH
195 Stadtwerke Friedberg (Hessen)
196 Stadtwerke Fröndenberg GmbH
197 Stadtwerke Fürstenfeldbruck GmbH
198 Stadtwerke Gaggenau
199 Stadtwerke Garbsen GmbH
200 Stadtwerke Geesthacht GmbH
201 Stadtwerke Geldern GmbH
202 Stadtwerke Gengenbach Versorgungsbetriebe
203 Stadtwerke Gera Aktiengesellschaft
204 Stadtwerke Germersheim GmbH
205 Stadtwerke Gescher GmbH
206 Stadtwerke Giengen GmbH
207 Stadtwerke Gießen AG
208 Stadtwerke Glückstadt GmbH
209 Stadtwerke Göttingen Aktiengesellschaft
210 Stadtwerke Greifswald Gesellschaft mit beschränkter Haftung
211 Stadtwerke Greven GmbH
212 Stadtwerke Grevesmühlen GmbH
213 Stadtwerke Groß-Gerau Versorgungs GmbH

214 Stadtwerke Grünstadt GmbH
215 Stadtwerke Gummersbach Versorgungsbetrieb
216 Stadtwerke Gunzenhausen GmbH
217 Stadtwerke Güstrow GmbH
218 Stadtwerke Gütersloh GmbH
219 Stadtwerke Haan GmbH
220 Stadtwerke Hagen GmbH
221 Stadtwerke Hagenow GmbH
222 Stadtwerke Haiger
223 Stadtwerke Haldensleben GmbH
224 Stadtwerke Halle GmbH
225 Stadtwerke Haltern am See Gesellschaft mit beschränkter Haftung
226 Stadtwerke Halver GmbH
227 Stadtwerke Hamm Gesellschaft mit beschränkter Haftung
228 Stadtwerke Hammelburg GmbH
229 Stadtwerke Hannover Aktiengesellschaft
230 Stadtwerke Hechingen
231 Stadtwerke Heidelberg GmbH
232 Stadtwerke Heidenheim Aktiengesellschaft
233 Stadtwerke Heilbronn GmbH
234 Stadtwerke Heiligenhaus GmbH
235 Stadtwerke Heiligenstadt GmbH
236 Stadtwerke Hemau
237 Stadtwerke Hemer Gesellschaft mit beschränkter Haftung
238 Stadtwerke Hennef (Sieg) GmbH
239 Stadtwerke Hennigsdorf GmbH
240 Stadtwerke Herborn GmbH
241 Stadtwerke Herford GmbH
242 Stadtwerke Herne Aktiengesellschaft
243 Stadtwerke Herrenberg SWH
244 Stadtwerke Hettstedt GmbH
245 Stadtwerke Hilden GmbH
246 Stadtwerke Hildesheim Aktiengesellschaft
247 Stadtwerke Hof GmbH
248 Stadtwerke Holzminden GmbH
249 Stadtwerke Homburg GmbH
250 Stadtwerke Hünfeld Gesellschaft mit beschränkter Haftung
251 Stadtwerke Ilmenau GmbH
252 Stadtwerke Iserlohn GmbH
253 Stadtwerke Itzehoe GmbH
254 Stadtwerke Jena GmbH
255 Stadtwerke Jülich GmbH
256 Stadtwerke Kaarst GmbH
257 Stadtwerke Kaltenkirchen GmbH

258 Stadtwerke Karlsruhe GmbH
259 Stadtwerke Kempen GmbH
260 Stadtwerke Kierspe GmbH
261 Stadtwerke Kirchheimbolanden GmbH
262 Stadtwerke Kirn GmbH
263 Stadtwerke Kleve Gesellschaft mit beschränkter Haftung
264 Stadtwerke Konstanz GmbH
265 Stadtwerke Kusel GmbH
266 Stadtwerke Lage GmbH
267 Stadtwerke Lambrecht (Pfalz) GmbH
268 Stadtwerke Landshut
269 Stadtwerke Landstuhl
270 Stadtwerke Langenfeld GmbH
271 Stadtwerke Lauffen a.N. Gesellschaft mit beschränkter Haftung
272 Stadtwerke Lauterbach GmbH
273 Stadtwerke Leer
274 Stadtwerke Lehrte GmbH
275 Stadtwerke Leichlingen GmbH
276 Stadtwerke Leinefelde GmbH
277 Stadtwerke Leipzig GmbH
278 Stadtwerke Lemgo GmbH
279 Stadtwerke Lengerich GmbH
280 Stadtwerke Leuna GmbH
281 Stadtwerke Lindenberg GmbH
282 Stadtwerke Lippstadt Gesellschaft mit beschränkter Haftung
283 Stadtwerke Löbau GmbH
284 Stadtwerke Loitz GmbH
285 Stadtwerke Lübbecke GmbH
286 Stadtwerke Lübeck Holding GmbH
287 Stadtwerke Lübz GmbH
288 Stadtwerke Ludwigsburg-Kornwestheim GmbH
289 Stadtwerke Ludwigsfelde GmbH
290 Stadtwerke Ludwigslust-Grabow GmbH
291 Stadtwerke Lünen Gesellschaft mit beschränkter Haftung
292 Stadtwerke Lutherstadt Eisleben GmbH
293 Stadtwerke Lutherstadt Wittenberg GmbH
294 Stadtwerke Malchow
295 Stadtwerke Marburg GmbH
296 Stadtwerke Marienberg GmbH
297 Stadtwerke Mayen Gesellschaft mit beschränkter Haftung
298 Stadtwerke Meerane GmbH
299 Stadtwerke Meinerzhagen GmbH
300 Stadtwerke Meiningen GmbH
301 Stadtwerke Memmingen Wasser-Gas-Versorgung

302 Stadtwerke Menden Gesellschaft mit beschränkter Haftung
303 Stadtwerke Merseburg GmbH
304 Stadtwerke Merzig GmbH
305 Stadtwerke Metzingen
306 Stadtwerke Michelstadt GmbH
307 Stadtwerke Mosbach GmbH
308 Stadtwerke Mössingen
309 Stadtwerke Mühlacker GmbH
310 Stadtwerke Mühlheim am Main Gesellschaft mit beschränkter Haftung
311 Stadtwerke München GmbH
312 Stadtwerke Münster GmbH
313 Stadtwerke Munster-Bispingen GmbH
314 Stadtwerke Murrhardt
315 Stadtwerke Neckargemünd GmbH
316 Stadtwerke Nettetal GmbH
317 Stadtwerke Neubukow GmbH
318 Stadtwerke Neuffen AG
319 Stadtwerke Neu-Isenburg GmbH
320 Stadtwerke Neuruppin GmbH
321 Stadtwerke Neuss GmbH
322 Stadtwerke Neustadt a. d. Aisch GmbH
323 Stadtwerke Neustadt an der Orla GmbH
324 Stadtwerke Neustadt an der Weinstraße GmbH
325 Stadtwerke Neustrelitz Gesellschaft mit beschränkter Haftung
326 Stadtwerke Neuwied GmbH
327 Stadtwerke Nienburg/Weser GmbH
328 Stadtwerke Niesky GmbH
329 Stadtwerke Norderney GmbH
330 Stadtwerke Nordhausen – Holding für Versorgung und Verkehr GmbH
331 Stadtwerke Nürtingen GmbH
332 Stadtwerke Oberkirch GmbH
333 Stadtwerke Oberkochen GmbH
334 Stadtwerke Oberland GmbH
335 Stadtwerke Oberlungwitz GmbH
336 Stadtwerke Oberursel (Taunus) Gesellschaft mit beschränkter Haftung
337 Stadtwerke Oelsnitz (Vogtl.) GmbH
338 Stadtwerke Oerlinghausen GmbH
339 Stadtwerke Olbernhau GmbH
340 Stadtwerke Olpe GmbH
341 Stadtwerke Oranienburg GmbH
342 Stadtwerke Osnabrück Aktiengesellschaft
343 Stadtwerke Parchim GmbH
344 Stadtwerke Pasewalk GmbH
345 Stadtwerke Passau GmbH

346 Stadtwerke Peine Gesellschaft mit beschränkter Haftung
347 Stadtwerke Pfullendorf GmbH
348 Stadtwerke Pinneberg GmbH
349 Stadtwerke Pirna GmbH
350 Stadtwerke Plattling
351 Stadtwerke Plettenberg Gesellschaft mit beschränkter Haftung
352 Stadtwerke Plön Versorgungs GmbH
353 Stadtwerke Porta Westfalica Gesellschaft mit beschränkter Haftung
354 Stadtwerke Potsdam GmbH
355 Stadtwerke Premnitz GmbH
356 Stadtwerke Prenzlau GmbH
357 Stadtwerke Pritzwalk GmbH
358 Stadtwerke Quedlinburg GmbH
359 Stadtwerke Quickborn GmbH
360 Stadtwerke Radevormwald GmbH
361 Stadtwerke Radolfzell GmbH
362 Stadtwerke Ramstein-Miesenbach GmbH
363 Stadtwerke Rastatt
364 Stadtwerke Ratingen GmbH
365 Stadtwerke Ravensburg in Ravensburg
366 Stadtwerke Rees Gesellschaft mit beschränkter Haftung
367 Stadtwerke Regensburg GmbH
368 Stadtwerke Reichenbach/Vogtland GmbH
369 Stadtwerke Remscheid Gesellschaft mit beschränkter Haftung
370 Stadtwerke Rendsburg GmbH
371 Stadtwerke Reutlingen GmbH
372 Stadtwerke Rhede GmbH
373 Stadtwerke Rheine GmbH
374 Stadtwerke Rheinsberg GmbH
375 Stadtwerke Ribnitz-Damgarten GmbH
376 Stadtwerke Riesa Gesellschaft mit beschränkter Haftung
377 Stadtwerke Rinteln GmbH
378 Stadtwerke Rödental GmbH
379 Stadtwerke Rosenheim GmbH & Co. KG
380 StadtWerke Rösrath, Anstalt des öffentlichen Rechts
381 Stadtwerke Roßlau Fernwärme GmbH
382 Stadtwerke Rotenburg (Wümme) Gesellschaft mit beschränkter Haftung
383 Stadtwerke Roth
384 Stadtwerke Röthenbach a.d. Pegnitz GmbH
385 Stadtwerke Rothenburg o.d. T. GmbH
386 Stadtwerke Rottenburg am Neckar GmbH
387 Stadtwerke Rüdesheim am Rhein Gesellschaft mit beschränkter Haftung
388 Stadtwerke Rüsselsheim GmbH
389 Stadtwerke Saarlouis GmbH

390 Stadtwerke Sangerhausen GmbH
391 Stadtwerke Schaumburg-Lippe GmbH
392 Stadtwerke Schifferstadt
393 Stadtwerke Schkeuditz GmbH
394 Stadtwerke Schmölln GmbH
395 Stadtwerke Schneverdingen-Neuenkirchen GmbH
396 Stadtwerke Schönebeck GmbH
397 Stadtwerke Schrobenhausen
398 Stadtwerke Schüttorf GmbH
399 Stadtwerke Schwabach GmbH
400 Stadtwerke Schwäbisch Gmünd GmbH
401 Stadtwerke Schwäbisch Hall GmbH
402 Stadtwerke Schwarzenbek GmbH
403 Stadtwerke Schwarzenberg GmbH
404 Stadtwerke Schwedt GmbH
405 Stadtwerke Schweinfurt GmbH
406 Stadtwerke Schwerin GmbH
407 Stadtwerke Sehnde GmbH
408 Stadtwerke Sindelfingen GmbH
409 Stadtwerke Soest Gesellschaft mit beschränkter Haftung
410 Stadtwerke Soltau GmbH & Co. KG
411 Stadtwerke Sömmerda GmbH
412 Stadtwerke Sonneberg GmbH
413 Stadtwerke Speyer GmbH
414 Stadtwerke Springe Gesellschaft mit beschränkter Haftung
415 Stadtwerke St. Ingbert GmbH
416 Stadtwerke Stade GmbH
417 Stadtwerke Stadtoldendorf GmbH
418 Stadtwerke Staßfurt GmbH
419 Stadtwerke Steinburg GmbH
420 Stadtwerke Steinheim GmbH
421 Stadtwerke Stockach GmbH
422 Stadtwerke Straubing GmbH
423 Stadtwerke Strausberg GmbH
424 Stadtwerke Stuttgart GmbH
425 Stadtwerke Sulzbach/Saar GmbH
426 Stadtwerke Teterow GmbH
427 Stadtwerke Tirschenreuth
428 Stadtwerke Torgau GmbH
429 Stadtwerke Trossingen GmbH
430 Stadtwerke Tübingen GmbH
431 Stadtwerke Tuttlingen GmbH
432 Stadtwerke Unna GmbH
433 Stadtwerke Uslar GmbH

434 Stadtwerke Velbert GmbH
435 Stadtwerke Velten GmbH
436 Stadtwerke Verden GmbH
437 Stadtwerke Villingen-Schwenningen GmbH
438 Stadtwerke Vilshofen GmbH
439 Stadtwerke Vlotho GmbH
440 Stadtwerke Völklingen Holding GmbH
441 Stadtwerke Waiblingen GmbH
442 Stadtwerke Waldkirch GmbH
443 Stadtwerke Waldkraiburg GmbH
444 Stadtwerke Waldshut-Tiengen GmbH
445 Stadtwerke Walldorf GmbH & Co. KG
446 Stadtwerke Walldürn GmbH
447 Stadtwerke Wanzleben Gesellschaft mit beschränkter Haftung
448 Stadtwerke Warburg GmbH
449 Stadtwerke Waren GmbH
450 Stadtwerke Warendorf GmbH
451 Stadtwerke Wasserburg a. Inn
452 Stadtwerke Wedel GmbH
453 Stadtwerke Weingarten in Weingarten
454 Stadtwerke Weinheim GmbH
455 Stadtwerke Weißenburg GmbH
456 Stadtwerke Weißenfels Gesellschaft mit beschränkter Haftung
457 Stadtwerke Werdau GmbH
458 Stadtwerke Werdohl GmbH
459 Stadtwerke Werl GmbH
460 Stadtwerke Werneuchen GmbH
461 Stadtwerke Wernigerode GmbH
462 Stadtwerke Wertheim GmbH
463 Stadtwerke Wesel Gesellschaft mit beschränkter Haftung
464 Stadtwerke Weserbergland GmbH
465 Stadtwerke Wesseling GmbH
466 Stadtwerke Willich Gesellschaft mit beschränkter Haftung
467 Stadtwerke Winnenden GmbH
468 Stadtwerke Winsen (Luhe) GmbH
469 Stadtwerke Winterberg
470 Stadtwerke Wismar GmbH
471 Stadtwerke Wissen GmbH
472 Stadtwerke Witten GmbH
473 Stadtwerke Wittenberge GmbH
474 Stadtwerke Witzenhausen GmbH
475 Stadtwerke Wolfenbüttel GmbH
476 Stadtwerke Wolfhagen GmbH
477 Stadtwerke Wolfsburg AG

478 Stadtwerke Wolmirstedt GmbH
479 Stadtwerke Wülfrath GmbH
480 Stadtwerke Würzburg Aktiengesellschaft
481 Stadtwerke Zeitz Gesellschaft mit beschränkter Haftung
482 Stadtwerke Zerbst GmbH
483 Stadtwerke Zeulenroda GmbH
484 Stadtwerke Zeven GmbH
485 Stadtwerke Zittau GmbH
486 Stadtwerke Zwickau Holding GmbH
487 Stadtwerke Zwiesel
488 Stadtwerke-Altmärkische Gas-, Wasser und Elektrizitätswerke GmbH Stendal
489 STOAG Stadtwerke Oberhausen GmbH
490 STWB Stadtwerke Bamberg GmbH
491 Südwestfalen Energie und Wasser AG
492 SWB Stadtwerke Biedenkopf GmbH
493 SWE Stadtwerke Erfurt GmbH
494 SWF Stadtwerke Fellbach GmbH
495 SWK Stadtwerke Kaiserslautern GmbH
496 SWK Stadtwerke Krefeld AG
497 SWN Stadtwerke Neumünster Beteiligungen GmbH
498 SWN Stadtwerke Neustadt GmbH
499 SWN Stadtwerke Northeim GmbH
500 SWP Stadtwerke Pforzheim GmbH & Co. KG
501 SWS Stadtwerke Stralsund GmbH
502 SWT Stadtwerke Trier GmbH
503 SWU Stadtwerke Ulm/Neu-Ulm GmbH
504 Verbandsgemeindewerke Eisenberg
505 Verbandsgemeindewerke Hochspeyer
506 Vereinigte Stadtwerke GmbH
507 Vereinigte Wertach-Elektrizitätswerke GmbH
508 WSW Wuppertaler Stadtwerke GmbH
509 WTF Stadtwerke GmbH

A2 Liste der Umsatz-Top-50-Unternehmen (TOP_50)

1 Badenova AG & Co. KG
2 Dortmunder Stadtwerke Aktiengesellschaft
3 Duisburger Versorgungs- und Verkehrsgesellschaft mit beschränkter Haftung
4 Erlanger Stadtwerke Aktiengesellschaft
5 EWE Aktiengesellschaft
6 EWR Aktiengesellschaft
7 GGEW Gruppen-Gas und Elektrizitätswerk Bergstraße Aktiengesellschaft
8 HEAG Südhessische Energie AG (HSE)
9 Mainova Aktiengesellschaft

10 MVV Energie AG
11 N-ERGIE Aktiengesellschaft
12 Oberhessische Versorgungs- und Verkehrsgesellschaft mbH
13 Pfalzwerke Aktiengesellschaft
14 RheinEnergie AG
15 RhönEnergie Fulda GmbH
16 Stadtwerke Aachen Aktiengesellschaft
17 Stadtwerke Augsburg Holding GmbH
18 Stadtwerke Bielefeld Gesellschaft mit beschränkter Haftung
19 Stadtwerke Bonn GmbH (SWB)
20 Stadtwerke Essen Aktiengesellschaft
21 Stadtwerke Flensburg GmbH
22 Stadtwerke Gera Aktiengesellschaft
23 Stadtwerke Gießen AG
24 Stadtwerke Halle GmbH
25 Stadtwerke Hamm Gesellschaft mit beschränkter Haftung
26 Stadtwerke Hannover Aktiengesellschaft
27 Stadtwerke Heidelberg GmbH
28 Stadtwerke Heidenheim Aktiengesellschaft
29 Stadtwerke Jena GmbH
30 Stadtwerke Karlsruhe GmbH
31 Stadtwerke Leipzig GmbH
32 Stadtwerke Lübeck Holding GmbH
33 Stadtwerke München GmbH
34 Stadtwerke Münster GmbH
35 Stadtwerke Neuss GmbH
36 Stadtwerke Osnabrück Aktiengesellschaft
37 Stadtwerke Potsdam GmbH
38 Stadtwerke Regensburg GmbH
39 Stadtwerke Reutlingen GmbH
40 Stadtwerke Schwäbisch Hall GmbH
41 Stadtwerke Schwerin GmbH
42 Stadtwerke Tübingen GmbH
43 Stadtwerke Würzburg Aktiengesellschaft
44 Südwestfalen Energie und Wasser AG
45 SWE Stadtwerke Erfurt GmbH
46 SWK Stadtwerke Kaiserslautern GmbH
47 SWK Stadtwerke Krefeld AG
48 SWP Stadtwerke Pforzheim GmbH & Co. KG
49 SWU Stadtwerke Ulm/Neu-Ulm GmbH
50 WSW Wuppertaler Stadtwerke GmbH

B1 Geografische Darstellung aller betrachteten Unternehmen

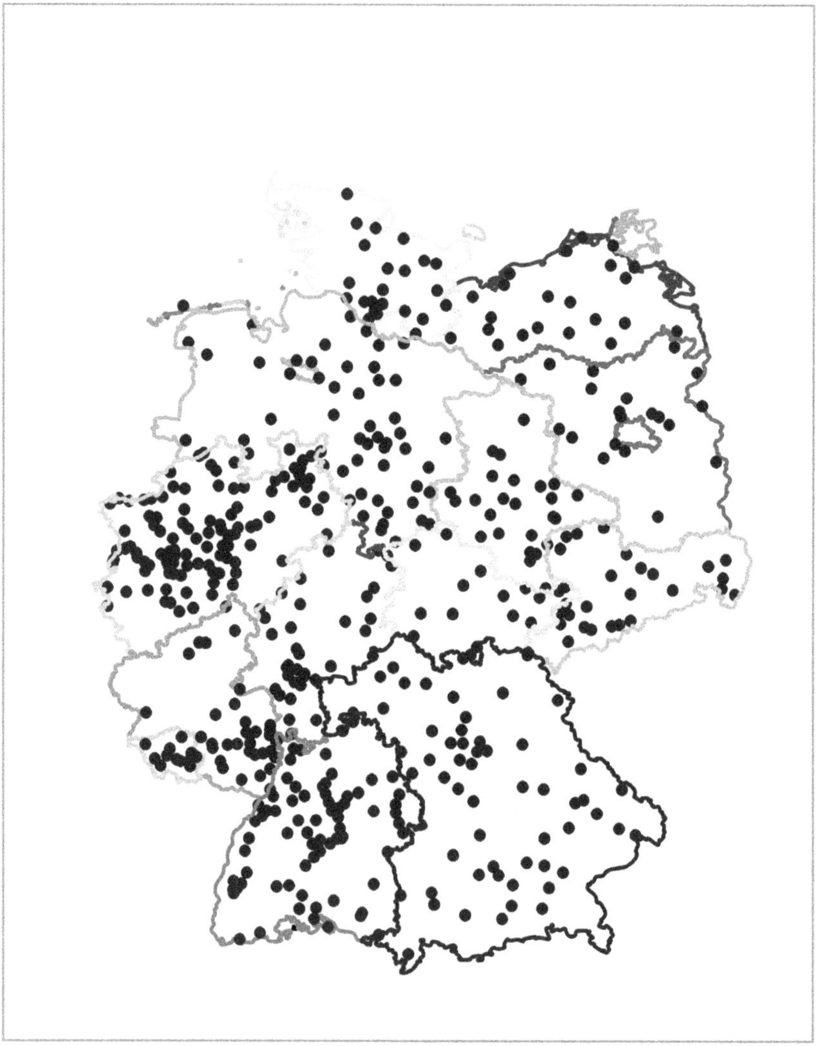

Quelle: Eigene Darstellung

B2 Geografische Darstellung der Umsatz-Top-50-Unternehmen

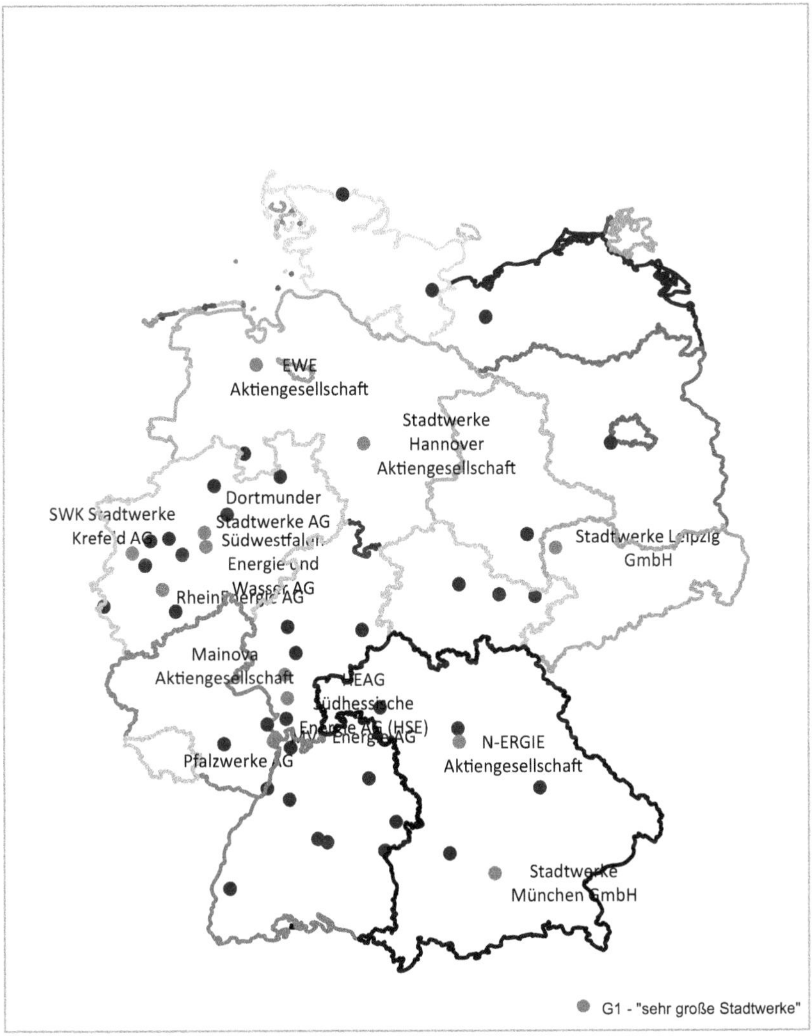

Quelle: Eigene Darstellung

C1 Kennzahlenanalyse: ROE

Kennzahl: Eigenkapitalrendite (ROE) [%]

Gruppe		2004	2005	2006	2007	2008	2009	2010	2011	2012	Mittelwert 2004–2012
Alle_509	**MEDIAN**	**6,9%**	**5,6%**	**4,0%**	**4,1%**	**2,7%**	**3,8%**	**4,9%**	**4,7%**	**4,4%**	**4,6%**
	normiert, 2004=100%	**100,0%**	**81,6%**	**58,6%**	**59,3%**	**39,8%**	**56,0%**	**72,1%**	**68,3%**	**64,0%**	**66,6%**
	MITTELWERT	**8,9%**	**7,3%**	**6,2%**	**6,4%**	**3,6%**	**5,7%**	**6,2%**	**6,1%**	**5,5%**	**6,2%**
	normiert, 2004=100%	**100,0%**	**82,4%**	**69,4%**	**72,1%**	**40,3%**	**63,9%**	**69,2%**	**68,2%**	**62,2%**	**69,7%**
	MAX	70,2%	100,5%	111,4%	204,4%	88,3%	123,0%	81,0%	81,8%	75,8%	104,1%
	MIN	-12,3%	-80,6%	-44,2%	-34,2%	-142,3%	-161,2%	-92,6%	-40,7%	-32,4%	-71,2%
	Oberes Quartil	12,7%	11,6%	9,9%	9,3%	7,7%	9,8%	10,4%	9,9%	10,0%	10,1%
	Unteres Quartil	0,8%	0,0%	0,0%	0,0%	0,0%	0,0%	0,0%	0,0%	0,0%	0,1%
	Standardabweichung	10,9%	14,0%	11,7%	14,5%	12,9%	14,7%	13,6%	10,1%	10,9%	12,6%
	Beobachtungen	297	350	412	413	420	422	448	437	179	375
G1 (sehr große SW)	**MEDIAN**	**3,9%**	**3,2%**	**2,7%**	**6,0%**	**3,0%**	**5,3%**	**6,8%**	**5,2%**	**3,1%**	**4,4%**
	normiert, 2004=100%	**100,0%**	**83,3%**	**70,4%**	**155,4%**	**78,0%**	**135,3%**	**174,2%**	**133,8%**	**78,6%**	**112,1%**
	MITTELWERT	**3,6%**	**4,2%**	**5,7%**	**6,1%**	**4,0%**	**4,4%**	**4,3%**	**4,9%**	**5,7%**	**4,8%**
	normiert, 2004=100%	**100,0%**	**116,4%**	**156,9%**	**168,6%**	**109,4%**	**122,1%**	**116,9%**	**134,4%**	**156,6%**	**131,3%**
	MAX	10,1%	10,0%	18,9%	14,5%	15,3%	17,8%	13,7%	15,1%	23,1%	15,4%
	MIN	-5,1%	-0,1%	-0,5%	-2,4%	-9,3%	-7,5%	-30,8%	-4,9%	-7,7%	-7,6%
	Oberes Quartil	7,7%	8,0%	8,4%	12,0%	8,5%	7,1%	11,7%	9,4%	11,2%	9,3%
	Unteres Quartil	0,0%	0,2%	1,2%	0,0%	0,0%	0,0%	2,2%	0,0%	0,3%	0,4%
	Standardabweichung	4,4%	3,9%	6,3%	5,6%	6,7%	7,0%	11,2%	5,8%	8,5%	6,6%
	Beobachtungen	12	12	12	13	13	13	13	13	10	12
G2 (große SW)	**MEDIAN**	**4,4%**	**4,8%**	**4,0%**	**3,2%**	**0,5%**	**3,8%**	**2,7%**	**3,0%**	**3,8%**	**3,4%**
	normiert, 2004=100%	**100,0%**	**109,1%**	**91,7%**	**72,7%**	**11,4%**	**87,1%**	**62,6%**	**67,4%**	**87,2%**	**76,6%**
	MITTELWERT	**6,7%**	**6,4%**	**5,0%**	**3,9%**	**1,0%**	**6,4%**	**5,1%**	**3,8%**	**4,8%**	**4,8%**
	normiert, 2004=100%	**100,0%**	**95,5%**	**75,0%**	**58,7%**	**15,6%**	**95,6%**	**76,7%**	**57,3%**	**71,8%**	**71,8%**
	MAX	25,3%	27,7%	26,2%	26,8%	24,4%	28,4%	24,5%	23,6%	25,0%	25,8%
	MIN	-2,9%	-0,7%	-7,2%	-11,9%	-14,8%	-2,5%	-3,1%	-3,2%	-12,9%	-6,6%
	Oberes Quartil	10,1%	8,8%	6,2%	5,2%	3,2%	7,5%	6,8%	6,0%	7,1%	6,8%
	Unteres Quartil	1,0%	1,3%	0,1%	0,3%	-0,1%	0,4%	0,0%	0,0%	0,7%	0,4%
	Standardabweichung	7,8%	7,1%	8,4%	7,1%	7,6%	8,6%	7,0%	5,6%	8,3%	7,5%
	Beobachtungen	17	16	18	20	20	21	21	21	14	19
G3 (mittlere SW)	**MEDIAN**	**3,9%**	**4,5%**	**3,0%**	**4,4%**	**2,3%**	**3,3%**	**5,1%**	**4,7%**	**3,1%**	**3,8%**
	normiert, 2004=100%	**100,0%**	**116,2%**	**77,1%**	**113,2%**	**59,6%**	**85,0%**	**133,3%**	**121,2%**	**80,4%**	**98,4%**
	MITTELWERT	**6,4%**	**5,4%**	**5,1%**	**6,3%**	**3,8%**	**5,1%**	**5,0%**	**5,9%**	**4,2%**	**5,3%**
	normiert, 2004=100%	**100,0%**	**84,7%**	**80,0%**	**98,5%**	**59,4%**	**78,8%**	**78,6%**	**91,4%**	**65,5%**	**81,9%**
	MAX	30,8%	38,1%	28,6%	58,3%	24,1%	24,1%	40,9%	29,4%	19,7%	32,7%
	MIN	-7,6%	-57,6%	-19,5%	-7,4%	-10,5%	-18,6%	-92,6%	-16,2%	-30,1%	-28,9%
	Oberes Quartil	10,1%	10,0%	9,3%	8,6%	7,9%	9,0%	9,9%	8,7%	8,3%	9,1%
	Unteres Quartil	0,0%	0,0%	0,0%	0,0%	0,0%	0,0%	0,0%	0,0%	0,0%	0,0%
	Standardabweichung	7,4%	10,2%	7,5%	10,1%	6,0%	6,6%	13,5%	7,1%	7,8%	8,5%
	Beobachtungen	82	96	103	101	101	104	106	108	52	95
G4 (kleine SW)	**MEDIAN**	**7,8%**	**5,9%**	**4,2%**	**3,9%**	**3,1%**	**3,8%**	**4,9%**	**4,8%**	**5,6%**	**4,9%**
	normiert, 2004=100%	**100,0%**	**75,1%**	**54,0%**	**49,4%**	**40,2%**	**49,2%**	**62,9%**	**61,4%**	**71,5%**	**62,6%**
	MITTELWERT	**10,5%**	**8,4%**	**6,7%**	**6,6%**	**3,7%**	**5,9%**	**6,7%**	**6,4%**	**6,3%**	**6,8%**
	normiert, 2004=100%	**100,0%**	**79,4%**	**63,2%**	**63,0%**	**34,8%**	**56,1%**	**63,5%**	**60,3%**	**59,8%**	**64,5%**
	MAX	70,2%	100,5%	111,4%	204,4%	88,3%	123,0%	81,0%	81,8%	75,8%	104,1%
	MIN	-12,3%	-80,6%	-44,2%	-34,2%	-142,3%	-161,2%	-88,0%	-40,7%	-32,4%	-70,6%
	Oberes Quartil	14,3%	12,3%	10,3%	9,3%	7,9%	10,1%	10,9%	10,9%	10,9%	10,8%
	Unteres Quartil	1,8%	0,9%	0,0%	0,0%	0,0%	0,0%	0,0%	0,0%	0,0%	0,3%
	Standardabweichung	12,2%	15,9%	13,2%	16,4%	15,0%	17,3%	14,1%	11,4%	12,5%	14,2%
	Beobachtungen	186	226	279	279	286	284	308	295	103	250

Quelle: Eigene Berechnungen

C2 Kennzahlenanalyse: ROCE

Kennzahl: Return on Capital Employed (ROCE) [%]		2004	2005	2006	2007	2008	2009	2010	2011	2012	Mittelwert 2004–2012
Alle_509	**MEDIAN**	**10,2%**	**8,9%**	**8,0%**	**7,3%**	**5,9%**	**7,9%**	**8,7%**	**8,3%**	**8,1%**	**8,1%**
	normiert, 2004=100%	**100,0%**	**87,3%**	**79,2%**	**72,1%**	**57,8%**	**78,1%**	**85,6%**	**81,4%**	**81,0%**	**80,3%**
	MITTELWERT	**11,5%**	**10,5%**	**9,7%**	**9,1%**	**7,1%**	**9,9%**	**10,2%**	**9,6%**	**9,5%**	**9,7%**
	normiert, 2004=100%	**100,0%**	**91,8%**	**84,7%**	**79,6%**	**62,2%**	**86,1%**	**89,1%**	**84,1%**	**82,9%**	**84,5%**
	MAX	68,5%	53,5%	67,0%	114,9%	45,6%	48,3%	51,7%	60,0%	45,8%	61,7%
	MIN	-41,4%	-13,6%	-17,9%	-24,0%	-36,3%	-35,6%	-36,0%	-61,7%	-24,6%	-32,3%
	Oberes Quartil	15,7%	14,0%	12,7%	12,4%	10,8%	13,3%	14,0%	13,0%	12,7%	13,2%
	Unteres Quartil	6,0%	5,1%	4,3%	4,2%	3,0%	4,4%	5,3%	4,4%	4,6%	4,6%
	Standardabweichung	9,3%	8,2%	8,8%	9,8%	7,6%	9,7%	9,5%	10,3%	8,9%	9,1%
	Beobachtungen	294	343	404	404	411	413	439	433	172	368
G1 (sehr große SW)	**MEDIAN**	**8,5%**	**7,8%**	**10,3%**	**8,9%**	**8,2%**	**9,3%**	**9,4%**	**8,6%**	**6,9%**	**8,7%**
	normiert, 2004=100%	**100,0%**	**91,4%**	**120,1%**	**103,8%**	**95,7%**	**108,9%**	**110,2%**	**100,9%**	**80,5%**	**101,3%**
	MITTELWERT	**9,3%**	**9,0%**	**12,5%**	**11,9%**	**12,2%**	**12,2%**	**12,0%**	**10,1%**	**8,1%**	**10,8%**
	normiert, 2004=100%	**100,0%**	**96,0%**	**134,1%**	**127,8%**	**130,4%**	**130,8%**	**128,5%**	**107,7%**	**86,2%**	**115,7%**
	MAX	25,2%	27,8%	35,8%	43,6%	45,6%	38,4%	35,5%	36,8%	30,9%	35,5%
	MIN	-6,5%	-0,6%	-3,4%	-2,8%	-3,5%	0,1%	3,4%	0,9%	-1,2%	-1,5%
	Oberes Quartil	11,2%	10,4%	12,8%	12,2%	13,0%	13,1%	11,7%	11,0%	7,3%	11,4%
	Unteres Quartil	6,7%	6,7%	7,1%	8,1%	5,2%	6,3%	7,1%	4,7%	2,3%	6,0%
	Standardabweichung	7,8%	6,9%	10,7%	10,8%	13,2%	10,4%	9,1%	9,0%	8,7%	9,6%
	Beobachtungen	11	11	12	12	12	12	12	12	9	11
G2 (große SW)	**MEDIAN**	**10,4%**	**10,7%**	**8,8%**	**7,8%**	**4,7%**	**6,7%**	**9,8%**	**6,3%**	**4,9%**	**7,8%**
	normiert, 2004=100%	**100,0%**	**102,6%**	**84,1%**	**75,1%**	**45,4%**	**64,3%**	**94,2%**	**60,7%**	**46,7%**	**74,8%**
	MITTELWERT	**10,9%**	**10,2%**	**9,0%**	**8,4%**	**6,5%**	**8,2%**	**10,3%**	**7,8%**	**7,1%**	**8,7%**
	normiert, 2004=100%	**100,0%**	**93,8%**	**82,8%**	**77,5%**	**59,7%**	**75,6%**	**94,4%**	**71,3%**	**65,6%**	**80,1%**
	MAX	22,9%	22,7%	18,8%	21,5%	16,6%	19,2%	22,6%	20,2%	22,5%	20,8%
	MIN	1,4%	1,6%	0,3%	-0,1%	0,5%	0,5%	2,2%	2,4%	-6,7%	0,2%
	Oberes Quartil	17,4%	14,1%	13,6%	12,3%	10,8%	13,0%	12,6%	9,2%	9,8%	12,5%
	Unteres Quartil	4,1%	3,9%	3,6%	3,0%	2,8%	4,6%	5,9%	4,2%	3,8%	4,0%
	Standardabweichung	6,8%	6,5%	6,1%	6,3%	5,0%	5,3%	6,0%	4,7%	7,4%	6,0%
	Beobachtungen	17	16	18	20	20	21	21	21	15	19
G3 (mittlere SW)	**MEDIAN**	**9,7%**	**8,7%**	**8,0%**	**7,5%**	**5,8%**	**8,1%**	**9,3%**	**8,6%**	**9,3%**	**8,3%**
	normiert, 2004=100%	**100,0%**	**89,5%**	**83,0%**	**77,6%**	**60,2%**	**83,5%**	**96,2%**	**88,4%**	**96,1%**	**86,1%**
	MITTELWERT	**10,4%**	**10,0%**	**9,1%**	**9,3%**	**7,5%**	**10,2%**	**10,3%**	**9,6%**	**9,5%**	**9,5%**
	normiert, 2004=100%	**100,0%**	**96,4%**	**88,1%**	**89,8%**	**72,5%**	**98,6%**	**99,7%**	**92,7%**	**91,3%**	**92,1%**
	MAX	48,8%	53,5%	48,6%	114,9%	35,4%	48,3%	39,5%	34,4%	33,0%	50,7%
	MIN	-14,6%	-13,6%	-17,9%	-24,0%	-7,0%	-22,2%	-19,7%	-23,7%	-5,3%	-16,4%
	Oberes Quartil	13,4%	13,6%	11,9%	11,1%	10,1%	11,7%	12,9%	11,9%	11,6%	12,0%
	Unteres Quartil	4,7%	4,9%	4,2%	4,6%	3,2%	5,3%	5,8%	5,5%	4,9%	4,8%
	Standardabweichung	8,4%	8,8%	8,4%	13,2%	6,7%	9,9%	7,5%	7,6%	7,3%	8,6%
	Beobachtungen	82	96	102	101	101	104	106	108	53	95
G4 (kleine SW)	**MEDIAN**	**10,6%**	**9,1%**	**7,8%**	**7,0%**	**5,8%**	**7,8%**	**8,1%**	**8,4%**	**8,1%**	**8,1%**
	normiert, 2004=100%	**100,0%**	**85,3%**	**73,5%**	**65,4%**	**54,8%**	**73,0%**	**76,0%**	**78,6%**	**76,5%**	**75,9%**
	MITTELWERT	**12,1%**	**10,8%**	**9,8%**	**9,0%**	**6,8%**	**9,8%**	**10,1%**	**9,8%**	**10,1%**	**9,8%**
	normiert, 2004=100%	**100,0%**	**89,5%**	**81,2%**	**74,1%**	**56,2%**	**80,5%**	**83,1%**	**80,5%**	**83,4%**	**80,9%**
	MAX	68,5%	45,6%	67,0%	45,0%	37,9%	43,8%	51,7%	60,0%	45,8%	51,7%
	MIN	-41,4%	-3,9%	-8,6%	-17,8%	-36,3%	-35,6%	-36,0%	-61,7%	-24,6%	-29,5%
	Oberes Quartil	16,8%	14,3%	13,5%	13,3%	11,0%	14,8%	14,8%	13,8%	13,7%	14,0%
	Unteres Quartil	6,7%	5,4%	4,3%	4,2%	3,0%	4,0%	5,0%	4,0%	5,0%	4,6%
	Standardabweichung	9,9%	8,1%	8,9%	8,3%	7,6%	9,8%	10,4%	11,4%	10,3%	9,4%
	Beobachtungen	184	220	272	271	278	276	300	292	95	243

Quelle: Eigene Berechnungen

C2a ROCE-Analyse je EVU, Gruppe G1

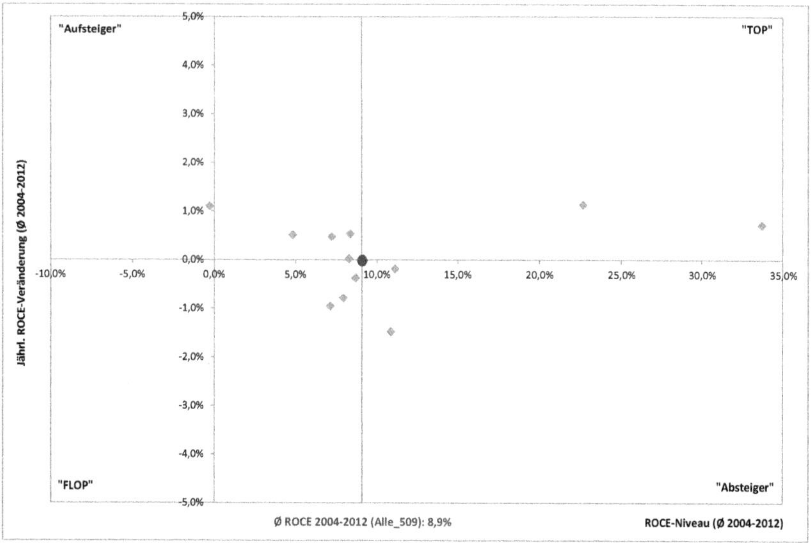

C2b ROCE-Analyse je EVU, Gruppe G2

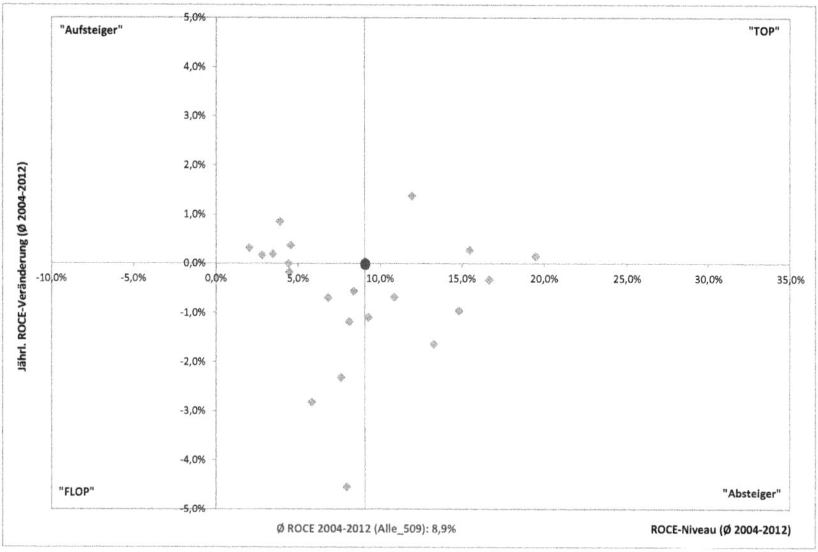

C2c ROCE-Analyse je EVU, Gruppe G3

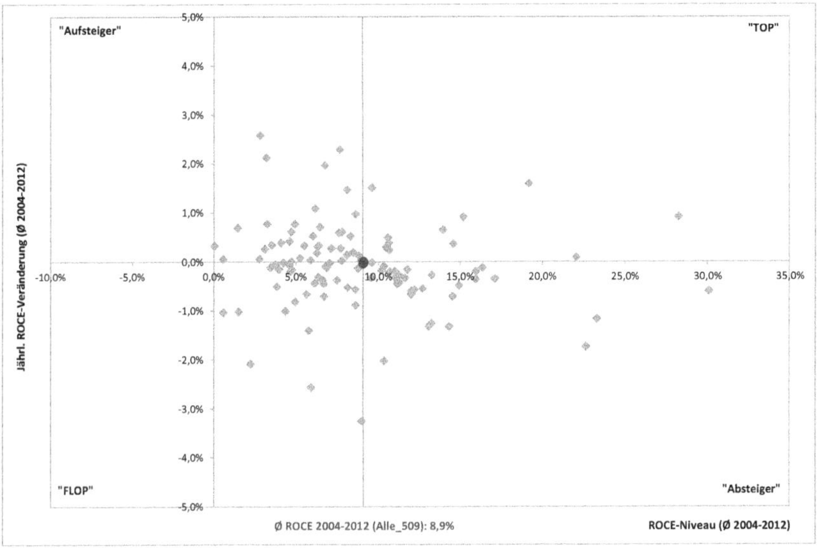

C2d ROCE-Analyse je EVU, Gruppe G4

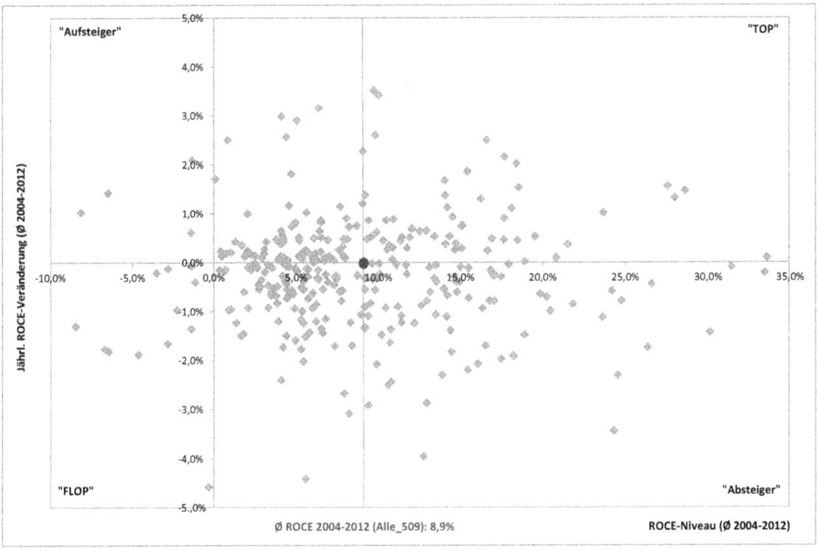

C3 Kennzahlenanalyse: ROS

Kennzahl: Return on Sales (ROS) [%]

		2004	2005	2006	2007	2008	2009	2010	2011	2012	Mittelwert 2004–2012
Alle_509	**MEDIAN**	**3,7%**	**3,3%**	**2,3%**	**2,2%**	**1,2%**	**2,1%**	**2,9%**	**2,4%**	**1,9%**	**2,5%**
	normiert, 2004=100%	**100,0%**	**90,1%**	**61,2%**	**58,8%**	**33,5%**	**55,4%**	**78,8%**	**65,6%**	**51,7%**	**66,1%**
	MITTELWERT	**5,5%**	**5,7%**	**2,5%**	**3,0%**	**1,2%**	**3,9%**	**3,1%**	**3,8%**	**1,3%**	**3,3%**
	normiert, 2004=100%	**100,0%**	**104,0%**	**46,2%**	**53,9%**	**22,6%**	**70,5%**	**56,7%**	**68,8%**	**24,5%**	**60,8%**
	MAX	267,6%	564,9%	35,2%	67,3%	50,9%	300,0%	46,8%	368,1%	46,3%	194,1%
	MIN	-24,5%	-51,1%	-141,1%	-30,4%	-302,0%	-39,6%	-58,2%	-75,1%	-99,4%	-91,3%
	Oberes Quartil	7,0%	6,1%	5,0%	4,9%	4,0%	5,1%	5,9%	5,6%	4,9%	5,4%
	Unteres Quartil	0,4%	0,0%	0,0%	0,0%	0,0%	0,0%	0,0%	0,0%	0,0%	0,0%
	Standardabweichung	16,4%	31,7%	8,6%	7,0%	16,5%	16,6%	7,7%	19,3%	11,7%	15,1%
	Beobachtungen	295	341	401	401	398	401	425	414	177	361
G1 (sehr große SW)	**MEDIAN**	**1,9%**	**1,7%**	**0,8%**	**1,8%**	**0,9%**	**1,4%**	**1,5%**	**1,2%**	**1,6%**	**1,4%**
	normiert, 2004=100%	**100,0%**	**91,9%**	**44,8%**	**95,5%**	**49,3%**	**74,2%**	**81,9%**	**64,6%**	**85,5%**	**76,4%**
	MITTELWERT	**1,9%**	**1,7%**	**1,7%**	**2,4%**	**1,4%**	**1,7%**	**2,5%**	**1,4%**	**1,5%**	**1,8%**
	normiert, 2004=100%	**100,0%**	**92,1%**	**90,6%**	**128,6%**	**73,8%**	**90,3%**	**133,6%**	**74,7%**	**79,4%**	**95,9%**
	MAX	5,2%	5,4%	5,2%	7,6%	6,4%	6,0%	9,7%	5,4%	7,2%	6,5%
	MIN	-2,6%	-0,1%	-0,2%	-1,0%	-6,0%	-2,4%	-1,7%	-1,9%	-2,8%	-2,1%
	Oberes Quartil	3,6%	2,8%	2,9%	4,1%	3,7%	2,6%	4,2%	2,6%	2,1%	3,2%
	Unteres Quartil	0,4%	0,2%	0,5%	0,5%	0,1%	0,3%	0,5%	0,6%	0,1%	0,3%
	Standardabweichung	2,3%	1,6%	1,7%	2,6%	3,1%	2,4%	3,2%	2,0%	2,7%	2,4%
	Beobachtungen	11	11	12	12	12	12	12	12	9	11
G2 (große SW)	**MEDIAN**	**2,9%**	**2,8%**	**1,4%**	**1,8%**	**0,4%**	**1,6%**	**1,5%**	**1,1%**	**1,1%**	**1,6%**
	normiert, 2004=100%	**100,0%**	**95,6%**	**48,6%**	**62,9%**	**12,1%**	**55,0%**	**51,9%**	**38,4%**	**36,1%**	**55,6%**
	MITTELWERT	**3,4%**	**3,3%**	**2,3%**	**1,9%**	**0,6%**	**2,7%**	**2,1%**	**1,6%**	**1,8%**	**2,2%**
	normiert, 2004=100%	**100,0%**	**97,4%**	**67,3%**	**54,5%**	**18,5%**	**79,2%**	**61,3%**	**47,3%**	**53,2%**	**64,3%**
	MAX	8,5%	8,4%	14,2%	8,0%	6,8%	17,5%	8,6%	8,2%	8,5%	9,8%
	MIN	-0,6%	-0,4%	-4,9%	-3,8%	-3,7%	-1,1%	-1,6%	-1,1%	-3,6%	-2,3%
	Oberes Quartil	5,9%	5,9%	4,3%	2,5%	1,1%	2,8%	2,8%	2,4%	2,6%	3,4%
	Unteres Quartil	1,5%	0,6%	0,1%	0,2%	-0,1%	0,1%	0,1%	0,0%	0,3%	0,3%
	Standardabweichung	2,9%	2,8%	4,1%	2,7%	2,2%	4,2%	2,7%	2,2%	2,9%	3,0%
	Beobachtungen	16	15	17	19	19	20	20	20	14	18
G3 (mittlere SW)	**MEDIAN**	**2,7%**	**2,4%**	**1,5%**	**2,3%**	**0,7%**	**1,6%**	**2,3%**	**2,2%**	**1,2%**	**1,9%**
	normiert, 2004=100%	**100,0%**	**90,8%**	**56,2%**	**87,1%**	**27,2%**	**59,8%**	**87,4%**	**82,6%**	**46,6%**	**70,9%**
	MITTELWERT	**3,3%**	**3,2%**	**2,2%**	**2,7%**	**1,7%**	**2,2%**	**2,5%**	**2,5%**	**1,8%**	**2,4%**
	normiert, 2004=100%	**100,0%**	**97,6%**	**68,1%**	**83,4%**	**51,5%**	**68,1%**	**75,5%**	**76,2%**	**54,6%**	**75,0%**
	MAX	13,5%	52,7%	17,3%	44,3%	16,0%	15,4%	18,6%	12,0%	11,9%	22,4%
	MIN	-3,8%	-6,1%	-5,3%	-2,6%	-4,5%	-4,6%	-26,3%	-16,7%	-12,8%	-9,2%
	Oberes Quartil	5,6%	4,8%	3,6%	4,5%	2,6%	3,6%	4,4%	4,0%	3,9%	4,1%
	Unteres Quartil	0,0%	0,0%	0,0%	0,0%	0,0%	0,0%	0,0%	0,0%	0,0%	0,0%
	Standardabweichung	3,5%	6,2%	3,3%	5,1%	2,9%	3,0%	4,3%	3,3%	3,6%	3,9%
	Beobachtungen	82	95	102	101	101	104	106	108	52	95
G4 (kleine SW)	**MEDIAN**	**4,9%**	**4,0%**	**2,7%**	**2,3%**	**1,8%**	**2,4%**	**3,4%**	**3,3%**	**3,2%**	**3,1%**
	normiert, 2004=100%	**100,0%**	**81,2%**	**54,5%**	**45,8%**	**36,0%**	**49,6%**	**69,7%**	**66,7%**	**64,2%**	**63,1%**
	MITTELWERT	**6,9%**	**7,2%**	**2,7%**	**3,2%**	**1,1%**	**4,7%**	**3,4%**	**4,6%**	**1,0%**	**3,9%**
	normiert, 2004=100%	**100,0%**	**104,3%**	**39,4%**	**45,9%**	**16,2%**	**68,5%**	**50,2%**	**66,3%**	**15,2%**	**56,2%**
	MAX	267,6%	564,9%	35,2%	67,3%	50,9%	300,0%	46,8%	368,1%	46,3%	194,1%
	MIN	-24,5%	-51,1%	-141,1%	-30,4%	-302,0%	-39,6%	-58,2%	-75,1%	-99,4%	-91,3%
	Oberes Quartil	8,0%	6,8%	5,6%	5,1%	4,7%	5,7%	6,7%	6,6%	7,0%	6,3%
	Unteres Quartil	1,3%	0,1%	0,0%	0,0%	0,0%	0,0%	0,0%	0,0%	0,0%	0,2%
	Standardabweichung	20,4%	39,1%	10,2%	7,9%	20,1%	20,3%	8,9%	23,6%	15,1%	18,4%
	Beobachtungen	186	220	270	269	266	265	287	274	102	238

Quelle: Eigene Berechnungen

C4 Kennzahlenanalyse: Debitorenlaufzeit

Kennzahl: Debitorenlaufzeit [Tage]		2004	2005	2006	2007	2008	2009	2010	2011	2012	Mittelwert 2004–2012
Alle_509	**MEDIAN**	50,9	49,1	46,3	46,9	56,2	44,2	57,5	43,7	47,1	49,1
	normiert, 2004=100%	100%	96%	91%	92%	111%	87%	113%	86%	93%	96%
	MITTELWERT	59,7	56,1	52,6	52,8	62,6	48,7	61,4	50,1	50,6	55,0
	normiert, 2004=100%	100%	94%	88%	88%	105%	82%	103%	84%	85%	92%
	MAX	217,7	215,0	240,0	271,3	396,8	217,5	264,9	205,7	210,8	248,9
	MIN	2,2	0,2	0,2	0,2	0,0	0,1	0,0	0,2	0,2	0,4
	Oberes Quartil	67,5	65,1	61,9	63,6	72,8	59,5	73,1	60,4	60,7	65,0
	Unteres Quartil	36,2	37,6	33,1	35,2	44,9	32,3	44,5	32,4	36,1	36,9
	Standardabweichung	36,6	32,8	33,6	30,9	33,4	26,0	29,8	28,7	27,1	31,0
	Beobachtungen	292	333	386	391	386	390	411	402	175	352
G1 (sehr große SW)	**MEDIAN**	54,8	52,3	43,0	51,8	45,5	33,8	42,2	38,0	43,9	45,0
	normiert, 2004=100%	100%	95%	78%	95%	83%	62%	77%	69%	80%	82%
	MITTELWERT	53,7	50,2	42,5	48,0	43,0	34,1	40,5	36,0	44,2	43,6
	normiert, 2004=100%	100%	93%	79%	89%	80%	64%	75%	67%	82%	81%
	MAX	106,4	90,7	81,2	85,4	73,2	52,8	60,3	51,1	85,0	76,2
	MIN	22,7	19,0	19,4	20,6	17,7	13,5	18,9	12,9	24,6	18,8
	Oberes Quartil	63,8	56,6	49,1	59,3	55,0	40,8	48,8	44,4	47,4	51,7
	Unteres Quartil	36,2	44,2	31,0	32,2	30,2	27,9	34,9	31,7	35,7	33,8
	Standardabweichung	22,9	17,7	16,3	19,5	16,1	10,9	11,4	10,5	16,3	15,7
	Beobachtungen	11	11	12	12	12	12	12	12	9	11
G2 (große SW)	**MEDIAN**	47,6	40,2	35,1	44,0	45,8	34,4	45,1	41,1	41,1	41,6
	normiert, 2004=100%	100%	84%	74%	92%	96%	72%	95%	86%	86%	87%
	MITTELWERT	71,0	67,0	49,4	52,9	50,2	39,0	50,7	46,5	44,6	52,4
	normiert, 2004=100%	100%	94%	70%	75%	71%	55%	71%	65%	63%	74%
	MAX	162,8	137,9	134,6	150,3	143,3	129,6	135,8	142,7	64,4	133,5
	MIN	22,5	23,2	14,1	22,3	26,5	21,1	28,4	22,5	34,3	23,9
	Oberes Quartil	116,0	108,7	54,8	53,9	51,2	40,7	57,5	47,8	47,5	64,3
	Unteres Quartil	40,0	38,2	31,0	38,1	42,1	27,5	39,9	35,9	39,0	36,9
	Standardabweichung	43,2	39,6	32,1	30,1	23,2	22,3	22,3	23,5	9,1	27,3
	Beobachtungen	16	15	16	19	19	20	20	20	14	18
G3 (mittlere SW)	**MEDIAN**	50,6	47,9	45,1	45,0	53,8	44,3	56,8	45,4	51,1	48,9
	normiert, 2004=100%	100%	95%	89%	89%	106%	88%	112%	90%	101%	97%
	MITTELWERT	59,2	57,8	48,6	52,2	60,2	49,6	64,2	54,3	61,3	56,4
	normiert, 2004=100%	100%	98%	82%	88%	102%	84%	108%	92%	104%	95%
	MAX	199,9	195,4	128,4	177,9	151,0	147,8	175,1	205,7	210,8	176,9
	MIN	9,6	10,2	16,1	15,5	21,5	15,0	26,6	7,9	20,8	15,9
	Oberes Quartil	64,8	65,3	52,9	60,9	70,2	55,8	72,8	61,4	68,0	63,6
	Unteres Quartil	37,3	38,5	32,9	36,7	43,7	32,6	45,9	36,0	39,3	38,1
	Standardabweichung	33,6	33,0	24,5	25,7	24,6	24,9	27,9	31,0	34,0	28,8
	Beobachtungen	82	95	100	100	101	103	106	108	52	94
G4 (kleine SW)	**MEDIAN**	51,3	49,9	49,0	47,9	60,2	46,5	59,9	43,7	46,8	50,6
	normiert, 2004=100%	100%	97%	96%	94%	117%	91%	117%	85%	91%	99%
	MITTELWERT	59,2	54,9	54,8	53,3	65,3	49,7	62,1	49,2	46,5	55,0
	normiert, 2004=100%	100%	93%	93%	90%	110%	84%	105%	83%	78%	93%
	MAX	217,7	215,0	240,0	271,3	396,8	217,5	264,9	172,6	153,7	238,8
	MIN	2,2	0,2	0,2	0,2	0,0	0,1	0,0	0,2	0,2	0,4
	Oberes Quartil	68,5	65,0	63,6	66,3	76,7	62,2	74,9	62,1	58,0	66,4
	Unteres Quartil	35,5	37,3	33,9	33,2	46,9	33,2	46,5	31,3	32,9	36,7
	Standardabweichung	37,8	32,7	36,9	33,1	36,9	26,9	31,0	28,3	23,7	31,9
	Beobachtungen	183	212	258	260	254	255	273	262	100	229

Quelle: Eigene Berechnungen

C5 Kennzahlenanalyse: Kreditorenlaufzeit

Kennzahl: Kreditorenlaufzeit [Tage]

		2004	2005	2006	2007	2008	2009	2010	2011	2012	Mittelwert 2004–2012
Alle_509	**MEDIAN**	**47,6**	**49,3**	**41,8**	**48,8**	**46,4**	**36,8**	**42,2**	**43,1**	**41,6**	**44,2**
	normiert, 2004=100%	**100%**	**104%**	**88%**	**103%**	**97%**	**77%**	**89%**	**91%**	**87%**	**93%**
	MITTELWERT	**50,4**	**51,4**	**48,0**	**52,8**	**49,6**	**39,8**	**49,6**	**51,3**	**45,6**	**48,7**
	normiert, 2004=100%	**100%**	**102%**	**95%**	**105%**	**98%**	**79%**	**98%**	**102%**	**90%**	**97%**
	MAX	181,2	186,8	487,5	356,0	225,0	309,5	747,4	881,7	273,8	405,4
	MIN	1,0	1,8	0,1	0,0	0,1	0,0	0,0	0,0	5,5	1,0
	Oberes Quartil	60,4	65,0	56,7	66,5	63,7	48,7	56,8	58,6	55,4	59,1
	Unteres Quartil	33,1	35,2	29,8	32,2	28,9	26,4	30,1	29,5	30,3	30,6
	Standardabweichung	28,7	26,0	39,2	34,3	30,2	24,4	50,6	62,4	27,7	35,9
	Beobachtungen	294	337	388	389	388	394	411	402	176	353
G1 (sehr große SW)	**MEDIAN**	**41,0**	**39,1**	**34,2**	**45,4**	**35,5**	**31,6**	**35,2**	**31,4**	**31,9**	**36,2**
	normiert, 2004=100%	**100%**	**95%**	**83%**	**111%**	**87%**	**77%**	**86%**	**77%**	**78%**	**88%**
	MITTELWERT	**42,7**	**40,0**	**34,4**	**37,6**	**32,1**	**31,1**	**32,6**	**30,4**	**30,7**	**34,6**
	normiert, 2004=100%	**100%**	**94%**	**81%**	**88%**	**75%**	**73%**	**76%**	**71%**	**72%**	**81%**
	MAX	76,6	72,6	62,3	64,5	54,4	56,0	60,0	52,9	54,1	61,5
	MIN	10,9	6,0	11,2	10,6	4,9	7,3	8,0	4,8	8,9	8,1
	Oberes Quartil	47,3	48,0	42,4	48,9	42,2	43,1	41,3	37,3	42,0	43,6
	Unteres Quartil	34,4	36,0	28,2	23,2	17,2	14,2	17,2	13,6	15,6	22,2
	Standardabweichung	15,1	14,9	14,0	16,3	14,7	16,5	15,9	15,3	15,1	15,3
	Beobachtungen	12	12	12	13	13	13	13	13	10	12
G2 (große SW)	**MEDIAN**	**51,8**	**58,0**	**45,7**	**40,6**	**35,0**	**31,8**	**36,2**	**42,4**	**41,3**	**42,5**
	normiert, 2004=100%	**100%**	**112%**	**88%**	**78%**	**68%**	**61%**	**70%**	**82%**	**80%**	**82%**
	MITTELWERT	**50,7**	**53,7**	**40,8**	**44,2**	**36,5**	**31,6**	**37,4**	**39,5**	**39,5**	**41,6**
	normiert, 2004=100%	**100%**	**106%**	**80%**	**87%**	**72%**	**62%**	**74%**	**78%**	**78%**	**82%**
	MAX	107,4	92,1	72,5	97,3	72,8	58,4	62,8	61,5	60,9	76,2
	MIN	11,1	3,9	3,0	8,8	7,4	10,6	9,5	7,8	17,1	8,8
	Oberes Quartil	57,8	69,1	50,5	53,4	49,0	39,8	52,3	51,9	46,8	52,3
	Unteres Quartil	39,9	35,4	32,5	32,8	24,9	21,3	26,9	29,3	35,2	30,9
	Standardabweichung	21,5	22,6	16,5	19,4	16,7	13,5	17,0	14,5	11,5	17,0
	Beobachtungen	17	16	18	20	20	21	21	21	14	19
G3 (mittlere SW)	**MEDIAN**	**46,7**	**49,3**	**44,6**	**47,8**	**44,9**	**35,9**	**41,9**	**40,1**	**40,7**	**43,5**
	normiert, 2004=100%	**100%**	**106%**	**96%**	**102%**	**96%**	**77%**	**90%**	**86%**	**87%**	**93%**
	MITTELWERT	**45,7**	**49,3**	**43,4**	**47,9**	**48,0**	**36,7**	**42,8**	**41,5**	**40,3**	**43,9**
	normiert, 2004=100%	**100%**	**108%**	**95%**	**105%**	**105%**	**80%**	**94%**	**91%**	**88%**	**96%**
	MAX	145,4	108,4	109,9	115,6	119,8	106,5	142,6	152,8	110,1	123,5
	MIN	5,8	4,1	0,7	3,7	1,1	1,9	1,8	0,0	5,5	2,7
	Oberes Quartil	55,1	61,1	55,8	62,4	61,5	44,6	53,2	51,2	50,8	55,1
	Unteres Quartil	34,8	37,5	31,4	34,1	32,0	28,5	31,8	28,1	26,1	31,6
	Standardabweichung	21,7	21,3	20,5	21,4	24,9	15,7	19,5	21,8	20,8	20,8
	Beobachtungen	82	95	102	100	101	104	106	108	53	95
G4 (kleine SW)	**MEDIAN**	**49,7**	**51,1**	**41,0**	**53,0**	**49,2**	**38,0**	**43,7**	**45,1**	**43,6**	**46,0**
	normiert, 2004=100%	**100%**	**103%**	**82%**	**107%**	**99%**	**76%**	**88%**	**91%**	**88%**	**93%**
	MITTELWERT	**53,0**	**52,8**	**51,0**	**56,1**	**52,2**	**42,2**	**54,0**	**57,3**	**50,8**	**52,1**
	normiert, 2004=100%	**100%**	**100%**	**96%**	**106%**	**99%**	**80%**	**102%**	**108%**	**96%**	**98%**
	MAX	181,2	186,8	487,5	356,0	225,0	309,5	747,4	881,7	273,8	405,4
	MIN	1,0	1,8	0,1	0,0	0,1	0,0	0,0	1,0	10,4	1,6
	Oberes Quartil	67,0	68,1	61,0	71,6	67,0	51,1	61,3	62,9	61,1	63,5
	Unteres Quartil	29,1	33,1	28,9	32,3	29,0	26,3	30,1	32,2	33,3	30,5
	Standardabweichung	32,1	28,3	45,9	39,2	32,8	27,7	60,3	75,3	31,9	41,5
	Beobachtungen	183	214	256	256	254	256	271	260	99	228

Quelle: Eigene Berechnungen

C6 Kennzahlenanalyse: Eigenkapitalquote

Kennzahl: Eigenkapitalquote [%]

		2004	2005	2006	2007	2008	2009	2010	2011	2012	Mittelwert 2004–2012
Alle_509	**MEDIAN**	**36,2%**	**36,7%**	**37,8%**	**37,0%**	**37,1%**	**38,0%**	**38,5%**	**39,6%**	**37,3%**	**37,6%**
	normiert, 2004=100%	**100,0%**	**101,3%**	**104,4%**	**101,9%**	**102,2%**	**104,9%**	**106,3%**	**109,3%**	**102,8%**	**103,7%**
	MITTELWERT	**37,2%**	**38,0%**	**39,3%**	**38,6%**	**38,9%**	**39,6%**	**40,4%**	**40,2%**	**39,6%**	**39,1%**
	normiert, 2004=100%	**100,0%**	**102,1%**	**105,7%**	**103,7%**	**104,5%**	**106,5%**	**108,5%**	**108,2%**	**106,4%**	**105,1%**
	MAX	79,6%	89,5%	100,0%	92,5%	94,4%	91,8%	92,1%	94,4%	85,2%	91,0%
	MIN	0,0%	-29,5%	-25,6%	-23,3%	-22,8%	-21,5%	-12,1%	-48,3%	-1,3%	-20,5%
	Oberes Quartil	47,0%	47,3%	49,1%	47,8%	48,7%	49,7%	50,5%	50,2%	48,8%	48,8%
	Unteres Quartil	27,2%	28,3%	29,5%	29,0%	28,2%	29,3%	29,8%	29,3%	29,6%	28,9%
	Standardabweichung	14,9%	15,4%	15,9%	15,5%	16,0%	16,2%	16,1%	16,8%	16,1%	15,9%
	Beobachtungen	301	375	458	460	468	471	478	471	197	409
G1 (sehr große SW)	**MEDIAN**	**30,8%**	**28,7%**	**29,3%**	**30,7%**	**29,2%**	**29,0%**	**29,7%**	**30,9%**	**27,6%**	**29,6%**
	normiert, 2004=100%	**100,0%**	**93,4%**	**95,4%**	**99,9%**	**95,0%**	**94,3%**	**96,6%**	**100,5%**	**89,8%**	**96,1%**
	MITTELWERT	**33,1%**	**31,3%**	**31,2%**	**31,4%**	**31,7%**	**29,6%**	**29,2%**	**28,8%**	**26,2%**	**30,3%**
	normiert, 2004=100%	**100,0%**	**94,8%**	**94,5%**	**94,9%**	**95,8%**	**89,4%**	**88,3%**	**87,1%**	**79,2%**	**91,5%**
	MAX	54,2%	48,5%	46,7%	44,9%	48,9%	46,3%	53,3%	51,5%	36,9%	47,9%
	MIN	22,6%	20,6%	18,1%	18,0%	17,7%	17,5%	15,1%	12,1%	10,1%	16,9%
	Oberes Quartil	36,5%	36,3%	36,3%	33,0%	39,1%	33,6%	35,6%	34,7%	33,5%	35,4%
	Unteres Quartil	27,9%	23,9%	26,4%	27,9%	27,2%	23,6%	20,9%	20,4%	20,5%	24,3%
	Standardabweichung	8,6%	9,0%	8,2%	7,5%	8,9%	8,4%	10,2%	10,5%	8,7%	8,9%
	Beobachtungen	12	12	12	13	13	13	13	13	10	12
G2 (große SW)	**MEDIAN**	**31,6%**	**32,4%**	**33,2%**	**31,4%**	**30,3%**	**31,0%**	**32,0%**	**31,6%**	**31,8%**	**31,7%**
	normiert, 2004=100%	**100,0%**	**102,5%**	**105,1%**	**99,1%**	**95,9%**	**98,0%**	**101,3%**	**99,8%**	**100,6%**	**100,3%**
	MITTELWERT	**34,3%**	**34,7%**	**35,6%**	**33,7%**	**32,6%**	**33,6%**	**33,7%**	**33,4%**	**32,3%**	**33,8%**
	normiert, 2004=100%	**100,0%**	**101,3%**	**103,9%**	**98,2%**	**95,0%**	**98,0%**	**98,3%**	**97,5%**	**94,1%**	**98,5%**
	MAX	61,9%	59,2%	59,8%	58,3%	54,2%	52,8%	56,9%	53,8%	51,3%	56,5%
	MIN	15,4%	23,0%	23,9%	15,5%	15,3%	20,9%	21,8%	21,5%	20,2%	19,7%
	Oberes Quartil	34,6%	33,6%	39,2%	40,1%	37,4%	36,5%	37,6%	40,1%	35,7%	37,2%
	Unteres Quartil	27,8%	27,8%	27,2%	25,9%	24,0%	27,6%	27,0%	24,8%	26,1%	26,5%
	Standardabweichung	11,2%	10,5%	10,6%	10,8%	10,5%	8,9%	9,7%	9,3%	8,1%	10,0%
	Beobachtungen	17	16	18	20	20	21	21	21	14	19
G3 (mittlere SW)	**MEDIAN**	**36,3%**	**35,2%**	**36,1%**	**35,2%**	**34,5%**	**33,7%**	**35,4%**	**35,7%**	**36,1%**	**35,4%**
	normiert, 2004=100%	**100,0%**	**97,1%**	**99,6%**	**96,9%**	**95,0%**	**92,8%**	**97,6%**	**98,4%**	**99,6%**	**97,4%**
	MITTELWERT	**36,9%**	**36,6%**	**37,3%**	**37,0%**	**35,8%**	**36,2%**	**37,0%**	**37,9%**	**38,8%**	**37,1%**
	normiert, 2004=100%	**100,0%**	**99,0%**	**101,1%**	**100,2%**	**96,9%**	**98,0%**	**100,1%**	**102,6%**	**105,1%**	**100,3%**
	MAX	70,4%	67,9%	69,0%	69,6%	67,3%	71,7%	72,6%	74,3%	77,5%	71,1%
	MIN	14,1%	5,4%	4,3%	7,4%	8,8%	10,3%	10,3%	13,4%	16,4%	10,0%
	Oberes Quartil	44,2%	44,8%	45,1%	44,7%	43,9%	46,5%	45,2%	45,7%	47,1%	45,2%
	Unteres Quartil	27,2%	27,1%	27,9%	28,1%	25,9%	26,9%	26,7%	28,9%	30,1%	27,6%
	Standardabweichung	12,8%	13,4%	13,5%	13,6%	13,2%	13,3%	13,0%	12,6%	13,1%	13,2%
	Beobachtungen	82	97	105	101	101	104	106	108	53	95
G4 (kleine SW)	**MEDIAN**	**37,8%**	**38,7%**	**38,6%**	**39,2%**	**39,4%**	**40,4%**	**41,9%**	**42,0%**	**41,3%**	**39,9%**
	normiert, 2004=100%	**100,0%**	**102,5%**	**102,2%**	**103,7%**	**104,4%**	**106,9%**	**110,8%**	**111,2%**	**109,3%**	**105,7%**
	MITTELWERT	**37,8%**	**39,1%**	**40,5%**	**39,6%**	**40,5%**	**41,4%**	**42,3%**	**41,9%**	**41,9%**	**40,6%**
	normiert, 2004=100%	**100,0%**	**103,3%**	**107,0%**	**104,8%**	**106,9%**	**109,5%**	**111,7%**	**110,7%**	**110,7%**	**107,2%**
	MAX	79,6%	89,5%	100,0%	92,5%	94,4%	91,8%	92,1%	94,4%	85,2%	91,0%
	MIN	0,0%	-29,5%	-25,6%	-23,3%	-22,8%	-21,5%	-12,1%	-48,3%	-1,3%	-20,5%
	Oberes Quartil	47,8%	48,7%	50,6%	49,3%	50,5%	51,7%	52,8%	53,4%	51,8%	50,7%
	Unteres Quartil	27,5%	29,4%	30,4%	29,8%	29,9%	30,5%	31,2%	30,9%	30,0%	30,0%
	Standardabweichung	16,1%	16,5%	16,9%	16,3%	16,9%	17,1%	17,0%	18,2%	17,6%	17,0%
	Beobachtungen	190	250	323	326	334	333	338	329	120	283

Quelle: Eigene Berechnungen

C7 Kennzahlenanalyse: Anlagenintensität

Kennzahl: Anlagenintensität [%]

		2004	2005	2006	2007	2008	2009	2010	2011	2012	Mittelwert 2004–2012
Alle_509	**MEDIAN**	**72,6%**	**71,8%**	**72,9%**	**71,0%**	**69,6%**	**71,0%**	**70,6%**	**71,2%**	**72,3%**	**71,4%**
	normiert, 2004=100%	**100,0%**	**99,0%**	**100,5%**	**97,9%**	**95,9%**	**97,8%**	**97,3%**	**98,1%**	**99,6%**	**98,5%**
	MITTELWERT	**61,6%**	**61,8%**	**61,1%**	**60,2%**	**59,7%**	**61,5%**	**61,3%**	**62,5%**	**63,6%**	**61,5%**
	normiert, 2004=100%	**100,0%**	**100,4%**	**99,2%**	**97,8%**	**97,0%**	**99,9%**	**99,6%**	**101,6%**	**103,3%**	**99,9%**
	MAX	96,7%	97,0%	98,6%	98,5%	96,5%	98,6%	98,3%	98,7%	97,6%	97,8%
	MIN	0,0%	0,0%	0,0%	0,0%	0,0%	0,0%	0,0%	0,0%	0,0%	0,0%
	Oberes Quartil	80,8%	81,4%	80,5%	80,1%	78,4%	80,3%	79,3%	80,1%	79,4%	80,0%
	Unteres Quartil	58,9%	58,5%	56,5%	55,6%	55,2%	58,0%	59,1%	59,6%	60,3%	58,0%
	Standardabweichung	29,3%	29,4%	30,3%	29,9%	29,0%	28,5%	27,9%	27,6%	26,4%	28,7%
	Beobachtungen	301	375	458	460	468	471	478	471	197	409
G1 (sehr große SW)	**MEDIAN**	**70,4%**	**71,5%**	**67,2%**	**68,2%**	**66,3%**	**66,0%**	**65,8%**	**67,9%**	**70,0%**	**68,1%**
	normiert, 2004=100%	**100,0%**	**101,7%**	**95,5%**	**96,9%**	**94,2%**	**93,8%**	**93,6%**	**96,5%**	**99,5%**	**96,8%**
	MITTELWERT	**69,2%**	**68,4%**	**66,4%**	**69,3%**	**67,1%**	**67,0%**	**69,0%**	**70,4%**	**71,5%**	**68,7%**
	normiert, 2004=100%	**100,0%**	**98,9%**	**96,0%**	**100,2%**	**97,0%**	**96,9%**	**99,8%**	**101,8%**	**103,4%**	**99,3%**
	MAX	86,9%	88,6%	88,9%	89,4%	88,6%	87,8%	86,7%	87,5%	87,9%	88,0%
	MIN	43,0%	45,5%	41,7%	42,4%	50,6%	47,9%	57,4%	60,1%	60,2%	49,9%
	Oberes Quartil	81,4%	78,6%	74,9%	74,3%	67,5%	73,9%	75,0%	75,6%	77,0%	75,4%
	Unteres Quartil	61,2%	61,5%	61,4%	66,0%	63,3%	60,0%	63,6%	64,4%	64,7%	62,9%
	Standardabweichung	13,1%	12,9%	13,3%	11,5%	8,9%	10,2%	8,1%	7,9%	8,4%	10,5%
	Beobachtungen	12	12	12	13	13	13	13	13	10	12
G2 (große SW)	**MEDIAN**	**71,4%**	**67,9%**	**74,4%**	**73,5%**	**73,0%**	**74,4%**	**72,9%**	**76,6%**	**74,8%**	**73,2%**
	normiert, 2004=100%	**100,0%**	**95,1%**	**104,1%**	**102,9%**	**102,3%**	**104,3%**	**102,1%**	**107,3%**	**104,8%**	**102,5%**
	MITTELWERT	**73,3%**	**72,4%**	**74,2%**	**73,9%**	**73,4%**	**74,5%**	**74,7%**	**75,6%**	**76,3%**	**74,3%**
	normiert, 2004=100%	**100,0%**	**98,7%**	**101,2%**	**100,7%**	**100,1%**	**101,6%**	**101,9%**	**103,1%**	**104,1%**	**101,3%**
	MAX	91,0%	91,8%	91,1%	90,7%	89,0%	90,9%	89,8%	90,4%	89,0%	90,4%
	MIN	54,7%	62,9%	62,6%	58,6%	55,8%	61,5%	56,3%	61,3%	64,7%	59,8%
	Oberes Quartil	75,3%	78,1%	78,5%	79,6%	81,3%	80,2%	83,4%	82,2%	82,8%	80,2%
	Unteres Quartil	69,0%	65,7%	65,4%	66,6%	66,1%	68,8%	66,8%	67,7%	71,2%	67,5%
	Standardabweichung	9,4%	9,1%	8,9%	9,4%	9,8%	8,8%	9,5%	9,1%	7,4%	9,1%
	Beobachtungen	17	16	18	20	20	21	21	21	14	19
G3 (mittlere SW)	**MEDIAN**	**76,8%**	**73,9%**	**75,3%**	**74,8%**	**70,9%**	**71,8%**	**71,5%**	**71,1%**	**70,4%**	**73,0%**
	normiert, 2004=100%	**100,0%**	**96,2%**	**98,1%**	**97,4%**	**92,4%**	**93,5%**	**93,0%**	**92,6%**	**91,7%**	**95,0%**
	MITTELWERT	**73,2%**	**71,7%**	**72,2%**	**70,7%**	**68,6%**	**69,2%**	**69,0%**	**69,7%**	**69,0%**	**70,4%**
	normiert, 2004=100%	**100,0%**	**98,0%**	**98,7%**	**96,6%**	**93,7%**	**94,6%**	**94,3%**	**95,3%**	**94,3%**	**96,2%**
	MAX	93,6%	92,5%	93,2%	92,0%	92,2%	92,2%	93,4%	94,3%	86,1%	92,2%
	MIN	0,0%	0,0%	0,0%	0,0%	0,0%	0,0%	0,0%	0,0%	0,0%	0,0%
	Oberes Quartil	82,9%	83,5%	81,4%	81,0%	78,5%	79,9%	78,5%	79,6%	78,7%	80,4%
	Unteres Quartil	68,1%	65,1%	67,1%	64,0%	61,9%	63,9%	61,7%	64,0%	65,3%	64,6%
	Standardabweichung	16,0%	16,8%	16,1%	16,8%	16,2%	16,0%	15,0%	16,1%	16,2%	16,1%
	Beobachtungen	82	97	105	101	101	104	106	108	53	95
G4 (kleine SW)	**MEDIAN**	**70,0%**	**71,2%**	**71,7%**	**70,6%**	**69,1%**	**70,7%**	**70,1%**	**70,6%**	**72,3%**	**70,7%**
	normiert, 2004=100%	**100,0%**	**101,8%**	**102,6%**	**101,0%**	**98,9%**	**101,1%**	**100,2%**	**100,9%**	**103,3%**	**101,1%**
	MITTELWERT	**55,0%**	**57,0%**	**56,5%**	**55,8%**	**55,9%**	**58,1%**	**57,8%**	**59,0%**	**59,0%**	**57,1%**
	normiert, 2004=100%	**100,0%**	**103,6%**	**102,7%**	**101,4%**	**101,6%**	**105,6%**	**105,0%**	**107,3%**	**107,3%**	**103,8%**
	MAX	96,7%	97,0%	98,6%	98,5%	96,5%	98,6%	98,3%	98,7%	97,6%	97,8%
	MIN	0,0%	0,0%	0,0%	0,0%	0,0%	0,0%	0,0%	0,0%	0,0%	0,0%
	Oberes Quartil	78,8%	81,2%	80,4%	79,6%	78,6%	80,5%	79,4%	80,2%	80,2%	79,9%
	Unteres Quartil	14,9%	45,2%	35,7%	38,1%	44,5%	51,0%	49,8%	50,6%	49,5%	42,1%
	Standardabweichung	33,4%	33,2%	33,6%	33,1%	32,2%	31,8%	31,3%	30,9%	30,9%	32,3%
	Beobachtungen	190	250	323	326	334	333	338	329	120	283

Quelle: Eigene Berechnungen

C8 Kennzahlenanalyse: Liquidität 1. Grades

Kennzahl: Liquidität 1. Grades [%]

		2004	2005	2006	2007	2008	2009	2010	2011	2012	Mittelwert 2004–2012
Alle_509	**MEDIAN**	**158,2%**	133,3%	133,8%	**111,8%**	89,5%	172,9%	**119,4%**	**149,0%**	93,2%	**129,0%**
	normiert, 2004=100%	**100,0%**	**84,3%**	**84,6%**	**70,6%**	**56,6%**	**109,3%**	**75,5%**	**94,2%**	**58,9%**	**81,6%**
	MITTELWERT	**309,1%**	**250,3%**	**278,5%**	**223,0%**	**201,0%**	**280,7%**	**286,8%**	**325,0%**	**182,1%**	**259,6%**
	normiert, 2004=100%	**100,0%**	**81,0%**	**90,1%**	**72,1%**	**65,0%**	**90,8%**	**92,8%**	**105,1%**	**58,9%**	**84,0%**
	MAX	6404,2%	7326,5%	8228,6%	5341,5%	7800,0%	4733,3%	11850,0%	10150,0%	2702,6%	7170,7%
	MIN	0,0%	0,0%	0,0%	0,0%	0,0%	0,0%	0,0%	0,0%	0,2%	0,0%
	Oberes Quartil	342,3%	255,6%	281,6%	226,5%	189,1%	340,5%	278,8%	270,3%	201,0%	265,1%
	Unteres Quartil	60,4%	42,0%	47,4%	43,1%	36,5%	56,8%	36,3%	48,4%	32,0%	44,7%
	Standardabweichung	581,5%	522,9%	699,8%	404,4%	480,5%	419,7%	755,2%	937,0%	316,5%	568,6%
	Beobachtungen	293	344	404	403	407	415	430	421	181	366
G1 (sehr große SW)	**MEDIAN**	**88,7%**	**102,1%**	**85,4%**	**44,0%**	**45,1%**	**135,6%**	**58,4%**	**82,4%**	**100,2%**	**82,4%**
	normiert, 2004=100%	**100,0%**	**115,1%**	**96,2%**	**49,6%**	**50,8%**	**152,8%**	**65,8%**	**92,9%**	**112,9%**	**92,9%**
	MITTELWERT	**106,0%**	**144,4%**	**113,8%**	**63,2%**	**77,2%**	**133,2%**	**101,2%**	**149,6%**	**101,3%**	**110,0%**
	normiert, 2004=100%	**100,0%**	**136,3%**	**107,4%**	**59,6%**	**72,8%**	**125,7%**	**95,5%**	**141,2%**	**95,6%**	**103,8%**
	MAX	337,9%	692,0%	314,8%	203,5%	230,7%	298,3%	289,4%	491,9%	213,7%	341,4%
	MIN	4,5%	7,0%	14,2%	3,2%	3,3%	3,0%	5,1%	5,3%	5,0%	5,6%
	Oberes Quartil	122,6%	125,3%	167,5%	66,5%	105,1%	206,2%	141,2%	182,8%	158,8%	141,8%
	Unteres Quartil	35,0%	20,6%	44,3%	23,5%	22,4%	76,3%	29,8%	17,9%	32,4%	33,6%
	Standardabweichung	102,1%	186,1%	88,6%	63,2%	68,6%	90,9%	96,6%	162,4%	71,9%	103,4%
	Beobachtungen	12	12	12	13	13	13	13	13	10	12
G2 (große SW)	**MEDIAN**	**104,9%**	**94,6%**	**85,1%**	**86,9%**	**72,6%**	**84,1%**	**70,0%**	**51,6%**	**73,4%**	**80,4%**
	normiert, 2004=100%	**100,0%**	**90,2%**	**81,2%**	**82,9%**	**69,2%**	**80,2%**	**66,7%**	**49,2%**	**70,0%**	**76,6%**
	MITTELWERT	**131,4%**	**165,4%**	**190,8%**	**122,8%**	**115,8%**	**162,2%**	**111,2%**	**108,7%**	**106,0%**	**134,9%**
	normiert, 2004=100%	**100,0%**	**125,9%**	**145,2%**	**93,4%**	**88,2%**	**123,4%**	**84,6%**	**82,7%**	**80,7%**	**102,7%**
	MAX	371,1%	1104,9%	1572,6%	877,6%	788,4%	773,8%	843,7%	992,7%	450,8%	863,9%
	MIN	1,6%	1,5%	4,4%	4,4%	2,7%	5,9%	0,3%	0,2%	3,0%	2,7%
	Oberes Quartil	202,3%	147,5%	177,9%	118,9%	129,8%	187,4%	135,3%	112,0%	157,7%	152,1%
	Unteres Quartil	18,2%	39,8%	46,3%	31,6%	23,7%	67,7%	14,1%	31,8%	16,8%	32,2%
	Standardabweichung	127,6%	260,7%	349,6%	183,6%	166,6%	179,0%	176,6%	202,8%	117,9%	196,0%
	Beobachtungen	17	16	18	20	20	21	21	21	14	19
G3 (mittlere SW)	**MEDIAN**	**136,0%**	**93,1%**	**104,2%**	**89,5%**	**77,3%**	**156,0%**	**88,6%**	**127,4%**	**69,4%**	**104,6%**
	normiert, 2004=100%	**100,0%**	**68,4%**	**76,6%**	**65,8%**	**56,8%**	**114,7%**	**65,1%**	**93,7%**	**51,0%**	**76,9%**
	MITTELWERT	**200,5%**	**183,5%**	**179,2%**	**175,2%**	**128,2%**	**196,4%**	**161,3%**	**266,4%**	**123,8%**	**179,4%**
	normiert, 2004=100%	**100,0%**	**91,5%**	**89,4%**	**87,4%**	**64,0%**	**98,0%**	**80,4%**	**132,9%**	**61,7%**	**89,5%**
	MAX	1762,7%	1426,9%	1372,9%	2408,3%	1164,4%	1307,2%	2038,4%	10150,0%	553,8%	2465,0%
	MIN	1,4%	1,7%	0,9%	0,3%	0,4%	0,9%	0,2%	0,3%	0,2%	0,7%
	Oberes Quartil	258,8%	202,4%	215,5%	176,8%	163,7%	229,0%	195,6%	244,7%	159,8%	205,1%
	Unteres Quartil	68,8%	40,3%	46,0%	44,8%	45,4%	54,8%	36,8%	42,1%	27,8%	45,2%
	Standardabweichung	261,7%	251,2%	229,4%	316,8%	156,3%	207,1%	266,6%	971,9%	142,1%	311,5%
	Beobachtungen	81	95	103	99	101	103	106	108	52	94
G4 (kleine SW)	**MEDIAN**	**189,1%**	**150,2%**	**152,1%**	**145,9%**	**99,3%**	**190,2%**	**142,8%**	**162,0%**	**116,4%**	**149,8%**
	normiert, 2004=100%	**100,0%**	**79,4%**	**80,4%**	**77,1%**	**52,5%**	**100,6%**	**75,5%**	**85,6%**	**61,6%**	**79,2%**
	MITTELWERT	**387,1%**	**290,9%**	**329,4%**	**255,6%**	**240,0%**	**327,8%**	**353,6%**	**372,1%**	**228,8%**	**309,5%**
	normiert, 2004=100%	**100,0%**	**75,2%**	**85,1%**	**66,0%**	**62,0%**	**84,7%**	**91,4%**	**96,1%**	**59,1%**	**80,0%**
	MAX	6404,2%	7326,5%	8228,6%	5341,5%	7800,0%	4733,3%	11850,0%	10065,6%	2702,6%	7161,4%
	MIN	0,0%	0,0%	0,0%	0,0%	0,0%	0,0%	0,0%	0,0%	0,2%	0,0%
	Oberes Quartil	429,0%	291,3%	314,4%	267,4%	236,6%	411,7%	345,2%	317,2%	245,8%	317,6%
	Unteres Quartil	65,8%	46,1%	55,6%	49,9%	28,2%	56,9%	43,7%	55,8%	41,8%	49,3%
	Standardabweichung	701,5%	622,0%	832,8%	447,2%	572,9%	487,2%	896,2%	972,8%	393,8%	658,5%
	Beobachtungen	183	221	271	271	273	278	290	279	105	241

Quelle: Eigene Berechnungen

C9 Kennzahlenanalyse: Liquidität 2. Grades

Kennzahl: Liquidität 2. Grades [%]		2004	2005	2006	2007	2008	2009	2010	2011	2012	Mittelwert 2004–2012
Alle_509	**MEDIAN**	**386,5%**	**317,2%**	**321,7%**	**298,9%**	**302,5%**	**368,4%**	**346,8%**	**328,6%**	**292,4%**	**329,2%**
	normiert, 2004=100%	**100,0%**	**82,1%**	**83,2%**	**77,3%**	**78,3%**	**95,3%**	**89,7%**	**85,0%**	**75,7%**	**85,2%**
	MITTELWERT	**636,3%**	**532,5%**	**645,5%**	**453,4%**	**694,7%**	**525,0%**	**554,0%**	**1572,6%**	**414,3%**	**669,8%**
	normiert, 2004=100%	**100,0%**	**83,7%**	**101,4%**	**71,2%**	**109,2%**	**82,5%**	**87,1%**	**247,1%**	**65,1%**	**105,3%**
	MAX	14954,2%	11600,0%	47000,0%	6835,4%	79600,0%	4800,0%	5485,7%	42940,0%	2827,3%	24004,7%
	MIN	34,7%	21,1%	21,9%	12,7%	11,2%	14,0%	10,5%	12,1%	24,4%	18,1%
	Oberes Quartil	642,2%	544,0%	533,6%	467,0%	521,2%	603,4%	574,4%	520,8%	484,2%	543,4%
	Unteres Quartil	262,3%	209,9%	211,2%	190,8%	190,4%	236,1%	227,4%	208,0%	204,9%	215,7%
	Standardabweichung	1073,2%	894,3%	2479,4%	571,7%	4034,3%	533,1%	699,6%	21071,0%	379,2%	3526,2%
	Beobachtungen	292	342	395	397	397	402	421	414	177	360
G1 (sehr große SW)	**MEDIAN**	**244,8%**	**245,8%**	**279,7%**	**185,0%**	**196,0%**	**282,2%**	**229,9%**	**250,4%**	**229,1%**	**238,1%**
	normiert, 2004=100%	**100,0%**	**100,4%**	**114,2%**	**75,6%**	**80,1%**	**115,3%**	**93,9%**	**102,3%**	**93,6%**	**97,3%**
	MITTELWERT	**340,5%**	**401,6%**	**319,2%**	**276,0%**	**328,5%**	**343,5%**	**310,2%**	**392,0%**	**380,6%**	**343,6%**
	normiert, 2004=100%	**100,0%**	**117,9%**	**93,7%**	**81,1%**	**96,5%**	**100,9%**	**91,1%**	**115,1%**	**111,8%**	**100,9%**
	MAX	1120,9%	1894,4%	743,2%	655,6%	1370,4%	1060,6%	987,5%	1684,5%	1255,3%	1196,9%
	MIN	110,1%	88,3%	132,9%	118,3%	127,0%	101,8%	140,9%	116,2%	131,5%	118,5%
	Oberes Quartil	397,1%	366,7%	370,0%	371,6%	318,6%	368,3%	416,7%	498,9%	443,2%	394,6%
	Unteres Quartil	187,2%	208,7%	184,0%	155,0%	172,5%	193,6%	161,2%	134,7%	175,2%	174,7%
	Standardabweichung	266,2%	463,6%	172,6%	164,6%	316,2%	251,6%	228,5%	412,5%	334,4%	290,0%
	Beobachtungen	12	12	12	13	13	13	13	13	10	12
G2 (große SW)	**MEDIAN**	**316,0%**	**245,2%**	**207,2%**	**242,1%**	**255,7%**	**269,2%**	**239,1%**	**227,5%**	**249,2%**	**250,1%**
	normiert, 2004=100%	**100,0%**	**77,6%**	**65,6%**	**76,6%**	**80,9%**	**85,2%**	**75,7%**	**72,0%**	**78,9%**	**79,2%**
	MITTELWERT	**507,0%**	**730,8%**	**769,6%**	**435,3%**	**460,1%**	**422,5%**	**429,1%**	**386,2%**	**281,0%**	**491,3%**
	normiert, 2004=100%	**100,0%**	**144,2%**	**151,8%**	**85,9%**	**90,8%**	**83,3%**	**84,6%**	**76,2%**	**55,4%**	**96,9%**
	MAX	3142,9%	7181,6%	9012,8%	3840,0%	3831,8%	2660,0%	3240,2%	3631,2%	771,5%	4145,8%
	MIN	122,4%	107,1%	135,0%	86,9%	136,7%	119,3%	125,8%	108,0%	150,1%	121,2%
	Oberes Quartil	507,0%	435,4%	313,1%	353,4%	355,0%	357,7%	373,6%	242,4%	331,1%	363,2%
	Unteres Quartil	190,6%	164,1%	149,4%	178,0%	187,7%	196,6%	173,9%	190,8%	171,1%	178,0%
	Standardabweichung	680,6%	1675,9%	2065,5%	787,4%	783,1%	524,8%	645,5%	728,8%	156,2%	894,2%
	Beobachtungen	17	16	17	20	20	21	21	21	14	19
G3 (mittlere SW)	**MEDIAN**	**359,7%**	**283,0%**	**265,1%**	**264,9%**	**292,1%**	**347,7%**	**323,8%**	**360,0%**	**331,2%**	**314,2%**
	normiert, 2004=100%	**100,0%**	**78,7%**	**73,7%**	**73,6%**	**81,2%**	**96,7%**	**90,0%**	**100,1%**	**92,1%**	**87,3%**
	MITTELWERT	**530,3%**	**468,5%**	**488,9%**	**399,7%**	**450,6%**	**471,3%**	**478,3%**	**4417,4%**	**427,8%**	**903,6%**
	normiert, 2004=100%	**100,0%**	**88,3%**	**92,2%**	**75,4%**	**85,0%**	**88,9%**	**90,2%**	**833,0%**	**80,7%**	**170,4%**
	MAX	3784,6%	4835,9%	8630,9%	3413,0%	7719,8%	4032,9%	4296,9%	42940,0%	1722,7%	9041,8%
	MIN	121,9%	97,3%	83,7%	82,8%	75,0%	100,6%	103,0%	60,9%	78,3%	89,3%
	Oberes Quartil	618,2%	481,9%	477,8%	421,6%	444,4%	523,1%	487,8%	485,3%	490,3%	492,3%
	Unteres Quartil	254,0%	206,6%	199,7%	182,8%	190,0%	238,9%	251,4%	229,5%	239,8%	221,4%
	Standardabweichung	551,0%	597,6%	902,7%	468,2%	778,0%	467,3%	548,2%	4109,0%	310,1%	970,2%
	Beobachtungen	81	94	101	98	101	102	106	108	52	94
G4 (kleine SW)	**MEDIAN**	**412,1%**	**350,6%**	**364,3%**	**307,7%**	**316,8%**	**402,6%**	**375,8%**	**337,0%**	**296,2%**	**351,5%**
	normiert, 2004=100%	**100,0%**	**85,1%**	**88,4%**	**74,7%**	**76,9%**	**97,7%**	**91,2%**	**81,8%**	**71,9%**	**85,3%**
	MITTELWERT	**715,1%**	**552,5%**	**712,1%**	**483,1%**	**824,4%**	**562,5%**	**603,2%**	**591,1%**	**429,1%**	**608,1%**
	normiert, 2004=100%	**100,0%**	**77,3%**	**99,6%**	**67,6%**	**115,3%**	**78,7%**	**84,4%**	**82,7%**	**60,0%**	**85,0%**
	MAX	14954,2%	11600,0%	47000,0%	6835,4%	79600,0%	4800,0%	5485,7%	10067,2%	2827,3%	20352,2%
	MIN	34,7%	21,1%	21,9%	12,7%	11,2%	14,0%	10,5%	12,1%	24,4%	18,1%
	Oberes Quartil	723,7%	569,8%	565,6%	512,3%	557,0%	659,7%	617,2%	565,2%	491,4%	584,6%
	Unteres Quartil	292,8%	214,6%	231,8%	207,2%	196,1%	244,6%	228,4%	206,5%	195,2%	224,1%
	Standardabweichung	1283,1%	932,0%	2925,5%	596,4%	4922,7%	562,0%	760,1%	1024,0%	430,2%	1492,9%
	Beobachtungen	182	220	265	266	263	266	281	272	101	235

Quelle: Eigene Berechnungen

C10 Kennzahlenanalyse: EBITDA-Zinsdeckungsgrad

Kennzahl: EBITDA-Zinsdeckungsgrad [N]		2004	2005	2006	2007	2008	2009	2010	2011	2012	Mittelwert 2004–2012
Alle_509	**MEDIAN**	**5,3**	**4,2**	**4,2**	**4,2**	**3,4**	**3,9**	**3,7**	**4,3**	**3,5**	**4,1**
	normiert, 2004=100%	**100%**	**78%**	**79%**	**79%**	**64%**	**73%**	**70%**	**81%**	**65%**	**77%**
	MITTELWERT	**7,5**	**5,4**	**5,7**	**5,1**	**4,4**	**4,7**	**4,8**	**5,7**	**5,1**	**5,4**
	normiert, 2004=100%	**100%**	**73%**	**76%**	**68%**	**58%**	**62%**	**63%**	**76%**	**68%**	**72%**
	MAX	77,1	80,0	95,8	88,1	85,8	83,0	99,4	87,1	55,2	83,5
	MIN	-64,4	-84,9	-58,0	-92,6	-88,5	-93,3	-96,7	-92,2	-68,7	-82,2
	Oberes Quartil	11,4	10,5	8,9	9,1	7,9	8,3	7,9	8,5	8,1	9,0
	Unteres Quartil	2,2	1,9	1,9	1,9	1,7	1,9	1,8	1,9	1,8	1,9
	Standardabweichung	17,2	17,1	17,6	17,2	16,9	16,1	16,8	14,6	12,5	16,2
	Beobachtungen	269	314	373	375	383	370	406	392	160	338
G1 (sehr große SW)	**MEDIAN**	**9,1**	**3,5**	**2,2**	**2,6**	**2,0**	**2,0**	**2,3**	**2,6**	**3,3**	**3,3**
	normiert, 2004=100%	**100%**	**38%**	**24%**	**28%**	**22%**	**22%**	**25%**	**29%**	**36%**	**36%**
	MITTELWERT	**8,3**	**7,0**	**6,7**	**6,0**	**1,0**	**0,6**	**2,4**	**7,4**	**3,2**	**4,7**
	normiert, 2004=100%	**100%**	**85%**	**80%**	**73%**	**12%**	**7%**	**28%**	**89%**	**39%**	**57%**
	MAX	28,2	22,8	30,0	37,2	6,4	20,6	6,5	53,4	6,2	23,5
	MIN	-0,1	-3,8	-5,5	-14,9	-14,6	-24,0	-3,0	-1,9	-1,4	-7,7
	Oberes Quartil	10,8	11,4	7,5	7,0	5,2	3,8	4,3	4,3	4,8	6,6
	Unteres Quartil	2,0	2,0	1,8	1,2	1,1	-2,1	1,3	1,8	2,2	1,3
	Standardabweichung	8,2	8,0	9,8	14,5	5,9	10,4	2,8	14,7	2,3	8,5
	Beobachtungen	9	11	11	12	9	11	11	11	8	10
G2 (große SW)	**MEDIAN**	**6,1**	**8,2**	**3,6**	**4,1**	**4,3**	**5,0**	**3,4**	**3,3**	**2,8**	**4,5**
	normiert, 2004=100%	**100%**	**136%**	**59%**	**67%**	**71%**	**82%**	**56%**	**55%**	**45%**	**75%**
	MITTELWERT	**7,4**	**13,3**	**8,7**	**3,0**	**11,2**	**8,7**	**1,1**	**1,3**	**3,5**	**6,5**
	normiert, 2004=100%	**100%**	**179%**	**118%**	**40%**	**151%**	**116%**	**15%**	**18%**	**47%**	**87%**
	MAX	20,5	72,5	73,4	12,5	60,4	52,3	25,7	15,8	10,6	38,2
	MIN	-23,8	-17,4	-15,3	-25,2	-6,6	-5,8	-44,0	-52,0	-5,3	-21,7
	Oberes Quartil	15,6	19,1	12,5	7,6	12,5	9,9	6,3	5,2	4,3	10,3
	Unteres Quartil	3,1	4,3	2,4	2,3	2,2	2,7	2,2	2,2	2,4	2,7
	Standardabweichung	10,8	20,5	19,6	8,9	16,5	11,9	16,7	13,5	3,7	13,6
	Beobachtungen	14	12	16	15	18	18	18	18	13	16
G3 (mittlere SW)	**MEDIAN**	**5,2**	**4,7**	**4,1**	**4,7**	**3,3**	**3,9**	**3,5**	**3,8**	**3,4**	**4,1**
	normiert, 2004=100%	**100%**	**90%**	**79%**	**91%**	**64%**	**75%**	**68%**	**73%**	**65%**	**78%**
	MITTELWERT	**6,4**	**7,2**	**6,2**	**4,6**	**5,6**	**5,6**	**4,6**	**6,6**	**5,2**	**5,8**
	normiert, 2004=100%	**100%**	**113%**	**97%**	**73%**	**87%**	**88%**	**73%**	**104%**	**82%**	**91%**
	MAX	61,4	50,1	77,0	45,5	63,2	40,7	52,5	87,1	47,5	58,3
	MIN	-57,6	-68,3	-39,4	-92,6	-25,7	-25,4	-63,5	-35,8	-68,7	-53,0
	Oberes Quartil	8,2	10,7	8,6	9,2	7,2	6,9	6,7	7,2	7,3	8,0
	Unteres Quartil	2,4	2,2	2,2	2,4	2,1	2,2	2,1	2,1	1,9	2,2
	Standardabweichung	15,1	15,6	15,1	15,1	11,2	7,7	10,5	13,2	13,6	13,0
	Beobachtungen	76	90	98	93	94	98	103	105	50	90
G4 (kleine SW)	**MEDIAN**	**5,3**	**4,0**	**4,4**	**4,0**	**3,5**	**4,1**	**4,0**	**4,7**	**4,3**	**4,2**
	normiert, 2004=100%	**100%**	**75%**	**83%**	**75%**	**66%**	**77%**	**76%**	**88%**	**81%**	**80%**
	MITTELWERT	**8,0**	**4,1**	**5,3**	**5,4**	**4,1**	**4,2**	**5,1**	**5,3**	**5,4**	**5,2**
	normiert, 2004=100%	**100%**	**51%**	**67%**	**68%**	**52%**	**53%**	**65%**	**66%**	**68%**	**66%**
	MAX	77,1	80,0	95,8	88,1	85,8	83,0	99,4	57,4	55,2	80,2
	MIN	-64,4	-84,9	-58,0	-80,3	-88,5	-93,3	-96,7	-92,2	-36,3	-77,2
	Oberes Quartil	11,6	9,7	9,1	9,6	8,2	9,0	9,0	8,6	9,1	9,3
	Unteres Quartil	2,1	1,7	1,8	1,7	1,5	1,6	1,6	1,7	1,6	1,7
	Standardabweichung	18,8	17,6	18,6	18,3	17,6	18,7	18,8	14,4	13,1	17,3
	Beobachtungen	170	201	248	255	262	243	274	258	89	222

Quelle: Eigene Berechnungen

C11 Kennzahlenanalyse: Verbindlichkeitenquote

Kennzahl: Verbindlichkeitenquote [%]

Gruppe		2004	2005	2006	2007	2008	2009	2010	2011	2012	Mittelwert 2004–2012
Alle_509	**MEDIAN**	23,8%	22,3%	22,6%	21,5%	21,8%	22,3%	22,9%	21,7%	25,3%	22,7%
	normiert, 2004=100%	100,0%	93,7%	95,0%	90,4%	91,5%	93,4%	96,2%	91,2%	106,1%	95,3%
	MITTELWERT	25,0%	24,3%	24,5%	23,9%	23,9%	24,0%	24,3%	23,9%	24,9%	24,3%
	normiert, 2004=100%	100,0%	97,2%	98,0%	95,3%	95,6%	96,1%	97,0%	95,7%	99,6%	97,1%
	MAX	82,4%	85,1%	83,8%	83,4%	87,2%	88,6%	87,1%	89,3%	69,2%	84,0%
	MIN	0,0%	0,0%	0,0%	0,0%	0,1%	0,0%	0,0%	0,0%	0,0%	0,0%
	Oberes Quartil	34,0%	33,3%	35,2%	33,9%	34,7%	34,5%	33,7%	33,2%	34,3%	34,1%
	Unteres Quartil	13,9%	12,8%	12,3%	10,8%	10,8%	11,9%	12,3%	12,1%	13,8%	12,3%
	Standardabweichung	15,4%	15,2%	15,8%	15,8%	16,0%	15,8%	15,4%	14,9%	13,8%	15,4%
	Beobachtungen	286	338	399	402	404	409	421	413	172	360
G1 (sehr große SW)	**MEDIAN**	8,6%	6,6%	11,3%	11,1%	15,0%	18,6%	19,7%	20,7%	24,8%	15,2%
	normiert, 2004=100%	100,0%	76,5%	132,2%	129,1%	174,9%	216,6%	229,5%	241,8%	288,8%	176,6%
	MITTELWERT	13,4%	13,5%	14,1%	13,9%	15,5%	19,5%	21,3%	22,0%	23,3%	17,4%
	normiert, 2004=100%	100,0%	100,5%	104,7%	103,6%	115,3%	145,1%	158,7%	163,9%	173,1%	129,4%
	MAX	34,0%	38,0%	37,6%	36,7%	31,4%	34,5%	35,1%	33,0%	33,3%	34,8%
	MIN	0,9%	1,2%	1,4%	3,7%	4,5%	5,3%	7,3%	7,3%	7,1%	4,3%
	Oberes Quartil	24,0%	22,5%	17,8%	20,0%	18,1%	26,0%	27,3%	27,7%	29,3%	23,6%
	Unteres Quartil	3,1%	4,5%	5,7%	5,3%	10,1%	13,4%	13,9%	18,6%	20,4%	10,6%
	Standardabweichung	11,2%	11,4%	11,4%	10,5%	8,3%	8,8%	8,1%	7,3%	7,9%	9,4%
	Beobachtungen	12	12	12	13	13	13	13	13	10	12
G2 (große SW)	**MEDIAN**	21,7%	20,1%	18,2%	17,5%	20,7%	21,6%	22,0%	24,6%	26,8%	21,5%
	normiert, 2004=100%	100,0%	92,5%	84,1%	80,7%	95,4%	99,6%	101,2%	113,5%	123,7%	99,0%
	MITTELWERT	21,3%	18,8%	19,9%	21,5%	22,3%	22,1%	22,7%	24,6%	28,2%	22,4%
	normiert, 2004=100%	100,0%	88,4%	93,5%	100,7%	104,4%	103,9%	106,7%	115,5%	132,4%	105,0%
	MAX	54,0%	35,2%	38,9%	50,0%	48,4%	42,5%	44,2%	48,0%	49,1%	45,6%
	MIN	0,0%	0,2%	3,8%	3,7%	3,5%	2,8%	2,9%	2,5%	10,4%	3,3%
	Oberes Quartil	30,7%	30,2%	31,7%	34,3%	36,0%	31,0%	32,2%	33,8%	32,2%	32,5%
	Unteres Quartil	11,0%	9,4%	9,2%	9,4%	10,0%	13,3%	11,8%	11,8%	20,1%	11,8%
	Standardabweichung	13,3%	11,1%	11,5%	13,2%	14,0%	12,8%	12,5%	13,2%	11,1%	12,5%
	Beobachtungen	17	16	18	20	20	21	21	21	11	18
G3 (mittlere SW)	**MEDIAN**	25,1%	25,1%	22,7%	20,9%	20,5%	23,7%	22,7%	21,3%	23,5%	22,8%
	normiert, 2004=100%	100,0%	100,1%	90,5%	83,4%	81,9%	94,5%	90,5%	84,9%	93,7%	91,1%
	MITTELWERT	24,3%	24,0%	23,8%	23,2%	23,7%	23,8%	22,5%	22,6%	22,6%	23,4%
	normiert, 2004=100%	100,0%	98,5%	97,9%	95,4%	97,6%	97,7%	92,5%	92,7%	93,1%	96,2%
	MAX	58,8%	65,0%	63,2%	60,7%	59,3%	60,4%	59,0%	62,4%	52,2%	60,1%
	MIN	1,1%	0,1%	0,0%	0,6%	2,0%	0,0%	0,0%	0,0%	0,0%	0,4%
	Oberes Quartil	32,2%	32,5%	34,2%	33,7%	33,6%	32,8%	31,4%	30,6%	32,4%	32,6%
	Unteres Quartil	13,7%	12,3%	12,1%	10,3%	11,2%	10,8%	10,0%	11,8%	12,0%	11,6%
	Standardabweichung	12,7%	14,0%	14,8%	15,1%	14,7%	15,0%	13,8%	13,7%	12,8%	14,1%
	Beobachtungen	79	93	100	95	92	97	100	104	52	90
G4 (kleine SW)	MEDIAN	24,0%	22,7%	24,0%	22,2%	22,2%	22,3%	23,3%	22,1%	26,6%	23,3%
	normiert, 2004=100%	100,0%	94,5%	99,7%	92,4%	92,3%	92,7%	96,7%	91,8%	110,8%	96,8%
	MITTELWERT	26,5%	25,5%	25,6%	24,7%	24,5%	24,5%	25,1%	24,5%	25,9%	25,2%
	normiert, 2004=100%	100,0%	96,2%	96,6%	93,4%	92,5%	92,5%	95,0%	92,6%	97,9%	95,2%
	MAX	82,4%	85,1%	83,8%	83,4%	87,2%	88,6%	87,1%	89,3%	69,2%	84,0%
	MIN	0,0%	0,0%	0,0%	0,0%	0,1%	0,0%	0,0%	0,2%	1,0%	0,2%
	Oberes Quartil	36,5%	35,9%	36,4%	34,3%	35,4%	35,9%	35,2%	34,2%	36,2%	35,6%
	Unteres Quartil	15,1%	14,1%	13,2%	12,0%	11,3%	12,0%	12,3%	12,3%	13,9%	12,9%
	Standardabweichung	16,5%	15,9%	16,3%	16,2%	16,7%	16,5%	16,3%	15,7%	14,8%	16,1%
	Beobachtungen	178	217	269	274	279	278	287	275	99	240

Quelle: Eigene Berechnungen

C12 Kennzahlenanalyse: Dynamischer Verschuldungsgrad

Kennzahl: Dynamischer Verschuldungsgrad [Jahre]		2004	2005	2006	2007	2008	2009	2010	2011	2012	Mittelwert 2004–2012
Alle_509	**MEDIAN**	**1,2**	**1,1**	**1,2**	**1,1**	**1,4**	**1,1**	**1,2**	**1,2**	**1,4**	**1,2**
	normiert, 2004=100%	**100%**	**99%**	**108%**	**95%**	**125%**	**96%**	**104%**	**105%**	**121%**	**106%**
	MITTELWERT	**1,6**	**1,6**	**1,8**	**1,8**	**2,5**	**1,9**	**1,6**	**1,5**	**2,0**	**1,8**
	normiert, 2004=100%	**100%**	**101%**	**113%**	**118%**	**158%**	**122%**	**105%**	**95%**	**129%**	**116%**
	MAX	44,3	15,6	80,5	84,5	205,1	52,1	201,9	87,9	35,0	89,7
	MIN	-7,3	-10,6	-71,6	-18,4	-15,2	-22,5	-164,6	-101,5	-17,5	-47,7
	Oberes Quartil	2,3	2,5	2,7	2,6	3,1	2,9	2,7	2,8	3,0	2,7
	Unteres Quartil	0,1	0,2	0,1	0,0	0,1	-0,1	0,2	0,1	0,4	0,1
	Standardabweichung	3,3	2,4	6,5	6,2	11,8	5,0	13,6	7,8	4,4	6,8
	Beobachtungen	281	320	369	374	372	374	397	391	163	338
G1 (sehr große SW)	**MEDIAN**	**0,1**	**0,4**	**0,2**	**0,6**	**1,2**	**1,0**	**1,6**	**1,5**	**2,6**	**1,0**
	normiert, 2004=100%	**100%**	**332%**	**119%**	**470%**	**966%**	**819%**	**1257%**	**1175%**	**2021%**	**807%**
	MITTELWERT	**0,7**	**0,5**	**0,5**	**0,8**	**1,2**	**1,4**	**1,6**	**1,9**	**2,7**	**1,3**
	normiert, 2004=100%	**100%**	**72%**	**81%**	**124%**	**173%**	**216%**	**238%**	**288%**	**400%**	**188%**
	MAX	3,7	3,4	2,9	3,2	3,5	6,6	4,0	5,3	7,4	4,5
	MIN	-1,9	-3,6	-2,7	-1,6	-1,0	-1,2	0,4	0,0	-0,1	-1,3
	Oberes Quartil	1,6	1,6	1,5	1,7	1,9	2,2	2,3	2,5	2,8	2,0
	Unteres Quartil	-0,1	-0,4	-0,1	0,2	0,2	0,3	0,6	0,6	1,1	0,3
	Standardabweichung	1,5	1,7	1,5	1,2	1,3	1,9	1,0	1,7	2,3	1,6
	Beobachtungen	11	11	11	12	12	12	12	12	9	11
G2 (große SW)	**MEDIAN**	**0,6**	**0,5**	**0,9**	**1,0**	**1,4**	**1,0**	**1,5**	**1,7**	**1,8**	**1,2**
	normiert, 2004=100%	**100%**	**95%**	**164%**	**175%**	**252%**	**175%**	**260%**	**297%**	**327%**	**205%**
	MITTELWERT	**1,5**	**1,3**	**1,5**	**1,7**	**1,9**	**1,6**	**1,7**	**1,9**	**2,4**	**1,7**
	normiert, 2004=100%	**100%**	**91%**	**101%**	**114%**	**130%**	**110%**	**114%**	**130%**	**166%**	**117%**
	MAX	5,3	4,5	4,7	5,3	6,0	5,2	5,3	4,8	10,8	5,8
	MIN	-1,0	-1,1	-0,8	-1,5	-1,4	-1,5	-0,8	-0,7	0,1	-1,0
	Oberes Quartil	2,0	2,6	3,0	3,4	3,2	2,8	2,4	3,1	2,7	2,8
	Unteres Quartil	0,4	0,3	0,2	0,2	0,2	0,2	0,7	0,3	0,6	0,3
	Standardabweichung	1,9	1,7	1,7	2,1	2,2	1,8	1,6	1,7	2,7	1,9
	Beobachtungen	17	16	18	20	20	21	21	21	14	19
G3 (mittlere SW)	**MEDIAN**	**1,4**	**1,3**	**1,3**	**1,1**	**1,6**	**1,2**	**1,2**	**1,2**	*1,6*	**1,3**
	normiert, 2004=100%	**100%**	**97%**	**96%**	**82%**	**118%**	**84%**	**85%**	**86%**	*114%*	**96%**
	MITTELWERT	**1,4**	**1,6**	**1,6**	**1,4**	**1,8**	**1,5**	**1,3**	**1,4**	*2,1*	**1,6**
	normiert, 2004=100%	**100%**	**112%**	**117%**	**102%**	**131%**	**107%**	**95%**	**97%**	*147%*	**112%**
	MAX	6,2	13,7	10,0	7,9	11,3	7,2	7,3	7,9	24,8	10,7
	MIN	-7,3	-10,6	-5,2	-5,8	-2,3	-2,5	-2,9	-2,7	-1,4	-4,5
	Oberes Quartil	2,3	2,5	2,6	2,7	2,9	2,6	2,3	2,5	3,0	2,6
	Unteres Quartil	0,2	0,2	0,1	0,0	0,2	0,0	0,2	0,1	0,4	0,2
	Standardabweichung	1,8	2,4	2,3	2,2	2,2	2,1	1,8	1,9	3,7	2,3
	Beobachtungen	78	92	98	95	91	97	100	104	51	90
G4 (kleine SW)	**MEDIAN**	**1,1**	**1,1**	**1,3**	**1,1**	**1,4**	**1,1**	**1,2**	**1,2**	**1,3**	**1,2**
	normiert, 2004=100%	**100%**	**102%**	**119%**	**98%**	**129%**	**96%**	**107%**	**110%**	**117%**	**109%**
	MITTELWERT	**1,7**	**1,7**	**1,9**	**2,1**	**2,7**	**2,1**	**1,7**	**1,5**	**1,8**	**1,9**
	normiert, 2004=100%	**100%**	**98%**	**111%**	**122%**	**163%**	**125%**	**103%**	**87%**	**109%**	**113%**
	MAX	44,3	15,6	80,5	84,5	205,1	52,1	201,9	87,9	35,0	89,7
	MIN	-5,6	-2,1	-71,6	-18,4	-15,2	-22,5	-164,6	-101,5	-17,5	-46,6
	Oberes Quartil	2,4	2,6	2,7	2,6	3,1	3,1	2,9	2,8	3,0	2,8
	Unteres Quartil	0,1	0,3	0,0	0,0	0,0	-0,2	0,0	0,0	0,1	0,0
	Standardabweichung	3,9	2,4	7,8	7,4	14,3	6,0	16,6	9,6	5,1	8,1
	Beobachtungen	175	201	242	247	249	244	264	254	89	218

Quelle: Eigene Berechnungen

C12a Dynamischer Verschuldungsgrad je EVU, Gruppe G1, 2010–2012

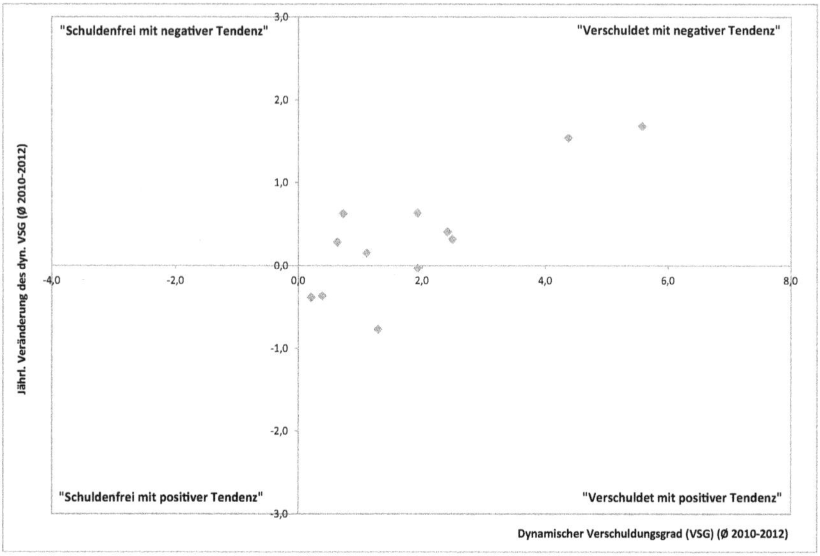

C12b Dynamischer Verschuldungsgrad je EVU, Gruppe G2, 2010–2012

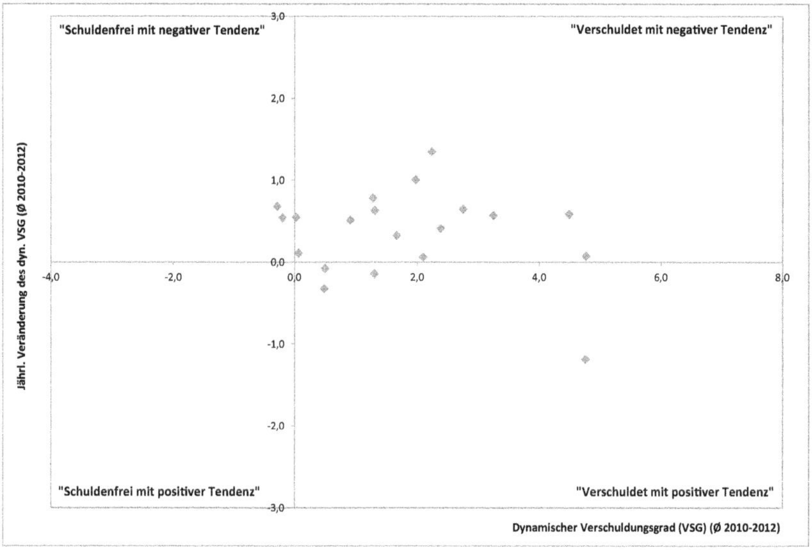

C12c Dynamischer Verschuldungsgrad je EVU, Gruppe G3, 2010–2012

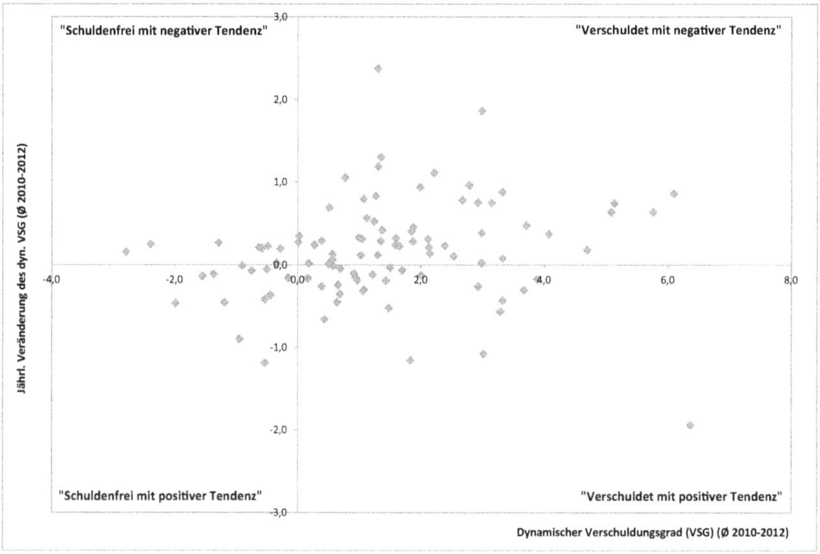

C12d Dynamischer Verschuldungsgrad je EVU, Gruppe G4, 2010–2012

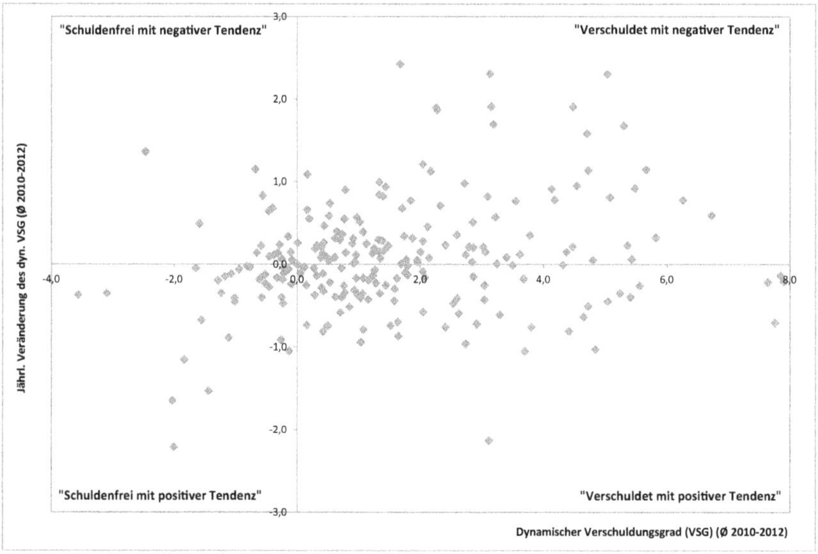

D1 Verwendete Regressionsmodelle „Alle_509“

Variable	Modell Alle_509_V.1			Modell Alle_509_V.2			Modell Alle_509_V.3			Modell Alle_509_V.4			Modell Alle_509_V.5		
	Koeff.	VIF	p-Wert	Koeff.	VIF	p-Wert	Koeff.	VIF	p-Wert	Koeff.	VIF	p-Wert	Koeff.	VIF	p-Wert
const.	0,1939			0,2401		**	0,2093		***	0,3194		***	0,1861		***
LN(Bilanzsumme)	-0,0111	1,8	***	-0,0098	2,1	***	-0,0027	1,0		-0,0073	2,1	*			
Anteil priv. Gesellschafter	0,1007	1,2	***	0,0927	1,2	***	0,0984	1,0	***	0,0746	1,2	***	0,0995	1,0	***
Anzahl d. Gesellschafter	0,0006	1,1		0,0007	1,1					0,0010	1,1	*			
Arbeitslosenquote	0,9552	3,3	***	0,8721	3,4	***	0,5364	1,8	***				0,5062	1,8	***
Industriebesatz	0,0461	1,3		0,0462	1,3					-0,0723	1,0				
Bevölkerungsentwicklung	5,2770	3,0	***	5,3209	3,1	***	2,7860	1,8	**				2,7244	1,8	**
EK Quote				0,0353	1,3					0,0283	1,2				
Debitorentage				-0,0002	1,0						1,0				
Kreditorentage				-0,0002	1,2	***	-0,0002	1,1	***	-0,0002	1,2	***	-0,0002	1,1	***
Materialaufwandsquote				-0,1581	1,2	***	-0,1409	1,0	**	-0,2102	1,2	***	-0,1452	1,0	***
Personalaufwandsquote	-0,4231	1,2	***	-0,4885	1,6	***	-0,3523	1,1	***	-0,5486	1,5	***	-0,3558	1,0	***
Konv. Erzeugung	-0,0041	1,4		-0,0071	1,4					-0,0048	1,4				
EW Strom 1RP	-0,1007	1,2		-0,1306	1,3					-0,1789	1,3				
EW Gas 1RP	-0,1274	1,0	*	-0,0853	1,0					-0,0898	1,0				
R-Quadrat	0,3059			0,3311			0,3066			0,273			0,305		
Korr. R-Quadrat	0,2788			0,2934			0,2955			0,2401			0,2954		
F-Wert	14,78			17,68			16,42			14,28			19,21		
P-Wert(F)	1,05E-20			4,60E-30			3,15E-19			7,40E-23			6,63E-20		
Beobachtungen	267			264			443			278			443		

Variable	Modell Alle_509_V.6			Modell Alle_509_V.7			Modell Alle_509_V.8			Modell Alle_509_V.9			Modell Alle_509_V.10		
	Koeff.	VIF	p-Wert	Koeff.	VIF	p-Wert	Koeff.	VIF	p-Wert	Koeff.	VIF	p-Wert	Koeff.	VIF	p-Wert
const.	0,2143		***	0,1501			0,2024		***	0,2574		**	0,1804		
LN(Bilanzsumme)	-0,0031	1,3		-0,0033	1,4					-0,0157	1,8	***			
Anteil priv. Gesellschafter	0,0984	1,0	***	0,1030	1,1	***							0,1021	1,2	***
Anzahl d. Gesellschafter										0,0028	1,0	**	0,0004	1,1	
Arbeitslosenquote	0,5309	1,9	***	0,5361	2,2	***	0,7573	2,3	***				0,8516	3,2	***
Industriebesatz													0,0468	1,3	
Bevölkerungsentwicklung	2,7640	1,8	**	3,0368	2,1	***	3,7587	2,2	***				4,6862	2,9	***
EK Quote										0,0283	1,1				
Debitorentage										-0,0001	1,0				
Kreditorentage	-0,0001	1,1	***	-0,0002	1,1	***				-0,0003	1,0	***			
Materialaufwandsquote	-0,1414	1,0	**	-0,1785	1,2	***	-0,0461	1,1							
Personalaufwandsquote	-0,3528	1,1	***	-0,5376	1,3	***	-0,5693	1,1	***				-0,4653	1,2	***
Konv. Erzeugung	-0,0038	1,3								-0,0065	1,4		-0,0107	1,1	
EW Strom 1RP				-0,1364	1,3					-0,0555	1,1		-0,0208	1,1	
EW Gas 1RP							-0,0765	1,0		-0,0382	1,0		-0,1092	1,0	
R-Quadrat	0,3068			0,2835			0,2194			0,1161			0,2871		
Korr. R-Quadrat	0,294			0,2646			0,2072			0,091			0,2621		
F-Wert	14,39			17,67			14,705			13,39			15,48		
P-Wert(F)	1,13E-18			1,30E-21			5,45E-13			1,95E-16			3,96E-20		
Beobachtungen	443			312			327			293			267		

D2 Verwendete Regressionsmodelle „TOP_50_V.1"

Variable	Modell TOP_50_V.1.1			Modell TOP_50_V.1.2			Modell TOP_50_V.1.3			Modell TOP_50_V.1.4			Modell TOP_50_V.1.5		
	Koeff.	VIF	p-Wert	Koeff.	VIF	p-Wert	Koeff.	VIF	p-Wert	Koeff.	VIF	p-Wert	Koeff.	VIF	p-Wert
const.	0,3881		* * *	-0,0406			0,4260		* * *	0,2288			0,0852		
LN(Bilanzsumme)	0,0004	1,1		-0,0023	1,1		-0,0228	1,7	* * *	-0,0180	3,8		-0,0070	1,2	
Wachstum				0,8369	1,3	* * *									
Anteil priv. Gesellschafter	0,0059	1,4					0,0955	2,4	* * *				0,0248	1,5	
Arbeitslosenquote	0,1268	2,9								-0,0584	1,6		-0,0120	2,9	
Bevölkerungsentwicklung	0,0261	2,4											0,0142	2,3	
Materialaufwandsquote	-0,2815	4,3	* *	-0,0382	1,6										
Personalaufwandsquote	-0,8810	5,4	* * *												
Wertschöpfung je MA				0,0004	2,2		0,0003	2,6	*	0,0004	2,9		0,0007	1,7	* * *
Umsatz je MA										0,0000	2,7				
Personalkosten je MA				0,0002	2,0										
Fremd- zu Eigenleistg.							0,0571	3,5	* * *						
Aufwand f. bezog. Lstg. zu Umsatz							-0,3779	4,7	* * *						
Umsatzanteil Strom										0,0497	1,2	*			
Umsatzanteil Gas															
Umsatzanteil Stromgroßhandel							0,0507	1,8	* *						
Umsatzanteil Gasgroßhandel										0,1118	3,3				
Umsatzanteil Wasser							-0,1061	2,1	* *						
Umsatzanteil Fernwärme				-0,0096	1,5		-0,2624	1,2	* * *						
R-Quadrat	0,5167			0,4881			0,9174			0,4606			0,3931		
Korr. R-Quadrat	0,4442			0,4113			0,8574			0,2703			0,3191		
F-Wert	7,925			8,5931			62,16			5,252			6,02		
P-Wert(F)	1,20E-05			5,06E-06			4,56E-08			3,10E-03			2,89E-04		
Beobachtungen	47			47			20			24			47		

Variable	Modell TOP_50_V.1.6			Modell TOP_50_V.1.7			Modell TOP_50_V.1.8			Modell TOP_50_V.1.9			Modell TOP_50_V.1.10		
	Koeff.	VIF	p-Wert	Koeff.	VIF	p-Wert	Koeff.	VIF	p-Wert	Koeff.	VIF	p-Wert	Koeff.	VIF	p-Wert
const.	0,3200		* * *	0,1052			-0,0524			0,2915		*	-0,0669		
LN(Bilanzsumme)	-0,0244	1,4	* * *	-0,0062	1,2		-0,0035	1,2		-0,0113	2,9		0,0007	1,1	
Wachstum							1,1595	1,2	* * *				1,3310	1,5	* * *
Anteil priv. Gesellschafter															
Arbeitslosenquote															
Bevölkerungsentwicklung	0,0171	1,2	*												
Materialaufwandsquote													-0,0065	2,1	
Personalaufwandsquote										-0,4879	2,2	* *			
Wertschöpfung je MA				0,0003	2,7										
Umsatz je MA	0,0000	1,4	*												
Personalkosten je MA				0,0003	1,6		0,0007	1,3							
Fremd- zu Eigenleistg.				0,0344	3,7	* *									
Aufwand f. bezog. Lstg. zu Umsatz				-0,2966	3,0	* *	-0,2232	1,6							
Umsatzanteil Strom										0,0056	1,3		0,0093	3,6	
Umsatzanteil Gas	0,1286	1,1	* *				0,2211	1,3	* *				0,2211	1,8	* * *
Umsatzanteil Stromgroßhandel	0,1113	1,8	* * *												
Umsatzanteil Gasgroßhandel										-0,0433	3,1				
Umsatzanteil Wasser							-0,3705	1,7	* * *				-0,3016	2,8	* * *
Umsatzanteil Fernwärme															
R-Quadrat	0,6377			0,3508			0,6242			0,5583			0,5824		
Korr. R-Quadrat	0,5083			0,2735			0,534			0,4653			0,478		
F-Wert	9,147			4,847			7,049			8,268			6,1962		
P-Wert(F)	4,90E-04			1,37E-03			1,78E-04			4,80E-04			4,90E-04		
Beobachtungen	20			48			32			24			31		

D3 Verwendete Regressionsmodelle „TOP_50_V.2“

Variable	Modell TOP_50_V.2.1			Modell TOP_50_V.2.2			Modell TOP_50_V.2.3			Modell TOP_50_V.2.4			Modell TOP_50_V.2.5		
	Koeff.	VIF	p-Wert	Koeff.	VIF	p-Wert	Koeff.	VIF	p-Wert	Koeff.	VIF	p-Wert	Koeff.	VIF	p-Wert
const.	0,0288			0,2140		* *	0,1907			0,6060		* * *	0,2875		* *
LN(Bilanzsumme)	0,0026	2,0		-0,0084	1,7		0,0064	2,2		-0,0411	2,9	* * *	-0,0161	4,6	
Umsatzanteil Telekommunikation	1,8164	2,5	*	2,8122	1,3	* *	3,5842	2,6	*	0,0342	1,2		1,5022	1,6	*
Umsatzanteil ÖPNV	-0,4806	2,1	* * *	-0,2750	1,3	* *	-0,2999	3,2		-0,3868	1,3	* * *	-0,3311	3,0	* * *
Umsatzanteil Abfallentsorgung															
Anzahl der Geschäftsfelder															
Regener. Erzeugung							-0,0834	5,6	*	0,0155	1,2				
Anteil Eigenerzeugung am Stromabsatz													-0,0047	2,0	
Anteil regenerativer Eigenerzeugung am Stromabsatz															
Anteil Stromabsatz an Privat und Gewerbe							-0,1071	2,2							
Anteil Gasabsatz an Privat und Gewerbe							-0,2635	2,6	* *						
Wachstum im Stromvertrieb seit 2004										0,0567	2,1	* *			
Wachstum im Gasvertrieb seit 2004										0,0381	1,9				
Überregionaler Stromvertrieb	0,0443	1,6								0,0703	2,2	* * *	0,1026	2,5	* * *
Überregionaler Gasvertrieb	-0,0856	2,5	* *										-0,0856	3,9	* * *
NAP Strom je km Leitungslänge	0,0002	2,2											-0,0006	2,9	
NAP Gas je km Leitungslänge	0,0007	1,7											0,0000	5,2	
Anzahl Stromzähler je Leitungslänge				-0,0016	1,8	* *									
Anzahl Gaszähler je Leitungslänge				0,0009	2,2										
R-Quadrat	0,5314			0,7256			0,681			0,5836			0,8726		
Korr. R-Quadrat	0,2581			0,4512			0,2025			0,29221			0,7029		
F-Wert	10,085			9,043			24,355			13,135			24,73		
P-Wert(F)	3,36E-04			1,52E-02			4,10E-03			2,58E-04			4,77E-04		
Beobachtungen	20			11			11			18			15		

Variable	Modell TOP_50_V.2.6			Modell TOP_50_V.2.7			Modell TOP_50_V.2.8			Modell TOP_50_V.2.9			Modell TOP_50_V.2.10		
	Koeff.	VIF	p-Wert	Koeff.	VIF	p-Wert	Koeff.	VIF	p-Wert	Koeff.	VIF	p-Wert	Koeff.	VIF	p-Wert
const.	0,3018			0,3132		* *	0,9170		* * *	0,2352		* *	0,2818		
LN(Bilanzsumme)	-0,0081	1,7		-0,0164	9,4		-0,0644	3,2	* * *	-0,0137	2,9	*	-0,0159	5,5	
Umsatzanteil Telekommunikation				2,2056	3,5	* *	1,2345	1,6		0,0280	1,9				
Umsatzanteil ÖPNV				-0,4569	3,3	* * *	-0,3812	1,7	* * *	-0,4884	2,1	* * *	-0,3430	1,9	*
Umsatzanteil Abfallentsorgung				0,1324	3,9								0,1973	2,9	
Anzahl der Geschäftsfelder													-0,0008	3,9	
Regener. Erzeugung															
Anteil Eigenerzeugung am Stromabsatz	-0,0005	1,9													
Anteil regenerativer Eigenerzeugung am Stromabsatz	-0,3635	1,7		-0,3394	3,3	*							-1,0278	1,7	* * *
Anteil Stromabsatz an Privat und Gewerbe	-0,1358	2,1	*												
Anteil Gasabsatz an Privat und Gewerbe	-0,0932	1,7													
Wachstum im Stromvertrieb seit 2004							0,0656	2,5	* *						
Wachstum im Gasvertrieb seit 2004							0,0519	2,0	* *				0,0547	1,1	*
Überregionaler Stromvertrieb				0,1220	3,4	* * *	0,0851	3,0	* * *	0,1219	5,5	* * *			
Überregionaler Gasvertrieb				-0,1109	6,8	* * *				-0,1221	4,7	* * *			
NAP Strom je km Leitungslänge				-0,0015	4,6	* *	-0,0010	2,2	*						
NAP Gas je km Leitungslänge				0,0000	4,9										
Anzahl Stromzähler je Leitungslänge										0,0006	1,8				
Anzahl Gaszähler je Leitungslänge													-0,0001	2,2	
R-Quadrat		0,5487			0,8857			0,8541			0,9458			0,7394	
Korr. R-Quadrat		0,2263			0,7142			0,5988			0,8809			0,4354	
F-Wert		16,57			54,9			27,95			18784			6,3377	
P-Wert(F)		9,31E-04			4,50E-05			3,06E-03			1,03E-10			1,93E-02	
Beobachtungen		13			16			12			12			14	

D4 Verwendete Regressionsmodelle „TOP_50_V.3"

Variable	Modell TOP_50_V.3.1			Modell TOP_50_V.3.2			Modell TOP_50_V.3.3			Modell TOP_50_V.3.4			Modell TOP_50_V.3.5		
	Koeff.	VIF	p-Wert	Koeff.	VIF	p-Wert	Koeff.	VIF	p-Wert	Koeff.	VIF	p-Wert	Koeff.	VIF	p-Wert
const.	0,1491			0,2431			0,0668			0,1734			0,2564		*
LN(Bilanzsumme)	-0,0079	4,6		-0,0158	6,9		-0,0033	10,0		-0,0069	7,1		-0,0157	3,9	*
Wachstum	0,3202	3,1		0,3437	2,4		0,5136	2,4	* *				0,2817	2,2	
Personalaufwandsquote	-0,1179	7,6													
Aufwand f. bezog. Lstg. zu Umsatz	0,2779	1,5	*	0,2318	1,8	*	0,2604	1,7	*						
Umsatzanteil Gas	0,1733	1,4	* *	0,1306	2,2	* *	0,1903	2,1	* * *	0,1460	2,2	* *	0,1007	1,2	* *
Umsatzanteil Stromgroßhandel	0,0425	1,9	*	0,0576	2,0	* *	0,0367	2,2		0,0449	2,0	*	0,0653	2,1	* * *
Umsatzanteil Wasser	-0,2147	3,3		-0,2171	2,7		-0,3101	3,0	*	-0,2398	2,4				
Umsatzanteil Fernwärme	-0,2780	2,0	* *	-0,3081	1,8	* *	-0,2728	2,2	* *	-0,2292	1,7	* *	-0,2985	1,2	* *
Umsatzanteil ÖPNV	-0,1732	3,7		-0,1936	2,5	* *	-0,2470	2,6	* *	-0,2809	2,4	* * *	-0,2654	2,0	* * *
Anteil regenerativer Eigenerzeugung am Stromabsatz	-1,0011	3,4	* *	-0,7768	3,9	*	-1,0590	3,7	* *	-0,7476	3,8	*	-0,2759	2,9	* *
Überregionaler Stromvertrieb				0,0187	2,3					0,0614	2,7	* * *	0,0629	3,4	* * *
Überregionaler Gasvertrieb							-0,0142	4,4		-0,0827	5,3	* * *	-0,0667	6,2	* * *
R-Quadrat	0,8929			0,9001			0,8921			0,9242			0,9056		
Korr. R-Quadrat	0,6789			0,7005			0,6763			0,8106			0,7994		
F-Wert	81,82			52,63			190,79			394,81			542,71		
P-Wert(F)	6,60E-05			1,90E-04			8,13E-06			1,20E-07			3,58E-10		
Beobachtungen	16			16			16			16			18		

Variable	Modell TOP_50_V.3.6			Modell TOP_50_V.3.7			Modell TOP_50_V.3.8			Modell TOP_50_V.3.9			Modell TOP_50_V.3.10		
	Koeff.	VIF	p-Wert	Koeff.	VIF	p-Wert	Koeff.	VIF	p-Wert	Koeff.	VIF	p-Wert	Koeff.	VIF	p-Wert
const.	0,0008			0,0407			0,1180			0,0503			0,0949		* * *
LN(Bilanzsumme)	0,0105	2,0		0,0061	2,1		-0,0013	3,5							
Wachstum										0,4278	1,9	*			
Personalaufwandsquote	-0,6800	1,9	* * *	-0,5978	2,2	* * *	-0,2979	4,7	*				-0,1265	6,4	
Aufwand f. bezog. Lstg. zu Umsatz	0,1174	1,3		0,2733	2,0	*	0,2640	1,9		0,0275	3,1				
Umsatzanteil Gas	0,1328	1,1	* * *	0,1573	1,4	* * *	0,1154	1,1	* *	0,1528	1,7	* *	0,1703	1,6	* * *
Umsatzanteil Stromgroßhandel										0,0321	1,3	*	0,0317	1,3	*
Umsatzanteil Wasser				-0,1649	2,1	* *	-0,0568	2,5		-0,3268	2,1	* *	-0,2307	2,4	
Umsatzanteil Fernwärme	-0,0314	1,3		-0,0629	1,3		-0,2232	2,0	*	-0,1913	2,0	* *	-0,1840	2,0	* *
Umsatzanteil ÖPNV							-0,3171	2,7	* *	-0,2527	2,4	* * *	-0,2351	4,2	*
Anteil regenerativer Eigenerzeugung am Stromabsatz							-0,0921	1,1	* * *	-0,8158	2,3	* * *	-0,8844	2,0	* * *
Überregionaler Stromvertrieb	0,0386	2,8		0,0300	2,8		0,0711	3,7	* *	0,0571	5,1	* * *	0,0547	3,4	* * *
Überregionaler Gasvertrieb	-0,0660	3,5	*	-0,0498	3,4		-0,0747	5,3	*	-0,0848	6,8	* * *	-0,0905	3,7	* * *
R-Quadrat	0,6936			0,7169			0,7764			0,9341			0,9254		
Korr. R-Quadrat	0,6111			0,6184			0,6274			0,8024			0,8137		
F-Wert	16,52			18,021			8,1688			470,78			291,34		
P-Wert(F)	4,20E-08			3,37E-08			1,92E-04			8,58E-07			3,17E-07		
Beobachtungen	34			32			26			16			16		

D5 Übersicht: Hypothesen und Regressionsergebnisse

7 Wirkungsbereiche	15 Erfolgsfaktoren	36 Hypothesen	
1 Eigentümerstruktur	Privatwirtschaftl. Anteilsbesitz	1.1	Je höher der Anteil privater Gesellschafter, desto höher ROCE
	Anzahl d. Gesellschafter	1.2	Je höher die Anzahl der Gesellschafter, desto höher ROCE
2 Strategische Ausrichtung	Fokussierung auf das Kerngeschäft	2.1	Je größer der Umsatzanteil in der Sparte Strom, desto höher ROCE
		2.2	Je größer der Umsatzanteil in der Sparte Gas, desto höher ROCE
		2.3	Je kleiner der Umsatzanteil in der Sparte Wasser, desto höher ROCE
		2.4	Je größer der Umsatzanteil in der Sparte Fernwärme, desto höher ROCE
		2.5	Je größer der Umsatzanteil in der Sparte Telekommunikation, desto höher ROCE
		2.6	Je kleiner der Umsatzanteil in der Sparte ÖPNV, desto höher ROCE
		2.7	Je größer der Umsatzanteil in der Sparte Abfallentsorgung, desto höher ROCE
		2.8	Je geringer die Anzahl der Geschäftsbereiche, desto höher ROCE
3 Interne Ressourcen	Wertschöpfung d. MA	3.1	Je höher die Wertschöpfung (Umsatz-Mat+Fremdleistung) / Mitarbeiter, desto höher ROCE
	Personalkosten	3.2	Je höher der Personalaufwand pro Mitarbeiter, desto höher ROCE
		3.3	Je kleiner die Personalaufwandsquote, desto höher ROCE
		3.4	Je höher der Umsatz je Mitarbeiter, desto höher ROCE
	Fremd- zu Eigenleistung	3.5	Je größer das Verhältnis Fremd- zu Eigenleistung, desto höher ROCE
		3.6	Je geringer die Quote Aufwand f. bezog. Lstg. zu Umsatz, desto höher ROCE

7 Wirkungsbereiche	15 Erfolgsfaktoren	36 Hypothesen	
4 Strategien im Geschäftsfeld Erzeugung	Anteil konventioneller Strom-Eigenerzeugung	4.1	EVU mit konvent. EE haben schlechtere ROCE-Entwicklung als EVU ohne konvent. EE
		4.2	Je geringer der Anteil konvent. Strom-Eigenerzeugung am Stromabsatz, desto höher ROCE
	Anteil regenerativer Strom-Eigenerzeugung	4.3	EVU mit regenerativer EE haben bessere ROCE-Entwicklung als EVU ohne
		4.4	Je größer der Anteil regenerativer Strom-Eigenerzeugung am Stromabsatz, desto höher ROCE
5 Strategien in den Geschäftsfeldern Vertrieb und Handel	Ausweitung des Vertriebsgebietes	5.1	EVU mit überregionalem Stromvertrieb haben höheren ROCE als EVU ohne
		5.2	EVU mit überregionalem Gasvertrieb haben höheren ROCE als EVU ohne
		5.3	Je größer das Wachstum im Strom-Absatz, desto höher ROCE
		5.4	Je größer das Wachstum im Gas-Absatz, desto höher ROCE
	Auswahl der Zielkunden	5.5	Je höher der Strom-Absatzanteil an Privat- und Gewerbekunden, desto höher ROCE
		5.6	Je höher der Gas-Absatzanteil an Privat- und Gewerbekunden, desto höher ROCE
	Höhe des Handelsvolumens	5.7	Je höher das Strom-Handelsvolumen (Börsengroßhandel), desto höher ROCE
		5.8	Je höher das Gas-Handelsvolumen (Börsengroßhandel), desto höher ROCE
6 Strategien im Geschäftsfeld Netze	Strategisches Regulierungsmanagement	6.1	Strom-Netzbetreiber mit hohem Eff.-Wert haben niedrigeren ROCE in 2009-2012
		6.2	Gas-Netzbetreiber mit hohem Eff.-Wert haben niedrigeren ROCE in 2009-2013
	Netz-Anschlußdichte	6.3	Je höher Anzahl d. Netzanschlusspkt. pro Kilometer Strom-Leitungslänge, desto höher ROCE
		6.4	Je höher Anzahl der Netz-Kunden pro Kilometer Strom-Leitungslänge, desto höher ROCE
		6.5	Je höher Anzahl d. Netzanschlusspkt. pro Kilometer Gas-Leitungslänge, desto höher ROCE
		6.6	Je höher Anzahl der Netz-Kunden pro Kilometer Gas-Leitungslänge, desto höher ROCE
7 Strukturindikatoren	Industriebesatz	7.1	Je höher der Industriebsatz, desto höher ROCE
	Bevölkrungsentwicklung	7.2	Je größer das Wachstum der Bevölkerung, desto höher ROCE

Quelle: Eigene Berechnungen

7 Wirkungsbereiche		15 Erfolgsfaktoren	Hyp.	36 unabhängige Variable	Einheit
1	Eigentümer-struktur	Privatwirtschaftl. Anteilsbesitz	1.1	Anteil priv. Gesellschafter	[%]
		Anzahl d. Gesellschafter	1.2	Anzahl d. Gesellschafter	[n]
2	Strategische Ausrichtung	Fokussierung auf das Kerngeschäft	2.1	Umsatzanteil Strom	[%]
			2.2	Umsatzanteil Gas	[%]
			2.3	Umsatzanteil Wasser	[%]
			2.4	Umsatzanteil Fernwärme	[%]
			2.5	Umsatzanteil Telekommunikation	[%]
			2.6	Umsatzanteil ÖPNV	[%]
			2.7	Umsatzanteil Abfallentsorgung	[%]
			2.8	Anzahl der Geschäftsfelder	[n]
3	Interne Ressourcen	Wertschöpfung d. MA	3.1	Wertschöpfung je MA	[T€]
		Personalkosten	3.2	Personalkosten je MA	[T€]
			3.3	Personalaufwandsquote	[%]
			3.4	Umsatz je MA	[T€]
		Fremd- zu Eigenleistung	3.5	Fremd- zu Eigenleistg.	[%]
			3.6	Aufwand f. bezog. Lstg. zu Umsatz	[%]
4	Strategien im Geschäftsfeld Erzeugung	Anteil konventioneller Strom-Eigenerzeugung	4.1	Konv. Erzeugung (j/n)	[1/0]
			4.2	Anteil Eigenerzeugung am Stromabsatz	[%]
		Anteil regenerativer Strom-Eigenerzeugung	4.3	Regener. Erzeugung (j/n)	[1/0]
			4.4	Anteil regener. Eigenerzeugung am Stromabsatz	[%]
5	Strategien in den Geschäftsfeldern Vertrieb und Handel	Ausweitung des Vertriebsgebietes	5.1	Überregionaler Stromvertrieb	[1/0]
			5.2	Überregionaler Gasvertrieb	[1/0]
			5.3	Wachstum im Stromvertrieb seit 2004	[%]
			5.4	Wachstum im Gasvertrieb seit 2004	[%]
		Auswahl der Zielkunden	5.5	Anteil Stromabsatz an Privat und Gewerbe	[%]
			5.6	Anteil Gasabsatz an Privat und Gewerbe	[%]
		Höhe des Handelsvolumens	5.7	Umsatzanteil Stromgroßhandel	[%]
			5.8	Umsatzanteil Gasgroßhandel	[%]
6	Strategien im Geschäftsfeld Netze	Strategisches Regulierungsmanagement	6.1	EW Strom 1RP	[%]
			6.2	EW Gas 1RP	[%]
		Netz-Anschlußdichte	6.3	NAP Strom je km Leitungslänge	[n]
			6.4	Anzahl Stromzähler je Leitungslänge	[n]
			6.5	NAP Gas je km Leitungslänge	[n]
			6.6	Anzahl Gaszähler je Leitungslänge	[n]
7	Struktur-indikatoren	Industriebesatz	7.1	Industriebesatz	[%]
		Bevölkrungsentwicklung	7.2	Wachstum der Bevölkerung	[%]

Quelle: Eigene Berechnungen

7 Wirkungsbereiche		Hyp.	Durch multivariate Regressionsmodelle ermittelter Zusammenhang zw. unabh. Var. und ROCE: Alle 509	TOP50
1	Eigentümer-struktur	1.1	Sehr signifikant (pos.)	
		1.2	Tendenz (pos.)	
2	Strategische Ausrichtung	2.1		Tendenz (pos.)
		2.2		Sehr signifikant (pos.)
		2.3		Signifikant (neg.)
		2.4		Signifikant (neg.)
		2.5		Signifikant (pos.)
		2.6		Sehr signifikant (neg.)
		2.7		Tendenz (pos.)
		2.8		keine Aussage möglich
3	Interne Ressourcen	3.1		Tendenz (pos.)
		3.2		Tendenz (pos.)
		3.3	Sehr signifikant (neg.)	
		3.4		keine Aussage möglich
		3.5		Signifikant (pos.)
		3.6		keine Aussage möglich
4	Strategien im Geschäftsfeld Erzeugung	4.1	Tendenz (neg.)	
		4.2		Tendenz (neg.)
		4.3		keine Aussage möglich
		4.4		Sehr signifikant (neg.)
5	Strategien in den Geschäfts-feldern Vertrieb und Handel	5.1		Signifikant (pos.)
		5.2		Signifikant (neg.)
		5.3		Signifikant (pos.)
		5.4		Signifikant (pos.)
		5.5		Tendenz (neg.)
		5.6		Signifikant (neg.)
		5.7		Signifikant (pos.)
		5.8		keine Aussage möglich
6	Strategien im Geschäftsfeld Netze	6.1	Tendenz (neg.)	
		6.2	Tendenz (neg.)	
		6.3		keine Aussage möglich
		6.4		keine Aussage möglich
		6.5		keine Aussage möglich
		6.6		keine Aussage möglich
7	Struktur-indikatoren	7.1	keine Aussage möglich	
		7.2	Sehr signifikant (pos.)	

Quelle: Eigene Berechnungen

7 Wirkungsbereiche		Hyp.	max. Koeffizient	Modelle	Unterstützg. d. Hypoth.:
1	Eigentümerstruktur	1.1	0.1030	Modell Alle_509_V.1 - V.7, V.10	ja (sehr signifikant)
		1.2	0.0028	Modell Alle_509_V.1, V.2, V.4, V.9, V.10	ja (Tendenz)
2	Strategische Ausrichtung	2.1	0.0497	Modell TOP_50_V.1.4, V.1.9 - V.1.10	ja (Tendenz)
		2.2	0.1903	Modell TOP_50_V.3.1 - V.3.10	ja (sehr signifikant)
		2.3	-0.3268	Modell TOP_50_V.3.1 - V3.4, V.3.7 - V.3.10	ja (signifikant)
		2.4	-0.3081	Modell TOP_50_V.3.1 - V.3.10	Gegenteil (signifik.)
		2.5	2.8122	Modell TOP_50_V.2.1 - V.2.5, V.2.7 - V.2.9	ja (signifikant)
		2.6	-0.2809	Modell TOP_50_V.3.1 - V.3.5, V.3.8 - V.3.10	ja (sehr signifikant)
		2.7	0.1973	Modell TOP_50_V.2.7, V.2.10	ja (Tendenz)
		2.8	nein		nein
3	Interne Ressourcen	3.1	0.0007	Modell TOP_50_V.1.2 - V.1.5, V.1.7	ja (Tendenz)
		3.2	0.0007	Modell TOP_50_V.1.2, V.1.7, V.1.8	ja (Tendenz)
		3.3	-0.5693	Modell Alle_509_V.1 - V.8, V.10	ja (sehr signifikant)
		3.4	nein		nein
		3.5	0.0571	Modell TOP_50_V.1.3, V.1.7	ja (signifikant)
		3.6	nein		nein
4	Strategien im Geschäftsfeld Erzeugung	4.1	-0.0107	Modell Alle_509_V.1, V.2, V.4, V.6, V.9, V.10	ja (Tendenz)
		4.2	-0.0047	Modell TOP_50_V.2.5, V.2.6	ja (Tendenz)
		4.3	nein		nein
		4.4	-0.8844	Modell TOP_50_V.3.1 - V.3.5, V.3.8 - V.3.10	Gegenteil (s. signifik.)

7 Wirkungsbereiche		Hyp.	max. Koeffizient	Modelle	Unterstützg. d. Hypoth.:
5	Strategien in den Geschäftsfeldern Vertrieb und Handel	5.1	0.0629	Modell TOP_50_V.3.2, V.3.4 - V.3.10	ja (signifikant)
		5.2	-0.0905	Modell TOP_50_V.3.3 - V.3.10	Gegenteil (signifik.)
		5.3	0.0656	Modell TOP_50_V.2.4, V.2.8	ja (signifikant)
		5.4	0.0519	Modell TOP_50_V.2.4, V.2.8, V.2.10	ja (signifikant)
		5.5	-0.1358	Modell TOP_50_V.2.3, V.2.6	Gegenteil (Tendenz)
		5.6	-0.2635	Modell TOP_50_V.2.3, V.2.6	Gegenteil (signifik.)
		5.7	0.0653	Modell TOP_50_V.3.1 - V.3.5, V.3.9, V.3.10	ja (signifikant)
		5.8	nein		nein
6	Strategien im Geschäftsfeld Netze	6.1	-0.1789	Modell Alle_509_V.1, V.2, V.4, V.7, V.9, V.10	ja (Tendenz)
		6.2	-0.1274	Modell Alle_509_V.1, V.2, V.4, V.8, V.9, V.10	ja (Tendenz)
		6.3	nein		nein
		6.4	nein		nein
		6.5	nein		nein
		6.6	nein		nein
7	Strukturindikatoren	7.1	nein		nein
		7.2	5.3209	Modell Alle_509_V.1 - V.3, V.5 - V.8, V.10	ja (sehr signifikant)

Quelle: Eigene Berechnungen

Literatur- und Quellenverzeichnis

AEE (2012): Energie vom Land lohnt sich. Pressemitteilung der Agentur für erneuerbare Energien (AEE) vom 24.10.2012. Frankfurt/Berlin. URL: http://www.unendlich-viel-energie.de/presse/nachrichtenarchiv/2012/energie-vom-land-lohnt-sich (Stand: 30.03.2015)

AEEG (2011): Annual Report to the European Commission on Regulatory Activities and the State of Services in Electricity and Gas Sectors, Autorità per l'energia elettrica and il gas, Rom, URL: http://www.autorita.energia.it/allegati/relaz_ann/11/Annual%20Report%202011%20EN.pdf (Stand: 31.07.2014)

Ahlert, D./Hesse, J./Kruse, P. (2008): Internationalisierung von KMU: Erfolgs faktorenforschung und Benchmarking bei KMU – Abschlussbericht zum Praxisprojekt „Schäper", IMADI.net-Projektbericht Nr. 21, Universität Münster, Münster

AGFW (2014): AGFW-Hauptbericht 2013. Der Energieeffizienzverband für Wärme, Kälte und KWK e.V., Frankfurt am Main. URL: https://www.agfw.de/index.php?eID=tx_nawsecuredl&u=0&file=fileadmin/agfw/content/linkes_menue/zahlen_und_statistiken/Version_1 (Stand: 16.04.2015)

Agne, S. (2014): Anreize für Infrastrukturinvestitionen in der Netzregulierung: ein systemdynamischer Ansatz zur Analyse der Wirkungsmechanismen der Anreizregulierung nach § 21a EnWG, Verlag Dr. Kovač, Hamburg

Ambrosius, G. (2012): Geschichte der Stadtwerke, in: Bräunig, D./Gottschalk, W.: Stadtwerke: Grundlagen, Rahmenbedingungen, Führung und Betrieb, Nomos Verlag, Baden-Baden

Andersson, E. (2006): The regulation of quality in distribution systems: Proposing a Pan-Nordic Quality Regulation Model, Master of Science Thesis, Chalmers University of Technology, Göteborg, URL: http://publications.lib.chalmers.se/records/fulltext/174144/174144.pdf (Stand: 31.07.2014)

Baack, T. (2015): Einstieg für Stadtwerke in die Energieversorgung der Zukunft. Homepage des Bundesverband eMobilität e.V., URL: http://www.bem-ev.de/einstieg-fur-stadtwerke-in-die-energieversorgung-der-zukunft (Stand: 03.06.2015)

Backhaus, K./Erichson, B./Plinke, W./Weiber, R. (2011): Multivariate Analysemethoden: Eine anwendungsorientierte Einführung, Springer Verlag, Berlin/Heidelberg

Badenova (2014): Homepage der Badenova AG & Co. KG, URL: https://www.badenova.de/web/de/kommunen_1/kommunale_partnerschaft/Kommunale-Partnerschaft_Startseite.html (Stand: 03.09.2014)

Baetge, J./Kirsch, H.-J./Thiele, S. (2004): Bilanzanalyse. IDW Verlag GmbH, Düsseldorf

Bangard, A. (2014): Kartellrechtliche Wasserpreiskontrolle durch das Bundeskartellamt. Professorentagung 2014 im Bundeskartellamt, 02.10.2014. URL: http://www.bundeskartellamt.de/SharedDocs/Publikation/DE/Reden (Stand: 16.04.2015)

Banschbach, K./Poullie, M. (2012): Buchhalterische Entflechtung, in: PWC: Entflechtung und Regulierung in der deutschen Energiewirtschaft, Praxishandbuch zum Energiewirtschaftsgesetz, 3. Aufl., Haufe-Lexware Verlag, Freiburg

Bartel, K. (2011): Wettbewerbsprobleme auf dem deutschen Energiemarkt durch Unternehmenszusammenschlüsse: Entflechtung als Mittel der Marktöffnung, Lit Verlag, Berlin

Bauer, H (2012): Von der Privatisierung zur Rekommunalisierung, in: Bauer, H./ Büchner, C./Hajasch, L.: Rekommunalisierung öffentlicher Daseinsvorsorge, KWI Schriften 6, Kommunalwissenschaftliches Institut der Universität Potsdam, Potsdam, URL: http://opus.kobv.de/ubp/volltexte/2012/5806/pdf/kwi_schriften06.pdf (Stand: 04.06.2014)

Bausch, A./ Werthschulte, S./Kittel, S./Nolte, M./Schiegg, T./Holst, A. (2009): Value Creator IV – Eine empirische Untersuchung von Energieversorgungsunternehmen in Deutschland, Österreich und der Schweiz, Studie von Accenture und Jacobs University Bremen, Kronberg im Taunus/Bremen, URL: http://www.accenture.com/SiteCollectionDocuments/Local_Germany/PDF/Accenture-Value-Creator-IV.pdf (Stand: 07.05.2014)

BDEW (2012a): Erneuerbare Energien liefern mehr als ein Viertel des Stroms, Pressemitteilung vom 26. Juli 2012, Bundesverband der Energie- und Wasserwirtschaft e.V., URL: http://www.bdew.de/internet.nsf/id/20120726-pi-erneuerbare-energien-liefern-mehr-als-ein-viertel-des-stroms-de/$file/Strom_Erneuerbaren_Energien_1_Halbjahr_2012.pdf (Stand: 01.08.2014)

BDEW (2012b): Stadtwerke setzen auf Erneuerbare Energien und dezentrale Erzeugung, Bundesverband der Energie- und Wasserwirtschaft e.V., URL: http://www.bdew.de/internet.nsf/id/20120618-stadtwerke-setzen-auf-erneuerbare-energien-und-dezentrale-erzeugung-de (Stand: 01.08.2014)

BDEW (2012c): BDEW-Strompreisanalyse Oktober 2012, Bundesverband der Energie- und Wasserwirtschaft e.V., Berlin, URL: http://www.bdew.de/internet.nsf/id/410461F2B0B2E327C1257AB00058382D/$file/121026_BDEW_Strompreisanalyse_Oktober.pdf (Stand: 22.10.2014)

BDEW (2013a): Anreizregulierung für Stromverteilnetzausbau. Schlussfolgerungen aus dem regulatorischen Gutachten der dena-Verteilnetzstudie, Positionspapier vom 13. März 2013, Bundesverband der Energie- und Wasserwirtschaft e.V., Berlin

BDEW (2014a): Wechselverhalten im Energiemarkt 2014, Bundesverband der Energie- und Wasserwirtschaft e.V., URL: http://www.bdew.de/internet.nsf/id/8E8K9D-DE_Wechselquote (Stand: 12.07.2014)

BDEW (2014b): Energiepolitisches Zieldreieck, Bundesverband der Energie- und Wasserwirtschaft e.V., Berlin, URL: http://www.energie-macht-schule.de/content/energiepolitisches-zieldreieck (Stand: 07.10.2014)

BDEW (2014c): BDEW-Strompreisanalyse Juni 2014, Bundesverband der Energie- und Wasserwirtschaft e.V., Berlin, URL: http://bdew.de/internet.nsf/id/20140702-

pi-steuern-und-abgaben-am-strompreis-steigen-weiter-de/$file/140702%20 BDEW%20Strompreis-analyse%202014%20Chartsatz.pdf (Stand: 22.10.2014)

BDEW (2014d): Geschäftsprozesse zur Kundenbelieferung mit Elektrizität (GPKE) und Geschäftsprozesse Lieferantenwechsel Gas (GeLi Gas). Bundesverband der Energie- und Wasserwirtschaft e.V., URL: https://www.bdew.de/internet.nsf/id/BBDE5740233A837FC1257830004D9AC0/$file/2014-06-19-neue-GPKE-GeLiGas-Umsetzungsfragen.pdf (Stand: 17.02.2015)

BDEW (2015a): BDEW aktualisiert Angaben zum Erzeugungsmix 2014: Erneuerbare Energien erzeugen immer mehr Strom. Pressemitteilung vom 06.03.2015, Bundesverband der Energie- und Wasserwirtschaft e.V., Berlin, URL: https://www.bdew.de/internet.nsf/id/20150306-pi-erneuerbare-energien-erzeugen-mehr-strom-de (Stand: 30.03.2015)

BDEW (2015b): Erdgasaufkommen in Deutschland 1991 bis 2013. Bundesverband der Energie- und Wasserwirtschaft e.V., Berlin, URL: https://www.bdew.de/internet.nsf/id/DE_Energiedaten (Stand: 02.04.2015)

Becker, P. (2011): Aufstieg und Krise der deutschen Stromkonzerne, Bochum, Ponte Press Verlags GmbH

Berlo, K./Wagner, O. (2011): Zukunftsperspektiven kommunaler Energiewirtschaft, RaumPlanung 158/159, 2011

Berlo, K./Wagner, O. (2013): Stadtwerke-Neugründungen und Rekommunalisierungen – Energieversorgung in kommunaler Verantwortung, Sondierungsstudie, Wuppertal Institut, Wuppertal, URL: http://wupperinst.org/uploads/tx_wupperinst/Stadtwerke_Sondierungsstudie.pdf (Stand: 08.07.2014)

Best, H. (2015): Bivariate lineare Regression. Statistik für SozialwissenschaftlerInnen II. Universität zu Köln, Forschungsinstitut für Soziologie. URL: http://www.uni-koeln.de/wiso-fak/fisoz/Mitarbeiter/Best/S9.pdf (Stand: 08.04.2015)

Beutin, N./Werner, H. (1999): Kundenbindung in Märkten im Umbruch. Das Beispiel der Energieversorgung, in: Handbuch Kundenbindungsmanagement, Bruhn, M./Homburg, C. (Hrsg.), Gabler Verlag, Wiesbaden

Beyer, G./Schwarz, R./Ilieva, Y. (2009): Marketing- und Vertriebsstrategien im liberalisierten Strommarkt – Ergebnisse einer empirischen Untersuchung 2009, Fichtner Management Beratung (Hrsg.), Berlin, URL: http://www.fmc.fichtner.de/FMB/Publikationen/Marketing-_und_Vertriebsstrategien_2009.pdf (Stand: 04.06.2014)

Beyer, H.-T./Bestmann, U. (1989): Finanzlexikon. Verlag Franz Vahlen, München

Bibliographisches Institut (2013): Erfolg, Dudenverlag, Berlin, URL: http://www.duden.de/rechtschreibung/Erfolg (Stand: 07.09.2014)

Bigge Energie (2014): Chronik der Bigge Energie GmbH & Co. KG, URL: http://www.bigge-energie.de/bigge-energie/chronik.html (Stand: 13.06.2014)

Bitz, M./Schneeloch, D./Wittstock, W. (2011): Der Jahresabschluss: Nationale und internationale Rechtsvorschriften, Analyse und Politik, Vahlen Verlag, München

Blazek, C. (2011): The U.S. Electric Markets, Structure and Regulations, in: Greer, M.: Electricity Cost Modeling Calculations, Elsevier, Burlington/MA

BMWi (2011): Erfahrungsbericht 2011 zum Erneuerbare-Energien-Gesetz (EEG-Erfahrungsbericht). Internetseite des Bundesumweltministeriums. URL: http://www.erneuerbare-energien.de/EE/Redaktion/DE/Downloads/EEG/eeg_erfahrungsbericht_2011_bf.pdf (Stand: 30.03.2015)

BMWi (2014a): Energiedaten: Gesamtausgabe, Bundesministerium für Wirtschaft und Energie, Berlin. URL: http://www.bmwi.de/BMWi/Redaktion/PDF/E/energiestatistiken-grafiken (Stand: 23.10.2014)

BMWi (2014b): Grünbuch – Ein Strommarkt für die Energiewende. Bundesministerium für Wirtschaft und Energie, Berlin. URL: http://www.bmwi.de/DE/Mediathek/publikationen,did=666660.html (Stand: 23.04.2014)

BMWi (2015a): Das Erneuerbare-Energien-Gesetz. Informationsportal Erneuer bare Energien des Bundesministeriums für Wirtschaft und Energie, Berlin. URL: http://www.erneuerbareenergien.de/EE/Navigation/DE/Gesetze/Das_EEG/das_eeg.html (Stand: 30.03.2015)

BMWi (2015b): Zeitreihen zur Entwicklung der erneuerbaren Energien in Deutschland. Bundesministeriums für Wirtschaft und Energie, Berlin. URL: http://www.erneuerbare-energien.de/EE/Redaktion/DE/Downloads/zeitreihen-zur-entwicklung-der-erneuerbaren-energien-in-deutschland-1990-2013.pdf (Stand: 01.04.2015)

BNetzA (2006a): Bundesnetzagentur stellt Entwurf eines Berichts zur Anreizregulierung zur Diskussion. Pressemitteilung der Bundesnetzagentur für Elektrizität, Gas, Telekommunikation, Post und Eisenbahnen, 2. Mai 2006, Bonn

BNetzA (2006b): Bericht der Bundesnetzagentur nach § 112a EnWG zur Einführung der Anreizregulierung nach § 21a EnWG, Bundesnetzagentur für Elektrizität, Gas, Telekommunikation, Post und Eisenbahnen, Juni 2006, Bonn

BNetzA (2007a): Einheitliche Geschäftsprozesse für den Wechsel des Gaslieferanten. Pressemitteilung der Bundesnetzagentur vom 28.08.2007. URL: http://www.bundesnetzagentur.de/SharedDocs/Dowloads/DE/Allgemeines/Presse/Pressemitteilungen/2007/PM20070828GeLiGasId11167pdf (Stand: 17.02.2015)

BNetzA (2007b): Monitoringbericht 2007, Juni 2007, Bonn, URL: http://www.bundesnetzagentur.de/SharedDocs/Downloads/DE/Sachgebiete/Energie/Unternehmen_Institutionen/DatenaustauschUndMonitoring/Monitoring/Monitoringbericht2007.pdf (Stand: 23.02.2015)

BNetzA (2008a): Bundesnetzagentur mahnt Umsetzung der Festlegung zum Lieferantenwechsel Strom an. Pressemitteilung der Bundesnetzagentur vom 22.08.2008. URL: http://www.bundesnetzagentur.de/SharedDocs/Downloads/DE/Allgemeines/Presse/Pressemitteilungen/2008/PM20080822LieferantenwechselStromGPKEId14301pdf (Stand: 17.02.2015)

BNetzA (2008b): Monitoringbericht 2008, Juli 2008, Bonn, URL: http://www.bundesnetzagentur.de/SharedDocs/Downloads/DE/Sach-gebiete/Energie/Unternehmen_Institutionen/DatenaustauschUndMonitoring/Monitoring/Monitoringbericht2008.pdf(Stand: 23.02.2015)

BNetzA (2011): Eigenkapitalrenditen für Investitionen Strom/Gas. Pressemitteilung vom 02.11.2011 der Bundesnetzagentur für Elektrizität, Gas, Telekommunikation, Post und Eisenbahnen, Bonn. URL: http://www.bundesnetzagentur.de/SharedDocs/Pressemitteilungen/DE/2011/111102EigenkapitalrenditeInvestitionsStromGas.html (Stand:03.06.2015)

BNetzA (2012): Evaluierungsbericht zur Ausgleichsmechanismusverordnung, Bundesnetzagentur für Elektrizität, Gas, Telekommunikation, Post und Eisenbahnen, März 2012, Bonn. URL: http://www.bundesnetzagentur.de/SharedDocs/Downloads/DE/Sachgebiete/Energie/Unternehmen_Institutionen/ErneuerbareEnergien/ZahlenDatenInformationen/EvaluierungsberichtAusglMechV.pdf (Stand: 01.06.2015)

BNetzA (2013): Qualitätselement, Stand 01.02.2013, Bonn. URL: http://www.bundesnetzagentur.de/DE/Sachgebiete/ElektrizitaetundGas/Unternehmen_Institutionen/Netzentgelte/Strom/Qualitaetselement/qualitaetselement-node.html (Stand: 18.09.2014)

BNetzA (2014): Bundesnetzagentur verbessert Rahmenbedingungen für Breit bandausbau durch alternative Anbieter. Pressemitteilung der Bundesnetzagentur vom 17.07.2014. URL: http://www.bundesnetzagentur.de/cln_1422/SharedDocs/Pressemitteilungen/DE/2014/140717_Breitbandausbau.html (Stand: 17.04.2015)

BNetzA (2015): Fernwärme – Warum äußert sich die Bundesnetzagentur nicht zum Thema Fernwärme? Homepage der Bundesnetzagentur, Bonn. URL: http://www.bundesnetzagentur.de/DE/Sachgebiete/ElektrizitaetundGas/Verbraucher/Energielexikon/energielexikon-node.html (Stand: 16.04.2015)

BNetzA/BKartA (2013): Monitoringbericht 2013, Dezember 2013, Bonn, URL: http://www.bundesnetzagentur.de/cln_1412/DE/Sachgebiete/ElektrizitaetundGas/Unternehmen_Institutionen/DatenaustauschundMonitoring/Monitoring/Monitoringberichte/Monitoring_Bericht_2013.html (Stand: 31.07.2014)

Bolsenkötter, H. (2012): Rechnungslegung von Stadtwerken, in: Bräunig, D./Gottschalk, W. (2012): Stadtwerke: Grundlagen, Rahmenbedingungen, Führung und Betrieb, Nomos Verlag, Baden-Baden

Bontrup, H.-J./Marquardt, R.-M. (2010): Kritisches Handbuch der deutschen Elektrizitätswirtschaft: Branchenentwicklung, Unternehmensstrategien, Arbeitsbeziehungen, Edition Sigma, Berlin

Bozem, K. (2008): Strategie – Erfolgsfaktor im liberalisierten Markt. Energiewirtschaftliche Tagesfragen, 58. Jahrgang, Nr. 6

Böckers, V./Giessing, L./Haucap, J./Heimeshoff, U./Rösch, J. (2012): Braucht Deutschland Kapazitätsmechanismen für Kraftwerke? Eine Analyse des deutschen Marktes für Stromerzeugung, Vierteljahrshefte zur Wirtschaftsforschung, Vol. 81, Iss. 1. Duncker & Humblot, Berlin

Böhle, T. (2009): Zukunftsfeste Personalpolitik – wie die kommunalen Arbeitgeber auf den demografischen Wandel reagieren können. 4. Demografie-Kongress, 1. September 2009, Berlin. URL: https://www.muenchen.de/rathaus/demographie_vortrag_boehle.pdf (Stand: 15.05.2015)

Böttcher, J. (2011): Projektfinanzierung Erneuerbare Energien. Euroforum Verlag, Düsseldorf, September 2011.

Brandt, A./Franz, U.-B./Wieja, J.: (2008): Demographie und wirtschaftliche Entwicklung. URL: https://www.wegweiser-kommune.de/documents/10184/16915/XIII_Demographie+und+wirtschaftliche+Entwicklung.pdf/31b5c6c9-8c85-4a1c-9d7e-8e7fc8e61932 (Stand: 09.05.2015)

Bräunig, D. (2012): Entflechtung von Stadtwerken als Konsequenz des europäischen Energiebinnenmarktes, in: Bräunig, D./Gottschalk, W. (2012): Stadtwerke: Grundlagen, Rahmenbedingungen, Führung und Betrieb, Nomos Verlag, Baden-Baden

Bräunig, D./Gottschalk, W. (2012): Stadtwerke: Grundlagen, Rahmenbedingungen, Führung und Betrieb, Nomos Verlag, Baden-Baden

Brunekrefft, G./Meyer, R. (2011): Netzinvestitionen im Strommarkt: Anreiz- oder Hemmniswirkungen der deutschen Anreizregulierung? in: Energiewirtschaftliche Tagesfragen, 61. Jg. (2011), Heft 1/2

Büdenbender, U. (2011): Die Angemessenheit der Eigenkapitalrendite im Rahmen der Anreizregulierung von Netzentgelten in der Energiewirtschaft, Rechtsgutachten im Auftrag des Bundesverbandes der Energie- und Wasserwirtschaft e.V. Berlin (BDEW), Dresden, 2011

Bühner, R. (1997): Messung des Erfolgs von Organisationen unter Berücksichtigung situativer Einflussfaktoren, in: Management International Review, Vol. 17, No. 3

Büllingen, F./Stamm, P. (2003): Report zur Entwicklung des Versorgungssektors Telekommunikation. WIK – Wissenschaftliches Institut für Kommunikationsdienste, Bad Honnef. April 2003

Burmeister, J. (2009): Stadtverkehre vor neuen finanziellen Herausforderungen, in: ÖPNV-Finanzierung im Umbruch – Das neue ÖPNV-Gesetz in NRW, ksv Verlag, Köln

Busch, R. (2015): Energiewirtschaft 4.0: Mehr als nur liefern und abrechnen, Beitrag im Rahmen einer Sonderveröffentlichung des HandelsblattJournal zum Thema Energiewirtschaft, Euroforum Deutschalnd SE (Hrsg.), Düsseldorf, 2015

Buzzell, R. D./Gale, B. T. (1989): Das PIMS-Programm: Strategien und Unternehmenserfolg, Gabler Verlag, Wiesbaden

CEER (2013): Status Review on the Transposition of Unbundling Requirements for DSOs and Closed Distribution System Operators, Brüssel, URL: http://www.ceer.eu/portal/page/portal/EER_HOME/EER_PUBLICATIONS/CEER_PAPERS/

Cross-Sectoral/Tab/C12-UR-47-03_DSO-Unbundling_Status Re-view_Public.pdf (Stand: 31.07.2014)

Clivio, M./Graf, P. (2012): Strategische Herausforderungen von Elektrizitätsversorgungsunternehmen (EVU) in der Schweiz – das EVU im Spannungsfeld zwischen Regulation, Marktöffnung und Energiewende. Masterarbeit an der PHW Hochschule Wirtschaft in Bern, Bern, 2012

Coenenberg, A. G. (2000): Jahresabschluß und Jahresabschlußanalyse: Betriebswirtschaftliche, handelsrechtliche, steuerrechtliche und internationale Grundlagen, Verlag Moderne Industrie, Landsberg/Lech

Cole, M./ Parson, G. (2006): Unlocking Public Value: A New Model For Achieving High Performance In Public Service Organisations, Hoboken, John Wiley & Sons, New York

Consentec (2014): Gutachten zur Weiterentwicklung des Erweiterungsfaktors gemäß § 10 ARegV für StromVerteilnetzbetreiber, Gutachten im Auftrag der Bundesnetzagentur vom 21.05.2014, Aachen, URL: http://www.bundesnetzagentur.de/DE/Sachgebiete/ElektrizitaetundGas/Unternemen_Institutionen/Netzentgelte/Strom/Erweiterungsfaktor/Erweiterungsfaktor_node.html (Stand: 18.06.2014)

CRE (2013): Main developments in the gas and electricity markets in France in 2012, CRE 2012 National Report to the European Commission, Paris, URL: http://www.ceer.eu/portal/page/portal/EER_HOME/EER_PUBLICATIONS/NATIONAL_REPORTS/National%20Reporting%202013/NR_En/C13_NR_France_Summary-EN.pdf (Stand: 31.07.2014)

Crolly, H. (2015): Innovativ.Sauber.Ökologisch.Leider pleite. Die Welt vom 27.04.2015, URL: http://www.welt.de/politik/deutschland/article140116953/Innovativ-Sauber-Oekologisch-Leider-pleite.html (Stand: 20.12.2015)

Czotscher, E. (2002): Branchenkompass Energieversorger. Aktuelle Entscheiderbefragung: Investitionsziele und Markttrends. Studie der Steria Mummert Consulting AG und des FAZ Institut für Management-, Markt- und Medieninformationen GmbH, Frankfurt am Main, 2002

Daum, A./Greife, W./Przywara, R. (2014): BWL für Ingenieurstudium und – praxis: Was man über Betriebswirtschaft wissen sollte, Vieweg Springer Verlag, Wiesbaden

Dena (2012): dena-Verteilnetzstudie – Ausbau- und Innovationsbedarf der deutschen Stromverteilnetze bis 2030, Deutsche Energie-Agentur, Berlin, URL: http://www.dena.de/fileadmin/user_upload/Projekte/Energiesysteme/Dokumente/denaVNS_Abschlussbericht.pdf (Stand: 02.06.2014)

Deppe, E. (1997): Sterben von Stadtwerken vorprogrammiert, in: Energie & Management vom 15. September 1997, Energie & Management Verlagsgesellschaft mbH, Herrsching

Deyhle, A./Radinger, G. (2008): Controller Handbuch. Enzyklopädisches Lexikon für die Controller-Praxis, 6. Auflage, Verlag für Controlling-Wissen, Offenburg, 2008

Die Welt (1999): Die Stadtwerke sterben, Die Welt vom 25.08.1999, Axel Springer SE, Berlin, URL: http://www.welt.de/print-welt/article581603/Die-Stadtwerke-sterben.html (Stand: 02.06.2014)

Die Welt (2003): Das Stadtwerke-Sterben ist ausgeblieben, Die Welt vom 28.04.2003, Axel Springer SE, Berlin, URL: http://www.welt.de/print-welt/article691014/Das-Stadtwerke-Sterben-ist-ausgeblieben.html (Stand: 10.08.2014)

Dohms, H.-R./Schreiber, M. (2015): Kommunale Pleite GmbH & Co. KG Städtische Unternehmen in Existenznot, Tagesschau.de vom 28.02.2015, URL: http://www.tagesschau.de/wirtschaft/kommunen-pleitefirmen-101.html (Stand: 13.12.2015)

Drieschner, F. (2014): Klimawandel: Schmutziger Irrtum. Die Zeit Nr. 50 vom 4.12.2014. URL: http://www.zeit.de/2014/50/schmutziger-irrtum-energiewende-klimawandel/komplettansicht (Stand: 28.03.2015)

Drukarczyk, J. (1996): Finanzierung: eine Einführung, Lucius & Lucius Verlagsgesellschaft, Stuttgart

Eberlein, J. (2010): Betriebliches Rechnungswesen und Controlling, Oldenbourg Verlag, München

E-Control (2011): 10 Jahre Energiemarkt-Liberalisierung – Ein Geburtstag, von dem alle profitieren, Energie-Control Austria, Wien, URL: http://www.e-control.at/portal/page/portal/medienbibliothek/presse/dokumente/pdfs/bericht-10-jahre-energiemarktliberalisierung.pdf (Stand: 08.07.2014)

Edelmann, H. (2011): Einstieg in die Stromerzeugung für Stadtwerke, in: Energy 2.0 – Zukunft Energie, Heft Juli/2011, publish-industry Verlag, München

Eigenbrod, A. (2010): Der Citizen Value-Report, Wuppertal, URL: http://www.citizen-value-report.de/assets/files/CV_Report_011010.pdf (Stand: 21.09.2014)

Eilrich, M./Herrmann, B./Papenstein, B./Rams, A. (2014): Energie- und Versorgungsunternehmen im Spannungsfeld zwischen Ertrag, Investitionen und Verschuldung, Studie, PricewaterhouseCoopers, Düsseldorf

Einhellig, L./Kohl, I. (2010): Rekommunalisierung in der Energieversorgung: Zwischen Daseinsvorsorge und Wettbewerb, in: ET, 60 Jg., H. 12

Elsenbast, W./Nick, W./Boche, S. (2008): Benchmarking von Verteilnetzbetreibern – mehr als nur eine Effizienzabschätzung. Energiewirtschaftliche Tagesfragen, 58. Jg. (2008), Heft 1/2

Energate Nr. 140 (2013): Gaskraftwerke belasten Bilanz von Ulm/Neu-Ulm. Energate Messenger Nr. 140 vom 25.07.2013, Energate Verlag, Essen

Energate Nr. 106 (2014): Stadtwerke setzen auf Kooperationen. Energate Messenger Nr. 106 vom 05.06.2014, Energate Verlag, Essen

Energate Nr. 170 (2014): Deutschland braucht kurzfristig keinen Kapazitätsmarkt. Energate Messenger Nr. 170 vom 22.08.2014, Energate Verlag, Essen

Energate Nr. 161 (2014): Enet: Trend zur Rekommunalisierung hält an. Energate Messenger Nr. 161 vom 22.08.2014, Energate Verlag, Essen

Energate Nr. 164 (2014): Stadtwerken droht Konkurrenz. Energate Messenger Nr. 164 vom 27.08.2014, Energate Verlag, Essen

Energate Nr. 182 (2014): VKU: Kraftwerksinvestitionen brechen ein. Energate Messenger Nr. 182 vom 23.09.2014, Energate Verlag, Essen

Energate Nr. 184 (2014): Duin will einen dezentralen Leistungsmarkt. Energate Messenger Nr. 184 vom 25.09.2014, Energate Verlag, Essen

Energate Nr. 185 (2014): Baake: Kapazitätsmarkt-Diskussion ist offen. Energate Messenger Nr. 185 vom 26.09.2014, Energate Verlag, Essen

Energate Nr. 191 (2014): Verdi kämpft mit VKU und BDEW für dezentralen Leistungsmarkt. Energate Messenger Nr. 191 vom 07.10.2014, Energate Verlag, Essen

Energate Nr. 192 (2014): Mundt: Kapazitätsmarkt kaum zu kontrollieren. Energate Messenger Nr. 192 vom 08.10.2014, Energate Verlag, Essen

Energate Nr. 213 (2014): Kunden wechseln öfter Versorger. Energate Messenger Nr. 213 vom 06.11.2014, Energate Verlag, Essen

Energate Nr. 215 (2014): Wübbels fürchtet Nachteile für deutsche Erzeuger. Energate Messenger Nr. 215 vom 10.11.2014, Energate Verlag, Essen

Energate Nr. 219a (2014): RWE drängt auf Kapazitätsmarkt. Energate Messenger Nr. 219 vom 14.11.2014, Energate Verlag, Essen

Energate Nr. 219b (2014): Homann erwartet Kapazitätsmarkt. Energate Messenger Nr. 219 vom 14.11.2014, Energate Verlag, Essen

Energate Nr. 221 (2014): Kapazitätsmarkt senkt Strompreis. Energate Messenger Nr. 221 vom 18.11.2014, Energate Verlag, Essen

Energate Nr. 235 (2014): Franke: Keine Blackout-Gefahr diesen Winter. Energate Messenger Nr. 235 vom 08.12.2014, Energate Verlag, Essen

Energate Nr. 12 (2015): EEX: Handel hat 2014 deutlich zugelegt. Energate Messenger Nr. 12 vom 20.01.2015, Energate Verlag, Essen

Energate Nr. 13a (2015): Wirtschaftsministerium windet sich in der Kapazitätsmarktfrage. Energate Messenger Nr. 13 vom 21.01.2015, Energate Verlag, Essen

Energate Nr. 13b (2015): Gabriel beerdigt Kapazitätsmärkte. Energate Messenger Nr. 13 vom 21.01.2015, Energate Verlag, Essen

Energate Nr. 13c (2015): Kapazitätsmärkte: Energiewirtschaft und Industrie uneins. Energate Messenger Nr. 13 vom 21.01.2015, Energate Verlag, Essen

Energate Nr. 15 (2015): Verbände lehnen Modell ab. Energate Messenger Nr. 15 vom 23.01.2015, Energate Verlag, Essen

Energate Nr. 17 (2015): Frankreich führt Kapazitätsmarkt ein. Energate Messenger Nr. 17 vom 27.01.2015, Energate Verlag, Essen

Energate Nr. 45 (2015): Die Diskussion um Kapazitätsmärkte geht weiter. Energate Messenger Nr. 45 vom 06.03.2015, Energate Verlag, Essen

Energate Nr. 50 (2015): Kohlekraftwerk der Trianel läuft viel und verdient zu wenig. Energate Messenger Nr. 50 vom 13.03.2015, Energate Verlag, Essen

Energate Nr. 57a (2015): Gabriel will 4.000 MW Kapazitätsreserve auktionieren. Energate Messenger Nr. 57 vom 24.03.2015, Energate Verlag, Essen

Energate Nr. 57b (2015): Stromnetz Berlin verdient 80 Mio. Euro. Energate Messenger Nr. 57 vom 24.03.2015, Energate Verlag, Essen

Energate Nr. 87 (2015): Vom Versorger zum Provider. Energate Messenger Nr. 87 vom 08.05.2015, Energate Verlag, Essen

Energate Nr. 151 (2015): Matthias Horx: „Stadtwerk der Zukunft ist kein Versorger mehr". Energate Messenger Nr. 151 vom 10.08.2015, Energate Verlag, Essen

Energate Nr. 159 (2015): Stadtwerke spüren Veränderungsdruck. Energate Messenger Nr. 159 vom 20.08.2015, Energate Verlag, Essen

Energate Nr. 166 (2015): Elektromobilität wird kommen. Energate Messenger Nr. 166 vom 31.08.2015, Energate Verlag, Essen

Erben, R. (2008): Lessons Learned: kritische (Miss-)Erfolgsfaktoren im Chancen- und Risikomanagement – Swissair vs. Ryanair, in: Risikomanagement in der Unternehmensführung: Wertgenerierung durch Chancen- und Kompetenzorientiertes Management, Weinheim

Ertmer, K. (2010): Der Prosumer und sein Butler. Sonne Wind & Wärme, Ausgabe 07/2010, BVA Bielefelder Verlag GmbH & Co. KG, Bielefeld

EU (2007): FINLAND – Internal Market Fact Sheet, URL: http://ec.europa.eu/energy/energy_policy/doc/factsheets/market/market_fi_en.pdf (Stand: 30.07.2014)

Euribor (2014): Euribor-Werte pro Jahr, URL: http://de.euribor-rates.eu (Stand: 27.08.2014)

EVP (2015): Homepage der EVP – Energieversorgung Pirna GmbH, Pirna. URL: http://www.erdgas-pirna.de/cms/Kopfnavigation/Ueber-uns/Die-Energieversorgung-Pirna-GmbH.html (Stand: 04.04.2015)

EWE (2015): Breitbandausbau geht weiter. Pressemitteilung der EWE TEL GmbH vom 13.04.2015. URL: http://www.ewe.com/de/pressemitteilungen-3365.php (Stand: 17.04.2015)

Fahrmeir, L./Künstler, R. /Pigeot, I./Tutz, G. (2002): Arbeitsbuch Statistik, 3. Auflage, Springer Lehrbuch, Springer Verlag, Berlin/Heidelberg, 2002

Fahrmeir, L./Kneib, T./Lang, S. (2009): Regression – Modelle, Methoden, Anwendungen. 2. Auflage, Springer Verlag, Berlin/Heidelberg, 2009

Fallier, S. F. (2013): Qualitätsanreizregulierung der elektrischen Verteilnetze: Handlungsempfehlungen für eine Weiterentwicklung des deutschen Regulierungsansatzes, Josef Eul Verlag, Köln

Feldo, A. (2011): Analyse zentraler Erfolgsfaktoren von Energieversorgungsunternehmen in Deutschland, Diplomarbeit, AKAD-Hochschule Leipzig, Leipzig,

URL: http://transferstatt.de/fileadmin/fileupload/2011-08-08_10-33-52_Diplomarbeit_Analyse_zentraler_Erfolgsfaktoren_von_EVU_in_Deutschland.pdf (Stand: 21.05.2014)

FES (2015): Rechtsgrundlagen kommunaler Abgaben. Digitale Bibliothek der Friedrich-Ebert-Stiftung e.V., Berlin. URL: http://library.fes.de/fulltext/kommunalpolitik/00213002.htm (Stand: 20.04.2015)

Flauger, J. (2015): Teurer Sinneswandel. Bundesweit kaufen Kommunen ihre Stromnetze zurück – und gehen hohe finanzielle Risiken ein. Handelsblatt, Wirtschafts- und Finanzzeitung vom 01.06.2015

Flues, F./Löschel, A./Pothen, F./Wölfing, N. (2012): Indikatoren für die energiepolitische Zielerreichung, ZEW, Mannheim, URL: http://ftp.zew.de/pub/zew-docs/gutachten/ZEW_Indikatorenbericht_2012.pdf (Stand: 31.07.2014)

Franke, G./Hax, H. (2003): Finanzwirtschaft des Unternehmens und Kapitalmarkt, Springer Verlag, Berlin

Friedländer, B. (2013): Rekommunalisierung öffentlicher Dienstleitungen: Konzept – Entwicklungstendenzen – Perspektive, Arbeitspapier Nr. 45, Institut für Öffentliche Finanzen und Public Management, Wirtschaftswissenschaftliche Fakultät, Universität Leipzig, Leipzig, URL: www.uni-leipzig.de/fiwi/45_Friedlaender_Rekommunalisierung.pdf (Stand: 08.07.2014)

Friedrich, P. (2012): Die Stadtrendite – ein geeignetes Wohlfahrtsmaß für Stadtwerke?, in: Bräunig, D./Gottschalk, W. (2012): Stadtwerke: Grundlagen, Rahmenbedingungen, Führung und Betrieb, Nomos Verlag, Baden-Baden

Fritz, W. (1995): Marketing-Management und Unternehmenserfolg: Grundlagen und Ergebnisse einer empirischen Untersuchung, Schäffer-Poeschel Verlag, Stuttgart

Fritz, W./König, S. (2001): Der liberalisierte Strommarkt – eine Einführung, Springer-Verlag Berlin Heidelberg

Frontier Economics (2010): Marktkonzentration im deutschen Stromerzeugungsmarkt, veröffentlicht am 21.10.2010, URL: http://www.eon.com/content/dam/eon-com/download/dwn-news/9949_431/RPT_Frontier_EON-Konzentrationsanalyse_Final_20102010_stc.pdf (Stand: 10.08.2014)

Fürsch, M./Malischek, R./Lindenberger, D. (2012): Der Merit-Order-Effekt der erneuerbaren Energien – Analyse der kurzen und langen Frist. No. 2012–14. Energiewirtschaftliches Institut an der Universitaet zu Köln, Köln.

Gabler (2010): Gabler Wirtschaftslexikon, Gabler Verlag, Wiesbaden

Galioto, M./Küper, M./Janoschka, C. (2012): Operationelle Entflechtung, in: PWC: Entflechtung und Regulierung in der deutschen Energiewirtschaft, Praxishandbuch zum Energiewirtschaftsgesetz, 3. Aufl., Haufe-Lexware Verlag, Freiburg

Gebhardt, A./Weiss, C. (2013): Zukünftige Geschäftsmodelle für Stadtwerke, in: ET, 62. Jg., H. 4

Gerdes, K./Zöckler, J. F. (2012): Regulierung der Netzentgelte, in: PWC: Entflechtung und Regulierung in der deutschen Energiewirtschaft, Praxishandbuch zum Energiewirtschaftsgesetz, 3. Aufl., Haufe-Lexware Verlag, Freiburg

GGEW (2015): Homepage der GGEW Gruppen-Gas- und Elektrizitätswerk Bergstraße Aktiengesellschaft, Bensheim. URL: https://www.kundenportal.ggew.de/csit/action/csShowProducts (Stand: 04.04.2015)

Gladen, W. (2014): Performance Measurement: Controlling mit Kennzahlen, Springer Verlag, Wiesbaden

Gómez-Acebo/Pombo/Russell (2005): Unbundling of Electricity and Gas Transmission and Distribution System operators, Annexes, Country Overview, Brüssel/London, URL: http://ec.europa.eu/energy/gas_electricity/studies/doc/electricity/2006_03_unbundling_electricity_gas_annex.pdf (Stand 31.07.2014)

Gottschalk, W. (2012): Strukturen und Organisation von Stadtwerken, in: Bräunig, D./Gottschalk, W. (2012): Stadtwerke: Grundlagen, Rahmenbedingungen, Führung und Betrieb, Nomos Verlag, Baden-Baden

Götz, P./Henkel, J./Lenck, T./Lenz, K. (2014): Negative Strompreise: Ursachen und Wirkungen – eine Analyse der aktuellen Entwicklungen und ein Vorschlag für ein Flexibilitätsgesetz, Studie im Auftrag von Agora Energiewende, Berlin, URL: http://www.agora-energiewende.de/themen/strommarkt-versorgungssicherheit/detailansicht/article/negative-strompreise-werden-haeufiger (Stand: 19.10.2014)

Graßmann, N. (2012): Regulierung des Netzzugangs, in: PWC: Entflechtung und Regulierung in der deutschen Energiewirtschaft, Praxishandbuch zum Energiewirtschaftsgesetz, 3. Aufl., Haufe-Lexware Verlag, Freiburg

Guggemoos, P. (2012): Unterstützung der Unternehmensentwicklung junger Wachstumsorientierter durch Venture Capital-Gesellschaften in der Betreuungsphase, Gabler Verlag, Wiesbaden

Guthridge, G. S./Burns, A. V./Colle, S. (2013): The New Energy Consumer Handbook, Studie der Unternehmensberatung Accenture, URL: https://www.accenture.com/sk-en/insight-new-energy-consumer-handbook.aspx (Stand: 10.03.2015)

Haedrich, G./Jenner, T. (1996): Erfolgsfaktoren in Konsumgütermärkten, in: Die Unternehmung, 50. Jg., Nr. 1

Haenecke, H. (2002): Methodenorientierte Systematisierung der Kritik an der Erfolgsfaktorenforschung, Zeitschrift für Betriebswirtschaft, 72. Jg., H. 2

Haeseler, H./Hörmann, F. (2006): Wertorientierte Steuerung von Unternehmen und Konzernen mittels Kennzahlen. In: Seicht, G. (2006): Jahrbuch für Controlling und Rechnungswesen, LexisNexis ARD ORAC

Haller, S./Deeg, M./Schramm, M. (2015): Vom Versorger zum Umsorger. Strategieentwicklung von Energieversorgern, Studie der Horvath & Partner Management Consultants, Stuttgart, 2015

Happel, A. (2009): Belgium's Energy Market, ID: 14266541, Brüssel, URL: http://www.nam.org/Statistics-And-Data/Export-Promotion/Market-Research/Market-%20Research/~/media/8E9445F4E8374E16A2CC77E4341CF738.ashx (Stand: 31.07.2014)

Harms, G. (2012): Auswirkungen sinkender Börsenstrompreise auf die Verbraucherstrompreise, Gutachen im Auftrag der Fraktionsgeschäftsführung der Bundestagsfraktion von Bündnis 90 / Die Grünen, Leverkusen

Hasse, F. (2015): Digitalisierung Energiewirtschaft – Ein Bericht aus der Praxis, Studie, Pricewaterhouse Coopers, Düsseldorf, 2015

Haucap, J./Pagel, B. (2014): Ausbau der Stromnetze im Rahmen der Energiewende: Effizienter Netzausbau und effiziente Struktur der Netznutzungsentgelte, Ordnungspolitische Perspektiven Nr. 55, Januar 2014, Düsseldorf University Press, Düsseldorf

Hauschildt, J. (1996): Erfolgs-, Finanz- und Bilanzanalyse: Analyse der Vermögens-, Finanz- und Ertragslage von Kapital und Personengesellschaften. Verlag Dr. Otto Schmidt, Köln

Havighorst, F. (2006): Personalkennzahlen. Edition Nr. 167. Hans-Böckler-Stiftung, Düsseldorf

Hein, R. (2011): HSE sieht sich als Modell der Energiewende, Artikel in der FAZ vom 01.07.2011, URL: http://www.faz.net/aktuell/rhein-main/region/darmstaedter-versorger-hse-sieht-sich-als-modell-der-energiewende-13097.html

Helm, R. (1998): Empirische Forschung und die Erfolgsmessung von Strategien, in: Marketing – Zeitschrift für Forschung und Praxis (ZFP), 20. Jg., H. 4

Henseler, J. (2006): Das Wechselverhalten von Konsumenten im Strommarkt: Eine empirische Untersuchung direkter und moderierender Effekte, Gabler Verlag, Wiesbaden

Hentze, J./Kammel, A. (2000): Erfolgs- und Misserfolgsfaktoren mittelständischer Unternehmen in Osteuropa, in: Gerhard-und-Lore-Kienbaum-Stiftung/Gutmann, J./Kabst, R. (Hrsg.), Internationalisierung im Mittelstand: Chancen – Risiken – Erfolgsfaktoren, Gabler Verlag, Wiesbaden

Herrmann, B. J. (2009): Die Durchführung der Effizienzvergleiche im Rahmen der Anreizregulierungsverordnung. FGE-Vortrag an der RWTH Aachen, 05. Februar 2009. URL: http://www.fge.rwth-aachen.de/fileadmin/Uploads/PDF/FGE_Kolloquium_2008-2009/090205_Dr.Herrmann_VortragFGE.pdf (Stand: 08.05.2015)

Herrmann, B. J. (2012): Kommunale Strom- und Gaswirtschaft im Zeitalter der Anreizregulierung, in: Bräunig, D./Gottschalk, W. (2012): Stadtwerke: Grundlagen, Rahmenbedingungen, Führung und Betrieb, Nomos Verlag, Baden-Baden

Hermann, M. (2010): Netzintegration erneuerbarer Energien – Wie viel Erneuerbare können wir realisieren?, Publikation des VDI-Arbeitskreises Energietechnik sowie des Lehrstuhls für Energiesysteme der TU München, URL: http://www.verein-der-ingenieure.de/ak/energietechnik/doc/netzintegration.pdf (Stand: 19.05.2014)

Hermann, M./Gottwald, T. (2013): Smart Meter bei Anlagen zur Stromerzeugung aus erneuerbaren Energie, in: ET, 63. Jg., H. 12

Herr, C. (2007): Nicht-lineare Wirkungsbeziehungen von Erfolgsfaktoren der Unternehmensgründung, Gabler Verlag, Wiesbaden

Hesse, J. (2004): Erfolgsforschung im Vertrieb – Empirische Analysen von Herstellerunternehmen schnelldrehender Konsumgüter, Gabler Verlag, Wiesbaden

Hill, H. (2007): Public Value Management, in: Brüggemeier, M./Schauer, R./Schedler, K. (Hrsg.), Controlling und Performance Management im öffentlichen Sektor: ein Handbuch, Haupt Verlag, Bern

Hoffmann, F. (1986): Kritische Erfolgsfaktoren: Erfahrungen in großen und mittelständischen Unternehmungen, in: zfbf – Schmalenbachs Zeitschrift für betriebswirtschaftliche Forschung, 38 Jg., H. 10

HSE (2013): Geschäftsbericht 2012 der HEAG Südhessische Energie AG (HSE), Darmstadt, 2013

HSE (2015): Weil der Mensch nur eine Erde hat: Energie aus erneuerbaren Ressourcen. Homepage der HEAG Südhessische Energie AG (HSE), Geschäftsfeld Erzeugung. URL: http://www.hse.ag/geschaeftsfelder/erzeugung.html (Stand: 01.04.2015)

Jäger, M./Brandt, M. (2012): Erneuerbare Energien – Investieren gegen den Klimawandel. Studie der Allianz Global Investors Europe GmbH, Frankfurt am Main, November 2012

Jaeger, M. (2014): Mainova – 92 Millionen für Fernwärme. Frankfurter Rundschau vom 27. Februar 2014. Frankfurt am Main. URL: http://www.fr-online.de/frankfurt/mainova-92-millionen-fuer-fernwaerme.html (Stand: 16.04.2015)

Jauch, M. (2007): Cash-Pooling als Form der Unternehmensfinanzierung – Eine wirtschaftliche Betrachtung unter dem Einfluss rechtlicher Schranken, 1. Auflage, Saarbrücken, August 2007

Kahmann, M./König, S. (2000): Wettbewerb im liberalisierten Strommarkt – Regeln und Techniken, Springer Verlag, Berlin/Heidelberg

Kaiser, B. (2011): Der kommunale Querverbund: eine Analyse aktueller ökonomischer und rechtlicher Einflussfaktoren, Dissertationsschrift an der Universität Bochum, URL: http://www-brs.ub.ruhr-uni-bochum.de/netahtml/HSS/Diss/KaiserBernd/diss.pdf (Stand: 18.08.2014)

Kalka, R. (1996): Marketingerfolgsfaktoren im Facheinzelhandel, Springer Verlag, Wiesbaden, 1996

Karsch, M./Hoßmann, I.: Deutschlands Regionen. Online-Handbuch Demografie. Berlin-Institut für Bevölkerung und Entwicklung. URL: http://www.berlin-institut.org/online-handbuchdemografie/bevoelkerungsdynamik/regionale-dynamik/deutschlands-regionen.html (Stand: 15.05.2015)

Kirchhoff, U. (2012): Modernes Finanzmanagement bei Stadtwerken, in: Bräunig, D./ Gottschalk, W. (2012): Stadtwerke: Grundlagen, Rahmenbedingungen, Führung und Betrieb, Nomos Verlag, Baden-Baden

Kirsch, H. (2015): Kennzahlen zur Rentabilitätsanalyse, IWW Institut für Wissen in der Wirtschaft, Würzburg/Meldorf, URL: http://www.iww.de/bbp/archiv/bilanz-und-erfolgsanalyse-mit-kennzahlen-kennzahlen-zur-rentabilitaets-analyse-f35349 (Stand: 18.01.2015)

Kleest, J./Reuter, E. (2002): Netzzugang im liberalisierten Strommarkt, Gabler Verlag, Wiesbaden

König, R./Kästner, T. (2014): Herausforderung Energiewende – Stadtwerke brauchen neue Geschäftsmodelle. Handelsblatt Journal Energiewirtschaft, Ausgabe 01/2014 vom 21.01.2014

Köpke, R. (2014): Ökostrommarkt im Stagnationsmodus, in: Energie und Management Special Ökostrom, Juli 2014, E&M Verlagsgesellschaft, Herrsching

Köpke, R. (2015): Ich sehe einen Trend zu regionalen Kooperationen, in: Energie und Management Jahresmagazin 2015, Dezember 2015, E&M Verlagsgesellschaft, Herrsching

Krause, H.-U./Dayanand, A. (2010): Controlling-Kennzahlen = Key performance indicators: zweisprachiges Handbuch Deutsch/Englisch, Oldenbourg Verlag, München

Kreutz, B. (2000): Also ich glaube, Strom ist Gelb – über die Kunst, Konzerne Farbe bekennen zu lassen. Hatje Cantz Verlag, Ostfildern-Ruit

Kube, C. (1991): Erfolgsfaktoren in Filialsystemen: Diagnose und Umsetzung im Strategischen Controlling, Gabler Verlag, Wiesbaden

Kurtz, R./Fecht, T./Butler, L. (2009): Kooperation von Stadtwerken – ein Erfolgsmodell, Bedingungen und Erfolgsfaktoren von Stadtwerke-Kooperationen, hrsg. von PricewaterhouseCoopers, Düsseldorf, Berlin, URL: http://www.pwc.de/de/energiewirtschaft/assets/kooperation-von-stadtwerken.pdf (Stand: 07.09.2014)

Kurtz, R./Fecht, T./Pohlmeyer, T. (2011): Kooperation von Stadtwerken – heute noch ein Erfolgsmodell?, Ergebnisse einer Befragung von Stadtwerke-Geschäftsführern im Frühjahr 2011, hrsg. von PricewaterhouseCoopers, Düsseldorf, Berlin, München, URL: http://www.pwc.de/de_DE/de/energiewirtschaft/assets/kooperation-von-stadtwerken-heute-noch-ein-erfolgsmodell.pdf (Stand: 07.09.2014)

Kurtz, R./Pohlmeier, T. (2012): Unternehmensstrategien als Antwort auf Entflechtung und Regulierung, in: PWC: Entflechtung und Regulierung in der deutschen Energiewirtschaft, Praxishandbuch zum Energiewirtschaftsgesetz, 3. Aufl., Haufe-Lexware Verlag, Freiburg

KVK (2015): Zertifizierung zum Regulierungsmanager, Kompetenzzentrum Verteilnetze und Konzessionen GmbH, Köln, URL: http://www.kvk-kompetenzzentrum.de/lehrgaenge/inhalt.html (Stand: 24.03.15)

Lasch, R. (2005): ÖPNV-Markt der Zukunft, Endbericht zur Delphi-Studie im Auftrag des deutschen Verkehrsforums, Technische Universität Dresden, URL: http://www.wagener-herbst.com/content/news/DelphioPNVEndberichtGliederungundSummary.pdf (Stand: 29.08.2014)

Lauterborn, A. (2013): Strategische Aspekte von Rollout-Projekten – Was Smart Metering zum Paradigmenwechsel in der Energieversorgung beitragen kann, in: Aichele, C./Doleski, O. D.: Smart Meter Rollout: Praxisleitfaden zur Ausbringung intelligenter Zähler, Springer Verlag, Wiesbaden

Lenk, T./Rottmann, O. (2009): Perspektiven von Stadtwerken, Studie vor dem Hintergrund der Interdependenz von Wettbewerb und Daseinsvorsorge im Fokus eines regulierten Marktumfeldes, Commerzbank AG (Hrsg.), Frankfurt am Main, 2010

Lenk, T./Rottmann, O./Albrecht, R. (2011): Renaissance der Kommunalwirtschaft – Rekommunalisierung öffentlicher Dienstleistungen, erstellt vom Kompetenzzentrum Öffentliche Wirtschaft und Daseinsvorsorge der Universität Leipzig, Leipzig, URL: http://www.gemeinderat-online.de/fileadmin/default/files/PDF_Dokumente/Studie_HVB.pdf (Stand: 07.07.2014)

Lenk, T./Rottmann, O. (2012): Horizontale Kooperationen von Stadtwerken, in: Bräunig, D./Gottschalk, W. (2012): Stadtwerke: Grundlagen, Rahmenbedingungen, Führung und Betrieb, Nomos Verlag, Baden-Baden

Lenk, T./Rottmann, O./Albrecht, R./Grüttner, A. (2012): Die Energiewende und deren Herausforderungen für die Stadtwerke, erstellt vom Kompetenzzentrum Öffentliche Wirtschaft und Daseinsvorsorge der Universität Leipzig, Leipzig, URL: www.wifa.uni-leipzig.de/fileadmin/user_upload/.../EE-Studie_final.pdf (Stand: 07.07.2014)

Lenk, T./Rottmann, O./Grüttner, A. (2014): Herausforderungen von Stadtwerken aus der Energiewende, Studie im Auftrag der Commerzbank, erstellt vom Kompetenzzentrum Öffentliche Wirtschaft und Daseinsvorsorge der Universität Leipzig, 2014, Leipzig, URL: http://www.kompetenzzentrum-uni-leipzig.de/herausforderungen-von-stadtwerken-aus-der-energiewende (Stand: 27.04.2015)

Lengsfeld, D. (2003): Verbraucherschützer kritisieren Strompreiserhöhungen als Abzocke – Regulierungsbehörde gefordert, NGO, 09.12.2003, URL: http://www.ngo-online.de/2003/12/9/regulierungsbehorde-gefordert (Stand: 19.07.2014)

Leuschner, U. (2004): MVV stopft Powerline-Loch mit 30 Millionen Euro, Heidelberg: ohne Verlagsangabe, URL: http://www.udo-leuschner.de/energie-chronik/040308.htm (Stand: 20.12.2015)

Leuschner, U. (2005): EnBW übernimmt Mehrheit an Stadtwerken Düsseldorf, Heidelberg: ohne Verlagsangabe, URL: http://www.udo-leuschner.de/energie-chronik/051206.htm (Stand: 15.06.2014)

Leuschner, U. (2009): Die deutsche Gasversorgung von den Anfängen bis 1998, Heidelberg: ohne Verlagsangabe, URL: http://www.udo-leuschner.de/pdf/gasversorgung.pdf (Stand: 07.07.2014)

Lorenz, R./Müser, C. (2015): Erneuerbare Energie kannibalisieren sich selbst, Beitrag im Rahmen einer Sonderveröffentlichung des HandelsblattJournal zum Thema Energiewirtschaft, Euroforum Deutschalnd SE (Hrsg.), Düsseldorf, 2015

Matz, S. (2007): Erfolgsfaktoren im Innovationsmanagement von Industriebetrieben, Gabler Verlag, Wiesbaden

Mensch, G. (2009): Finanz-Controlling: Finanzplanung und -kontrolle, Controlling zur finanziellen Unternehmensführung, Oldenbourg-Verlag, München

Menges, R./Müller-Kirchenbauer, J. (2012): Rekommunalisierung versus Neukonzessionierung der Energieversorgung, in: ZfE, 36. Jg.

Meyer-Gohde, P./Schiereck, D. (2013): Effizienzperspektiven aus der Rekommunalisierung der deutschen Energieversorgung, in: Wellenbrecher auf dem Weg zur Energiewende, Peter Lang Verlag, Frankfurt am Main

Meyer-Gohde, P./Meinshausen, S./Schiereck, D./von Flotow, P. (2013): Entflechtung und Rekommunalisierung von netzgebundenen Infrastrukturen, in: Zeitschrift für öffentliche und gemeinwirtschaftliche Unternehmen (ZögU), 36. Jg., H. 1

Meyer-Renschhausen, M./Sieling, M. (1999): Liberalisierung des Strommarktes – Wirkungen und Anpassungsstrategien der kommunalen Energieversorgungsunternehmen, in: Zeitschrift für öffentliche und gemeinwirtschaftliche Unternehmen (ZögU), 22. Jg., H. 2

Mihm, A. (2013): Energiewende – Strom an der Börse billig wie seit Jahren nicht. Frankfurter Allgemeine Zeitung vom 05.02.2013, Frankfurt am Main

Mißfeldt, S. (2012): A comparative analysis between the Dutch and German electricity distribution network industry with regard to regulation and efficiency, Master-Thesis, Aarhus School of Business, Aarhus, URL: http://pure.au.dk/portal-asb-student/files/45620573/Master_Thesis_Stefan_Missfeldt_final.pdf (Stand 31.07.2014)

Mrozyk, M. (2013): Kooperationsprojekt BIGGE ENERGIE – Stadtwerkefusion in Nordrhein-Westfalen, in: Kursbuch Stadtwerke – Fundamente schaffen, Rödl & Partner GbR, Ausgabe: September 2013, Nürnberg

Müller, L. (2011): Handbuch der Elektrizitätswirtschaft: technische, wirtschaftliche und rechtliche Grundlagen, 2. Auflage, Springer Verlag, Berlin

Müller, P. (2007): Lagebericht für das Geschäftsjahr 2006/2007 der 24/7 United Billing GmbH, Offenbach am Main, den 21.11.2007. URL: https://www.bundesanzeiger.de/ebanzwww/wexsservlet (Stand: 01.06.2015)

Müller, R. (1999): Die Liberalisierung des Elektrizitätsmarktes und die sich für die Anbieter daraus ergebenden Chancen und Gefahren, Diplomica Verlag, Hamburg

Musseaus, P./Rausch, I/Otto, H. (2012): Rechtliche Entflechtung, in: PWC: Entflechtung und Regulierung in der deutschen Energiewirtschaft, Praxishandbuch zum Energiewirtschaftsgesetz, 3. Aufl., Haufe-Lexware Verlag, Freiburg

Nallinger, M. (2014): Die große Suche hat begonnen, Zeitung für kommunale Wirtschaft vom 08. September 2014, München

Neuerer, D./Stratmann, K. (2013): Merkels Energiewende bedroht Stadtwerke. Handelsblatt vom 04.09.2013. URL: http://www.handelsblatt.com/politik/deutschland/bundestagswahl-2013/oekostrom-vs-gaskraftwerke-merkels-energiewende-bedroht-stadtwerke/8742016.html (Stand: 30.03.2015)

Netzband, J./Dierks, R. (2012): Informatorische Entflechtung, in: PWC: Entflechtung und Regulierung in der deutschen Energiewirtschaft, Praxishandbuch zum Energiewirtschaftsgesetz, 3. Aufl., Haufe-Lexware Verlag, Freiburg

Nevitt, P. K./Fabozzi, F. J. (2000): Project Financing. 7th Edition. Euromoney Institutional Investor PLC, October 2000

Nicolai, A/Kieser, A. (2002): Trotz eklatanter Erfolglosigkeit: Die Erfolgsfaktorenforschung weiter auf Erfolgskurs, in: Die Betriebswirtschaft, 62. Jg., H. 6

Nolde, A./Wolter, H./Ecke, J. (2013): Die Energiewende fordert einen smarten Verteilnetzausbau, in: ET, 63. Jg., H. 12

NordReg (2011): Economic regulation of electricity grids in Nordic countries, Report 7/2011, Nordic Energy Regulators, Kopenhagen, URL: http://www.nordicenergyregulators.org/wp-con-tent/uploads/2013/02/Economic_regulation_of_electricity_grids_in_Nordic_countries.pdf (Stand 09.07.2014)

NordReg (2013): Nordic Market report 2013, Development in the Nordic Electricity Market, Report 6/2013, Nordic Energy Regulators, Oslo, URL: http://www.nordicenergyregulators.org/wp-content/uploads/2013/02/Nordic_Market-report_2013.pdf (Stand 01.08.2014)

NVE (2013): National Report, Norwegian Water Resources and Energy Directorate (NVE), Oslo, URL: http://www.ceer.eu/portal/page/portal/EER_HOME/EER_PUBLICATIONS/NATIONAL_REPORTS/National%20Reporting%202013/NR_En/C13_NR_Norway-EN.pdf (Stand 30.07.2014)

Oesterle, M.J. (1995): Probleme und Methoden der Joint Venture-Erfolgsbewertung, in: Zeitschrift für Betriebswirtschaft, 65. Jg., H. 9

OLG Düsseldorf (2012): Oberlandesgericht entscheidet über Netzkosten. Pressemitteilung des OLG Düsseldorf vom 06.06.2012, URL: http://www.olg-duesseldorf.nrw.de/behoerde/presse/archiv/Pressemitteilungen_aus_2012/06-06-2012-PM-OLG-Netzkosten/index.php (Stand: 20.06.2015)

Ortmann, B. (1999): Erfolgsfaktoren von SB-Warenhäusern, Herbert Utz Verlag, München

Otto, S.-J./Sametschek, C. (2012): Untersuchung zukunftsfähiger Geschäftsfelder anhand ausgesuchter Geschäftsberichte, Studie, PricewaterhouseCoopers, Düsseldorf

O.V. (2002a): Geschäftsbericht 2001/2002 der MVV Energie AG, Mannheim, URL: https://www.equitystory.com/Download/.../mvv-energie/GB_01_02_deutsch (Stand: 11.06.2014)

O.V. (2002b): Untersuchungen der Wirtschaftlichkeit der Müllabfuhr in kreisfreien Städten. Bayrischer kommunaler Prüfungsverband, Mitteilungen 2/2002, Nr. 14, München

O.V. (2004): Geschäftsbericht 2003/2004 der MVV Energie AG, Mannheim, URL: http://www.equitystory.com/download/companies/mvv-energie/annual%20reports/de0007255903-ja-2003-eq-d-00.pdf (Stand: 11.06.2014)

O.V. (2005a): Stadtwerke setzen wieder stärker auf die Eigenerzeugung ihres Stroms. A. T. Kearney-Studie untersucht Auswirkungen der veränderten Rahmenbedingungen auf die Erzeugungspolitik der Stadtwerke. Pressemitteilung vom 19.01.2005, URL: http://www.atkearney.de/content/presse/pressemitteilungen_archiv_detail.php/id/49297/year/2005 (Stand: 20.03.2015)

O.V. (2005b): Stadtwerke setzen auf eigenen Strom – kleine Versorger wollen unabhängiger werden, Der Tagesspiegel vom 20.01.2005, URL: http://www.tagesspiegel.de/wirtschaft/stadtwerke-setzen-auf-eigenen-strom-kleine-versorger-wollen-unabhaengiger-werden/578630.html (Stand: 20.03.2015)

O.V. (2010): Hocheffizientes Gas- und Dampfturbinenkraftwerk setzt neue Maßstäbe. Pressemitteilung der Mainova AG vom 17.05.2010, Frankfurt am Main. URL: https://www.mainova.de/unternehmen/presse/2835.html (Stand: 28.03.2015)

O.V. (2011): Geschäftsbericht 2011 der RheinEnergie AG, URL: https://www.rheinenergie.com/media/portale/downloads_4/rheinenergie_1/broschueren_1/Geschaeftsbericht2011.pdf (Stand: 11.06.2014)

O.V. (2012a): Pressemitteilung Nr. 16/2012 des Oberlandesgericht Düsseldorf vom 06.06.2012, URL: http://www.olg-duesseldorf.nrw.de/behoerde/presse/archiv/Pressemitteilungen_aus_2012/06-06-2012-PM-OLG-Netzkosten/index.php (Stand: 20.08.2014)

O.V. (2012b): Kartellverfahren: Abzocke beim Trinkwasser. Osnabrücker Zeitung vom 14.08.2012. URL: http://www.noz.de/deutschland-welt/wirtschaft/artikel/18486/kartellverfahren-abzocke-beim-trinkwasser (Stand: 15.04.2015)

O.V. (2013a): Nachhaltigkeits- und Geschäftsbericht der Pfalzwerke Aktiengesellschaft 2012, Ludwigshafen. URL: http://www.pfalzwerke.de/dokumente/PFW12103_GB_2012_GesamtPDF.pdf (Stand: 06.04.2015)

O.V. (2013b): HSE verlängert Wasserkonzession nicht. ZfK – Zeitung für kommunale Wirtschaft vom 18.12.2013. URL: http://www.zfk.de/wasser/artikel/hse-verlaengert-wasserkonzession-nicht.html (Stand: 15.04.2015)

O.V. (2013c): Geschäftsbericht 2013 der MVV Energie AG, Mannheim, URL: https://www.mvv-energie.de/media/de/media/downloads/investor_relations/geschaeftsjahr_2013_14/berichte_18/GB_2013_14_dt.pdf (Stand: 11.06.2014)

O.V. (2014a): Das Trianel Gas- und Dampfkraftwerk – ein starkes Stück Hamm. Bericht der Trianel Gaskraftwerk Hamm GmbH & Co. KG URL: http://www.trianel-hamm.de/de/ueber-uns.html (Stand: 12.10.2014)

O.V. (2014b): Kooperation von Stadtwerken für Stadtwerke. Bericht der Trianel Kohlekraftwerk Lünen GmbH & Co. KG, URL: http://www.trianel-luenen.de/de/ueber-uns.html (Stand: 12.10.2014)

O.V. (2014c): Handelsvolumen am EEX Spot- und Terminmarkt für Strom in Deutschland in den Jahren 2002 bis 2013. Statista, das Statistik-Portal. URL: http://de.statista.com/statistik/daten/studie/12486/umfrage/entwicklung-der-eex-handelsvolumina-seit-2002 (Stand: 17.10.14)

O.V. (2014d): Kommunalbericht 2014. Überörtliche Prüfung kommunaler Körperschaften – 26. Zusammenfassender Bericht an den hessischen Landtag, Herausgeber: Dr. Walter Wallmann, Präsident des Hessischen Rechnungshofs, Darmstadt, 17. September 2014

O.V. (2014e): Wesentliche Veränderungen der Gesellschafterstruktur seit dem Börsengang, Homepage der MVV Energie AG, Mannheim, URL: https://www.mvv-energie.de/de/mvv_energie_gruppe/gesellschaftsstruktur/aktionaersstruktur_1.jsp (Stand: 11.06.2014)

O.V. (2015a): Nettostromverbrauch in Deutschland in den Jahren 1991 bis 2013 (in Terawattstunden). Statista, das Statistik-Portal. URL: http://de.statista.com/statistik/daten/studie/164149/umfrage/netto-stromverbrauch-in-deutschland-seit-1999 (Stand: 07.04.2015)

O.V. (2015b): Mannheim setzt auf Fernwärme – Umweltschonende Wärme aus dem Netz. Homepage der MVV Energie AG, Mannheim, URL: https://www.mvv-energie.de/de/geschaeftskunden/industrie_handel_gewerbe/fernwaerme/fernwaermeausbau/fernwaermeausbau_1.jsp (Stand: 16.04.2014)

O.V. (2015c): Ausbauoffensive Fernwärme. Homepage der Stadtwerke München GmbH. URL: http://www.swm.de/privatkunden/m-fernwaerme/ausbauoffensive.html (Stand: 16.04.2014)

O.V. (2015d): Erläuterungen zu den Strukturindikatoren, Gesellschaft für innovative Beschäftigungsförderung mbH (GIB), Bottrop, URL: http://fachkraefteinitiative-nrw.de/glossar-strukturindikatoren (Stand: 06.01.2015)

O.V. (2015e): Keine Energiewende ohne Smart Grids – Smart Grids werden wichtiges Geschäftsfeld für Stadtwerke. Homepage der Smart Grids-Plattform Baden-Württemberg e.V., URL: http://www.smartgrids-bw.net/veranstaltungen/smart-grids-gespraeche-fuer-stadtwerke (Stand: 03.06.2015)

Paetsch, M./Böck, R. (2009): Strommarktliberalisierung in der Schweiz: Neue Strukturen und ihre Herausforderungen, Universität St. Gallen HSG, St. Gallen, URL: http://www.unisg.ch/~/~/media/8EE6B09C938C41A2B22296963556995F.ashx (Stand 31.07.2014)

Pavel, F./Cullmann, A./Girard, Y./Nieswand, M./Dehnen, N. (2014): Gutachten zum Investitionsverhalten der Strom- und Gasnetzbetreiber im Rahmen des Evaluierungsberichts nach § 33 Abs. 1 ARegV. DIW Econ GmbH, Berlin, Dezember

2014. URL: http://diw-econ.de/wp-content/uploads/2014/11/GA_Investitionsverhalten_ARegV1.pdf (Stand: 20.06.2015)

Pescia, D./Redl, C. (2014): Comparing electricity prices for industry, an elusive task – illustrated by the German Case, Studie der Agora Energiewende, Berlin, URL: http://www.agora-energiewende.de/themen/europaeische-energiepolitik/detailansicht/article/analyse-der-boersenstrompreise-2013-zeigt-deutsche-preise-gehoeren-zu-den-niedrigsten-in-europa (Stand: 16.10.2014)

Petersdorff, W. v. (2014): Neue Auswertung – Ein Fünftel der Windparks wirft keine Rendite ab. Frankfurter Allgemeine Zeitung vom 23.11.2014, Frankfurt am Main

Pfeifer, O./Paul, M. (2013): Kundenbindungscontrolling, in: Laker, M. (Hrsg.), Marketing für Energieversorger: Kunden binden und gewinnen im Wettbewerb, Redline Verlag, München

Pielow, J.-Ch. (2012): Ordnungs- und wirtschaftspolitische Rahmenbedingungen für Stadtwerke, in: Bräunig, D./Gottschalk, W. (2012): Stadtwerke: Grundlagen, Rahmenbedingungen, Führung und Betrieb, Nomos Verlag, Baden-Baden

Piltz, H. (2001): Netznutzungsentgelte für Stromlieferungen in der Kritik – Ist jetzt auch in Deutschland eine Regulierungsbehörde erforderlich?, Wirtschaft und Wettbewerb (WuW) – Zeitschrift für Deutsches und Europäisches Wettbewerbsrecht, Heft 06/2001

Porter, M. E. (2000): Wettbewerbsvorteile. Spitzenleistungen erreichen und behaupten, 6. Auflage. Frankfurt am Main / New York, 2000

Pötzsch, O./Rößger, F. (2015): Bevölkerung Deutschlands bis 2060. Statistisches Bundesamt, Wiesbaden.

Püttner, G. (2012): Stadtwerke zwischen Daseinsvorsorge und Wettbewerb, in: Bräunig, D./Gottschalk, W. (2012): Stadtwerke: Grundlagen, Rahmenbedingungen, Führung und Betrieb, Nomos Verlag, Baden-Baden

Quantum Gas & Power Services (2014): Energy Deregulated States in the United States, Cypress, Texas, URL: http://www.quantumgas.com/list_of_energy_deregulated_states_in_united_states.html (Stand 01.07.2014)

Quinn, R. E./Rohrbaugh, J. (1983): A spatial model of effectiveness criteria: towards a competing values approach to organizational analysis, in: Management Science, Vol. 29, No. 3

Rademacher, D./Missal, A. (2011): Nachfrage-Boom bei Ökostrom-Anbietern, DPA/Der Stern, URL: http://www.stern.de/wirtschaft/news/atomausstieg-der-verbraucher-nachfrage-boom-bei-oekostrom-anbietern-1677594.html (Stand: 17.10.2014)

Rahmel, S./Völl, W./Rönz, W. (2012): Unternehmenssteuerung in der Energiewirtschaft in Zeiten eines tiefgreifenden Wandels, in: Controller Magazin, 38. Jg., H. 1

Ramanathan, R. (2002): Introductory Econometrics with Applications. South Western, Mason/Ohio, 2002

Reck, H.-J. (2012): Stadtwerke im Spannungsfeld von öffentlichem Auftrag, sozialler Marktwirtschaft und Politik, in: Bräunig, D./Gottschalk, W. (2012): Stadtwerke: Grundlagen, Rahmenbedingungen, Führung und Betrieb, Nomos Verlag, Baden-Baden

Rehkugler, H. (1989): Erfolgsfaktoren mittelständischer Unternehmen, in: Das Wirtschaftsstudium, 18. Jg., H. 11

Rendez, H. (2013): Stromnetzbetrieb in Metropolregionen – Trends und Herausforderungen, Vattenfall Europe Netzservice, Vortrag im Rahmen der SAG-Fachtagung „Smart Grids“ am 13.11.13 in Frankfurt am Main

Ridder, N. (2007): Vom monopolistischen Stromversorger zum kundenorientierten Energiedienstleister: Die strategische Neuausrichtung kommunaler Energieversorgungsunternehmen im liberalisierten deutschen Strommarkt, Kovač Verlag, Hamburg

Röderstein, R. (2009): Erfolgsfaktoren im Supply Chain Management der DIY-Branche, Gabler Verlag, Wiesbaden

Romer, A. (2012): Anreizsysteme für Investitionen während der Regulierungsperiode, Diskussionspapier # 2012 – 02, Universität Hohenheim, Hohenheim, URL: http://opus.uni-hohenheim.de/volltexte/2012/791/ (Stand 08.07.2014)

Rothe, S./Ronkartz, T. (2015): Das neue EEG – Marktentwicklung und Erfolgsfaktoren von Transaktionen im Sektor der erneuerbaren Energien. M&A REVIEW, Heft 4/2015, 26. Jahrgang, 2015

Ruhland, F. (2001): Anforderungen an Lieferantenpartnerschaften aus Sicht eines Energie-Einzelhändlers. In: Energiewirtschaft im Aufbruch. Heraus-geber: Becker, P./Held, C., Köln, 2001

Salzer, E. (2004): Investor Relations-Management und IPO-Erfolg, Gabler Verlag, Wiesbaden

Sander, C. (2008): Aktuelle Herausforderungen kommunaler Energieversorgungsunternehmen: Kooperationen als strategische Option, Arbeitspapiere des Instituts für Genossenschaftswesen der Westfälischen Wilhelms-Universität Münster, No. 75, Münster, URL: http://hdl.handle.net/10419/55728 (Stand: 02.05.2014)

Sander, C. (2009): Kooperationen kommunaler Energieversorger: Eine empirische Bestandsaufnahme, Arbeitspapiere des Instituts für Genossenschaftswesen der Westfälischen Wilhelms-Universität Münster, No. 78, Münster, URL: http://hdl.handle.net/10419/55749 (Stand: 02.05.2014)

Säcker, F. J./Busche, J. (1998): Umsetzung der Elektrizitätsbinnenmarkt-Richtlinie: Richtlinienkompetenz und EG-rechtliche Probleme des single-buyer-Konzepts, Energiewirtschaftliche Tagesfragen, Vol. 48, 1998

Schaad, G. (2012): Strategies for environmental sustainability of municipal energy companies Pathways of sustainable development between business and society, University of Gothenburg, Gothenburg, URL: https://gupea.ub.gu.se/bitstream/2077/30772/1/gupea_2077_30772_1.pdf (Stand: 07.07.2014)

Schaefer, Ch. (2012): Controlling in Stadtwerken, in: Bräunig, D./Gottschalk, W. (2012): Stadtwerke: Grundlagen, Rahmenbedingungen, Führung und Betrieb, Nomos Verlag, Baden-Baden, 2012

Schaubruch, W./Wöbbeking, K.-H. (2008): Strategiebewertung unter Citizen-Value-Aspekten, in: Obladen, H.-P. /Meetz, M. (Hrsg.), Betriebswirtschaftliche Strategien für Abfallwirtschaft und Stadtreinigung, Kassel University Press, Kassel

Scheffczyk, E. (2007): Untersuchung der rechtlichen Überschuldung bei der Jahresabschlussprüfung im Rahmen der Going-Concern-Annahme, Josef Eul Verlag, Lohmar/Köln, 2007

Scheffler, E. (1998): Bilanzen richtig lesen – was Bilanzen aussagen und verschweigen. Verlag C. H. Beck, München, 1998

Schlittgen, R. (2009): Multivariate Statistik. Oldenbourg Wissenschaftsverlag GmbH, München, 2009

Schlittler, S./Flatt, M. (2012): Schrittweise Liberalisierung des Schweizer Gasmarktes – Inkrafttreten der Verbändevereinbarung per 1. Oktober 2012, Aarau, URL: http://www.evupartners.ch/evu/wp-content/uploads/2012/09/20120911_schrittweise-Liberalisierung-des-Schweizer-Gasmarktes1.pdf (Stand: 31.07.2014)

Schmalen, C./Kunert, M./Weindlmaier, H. (2006): Erfolgsfaktorenforschung: Theoretische Grundlagen, methodische Vorgehensweise und Anwendungserfahrungen in Projekten für die Ernährungsindustrie, in: Unternehmen im Agrarbereich vor neuen Herausforderungen: 45. Jahrestagung der Gesellschaft für Wirtschafts- und Sozialwissenschaften des Landbaues e. V. vom 05. bis 07. Oktober 2005 in Göttingen, Landwirtschaftsverlag, Münster

Schmidt, A. G. (2002): Indikatoren für Erfolg und Überlebenschancen junger Unternehmen, in: Albach, H./Pinkwart, A. (Hrsg.), Gründungs- und Überlebenschancen von Familienunternehmen, Zeitschrift für Betriebswirtschaft, Ergänzungsheft 5, Gabler Verlag, Wiesbaden

Schmid, M. (2012): Prognosefähiger Erfolg nach IAS/IFRS: konzeptionelle und bilanztheoretische Analyse der Anforderungen an Ermittlung und Ausweis, Gabler Verlag, Wiesbaden

Schöneich, M. (2012): Strukturwandel der Stadtwerke, in: Bräunig, D./Gottschalk, W.: Stadtwerke: Grundlagen, Rahmenbedingungen, Füh-rung und Betrieb, Nomos Verlag, Baden-Baden

Schott, G. (1988): Kennzahlen – Instrument der Unternehmensführung. Forkel-Verlag, Wiesbaden, 1988

Schumacher, T./Fritz, T./Schiegg, T./Holst, A./Bausch, A. (2007): Value Creator III – Eine empirische Untersuchung von Energieversorgungsunternehmen in Deutschland, Österreich und der Schweiz, Studie von Accenture und Jacobs University

Bremen, Kronberg im Taunus/Bremen, URL: http://www.accenture.com/SiteCollectionDocuments/Local_Germany/PDF/Accenture-Value-Creator-III.pdf (Stand: 07.05.2014)

Schurig, C./Barufe, M. (2010): Laufzeiten von Debitoren und Kreditoren sind entscheidend für die Liquidität, in: Betriebswirtschaft im Blickpunkt, Ausgabe 10, 2010

Schweitzer, U. (2007): Statistik mit Microsoft Excel. W3L-Verlag, Herdecke/Witten, 2007

Schwintowski, H.-P. (2010): Handbuch Energiehandel, 2. Auflage, Erich Schmidt Verlag, Berlin, 2010

Seidel, M./Sommer, C./Radtke, O. (2014): Investitionskostendifferenz, VKU Kurz-Studie vom 19.05.2014, BET, Aachen, URL: http://www.vku.de/fileadmin/get/?28746/140519_Bericht_IKD_VKU_Kurz-Studie.pdf (Stand: 15.06.2014)

Seifert, D. (2013): E.on: GuD-Kraftwerk Irsching – Stilllegen oder wer zahlt 100 Millionen Euro? Publikation vom 21.03.2013. URL: http://umweltfairaendern.de/2013/03/e-on-gud-kraftwerk-irsching-stilllegen-oder-wer-zahlt-100-millionen-euro (Stand: 28.03.2015)

Simon, F. (2015): Rechnungswesen verstehen, Berlin, URL: http://www.rechnungswesen-verstehen.de/formeln/cashflow-zu-gesamtkapital.php (Stand: 18.01.2015)

Simon, J. (2006): Technische und wirtschaftliche Struktur der Gasversorgung in Deutschland, Technische Universität Carolo-Wilhelmina zu Braunschweig, Grin Verlag, Hamburg

Sorge, N.-V. (2013): Gaskraftwerk Irsching gerettet – Stromkunden zahlen. Manager Magazin Online vom 18.04.2013, URL: http://www.manager-magazin.de/unternehmen/energie/a-894987.html (Stand: 28.03.2015)

Statistisches Bundesamt (2014): Bevölkerungsentwicklung. URL: https://www.destatis.de/DE/ZahlenFakten/GesellschaftStaat/Bevoelkerung/Bevoelkerung.html#Tabellen (Stand: 15.05.2015)

Statistisches Landesamt Baden-Würtemberg (2014): Investitionsquote im Verarbeitenden Gewerbe in Deutschland 2012 nach Bundesländern, URL: http://www.statistik-bw.de/ProdGew/Indikatoren/VG_InvQuote.asp (Stand: 23.08.2014)

Stäck, B. (2008): Die Liberalisierung des deutschen Gasmarktes, Dissertationsschrift an der Universität Münster, Münster, URL: http://d-nb.info/993258182/34 (Stand: 18.08.2014)

Steinhoff, F. (2006): Kundenorientierung bei hochgradigen Innovationen: Konzeptualisierung, empirische Bestandsaufnahme und Erfolgsbetrachtung, Gabler Verlag, Wiesbaden

Steinle, C./Eggers, B./Kirschbaum, J./Kirschbaum, V. (1994): Erfolgsfaktoren-Beziehungsanalyse: Ergebnisbericht eines Praktiker-Workshops – Erfolgsfaktoren,

Erfolgspotenziale und Erfolg aus Sicht der Praxis, Diskussionspapier Nr. 187 des Fachbereiches Wirtschaftswissenschaften der Universität Hannover, Hannover

Steinle, C./Kirschbaum, J./Kirschbaum, V. (1996): Erfolgreich überlegen: Erfolgsfaktoren und ihre Gestaltung in der Praxis. Frankfurter Allg. Zeitung, Verl.-Bereich Wirtschaftsbücher, Frankfurt am Main

Summer, C. E./Bettis, R. A./Duhaime, I. M./Grant, J. H./Hambrick, D. C./Snow, C. C./Zeithaml, C. P. (1990): Doctoral Education in the Field of Business Policy and Strategy, in: Journal of Management, Vol. 16, No. 2

Sütterlin, S. (2008): Deutschland – eines der kinderärmsten Länder. Online-Handbuch Demografie. Berlin-Institut für Bevölkerung und Entwicklung. URL: http://www.berlin-institut.org/online-handbuchdemografie/bevoelkerungsdynamik/regionale-dynamik/deutschland.html (Stand: 15.05.2015)

SW am See (2014): Porträt der Stadtwerke am See, URL: http://www.stadtwerk-am-see.de/de/ueber-uns/portrait/weg-zum-stadtwerk/weg-zum-stadtwerk.php (Stand: 13.06.2014)

swb (2004): Geschäftsbericht 2004 der swb-Gruppe, URL: https://www.swb-gruppe.de/ueber-swb/unternehmen/geschaeftsberichte.php (Stand: 11.06.2014)

Swedish Energy Markets Inspectorate (2013); The Swedish electricity and natural gas markets 2012, Eskilstuna, Sweden, URL: http://www.ceer.eu/portal/page/portal/EER_HOME/EER_PUBLICATIONS/NATIONAL_REPORTS/National%20Reporting%202013/NR_En/C13_NR_Sweden-EN.pdf (Stand 31.07.2014)

SW Fellbach (2015): Homepage der Stadtwerke Fellbach GmbH, Fellbach. URL: http://www.stadtwerke-fellbach.de/privatkunden/strom/nettstrom (Stand: 04.04.2015)

SW Görlitz (2014): Historie der Stadtwerke Görlitz, URL: http://www.stadtwerke-goerlitz.de/privatkunden/unternehmen/ueber-uns/historie (Stand: 11.06.2014)

Swissgrid (2014): Geschäftsbericht 2012 der Swissgrid AG, URL: http://www.swissgrid.ch/dam/swissgrid/company/publications/de/Swissgrid_GB12_de.pdf (Stand: 16.07.2014)

SW Kiel (2002): Geschäftsbericht 2001/2002 der Stadtwerke Kiel AG, URL: https://www.stadtwerke-kiel.de/swk/media/pdf/unternehmen_1/geschaeftsberichte/pmswkce-233-GB01.pdf (Stand: 11.06.2014)

SWLB (2014): Historie der Stadtwerke Ludwigsburg-Kornwestheim GmbH (SWLB), URL: http://www.swlb.de/de/Ueber-uns/Ihre-SWLB/ueber-150-Jahre-SWLB/Historie-SWLB/154-Jahre-Historie-SWLB.html (Stand: 13.06.2014)

SWM (2015): Ausbauoffensiv Erneuerbare Energien. Homepage der Stadtwerke München GmbH. URL: http://www.swm.de/privatkunden/unternehmen/engagement/umwelt/ausbauoffensive-erneuerbare-energien.html (Stand: 01.04.2015)

SWS (2009): Geschäftsbericht 2008/2009 der SWS Stadtwerke Solingen GmbH, URL: http://www.klingenenergie.de/4402.cbin (Stand: 12.06.2014)

Teigeler, M. (2015): Das Stadtwerk zwischen Vergangenheit und Zukunft, Beitrag im Rahmen einer Sonderveröffentlichung des HandelsblattJournal zum Thema Energiewirtschaft, Euroforum Deutschalnd SE (Hrsg.), Düsseldorf, 2015

The Energy Market Authority (2013): National report 2013 to the Agency for the Cooperation of Energy Regulators and to the European Commission, Finland, URL: http://www.ceer.eu/portal/page/portal/EER_HOME/EER_PUBLICATIONS/NATIONAL_REPORTS/National%20Reporting%202013/NR_En/C13_NR_Finland-EN.pdf (Stand 31.07.2014)

Theurl, T./Sander, C. (2011): Erfolgsfaktoren für Stadtwerke-Kooperationen: Ergebnisse einer empirischen Untersuchung, Arbeitspapiere des Instituts für Genossenschaftswesen der Westfälischen Wilhelms-Universität Münster, No. 103, Münster, URL: http://www.econstor.eu/handle/10419/55804 (Stand 02.05.2014)

Thierer, H.-U. (2013): Millionen-Bilanzverlust: SWU in tiefroten Zahlen. Südwest-Presse vom 19.03.2013, URL: http://www.swp.de/ulm/lokales/ulm_neu_ulm/Millionen-Bilanzverlust-SWU-in-tiefroten-Zahlen (Stand: 01.06.2015)

Thomas, Th. W. (2006): Unternehmenszusammenschlüsse in der Energieversorgung: eine empirische Analyse der Übernahmewelle der 1990er Jahre in Nordamerika und Europa, Deutscher Universitäts-Verlag, Wiesbaden

Thomsen, L./Mehler, O. C. (2014): Wendepunkte der Energiewirtschaft, Studie der RWE Effizienz GmbH und der future matters AG, Erlenbach/Zürich, 2014, URL: https://www.rwe.com/app/pressecenter/download.aspx?pmid=4012118&datei=1 (Stand: 02.06.2015)

Tjaden, G. (2003): Erfolgsfaktoren Virtueller Unternehmen: Eine theoretische und empirische Untersuchung, Gabler Verlag, Wiesbaden

Töpfer, A. (2005): Betriebswirtschaftslehre. Anwendungs- und prozessorientierte Grundlagen. Springer-Verlag Berlin Heidelberg, 2005

Trommsdorff, V (1990): Erfolgsfaktorenforschung, Produktinnovation und Schnittstelle Marketing – F&E, Wirtschaftswissenschaftliche Dokumentation, Techn. Univ. Berlin, 1990

Trommsdorff, V. (1993): Konsumentenverhalten, Kohlhammer Verlag, Stuttgart

Ufer, H.-W./Hoffjan, A./Ißleib, S./Schuchardt, L. D. (2010): Investitionsanreize der Anreizregulierungsverordnung in der Energiewirtschaft, in: Zeitschrift für öffentliche und gemeinwirtschaftliche Unternehmen (ZögU), 33. Jg., H. 1

Uken, M. (2012): Energiewende: Das Bürgernetz kommt. Die Zeit vom 29. Februar 2012, URL: http://www.zeit.de/wirtschaft/2012-02/buergernetz/komplettansicht (Stand: 03.06.2015)

Urban, D./Mayerl, J. (2011): Regressionsanalyse: Theorie, Technik und Anwendung, Verlag für Sozialwissenschaften, Wiesbaden

VDI (2015): Digitalisierung gibt Impulse für Energiewende, VDI Nachrichten Nr. 46 vom 13. November 2015

VDV (2012): Die Verkehrsunternehmen – Statistik 2012, Verband Deutscher Verkehrsunternehmen (VDV), Köln, URL: http://www.vdv.de/Daten-Fakten.aspx (Stand 20.08.2014)

Veit, T./Walz, H./Gramlich, D. (1990): Investitions- und Finanzplanung – Eine Einführung in finanzwirtschaftliche Entscheidungen unter Sicherheit, Verlag Recht Und Wirtschaft, Heidelberg

Verivox (2015): Strompreisvergleich im Internet. URL: http://www.verivox.de/strompreisvergleich/vergleich (Stand: 04.04.2015)

Viljainen, S. (2005): Regulation design in the electricity distribution sector – theory and practice, Diss., Lappeenranta University of Technology. Lappeenranta, URL: http://www.lut.fi/documents/10633/138922/2005-Viljainen-Thesis.pdf/e9581d34-fbe3-4d7e-9e5d-66c5830f630e (Stand 27.07.2014)

Visser, G. (2008): Starker Vertrieb, innovatives Marketing und neue Geschäftsfelder – Garanten für Gewinn- und Zukunftssicherung der Stadtwerke. Schwerte, 2008. URL: http://www.zukunftsbuero.com/pdf/Stadtwerke2008.pdf (Stand: 17.04.2015)

VKS (2006): Citizen Value – Dem Bürger verpflichtet, Strategiepapier des Verbandes kommunale Abfallwirtschaft und Stadtreinigung im Verband kommunaler Unternehmen e.V., Köln, URL: http://www.vku.de/abfallwirtschaft/oeffentliche-verantwortung/citizen-value.html (Stand: 19.09.2014)

VKU (2009): Verband kommunaler Unternehmen: Kommunale Versorgung und Entsorgung, Geschäftsbericht 2008/2009, Berlin, URL: www.vku.de/fileadmin/get/?12961/VKU_Geschäftsbericht_08-09.pdf (Stand: 07.07.2014).

VKU (2013a): Verband kommunaler Unternehmen, Kommunalwirtschaft im Umbruch, Geschäftsbericht 2012/2013, Berlin, URL: http://www.vku.de/service-navigation/presse/publikationen/geschaefts-bericht2012-2013.html (Stand: 07.07.2014)

VKU (2013b): Verband kommunaler Unternehmen: Kommunale Ver- und Entsorgungsunternehmen in Zahlen, Zahlen – Daten – Fakten 2013, Berlin, URL: http://www.vku.de/fileadmin/get/?27165/VKU_ZahlenDatenFakten_WEB_Doppelseiten.pdf (Stand: 07.07.2014).

VKU (2013c): Verband kommunaler Unternehmen: Deutsche Stadtwerke liefern wichtigen Beitrag zur Energiewende. Pressemitteilung 64/13 vom 05.09.2013. Berlin. URL: http://www.vku.de/presse/pressemitteilungen-liste/liste-pressemitteilung/erzeugungszahlen.html (Stand: 30.03.2015)

VKU (2014): Verband kommunaler Unternehmen: Kommunale Kraftwerkskapazität 2013. Erzeugungsabfrage des VKU. URL: http://www.vku.de/grafiken-statistiken/energiethemen.html (Stand: 30.03.2015)

VWS (2014): Porträt der VWS Verbundwerke Südwestsachsen GmbH, URL: https://www.vws-verbundwerke.de/Unternehmen/Portraet (Stand: 13.06.2014)

Wagner, M. (2012): Ökonometrie II. Technische Universität Dortmund, 2012. URL: https://static.uni-graz.at/fileadmin/sowi-institute/Volkswirtschaftslehre/Wagner/vwlwww_12w_wm_slides_1.pdf (Stand: 09.04.2015)

Walter, G./Krauter, S./Schwenzer, A. (2011): Erfolgsfaktoren für die Akzeptanz von Erneuerbare-Energie-Anlagen, in: Energiewirtschaftliche Tagesfragen, März 2011

Weber, M. (2006): Schnelleinstieg Kennzahlen, Haufe Verlag, Planegg

Weickmann, F. (2005): Stadtwerke – Verlierer der Energiemarktliberalisierung?, GRIN Verlag GmbH, München

Weil, S. (2008): Erfolgreiche Positionierung von Stadtwerken im sich wandelnden Energiemarkt, Rede des Präsidenten des VKU e.V. zum 3. Deutschen Energiekongress – Energiewirtschaft im Wettbewerb, 09.09.2008, München, URL: http://www.hannover.de/Media/01-DATA/Neu/Downloads/Landeshauptstadt-Hannover/Verwaltung/Oberbuergermeister/Erfolgreiche-Positionierung-von-Stadtwerken-im-sich-wandelnden-Energiemarkt (Stand: 14.07.2014)

Welge, M. K./Al-Laham, A. (2013): Strategisches Management: Grundlagen – Prozess – Implementierung, Gabler Verlag, Wiesbaden

Westermann, R./Krämer, M. (2011): Die Qualitätsregulierung im Strombereich aus der Perspektive großstädtischer Verteilnetzbetreiber, in: Energiewirtschaftliche Tagesfragen, 61. Jg., H. 4

Wiesner, M. (2010): Der Stromgroßhandel in Deutschland: die Anwendung des Wertpapierhandelsgesetzes auf den deutschen Stromgroßhandel zur Stärkung der Marktintegrität, Peter Lang Verlag, Frankfurt am Main

Wilde, K. D. (1989): Bewertung von Produkt-Markt-Strategien: Theorien und Methoden, Duncker & Humblot Verlag, Berlin

Wildemann, H. (2009): Stadtwerke: Erfolgsfaktoren europäischer Infrastruktur- und Versorgungsdienstleister, TCW Transfer Centrum, München

Wilding, B. (2010): Beteiligungsbericht der Stadt Remscheid für das Geschäftsjahr 2008, Stadt Remscheid (Hrsg.), URL: http://www.remscheid.de/vv/produkte/0.10/146380100000021612.php.media/77405/Beteiligungsbericht_2008.pdf (Stand: 16.06.2014)

Wilmert, B./Spohn, D. (2014f): Geschäftsbericht 2013 der Stadtwerke Bochum Holding GmbH, Bocgum, März 2014, URL: http://www.stadtwerke-bochum.de/etc/medialib/stwbo/PDF/geschaeftsberichte.Par.0016.File.tmp/Stadtwerke_Bochum_Holding_GmbH_Geschaeftsbericht_2013.pdf (Stand: 01.06.2015)

Wohlgemuth, O./Hess, T. (1999): Erfolgsbestimmung in Kooperationen: Entwicklungsstand und Perspektiven, Arbeitsbericht Nr. 6/1999 der Abteilung Wirtschaftsinformation II, Universität Göttingen, Göttingen

Wolff, G./Herrmann, M./Niggemann, M. (2004): Quo vadis Erfolgsfaktorenforschung? In: Jahrbücher für Nationalökonomie und Statistik, Bd. 224, 2004

Wollmann, H. (2010): Das deutsche Kommunalsystem im europäischen Vergleich – Zwischen kommunaler Autonomie und "Verstaatlichung"?, in: Bogumil, J./Kuhlmann, S.: Kommunale Aufgabenwahrnehmung im Wandel: Kommunalisierung, Regionalisierung, VS Verlag, Wiesbaden

Wöltje, J. (2008): Betriebswirtschaftliche Formeln. Haufe Verlag, Planegg/München

WSW (2010): Geschäftsbericht 2009 der WSW Wuppertaler Stadtwerke GmbH, Wuppertal

WSW (2015): Geschäftsbericht 2014 der WSW Wuppertaler Stadtwerke GmbH, Wuppertal

Wübbels, M./Weigt, J./Petzold, F. (2012): Lage und Persepektiven der kommunalen Energieerzeugung, in: Bräunig, D./Gottschalk, W. (2012): Stadtwerke: Grundlagen, Rahmenbedingungen, Führung und Betrieb, Nomos Verlag, Baden-Baden

Wuppertaler Rundschau (2014): Sorge um Wuppertaler Kraftwerke, Wuppertaler Rundschau vom 08.10.204, URL: http://www.wuppertaler-rundschau.de/lokales/sorge-um-wuppertaler-kraftwerke-aid-1.4581765 (Stand: 11.05.2015)

Zenke, I./Erdmann, G. (2015): Zur Zukunft des Energiehandels, Studie des Instituts für Energietechnik der Technischen Universität Berlin und der Rechtsanwaltskanzlei Becker Büttner Held, Berlin, 2015

Zenke, I./Schäfer, R. (2009): Energiehandel in Europa. Öl, Gas, Strom, Derivate, Zertifikate. Verlag C. H. Beck oHG, München

ZfK (2014): Effizienzpotenziale und Wachstumsfelder, Umfrage der ZfK zur Zukunft der Stadtwerke, Zeitung für kommunale Wirtschaft vom 08. September 2014, München

Zuber, M. (2009): Der Markt für Stromnetzkonzessionen in Deutschland – Wettbewerb, Strategien und Trends bei der Vergabe von Wegenutzungsrechten für Strom- und Gasnetzen, Studie, ecoprog GmbH und Consulting Ulm & Schendel, Köln/Meiningen

Rechtsquellen

Anreizregulierungsverordnung (ARegV) vom 29. Oktober 2007 (BGBl. I S. 2529), das zuletzt durch Artikel 9 der Verordnung vom 21. Juli 2014 (BGBl. I S. 1066) geändert wurde

Dreizehntes Gesetz zur Änderung des Atomgesetzes vom 31. Juli 2011 (BGBl. I S. 1704), das zuletzt durch Artikel 1 des Gesetzes vom 06. August 2011 geändert wurde

Eigenbetriebsverordnung des Landes Mecklenburg-Vorpommern vom 03. August 2008 (EigVOVV M-V). Verwaltungsvorschrift des Innenministeriums II, Fundstelle: AmtsBl. M-V 2010

Energieleitungsausbaugesetz vom 21. August 2009 (BGBl. I S. 2870), das zuletzt durch Artikel 3 des Gesetzes vom 23. Juli 2013 (BGBl. I S. 2543) geändert wurde

Energiewirtschaftsgesetz vom 7. Juli 2005 (BGBl. I S. 1970, 3621), das zuletzt durch Artikel 6 des Gesetzes vom 21. Juli 2014 (BGBl. I S. 1066) geändert wurde

Erneuerbare-Energien-Gesetz vom 21. Juli 2014 (BGBl. I S. 1066), das zuletzt durch Artikel 4 des Gesetzes vom 22. Juli 2014 (BGBl. I S. 1218) geändert wurde

EU-Richtlinie Erdgasbinnenmarkt 2009/73/EG des Europäischen Parlaments und des Rates vom 13. Juli 2009 über gemeinsame Vorschriften für den Erdgasbinnenmarkt und zur Aufhebung der Richtlinie 2003/55/EG in: Amtsblatt Nr. L 211/94 vom 14.08.2003

Gemeindeordnung für Baden-Württemberg (Gemeindeordnung – GemO) in der Fassung vom 24. Juli 2000

Gesetz über kommunale Abgaben (KAG) des Landes Hessen in der Fassung vom 24. März 2013

Gesetz zur Förderung der Kreislaufwirtschaft und Sicherung der umweltverträglichen Bewirtschaftung von Abfällen (Kreislaufwirtschaftsgesetz – KrWG) vom 24. Februar 2012 (BGBl. I S. 212), das zuletzt durch § 44 Absatz 4 des Gesetzes vom 22. Mai 2013 (BGBl. I S. 1324) geändert wurde

Gesetz zur Neuregelung des Energiewirtschaftsrechts vom 24.04.1998 (BGBl I, S. 730)

Kraft-Wärme-Kopplungsgesetz vom 19. März 2002 (BGBl. I S. 1092), das zuletzt durch Artikel 13 des Gesetzes vom 21. Juli 2014 (BGBl. I S. 1066) geändert wurde

Richtlinie 96/92/EG des Europäischen Parlaments und des Rates vom 19. Dezember 1996, betreffend gemeinsame Vorschriften für den Elektrizitätsbinnenmarkt, in: Amtsblatt der Europäischen Union Nr. L 27/20 vom 30.01.1997

Richtlinie 98/30/EG des Europäischen Parlaments und des Rates vom 22. Juni 1998, betreffend gemeinsame Vorschriften für den Erdgasbinnenmarkt in: Amtsblatt der Europäischen Union Nr. L 204/1 vom 21.07.1998.

Richtlinie 2003/54/EG des Europäischen Parlaments und des Rates vom 26. Juni 2003 über gemeinsame Vorschriften für den Elektrizitätsbinnenmarkt und zur Aufhebung der Richtlinie 96/92/EG, in: Amtsblatt der Europäischen Union Nr. L 176/37 vom 15.07.2003

Richtlinie 2003/55/EG des Europäischen Parlamentes und der Rates vom 26. Juni 2003 über gemeinsame Vorschriften für den Erdgasbinnenmarkt und zur Aufhebung der Richtlinie 98/30/EG, in: Amtsblatt der Europäischen Union Nr. L 176/59 vom 15.07.2003

Richtlinie 2009/72/EG des Europäischen Parlaments und des Rates vom 13. Juli 2009 über gemeinsame Vorschriften für den Elektrizitätsbinnenmarkt und zur Aufhebung der Richtlinie 2003/54/EG, in: Amtsblatt Nr. L 211/55 vom 14.08.2009

Richtlinie 2009/73/EG des Europäischen Parlaments und des Rates vom 13. Juli 2009 über gemeinsame Vorschriften für den Erdgasbinnenmarkt und zur Aufhebung der Richtlinie 2003/55/EG

Stromnetzentgeltverordnung (StromNEV) vom 25. Juli 2005 (BGBl. I S. 2225), die zuletzt durch Artikel 7 des Gesetzes vom 21. Juli 2014 (BGBl. I S. 1066) geändert wurde

Corporate Finance and Governance

Herausgegeben von Dirk Schiereck

Band 1 Sebastian Michael Gläsner: Return Patterns of German Open-End Real Estate Funds. An Empirical Explanation of Smooth Fund Returns. 2010.

Band 2 Patrick Ams: Directors' Dealings and Insider Trading in Germany. An Empirical Analysis. 2010.

Band 3 Joachim Vogt: Value Creation within the Construction Industry. A Study of Strategic Take-overs. 2011.

Band 4 Fabian Braemisch: Underpricing, Long-Run Performance, and Valuation of Initial Public Offerings. 2011.

Band 5 Matthäus Markus Sielecki: Creating and Governing an Integrated Market for Retail Banking Services in Europe. A Conceptual-Empirical Study of the Role of Regulation in Promoting a Single Euro Payments Area. 2011.

Band 6 Arne Wilkes: Determinants of Credit Spreads. An Empirical Analysis for the European Corporate Bond Market. 2011.

Band 7 Dirk Schiereck / Martin Setzer (Hrsg.): Bankerfolg und Akquisitionen. Aktuelle Erkenntnisse zur Konsolidierung und Restrukturierung der Finanzindustrie. 2011.

Band 8 Steffen Meinshausen: M&A Activity, Divestitures and Initial Public Offerings in the Fashion Industry. 2012.

Band 9 Malte Helmut Raudszus: Financial Return Risk and the Effect on Shareholder Wealth. 2012.

Band 10 Ramit Mehta: Mergers and Acquisitions in the Global Brewing Industry. A Capital Market Perspective. 2012.

Band 11 Marcel Normann: The Influence of German Top Executives on Corporate Policy and Firm Performance. 2012.

Band 12 Christoph Böhm: Risk-Adjusted Performance and Bank Governance Structures. 2013.

Band 13 Christian Thamm: Minority Shareholder Monitoring and German Corporate Governance. Empirical Evidence and Value Effects. 2013.

Band 14 Robert M. Fraunhoffer: Mergers and Acquisitions in the Energy Sector. The Impact of Synergy Disclosures on Shareholder Wealth and Operating Performance. 2013.

Band 15 Heiko Schön: Pharma M&A versus alliances and its underlying value drivers. Are M&A or alliances the right therapy for an ailing pharmaceutical industry? A capital market perspective. 2015.

Band 16 Sascha Kolaric: Bank mergers and acquisitions in the Asia-Pacific region. An investigation of the shareholder wealth effects of the financial sector consolidation and its impact on the acquirer's cost of debt. 2015.

Band 17 Ulrich Erxleben: Value Creation of Corporate Restructuring. A Market Cycle and Industry View. 2015.

Band 18 Dennis Froneberg: Bank Governance Structures and Risk Taking. 2015.

Band 19 Michael G. Müller: Erklärungsansätze für NAV-Spreads und deren Implikationen für das Management von REITs. Auf Basis einer empirischen Untersuchung des pan-EU-REIT-Marktes. 2016.

Band 20 Daniel Maul: Analyzing Wealth Effects for Bondholders. New Insight on Major Corporate Events from the Debtholders' Perspective. 2016.

Band 21 Claudia Max: Valuation and Value Creation of Insurance Intermediaries. 2016.

Band 22 Frank Pieper: Finanzwirtschaftliche Erfolgsanalyse deutscher Stadtwerke. 2016.

www.peterlang.com

www.ingramcontent.com/pod-product-compliance
Ingram Content Group UK Ltd.
Pitfield, Milton Keynes, MK11 3LW, UK
UKHW021837290926
8980IPUK00004B/503

9 783631 699270